高等职业教育“十三五”规划教材
旅游管理专业教学改革教材

U1011146

饭店管理概论

主　编　于英丽
副主编　孙国霞　王　晶　刘宏申
参　编　黄晓红　赵伟利
　　　　李　征　王春艳

中国轻工业出版社

图书在版编目（CIP）数据

饭店管理概论/于英丽主编．—北京：中国轻工业出版社，2018．8
高等职业教育“十三五”规划教材
ISBN 978-7-5019-9263-8

Ⅰ．①饭…　Ⅱ．①于…　Ⅲ．①饭店—企业管理—高等职业教育—教材　Ⅳ．①F719.2

中国版本图书馆 CIP 数据核字（2013）第 107378 号

责任编辑：张文佳　　责任终审：劳国强　　封面设计：锋尚设计
版式设计：王超男　　责任校对：吴大鹏　　责任监印：张　可

出版发行：中国轻工业出版社（北京东长安街 6 号，邮编：100740）
印　　刷：北京君升印刷有限公司
经　　销：各地新华书店
版　　次：2018 年 8 月第 1 版第 2 次印刷
开　　本：787×1092　1/16　印张：16.75
字　　数：400 千字
书　　号：ISBN 978-7-5019-9263-8　定价：35.00 元
邮购电话：010-65241695
发行电话：010-85119835　传真：85113293
网　　址：http://www.chlip.com.cn
Email：club@chlip.com.cn
如发现图书残缺请与我社邮购联系调换
180955J2C102ZBW

前言

在中国，旅游业经过了改革开放30多年的稳步发展，已经成为近30个省、市、自治区发展目标定位中的支柱产业。据世界旅游组织预测，到2020年，中国将成为全球第一大旅游目的地国和第四大客源输出国。

作为旅游业重要组成部分的饭店业，在市场化、消费化、技术化、生态化和个性化的新时代，正面临前所未有的发展机遇，但同时也面临着许多新的挑战。在价格、质量、服务、促销和技术等方面竞争日趋激烈的今天，大批饭店都处于微利局面。如何根据饭店的外部环境和内部条件，探寻能适应市场变化的管理模式，是广大饭店从业人员和旅游院校师生必须认真面对并需要进行深入研究的一个重要课题。因而，迫切需要对饭店经营管理现代化的基本理论与方法做进一步探索。为此，我们组织编写了这本教材。

此书在充分考虑高职学生“在教学中既要强调学科的理论性和科学性，更要注重实践中的应用性”的特点，综合了主编老师们多年的教学经验，并参考与借鉴了众多国内外饭店业专家、前辈的研究成果的基础上编写而成，以满足高职院校旅游管理、酒店管理专业教学以及饭店从业人员的培训需要。

本书的主要特点是：①集多本教材之所长，理论先进，反映了现代饭店经营管理的新理念、新方法和新技术；②教材内容针对高职学生特点，本着“必需、够用为度”的原则进行编写，并考虑前修后续课程的衔接性；③理论与实践相结合，体现了较强的实用性。

本教材由于英丽担任主编，孙国霞、王晶、刘宏申担任副主编，黄晓红、赵伟利、李征、王春艳参编。全书由于英丽、王晶、黄晓红负责统稿和定稿。本书编写的具体分工为：第一章、第二章由于英丽编写；第三章由于英丽、黄晓红编写；第四章由赵伟利编写；第五章由刘宏申编写；第六章、第七章由于英丽、孙国霞编写；第八章由李征编写；第九章由王晶编写；第十章由王春艳编写。

本书在编写过程中，融合了各位编者对饭店管理研究、教学、实践活动的成果和经验，也广泛吸取了国内外现有的研究成果，引证了大量的文献资料，谨向这些作者致以诚挚的感谢！

虽然我们力求体现本书的系统、科学、实用等特色，但限于编者水平等种种原因，不成熟、甚至错误之处在所难免，恳请广大读者和专家批评指正。

编者

2013 年 5 月

目录

第一章 饭店概述

学习目标

知识目标：了解饭店的含义、功能和特点，饭店发展历史沿革，饭店的类型与等级以及饭店业的现状与发展趋势。

能力目标：通过对本章基本理论知识的学习，使学生能够区分饭店与社会餐饮，学会识别饭店的等级，对饭店管理产生兴趣，具有管理的愿望。

课前导读

饭店是旅游业的重要组成部分，是一个国家发展旅游业的物质基础，是获得旅游经济收入的重要来源。饭店作为旅游业重要服务设施之一，与旅行社、旅游交通一起，被称为旅游业的三大支柱。本章介绍饭店的含义、功能和特点，饭店的发展历史沿革，饭店的类型和等级以及饭店发展现状和趋势等，为进一步学习饭店管理理论知识奠定基础。

第一节　饭店的含义和特点

所谓饭店，在中文中的称谓不完全一样，有的称饭店，有的称酒店，有的称宾馆，有的称为大饭店等。即使在国外，称呼也不完全一致。本书所讲的是英文中的“hotel”，指的是既有客房部又有餐饮部的饭店，至少是食宿均具备的场所。

一、饭店的定义

饭店一词起源于法语，原意是指贵族在乡下招待贵宾的别墅。后来，英、美等国沿用了这一名称来泛指所有商业性的住宿设施。目前，饭店已经成为国际性的定义，其含义已经发生深刻的变化。国外的一些权威性词典为饭店一词曾经下过如下的定义：

《利尔百科全书 》——饭店一般地说是为公众提供住宿、膳食和服务的建筑与机构。

《大不列颠百科全书》——饭店是在商业性的基础上向公众提供住宿、也往往提供膳食的建筑物。

《美利坚百科全书》——饭店是装备完好的公共住宿设施，它一般都提供膳食、酒类与饮料以及其他的服务。

《牛津插图英语辞典》——饭店是提供住宿、膳食等而收费的住所。

从上述的定义，作为饭店必须同时具备以下四个条件：

（1）它是由建筑物及装备完好的设施组成的接待场所。

（2）它必须提供住宿、餐饮及其他服务。

（3）它的服务对象是公众，主要是外地旅游者，同时也包括本地居民，即包括某些其他特殊身份或阶层的人，也包括广大的普通消费者。

（4）它是商业性的服务企业，以盈利为目的，所以其使用者要支付一定的费用。

综上所述，我们采纳国家旅游局对饭店所做的定义：饭店是指经政府部门批准，通过运用土地、资金、设备、技术、劳动力等生产要素，从事饭店服务产品的生产和销售活动，满足宾客旅居生活和社交活动的各种需要，以获取社会效益和经济效益为目的的服务企业。

补充材料

在中文里，用以表达“hotel”的词很多，在东南亚地区和中国港澳地区被称为“酒店”，在中国台湾地区被称为“饭店”，在中国内地被称为“饭店”、“酒店”、“宾馆”、“旅馆”等，名目繁多。我国把接待旅居宾客的饭店区分为涉外饭店和社会饭店，其根本区别在于饭店的涉外性，即涉外饭店可以接待境外宾客，社会饭店主要接待国内宾客。这是从我国生产力水平出发，根据国民的生活水平与入境宾客要求的一般水平的差异确定的。十一届三中全会以来，大量的外国人、华侨、港澳台同胞涌入大陆，遍及全国各地。为了接待日益增多的境外游客，适应他们现代旅行和生活的需要，我国出现了一批以接待境外宾客为主、有别于一般饭店的现代化涉外饭店，习惯上称之为“旅游涉外饭店”。它是指以建筑物和物质资料为基础，通过人的劳务活动，为客人提供具有多功能的、综合性服务的经营场所。随后，根据国家旅游局制定颁布的《旅游饭店星级的划分与评定》规定，用“旅游饭店”取代“旅游涉外饭店”。并按国际惯例明确了旅游饭店的定义：以间（套）夜为单位出租客房，以住宿服务为主，并提供商务、会议、休闲、度假等相应服务的住宿设施，按不同习惯可能也被称为宾馆、酒店、旅馆、旅社、宾舍、度假村、俱乐部、大厦、中心等。

经过30多年的改革开放，我国国民经济收入大幅度提高，国内人民入住星级饭店的人数与日俱增，海外游客与国内宾客的界限已不明显，因此本书将涉外饭店与社会饭店统一称为“饭店”。

二、饭店的功能

饭店的功能是指为满足宾客的需求而提供的服务所发挥的效用。饭店最基本、最传统的功能就是住宿和餐饮功能。随着客源及需求的变化，现代饭店的功能已发生很大变化，其功能日益多样化，总结起来主要有以下几个方面。

1. 住宿功能

这是饭店最基本的功能之一，饭店作为服务企业为游客提供多种客房，包括标准房、单人房、套房等，以清洁、舒适的环境和热情的服务，使游客在旅途中得到便利和休息。

2. 餐饮功能

这也是饭店的最基本的功能之一，饭店一般设有不同的餐厅，包括中餐厅、西餐厅、风味餐厅等，以精美的菜肴、优雅的环境、周到的服务和值得信赖的产品，向旅游者提供包餐、风味餐、自助餐以及酒席、宴会等多种形式的餐饮服务。

3. 商务功能

商务功能是传统饭店根据顾客需要逐渐发展完善的一种辅助功能，主要是为商务旅行者从事商务活动提供各自方便快捷的服务。饭店设置商务中心、商务楼层、商务会议室、洽谈室，提供传真、国际及国内直拨电话、互联网等现代通信设施，有的甚至设立产品展示厅，为商务旅行者进行各种商务活动提供最大的便利条件。

4. 会议功能

现代饭店的一个主要功能是接待各种会议团体。因此，饭店除了为参加会议的人员提供食宿外，还配有其他相关设施与服务，例如饭店内设有大小规格不等的会议室、演讲厅、展览厅，配备完美的音响设备、同声传译设备、大型演示屏等，甚至为组织会议者提供相应的专业组织管理人员。

5. 家居功能

许多饭店在为客人营造“家”的氛围，使入住饭店的客人感到像在家里一样方便、温馨、亲切、舒适，尤其是近来兴起的公寓式饭店，其管理模式、服务项目、服务设施等都使客人有“家”的感觉，客人可以签订合同长期居住，而饭店充当“管家”的角色，更使客人感到饭店就像他们的家。

饭店还具有其他许多功能，如度假、娱乐健身、购物服务等，这些功能为游客提供了便利、快捷、周到的服务。

三、饭店的特点

饭店是一个独立盈利性经济组织，除了具备经营上的自主性、组织上的完整性、经济上的独立性及对外关系上的法人地位等基本条件之外，饭店还有着与其他企业不同的特点。

1. 服务性

饭店是以提供劳务为主的服务性企业。通常所说的饭店产品，是饭店有形的设施设备与无形的劳务服务的有机结合，其中以劳务服务为主，设施设备为辅。饭店的经营活动是以租让饭店设施的使用权的形式进行的，消费者只是在一定的时间和空间内购得有形设施的临时使用权，却不能购得有形设施产品的所有权。饭店产品中的实物部分，实际上只起着促进服务销售的作用，习惯上被看作“助销产品”。因此，从本质上讲，饭店生产和销售的主要是无形的服务产品。服务产品所具备的无形性、生产与消费的同时性、价值的不可储存性、质量的不稳定性等特征，决定了饭店与其他工商企业有着不同的特点。

2. 综合性

饭店是一个具有综合功能的企业。现代饭店不仅要满足客人的住宿和饮食等基本需求，还要同时满足客人的多种消费需求。所以，必须配备相关的设施并提供相应的服务。综合服务已成为饭店竞争的重要手段，一家饭店的功能越完备，就越能满足客人的多样化需求，获得更多的客源。

3. 享受性

饭店所能满足客人的不只是简单的物质需要，而是享受性产品，这是现代消费的必然需求，也是与一般商品和服务的主要区别。

4. 文化性

探求异地文化是旅游者的一项共同需求。旅游饭店作为旅游者在旅游过程中的居留场所，不仅是客人的物质消费场所，而且是客人感受异地文化的精神消费场所。饭店应积极营造良好的文化氛围，要倡导主流文化、健康文化、民族文化与特色文化。通过外在的、有形的店景文化和内在的企业文化的建设，丰富饭店的文化内涵，使饭店劳务活动升华为一门服务艺术，把饭店服务产品中的使用功能价值，推进到具有文化附加值的新境界，使客人在丰富多彩的饭店文化氛围中，感受到精神的享受和愉悦。

同步思考

为什么同样一种食物在五星级酒店和社会餐饮饭店中出售的价钱差距那么大？

分析提示：尽管我们购买的食物是一样的，可是它们的成本是不同的，这样就导致出售的价格也是不同的。酒店在出售食物的过程中，还要出售酒店的服务、环境、文化等一些能够使客人感觉更加愉悦的无形性的产品，而这些要素在五星级酒店和社会餐饮饭店中会带给客人完全不同的感受，因此，它们之间产品的价格也会不同。

第二节　饭店发展历史沿革

一、我国饭店业的发展史

我国饭店业是一个既古老又年轻的行业。最早的饭店可追溯到春秋战国或更远古的时期，唐、宋、明、清被认为是饭店得到较大发展的时期。19 世纪末，中国饭店业进入近代饭店业阶段，随着资本主义生产方式的输入出现了一批大型西式饭店。新中国成立以后，尤其是改革开放以后，我国饭店业进入了迅速发展的新型饭店时期。

1. 古代饭店业

在我国古代，住宿设施大体分为官办设施和民间旅店两类。

（1）官办设施。

1）驿站。驿站是中国历史上最古老的一种官办住宿设施，专门接待往来信使和公差人员，至今已有三千多年历史。在古代，只有简陋的通信工具，统治者政令的下达，各级政府间公文的传递以及各地区之间的书信往来等，都要靠专人递送。历代政府为了有效地实施统治，必须保持信息畅通，因此一直沿袭了这种驿站传递制度，与这种制度相适应的为信使提供的住宿设施应运而生，这便是闻名于世的中国古代驿站。从商代中期到清光绪二十二年止，驿站竟长存三千余年，这是中国最古老的旅馆。

2）迎宾馆。迎宾馆是古代官方用来款待外国使者、外来民族代表及商客、安排他们食宿的馆舍。春秋时期的“诸侯馆”和战国时期的“传舍”，可以说是迎宾馆在先秦时期的表现形式。以后几乎历代都分别建有不同规模的迎宾馆，并冠以“四夷馆”、“四方馆”、“会同馆”等各种称谓。清末时，此类馆舍正式得名于“迎宾馆”。古代中国各族的代表和外国使者都曾在“迎宾馆”住过，它成为中外往来的窗口，人们从“迎宾馆”这个小小的窗口，可以看到政治、经济和文化交流的盛况。

（2）民间旅店（客栈）。古人对旅途中休憩食宿处所的泛称是“客栈”。以后客栈成为古人对旅馆的书面称谓。西周时期，投宿客栈的人皆是当时的政界要人，补充了官方馆舍的不足。到了战国时期，中国古代的商品经济进入了一个突飞猛进的发展时期，工商业越来越多，进行远程贸易的商人已经多有所见。一些位于交通运输要道和商贸聚散的枢纽地点的城邑，逐渐发展成为繁盛的商业中心，于是，民间旅店在发达的商业交通的推动下，进一步发展成为遍布全国的大规模的旅店业。

补充材料

“馆”作为中国古代旅馆名称之一，使用是最广泛的，其出现可追溯到公元前15世纪的商朝。《诗经·大雅·公刘》曾记述商中期有一名叫公刘的访问京师的情景和感想：“……，京师之野，于时处处，于时庐旅，于时言言。笃公刘，于斯馆。”后来各个朝代大多使用“馆”作为古代旅馆的名称。“馆”在几千年的沧桑变化中，一直作为商旅客人乃至国家使臣的居住场所之称谓，沿用至今，并发展演变成为今天众多现代化的宾馆、旅馆。“旅馆”一词最早见于南朝，属于民间开办的旅店。“会馆”是明朝另一种形式的民间旅馆，具有集体（社团）性质。

2. 近代饭店业

中国近代由于受到外国帝国主义的侵入，沦为半殖民地半封建社会。当时的饭店业除了传统的旅馆之外，还出现了西式饭店和中西结合式饭店。

（1）西式饭店。西式饭店是19世纪初外国资本侵入中国后兴建和经营的饭店的统称，是中国近代饭店业中的外来成分。与中国当时传统饭店相比，这些西式饭店规模宏大，装饰华丽，设备趋向豪华和舒适，内部有客房、餐厅、酒吧、舞厅、球房、理发室、会客室、小卖部、电梯等设施，客房内有电灯、电话、暖气，卫生间有冷热水等。西式饭店向客人提供的饮食均是西餐，大致有法国菜、德国菜、英美菜、俄国菜等。饭店的餐厅除了向本店宾客供应饮食外，还对外供应各式西餐、承办西式筵席。西式饭店的服务日趋讲究文明礼貌、规范化、标准化。西式饭店的经理人员皆来自英、美、法、德等国，有不少在本国受过旅馆专业的高等教育。西式饭店是西方列强侵入中国的产物，为其政治、经济、文化侵略服务。但在另一方面，西式饭店的出现客观上对中国近代饭店业起了首开风气的效应，对于中国近代饭店业的发展起了一定的促进作用。

（2）中西结合式饭店。西式饭店的大量出现，刺激了中国民族资本向饭店业投资。因而从民国开始，各地相继出现了一大批具有“半中半西”风格的新式饭店。这些饭店在建筑式样、设备、服务项目和经营方式上都接受了西式饭店的影响，一改传统的中国饭店大多是庭院式或园林式并且以平房建筑为多的风格特点，多为营造楼房建筑，有的纯粹是西式建筑。中西式饭店不仅在建筑上趋于西化，而且在设备设施、服务项目、经营体制和经营方式上也受到西式饭店的影响。饭店内高级套间、卫生间、电灯、电话等现代设备，餐厅、舞厅、高档菜肴等应有尽有。饮食上对内除了中餐以外，还以供应西餐为时尚。这类饭店的经营者和股东，多是银行、铁路、旅馆等企业的联营者。中西式饭店的出现和仿效经营，是西式饭店对近代中国饭店业具有很大影响的一个重要方面，并与中国传统的经营方式形成鲜明对照。

3. 现代饭店业

新中国成立后至实行改革开放前，我国的饭店设施以事业接待型为主，大多数饭店实行招待式服务，服务项目单一，设施简陋。带卫生间、适合接待境外客人的饭店只有137家，2万多个房间，遍布全国29个省、自治区、直辖市。这些饭店基本属政府外事接待部门的附属单位，没有独立的经济地位。

我国实行改革开放政策以来，旅游业也被提到了重要位置。在短短30多年时间里，饭店业发展速度之快、档次之高，为世界所瞩目。在此期间，中国饭店业经历了以下四个阶段：

（1）1978—1983年，由事业单位招待型管理走向企业单位经营型管理。这一时期的饭店，很大部分是从以前政府的高级招待所转变而来的，经营上没有指标，也没有计划，没有利润上缴，也没有任何风险，服务上只提供简单的食宿，更谈不上满足客人要求的各种服务项目，因此作为饭店既没有压力，也缺乏活力，与满足国际旅游业发展和为国家增加创汇的要求极不相称。1978—1983年，旅游行政管理部门重点围绕三个方面，即如何使我国饭店业从招待型管理转轨为企业型管理、如何提高饭店管理水平和服务水平、如何提高管理人员素质方面做了大量工作。经过几年的努力，一大批原来的事业单位初步实现了企业化，饭店经营水平有了明显变化，服务质量有了显著提高。

（2）1984—1987年，由经验型管理走向科学管理。1984年，我国饭店业在全行业推行北京建国饭店的科学管理方法，走上与国际接轨的科学管理的轨道，这是我国饭店业在发展中迈出的重要一步。建国饭店是北京第一家中外合资、聘请香港半岛集团管理的饭店，在开业不到三年的时间里就取得了显著成绩，形成一套完整的现代饭店管理机制，在国内外享有很高的声誉。1984年7月24日，国务院批转了国家旅游局《关于推广北京建国饭店经营管理方法有关事项的请示》，全国有50家饭店被批准为“学建国试点饭店”，取得了显著成绩。1985年7月又增加了50家饭店作为第二批试点。这样，就使得我国饭店的经营管理发生巨大变化，实现了饭店业从经验型管理走向科学管理的转变，也为我国饭店业的进一步发展奠定了基础。

（3）1988—1994 年，推行星级评定制度，进入国际现代化管理阶段。在这一阶段，中国国际旅游市场波动很大，使得我国新兴的饭店业第一次体会到竞争的残酷，在低谷时期，饭店全国平均客房出租率仅为 40%，饭店经营者不得不考虑如何提高市场竞争力，加强产品的宣传和促销。在此期间，国家旅游局推行了星级评定制度。1988 年 8 月，国家旅游局正式颁布了《中华人民共和国旅游涉外饭店星级标准》，开展涉外饭店星级划分与评定。这一工作的实施使我国的饭店在软硬件的建设上都有了对照标准，该标准随着饭店业的发展不断被修订。多年来，各饭店一直把不断完善饭店产品内涵、提供优质的服务作为管理的目标。饭店业市场竞争的内在动力和行业管理部门的外在压力使得我国饭店业从根本上上了一个新的台阶。

（4）1994 年至今，饭店业逐步向专业化、集团化、集约化经营管理迈进。20 世纪 80 年代以来，国际上许多知名饭店管理集团纷纷进入中国饭店市场，向我国饭店业展示了专业化、集团化管理的优越性以及现代饭店发展的趋势。1994 年，我国的饭店业已形成了一定的产业规模。同年，国家旅游局审批公布了 16 家饭店管理公司，标志着我国的饭店业逐渐走向了专业化、集团化。例如上海锦江、北京凯莱等饭店管理公司纷纷兴起，规模迅速扩大。同时，旅游教育事业蓬勃发展，培养出大批专业管理人才和技术人才，也为我国饭店业的发展打下了良好的基础。

补充材料

中国饭店集团化发展初见成效。目前，全国共有 110 余家饭店管理公司，管理饭店 700 余家，星级饭店集团化程度达 7.2%。在中国旅游饭店业协会第五届会员代表大会上公布并表彰的中国饭店业集团 20 强，虽然数量仅占管理集团的 17%，但管理的饭店房间总数占连锁化管理的 60.49%。在中国饭店业集团 20 强中，国际著名酒店集团入选 12 家，中国饭店集团入选 8 家（锦江国际酒店管理公司、建国国际酒店管理有限公司、东方酒店管理有限公司、新亚酒店管理有限公司、如家和美酒店管理有限公司、中旅饭店总公司、华天国际酒店管理公司、开元旅业集团）。令人可喜的是，这 8 家饭店管理公司经营规模均已达到国际饭店集团 300 强的标准，反映出中国饭店集团的扩张能力和市场占有率以及在全球饭店市场中的位置。中国本土饭店集团凭借自身优势，在国内饭店中占有了一定市场份额，积累了一些经验，培养了一批人才，白天鹅宾馆、昆仑饭店、金陵饭店等已成为国人管理、令同行引以为自豪和骄傲的饭店。

二、世界饭店业的发展史

世界饭店业大体经历了客栈时期、大饭店时期、商业饭店时期和现代新型饭店时期四个发展阶段。

1. 客栈时期

在西方，客栈时期一般是指12世纪到18世纪之间这段历史时期。最早的客栈设施简陋，仅提供基本食宿，无非是一幢大房子，内有几间房间，每个房间里摆了一些床，旅客们往往挤在一起睡，并没有什么更多的要求，当然，由于项目少，服务质量差，也确实没有什么可供消遣。客栈是独立的家庭生意，客栈的房舍是家庭住宅的一部分，这个家庭就是客栈的拥有者和经营者。到了15世纪，客栈开始流行。有些客栈已拥有20~30间客房，条件好的还有一个酒窖、一个食品室、一个厨房。到了客栈盛行的18世纪，除了提供食宿外，还成为人们聚会并互相交往、交流信息的场所。

2. 大饭店时期

18世纪后期，世界饭店业进入了大饭店时期。随着工业化的进程加快和民众消费水平的提高，为方便贵族度假者和上层人物以及公务旅行者，饭店业有了较大的发展。在纽约，1794年建成的首都饭店，内有73套客房，这在当时无疑是颇具规模的。而堪称第一座现代化饭店的特里蒙特饭店于1829年在波士顿落成，为整个新兴的饭店行业确立了标准。该饭店不仅客房多，而且设施设备较为齐全，服务人员也经过培训，客人有安全感。大饭店和客栈有着许多根本的区别。大饭店都建在繁华的大都市，规模宏大，建筑与设施豪华，装饰讲究。饭店的服务是一流的，讲究礼仪，主要接待王公贵族和社会名流。饭店投资者、经营者的根本兴趣是取悦社会上流，求得社会声誉，往往不太注重经营成本。

大饭店时期，饭店服务有了创新。作为本时期饭店经营者的代表人物，瑞士人恺撒·里兹提出了“客人永远是对的”这样的饭店经营格言。大饭店时期的许多经营与服务的哲学和信条至今仍在世界饭店业中被奉为真理。

3. 商业饭店时期

商业饭店时期是指20世纪初到20世纪50年代这一时期。美国饭店业大王埃尔斯活思·弥尔顿·斯塔特勒凭着自己多年从事饭店经营的经验及对市场需求的了解，立志要建造一种“在一般公众能负担的价格之内提供必要的舒适与方便、优质的服务与清洁卫生”的饭店，亮出了“平民化、大众化”的旗号。1908年，他在美国纽约州水牛城建造了第一家由他亲自设计并用自己名字命名的斯塔特勒饭店，一个带卫生间的客房房价仅为1美元50美分。斯塔特勒提出了饭店经营成功的根本要素是“地点、地点、地点”的原则，还提出了“饭店从根本上来说，只销售一样东西，这就是服务”等至理名言，埃尔斯活思·弥尔顿·斯塔特勒也被后人公认为商业饭店的创始人。

商业饭店时期，服务对象主要是商务旅行者，服务设施与服务项目讲求舒适、方便、清洁、安全与实用，价格合理，而不是刻意追求豪华与奢侈。经营管理上讲究经营艺术，改善管理，注重质量标准化，降低成本以获取最佳利润。

4. 现代新型饭店时期

现代新型饭店时期从20世纪50年代开始至今。第二次世界大战结束后，由于经济繁荣，人们手里有钱，交通工具十分便利，从而引起了对饭店需求的剧增，一度处于困境的饭店业又开始复苏。旅游业和商务的发展趋势对传统饭店越来越不利，许多新型饭店大批出现。一些有实力的饭店公司，以签订管理合同、授权特许经营权等形式，进行国内甚至跨国的连锁经营，逐渐形成了一大批使用统一名称、统一标志，在饭店建造、设备设施、服务程序、物资采购与人才培训等方面统一标准的饭店联号公司。如希尔顿国际饭店公司、喜来登饭店公司、威斯汀饭店公司等。

现代新型饭店时期，饭店面向大众旅游市场，许多饭店设在城市中心和旅游胜地，大型汽车饭店设在公路边和机场附近。这个时期，饭店的规模不断扩大，类型多样化，开发了各种类型的住宿设施，服务向综合性发展，饭店不但提供食、住，而且提供旅游、通信、商务、康乐、购物等多种服务，力求尽善尽美，饭店集团占据着越来越大的市场。

第三节　饭店的类型与等级

一、饭店的类型

按照饭店服务对象、规模和计价方式分类，是国际饭店业的三种传统分类方法。根据某些特定标准对饭店进行分类，一是有利于顾客的选择；二是有利于饭店的市场营销；三是便于同行业的比较。

1. 按服务对象分类

根据饭店特征及其服务对象特点，一般把饭店分为商务型饭店、度假型饭店、长住型饭店，会议型饭店和汽车饭店五种。

（1）商务型饭店。商务型饭店也称暂住型饭店，就是为从事经商活动的宾客提供住宿、膳食和商业活动及有关设施的饭店。此类饭店多位于城市的中心地区，客人在饭店平均逗留期较短，流动量较大，回头客人较多。为方便商务客人开展各种商务活动，饭店往往设有商务中心，为客人提供打字、复印、传真、秘书、翻译等服务，并提供各类会议室供商务洽谈之用。有的饭店还在客房内提供办公用品、传真机、宽带上网设施等。高档饭店还设置“行政楼层”，专门为高级行政人员服务，并在行政楼层上配有商务套房和商务中心。

（2）度假型饭店。度假型饭店传统上以接待休闲度假的宾客为主。此类饭店多位于海滨、山区、温泉、海岛、森林等旅游胜地，开设各种娱乐、体育项目，如滑雪、骑马、狩猎、垂钓、划船、潜水、冲浪、高尔夫球、网球等，以吸引游客，因此这些度假地区及其活动的吸引力是一个度假型饭店成功的关键。疗养型饭店也属此类。度假型饭店因易受淡旺季节的影响而采取较为灵活的经营方式，如实行淡季、旺季价，拉大价格差距。不少度假型饭店增设了会议设施，吸引各种会议客人。近年来，不少旅游胜地也出现了分时度假型饭店。

（3）长住型饭店。长住型饭店也称为公寓型饭店。此类饭店一般采用公寓建筑的造型，适合住宿期较长、在当地短期工作或休假的客人或家庭居住。长住型饭店的设施及管理较其他类型的饭店简单，饭店一般只提供住宿服务，并根据客人的需要提供餐饮及其他辅助性服务。饭店与客人之间通过签订租约的形式，确定租赁的法律关系。长住型饭店的建筑布局与公寓相似，客房多采用家庭式布局，以套房为主，配备适合宾客长住的家具和电器设备，通常都有厨房设备供宾客自理饮食。在服务上讲究家庭式氛围，特点是亲切、周到、针对性强，饭店的组织机构、管理和服务较其他类型的饭店简单。

从发展趋势看，长住型饭店一是向豪华型发展，服务设施和服务项目日趋完备，如我国不少大城市中出现的高档酒店式公寓；二是分单元向客人出售产权，成为提供饭店服务的共管式公寓，不少饭店还实行定时分享制，与其他地方的相同类型设施的使用者交换使用。

（4）会议型饭店。会议型饭店以接待会议团体为主，通常位于大城市或旅游胜地，毗邻机场或交易中心。现在的会议型饭店又经常举行展览和展销等活动。会议型饭店有大小不一的各种会议厅、展览厅、演讲厅、洽谈室等，隔音和音响设施完善；还有投影、录放像、扩音等设备和良好的通信和交通条件；接待国际会议的酒店还须有同声翻译装置，提供多种传译服务。此外，还应有一个或几个多功能厅，用活动隔板隔离，根据需要可改变成不同规模的会议厅或宴会厅、自助餐厅、舞厅。

（5）汽车饭店。汽车饭店是以接待自驾车旅游者为主的饭店，常见于欧美国家的公路干线上。早期此类饭店设施简单，规模较小，只有简单的住宿服务，甚至没有正规的餐厅和酒吧，服务的对象以自驾车旅游者和从事长途贩运的卡车司机为主。现在的汽车饭店已发生很大变化，房间装修豪华，设施完善，可提供现代化的综合服务。世界上著名的饭店集团，如假日集团、霍华德·约翰逊集团等，均拥有大量的汽车饭店，世界知名饭店集团对汽车饭店的经营极大地提高了汽车饭店的档次。在我国，随着经济的发展，私人汽车的逐渐增多，驾车旅行成为时尚，从而也出现了一批汽车饭店，如上海青浦县 318 国道的爱车族服务中心，投资 450 万建造了沪上第一家汽车饭店。

以上是一般分类方法。但事实上，我国大多数饭店都是综合型饭店，即同时接待游览、商务、会议、长住的客人。为保证有基本客源，许多饭店开辟若干楼层或部分客房常年出租给商社或公司，有的则按季节的变化，某一时期主要接待某一类客源，例如在旅游旺季以观光游览客为主，旅游平季和淡季则主要接待会议、展览或商务客。

2. 按饭店规模分类

目前，国际上通行的划分方法是按客房数量把饭店分为小、中、大三种类型。

（1）小型饭店。一般把客房数在 300 间以下的称为小型饭店。国外不少饭店仅有几十个房间，但设施豪华，服务周到，较典型的如西班牙雅罗岛上的蓬泰大饭店仅 4 个双人间，却拥有漂亮的酒廊、酒吧、餐厅和日光浴设施。我国的小型饭店设施相对较简陋，多为低星级饭店。在小型饭店中，客人较易受到家庭式的服务。但是，由于受建筑设施和经济实力等方面的限制，小型饭店在宣传、招徕顾客和综合服务等方面的竞争能力较弱。

（2）中型饭店。一般把客房数在 300～500 间的饭店称为中型饭店。中型饭店的设施相对来说较为齐全，能够提供舒适、方便的客房、餐厅、酒吧、康乐设施、健身设施等服务，是国内外一般旅游者理想的休息娱乐场所。

（3）大型饭店。一般把拥有 500 间以上客房的饭店称为大型饭店。国外有些大型饭店的客房数多达2000间以上，如美国的玛利饭店拥有2832间客房；内华达州的拉斯维加斯希尔顿饭店占地25.5公顷，有3147间客房，2600名员工；莫斯科的罗西雅饭店则有3200间客房。我国有数家饭店拥有1000间客房以上，如北京的丽都假日饭店、国际饭店，上海的华亭宾馆，广州的花园饭店、中国大酒店等。

3. 按计价方式分类

按照饭店计价方式，一般把饭店分为欧式计价饭店、美式计价饭店、修正美式计价饭店、欧陆式计价饭店和百慕大计价饭店五种。

（1）欧式计价饭店。指饭店客房价格仅包括房租，不含食品、饮料、康乐等其他费用。我国及世界各地绝大多数饭店都采用欧式计价方式。

（2）美式计价饭店。指饭店的客房价格包括房租以及早、午、晚三餐的费用。我国一些饭店在接待会议、展销代表团、旅行团时都采用美式计价方式。

（3）修正美式计价饭店。指饭店的客房价格包括房租和早餐以及午餐或晚餐任选一餐的费用，以使宾客有较大的自由安排白天活动。这种计价方式在我国较少采用。

（4）欧陆式计价饭店。指饭店的客房价格包括房租以及欧陆式早餐费用（咖啡、面包、果汁之类）。在国外这类饭店一般不设餐厅。

（5）百慕大计价饭店。指饭店的客房价格包括房租以及美式早餐费用（牛奶、果汁或咖啡、火腿、面包、沙拉等）。

二、饭店的等级划分

饭店的等级是指一家饭店的豪华程度、设施水平、服务范围、服务质量等方面所反映出的级制与水准。

饭店有着严格的等级划分，有的是各国政府部门制定，有的是各地饭店协会或相关协会制定。不同国家和地区采用的分级制度各不相同，用以表示级别的标志与名称也不一样，目前国际上有数十种饭店等级制，归纳起来主要有以下几种。

1. 星级制

星级制是把饭店根据一定的标准分成的等级分别用星号（★）表示出来，以区别其等级的制度。比较流行的是五星，级别星越多，等级越高。一般来说，白金五星级属于超豪华饭店；五星级饭店属于豪华饭店；四星级属于上等饭店也称一流饭店；三星级为中档或中高档饭店；二星级为一般等级或称中低档的饭店；一星级为低档也称经济等级的饭店。这种星级制在世界上，尤其是欧洲，采用得最为广泛。

2. 字母表示法

许多国家将饭店的等级用英文字母表示，即A、B、C、D、E五级，A为最高级，E为最低级。有的国家虽是采取五级制，但用A、B、C、D四个字母表示，最高级用A_1来表示。

3. 数字表示法

用数字表示饭店等级的方法，一般采用最高级用豪华表示，继豪华之后由高到低依次为1、2、3、4，数字越大，档次越低。

三、饭店的星级评定

1993年，国家旅游局颁布了《旅游涉外饭店星级的划分及评定》，对指导与规范旅游饭店的建设与经营管理，促进我国旅游饭店业与国际接轨，发挥了巨大的作用。随着我国旅游饭店业的发展，该标准先后经过三次修订。1998年，国家旅游局对该标准进行了第一次修订，2003年，用旅游饭店取代了旅游涉外饭店，对该标准进行了第二次修订，取消涉外二字。该标准对饭店管理的专业性、饭店氛围的整体性、饭店产品的舒适性提出了要求，打破了星级饭店终身制，五年重新评定一次，增加了白金五星级饭店标准。2010年，国家旅游局对该标准又重新进行了修订，鼓励饭店向绿色、特色、个性方向发展。

同步思考

前几年，小王下海经商赚了一大笔钱，现投资于大型社会餐饮企业，经营地方特色菜，看到有的饭店评星定级，小王想自己的饭店能不能也评个级、挂个星呢？

分析说明：

小王的饭店是社会餐饮，不能评旅游饭店的星级，但是可以根据2009年中华人民共和国商务部提出并归口管理的《餐饮企业的等级划分和评定》标准评定级别。餐饮企业共分为五个等级，即一钻级、二钻级、三钻级、四钻级、五钻级（含白金五钻级），钻石颗数越多，表示餐饮企业的级别越高。

1. 评定饭店星级的目的

评定饭店星级的目的是为了适应我国国际旅游业发展的需要，尽快提高旅游涉外饭店的管理水平和服务水平，使之既有中国特色，又符合国际标准，保护旅游经营者和消费者利益。中华人民共和国评定旅游涉外饭店星级的规定也是根据这一目的而制定的。

2. 评定饭店星级的依据

我国饭店星级划分的评定以建筑、装饰、设施、设备及管理、服务水平等为依据。按国家旅游局颁布的设施设备评定标准、设施设备的维修保养评定标准、清洁卫生的评定标准、服务质量的评定标准、宾客意见评定标准五项标准执行。

3. 评定饭店星级的方法

我国涉外饭店星级评定从1993年以来便采用打分法。其中对于设施设备的评分标准从一星到五星分别为80分、120分、220分、300分和330分（新标准分别为80分、130分、230分、330分和390分）；对于饭店设施设备的维修保养及清洁卫生、服务质量和宾客意见也都采用打分法算出得分率，从一星到五星都有不同的得分标准。

4. 饭店星级的检查处理

我国国家旅游局饭店星级评定机构设立国家级检查员若干人，负责对全国各星级饭店进行星级评定前后的检查。

省、自治区、直辖市旅游局饭店星级评定机构也设立地方检查员若干人，负责对本地区各星级饭店进行星级评定前后的检查。

凡已定星级的饭店，其经营管理和服务水平如达不到与星级相符的标准，国家旅游局星级评定机构或省、自治区、直辖市旅游局饭店评定机构根据权限做出如下处理：

口头提醒；书面警告；罚款；通报批评；暂降低星级，限期整顿；降低星级；取消星级，吊销旅游涉外营业许可证。

以上处罚可以并处。对情节严重，构成犯罪的，依法追究法律责任。

补充材料

饭店共分五个等级，即一星、二星、三星、四星、五星（或称四星豪华），没有星的饭店，一般是条件比较简陋的客栈。一星级设备简单，具备食宿基本功能，提供基本的服务，符合支付能力较差的旅客需要。二星级、三星级属中等水准，符合经济收入较高的旅游者的需要。五星级（含白金五星级）是最高级饭店，设备十分豪华，设施更加完善，服务质量要求很高，收费标准也很高，主要满足高收入阶层和政府要员等的需要。有星级的饭店，在门口都有标志。一座饭店属于哪一星级，不是自己爱怎么定就怎么定的，而是有统一的标准。一般地说，旅游者大多住一星级、二星级饭店，能解决住宿、洗澡就可以了。当然如果经济实力较差，住无星级的也很实惠。如果经济条件允许，则可住三星级、四星级饭店。

资料来源：http：//www. yeaya. com/Wiki. aspx？ id = 11070

第四节　饭店业的发展现状与趋势

一、国际饭店业的现状与发展趋势

1. 国际饭店业的发展现状

国际饭店业的发展现状具有以下三个特点。

（1）产业规模持续增长。国际饭店业作为服务旅游与商务休闲消费、房地产投资、资产保值与增值等多重功效于一体的产业，其规模和水平已经成为全球消费服务产业的主体。国际饭店企业集团的销售收入规模也进入世界大企业行列。尽管全球经济在过去的1年多时间里持续低迷，然而饭店业发展仍然乐观。

（2）品牌企业逆市成长。根据最新数据，2010年全球饭店集团排名10强中，第一位是洲际酒店集团，2009年其饭店数为4432，客房数643787间，逆势上扬比2008年增长3.9%。第二名为温德姆酒店集团，饭店数7112，客房数597674间，增长0.8%。其他依次为希尔顿酒店集团，万豪国际集团，雅高集团，精品国际饭店公司，最佳西方国际集团，喜达屋全球酒店与度假村集团，卡尔森环球酒店集团和全球凯悦公司。其中希尔顿酒店集团规模增长率达到8%。全球饭店特许经营集团前五名分别为温德姆酒店集团，精品国际饭店公司，洲际酒店集团，希尔顿酒店集团，最佳西方；全球饭店受托管理集团前五名分别为：万豪国际集团，洲际酒店集团，喜达屋，希尔顿和雅高集团；全球自主拥有饭店集团前五名为雅高集团，日本的NH饭店，米高梅饭店，拉昆塔和中国的如家集团。我们欣喜地看到，中国企业在短短的30年中已经出现位居前10名的民族品牌，我们有理由相信在不久的将来这一排行榜上会出现更多的民族企业。

（3）产业发展不均衡。2008年全球出租率最高的10个饭店市场是澳大利亚的佩斯、纽约、阿布扎比等；2008年全球房价最高的10个饭店市场是莫斯科、日内瓦、迪拜等。这些饭店均出自发达的欧美国家。

2. 国际饭店业的发展趋势

对于国际饭店业发展趋势，概括如下十个方面。

（1）市场成熟推动饭店服务品质升级。尽管规模扩张仍然是诸多国家饭店、尤其是新型市场的主要特征，但从全球来看，产业结构调整和升级是最主要的趋势，主要体现在对服务品质的重新解读和服务品质标杆的不断提升。“今天的奢华便是明天的必需”已经成为饭店产业共识。例如，威斯汀品牌在20世纪90年代推出天梦系列产品获得竞争优势后，又不断推陈出新，形成了以感官式欢迎、呼吸威斯汀、天梦之床、天梦之浴、天梦摇篮、家庭，健康美食、天梦水疗中心、快捷服务中心、威斯汀健身、会议、婚礼、闲适时光等服务特色。

（2）新型旅游业态催生差异化饭店产品。随着产业融合发展，新型业态不断出现。在传统饭店商务、旅游、会议等基本产品基础上，针对健康旅游、医疗旅游、生态旅游、美食旅游、文化旅游、邮轮旅游等新型旅游消费的饭店产品日新月异。各种不同类型的城市商务主题饭店、休闲养生饭店、绿色饭店等成为品牌延伸的新亮点。

（3）社会文化及生活方式的转变促进饭店产品革命，体验式消费成为主流。世界正在经历历史上最大和最快速的社会变革。人口结构、家庭结构、价值观念等正在全面改变我们今天的生产和生活方式。其中，两极市场值得特别关注。第一，人口的老龄化已经在全球出现，中国将在2050年全面进入老年社会，候鸟型消费增加，独子养老时代已经来临。饭店业必须适应这一趋势，发展老年公寓、饭店型养老机构、第二住宅等新型业态；第二，西方社会的第五代、第六代、第七代和中国的80后、90后已经进入市场，成为最有增长潜力的市场。人口结构的变化导致全球消费转型正在发生。基于短缺经济的生活必需品消费模式正在被基于富裕和享受的生活享受型消费取代，人们对休闲、文化、艺术等体验型消费的需求进一步提高，加上闲暇时间的持续增加、汽车和高速铁路等交通工具的进一步发展使这些消费欲望变为现实。由此而来，个性化、差异化和体验型饭店产品成为主流趋势。

（4）产业集中度提升催生饭店集团品牌发展。如同任何产业发展轨迹一样，饭店产业其集中度也进一步加强。以美国为例，饭店产业C8指数达到了60%，目前我国这一数据尚不足10%。随着产业集中度提升，通过对核心品牌的向上和向下延伸，国际饭店集团纷纷走向多品牌发展之路。例如，雅高集团品牌谱系达到15个，从奢华品牌到廉价经济饭店，喜达屋集团品牌谱系9个，希尔顿集团品牌谱系9个。除此之外，一些国际集团在跨国经营的过程当中，为了新兴市场而量身定制的品牌也在不断地涌现。

（5）竞争加剧产业一体化进程。作为进入壁垒低、竞争充分的饭店产业，一体化进程正在加速进行。饭店产业重组、并购越来越多。例如，万豪并购里兹卡尔顿，成为全球品牌最多的饭店。此外，喜达屋收购喜来顿和威斯汀、雅高收购 Motel 6，Red Roof Inn 等都是行业内经典并购的成功案例。2010 年，全球饭店交易量上升 20% ~ 40%。我们也欣喜地看到，中国饭店企业随着实力提升，也将快速进入资本运营时代。据预测，未来 5 年中，本土饭店品牌之间的并购、本土饭店品牌对国际品牌的并购、国际品牌对本土品牌的并购、非传统产业对饭店产业的兼并等都将成为潮流，如香港中旅、华侨城等集团资本运营将改变中国饭店集团产业布局。

（6）经济危机迫使饭店产业更加关注运营成本及企业债务，服务共享与第三方服务成为趋势。受全球经济危机影响，通过短期性战略获得赢利也十分普遍，主要包括减少部分服务、服务共享与外包经营、增加市场份额及顾客忠诚、开展草根营销与社交网络、提供团队与商务旅行灵活性等。例如，集中性的集团 call center 将为饭店集团提供标准化的预订处理和定价以提升盈利水平和确保质量品质，集中数据处理和控制等。此外，第三方市场营销服务、第三方安全审计及监管等被越来越多地采纳。由此催生出饭店产业服务衍生市场的发展。目前，在区位选择上，将饭店集团数据处理中心转移至低成本地区的服务外包将出现。

（7）组织文化和价值观成为饭店成功的关键。如果说单体酒店的成功多依赖于企业家精神和职业经理人个体性努力，那么企业集团的可持续发展则取决于饭店所创立的企业文化和价值观。我们所熟悉的四季集团等都具有自身持之以恒的信仰和为员工所认同的价值观念。

（8）技术变革导致饭店产业的革命改变。技术正在改变着整个世界，也改变着我们习以为常的传统产业模式。目前饭店技术主要集中在网络预订、网络宣传和优化管理流程上。根据预测，到 2020 年随着旅游电子商务的发展，基于技术的饭店业将出现以下 6 个特征：第一，旅游者实时连接。客人通过新一代无线通信工具，将与饭店实现 B2C 的实时无缝连接；第二，旅游者体验。通过更加高效的网络服务来为旅游者提供更加个性化的信息和体验；第三，社交世界与 Web2. 0 微博的普及，如国际上通用的脸谱、Twitter 等。网络论坛等将成为营销的主要工具；第四，基于地点和内容的信息获取，如通过谷歌地图来为顾客提供更充分的饭店信息；第五，延伸现实。通过数据挖掘和存储等技术来丰富和延伸旅游信息，从而使客人获得更优的旅游体验；第六，物联网环境下的饭店生活。随着物联网在饭店的普及，将使饭店的产品和服务更加丰富。

（9）企业社会责任成为饭店核心价值观。随着企业外部经营环境的变化，如企业面对日益增强的利益相关者诉求和压力、消费者生态环境的恶化及全球气候变化等因素，企业在社会道德、保持就业、维护社会稳定、环境保护、消费安全、国家品牌及竞争力建立等方面需要承担的社会责任也日益增强。同时由于新闻传播对企业的高度关注，国内外企业丑闻的不断出现，越来越多的企业开始从战略层面来研究和推行相应的社会责任计划以树立企业形象。国内外旅游企业也越来越多地重视其社会角色和社会责任。

（10）全球化时代中的全球本土化运营。我们生活在一个全球化的时代，国际饭店集团跨国经营已经将全球饭店产业紧密联系在一起。目前，前10位的国际饭店集团国际化比例已达30个国家和地区以上。如果说最初的国际集团跨国经营是为了更好地为国际客人需求服务，今天，国际集团其目标更重视本土市场，中国的五星级饭店国内客人比例将达到80%；与此同时，旅游者对原真性体验的追求也促使国际饭店企业在强调标准化、统一性的同时，更加关注在饭店设计、建设、服务、管理等方面融合本土文化，更加尊重本土价值观念。全球本土化成为未来饭店业发展的方向。

同步思考

对比国际与国内饭店业，思考中国饭店业应该在哪些方面做出努力，缩小与国际饭店业之间的差距？

分析提示：

中国饭店业要在培育企业的竞争优势上狠下功夫，这是企业得以成长的根本源泉，也是中国饭店业与国际饭店集团的真正差距所在。市场竞争越激烈，优胜劣汰的筛选就越取决于管理、技术、文化、品牌、人才等方面。对于中国饭店集团来说，应该充分利用自身所具有的“后起者优势”，加强市场营销网络工作，培育以中国为主的核心市场；开展标准化和制度化进一步建设，形成自己独特的管理模式和管理文化；同时注重由产品经营过渡到品牌经营，进而赢得自身的市场竞争优势。我们要成为世界旅游强国，中国饭店集团的发展就不能是地区性的或国内性的，而是要有国际水平的、能够参与国际竞争的大饭店集团。随着国际饭店行业兼并、重组、集团化进程急剧加快，跨国公司市场占有率日益提高的局面日益形成。我们现在已没有时间按部就班地培育、发展自己的集团，否则就会让跨国饭店集团挤垮，中国饭店业集团化进程不能再小打小闹，而是要超越自己，要进行资源整合，要很好地进行资本运作。中国饭店业发展既要善于从国际著名饭店集团“拿来”，又要在本土上做大市场，然后创造出更理想的国际化饭店企业的发展道路。

二、中国饭店业的现状与发展趋势

1. 中国饭店业的发展现状

改革开放以来，中国饭店业蓬勃发展，成为国民经济各行各业中发展最快和最具生机活力的行业之一，也是率先接近国际水准的行业。中国饭店业的现状可概括如下：

（1）饭店产业规模庞大，饭店投入金额巨大。中国饭店业已形成一个大的产业，到2010年年末，全国11779家星级饭店，拥有客房147.64万间，床位256.64万张；拥有固定资产原值4546.77亿元；实现营业收入总额2122.66亿元；上缴营业税金111.36亿元；全年平均客房出租率为60.28%。在11779家星级饭店中：五星级饭店545家；四星级饭店2002家；三星级饭店5384家，二星级饭店3636家，一星级饭店212家。全国4179家国有星级饭店，2010年共实现营业收入760.15亿元，上缴营业税

38.22 亿元。全国外商和港澳台投资兴建的 537 家星级饭店，2010 年共实现营业收入 334.42 亿元；上缴营业税 16.91 亿元。由此可见，中国的饭店业已形成了一个规模巨大的产业。

（2）饭店转入买方市场，企业进入微利时代。改革开放初期，中国饭店业规模小、数量少，难以满足海外旅游客源迅速增长的要求。特别是北京、上海、广州等口岸城市，由于饭店数量严重短缺，客人往往无处投宿。当时的饭店业主动权完全掌握在卖方手中，饭店有什么样的产品，客人只能被动地购买什么样的产品，几乎没有选择的余地，因而是典型的“卖方市场”。随着中国饭店业的不断发展，旅游饭店如雨后春笋般地不断兴起，饭店业无论是档次、结构还是数量、种类都已发生了根本性变化，中国的饭店业已形成了庞大的产业规模，一些地区甚至出现了供大于求的状况。现在的饭店市场，消费者已成为主体，对饭店有着充分的选择权和消费购买决定权，因此，现在饭店已完全转入“买方市场”。面对日益成熟和理性的消费者，旅游饭店只有充分地尊重并满足客人的需要，才能获得更好的生存和发展。

（3）供求关系比较宽松，饭店市场竞争激烈。近几年来，由于在建饭店的持续增加和房地产、培训中心以及社会旅馆转项等因素，导致了旅游饭店数量增长较快。20 世纪 80 年代，每增加 10 万间客房需 4 ~5 年时间，但在 1994 年以后，每年增加的饭店客房数就达 10 万间以上。尽管国际国内旅游客源对饭店的消费需求也在逐年增长，但增长的速度相对缓慢。过快的饭店供给增长，使目前饭店供求关系比较宽松的现象十分普遍。

由于饭店供给大于需求，必然造成供求失衡、竞争加剧。虽然这种竞争存在着一些无序的情况，但总体看来，竞争还是有规律的。目前饭店业的竞争，主要表现出两大特点：①国际竞争国内化，国内市场国际化。国际上的竞争现在已是大军压境，众多的外国饭店集团纷纷进入中国市场，和中国的饭店业展开竞争。这就是国际竞争国内化。中国饭店市场实际上不出国门就已经是一个国际化的市场了。这就是国内市场国际化。②竞争具有层次性：第一层次是价格竞争；第二层次是质量竞争；第三层次是文化竞争；第四层次是品牌竞争。

（4）集团化经营得到发展，饭店业面临新的挑战。随着中国旅游涉外饭店业的蓬勃发展，饭店管理具有很强的专业技术性，这一观点越来越被人们接受，因此过去那种饭店谁建谁管的观念受到很大的冲击，随之而来的是饭店管理专业人才的缺乏问题。这种客观现实为中国饭店管理公司的诞生和发展创造了条件。随着国际饭店集团纷纷进入中国市场，对国内饭店形成了巨大的压力，国内饭店必须走向联合，通过集团化经营，迅速壮大实力，才能抵御外来的压力。为了扶植中国自己的饭店管理公司的发展，1988 年国家旅游局向国务院上报了《关于建立饭店管理公司及有关政策的请示》，由国务院办公厅以国办发【1988】17 号文下发了此文，确立了饭店管理公司的性质、意义和职能，拉开了中国饭店管理公司的序幕。到 2010 年年底，中国已有 200 多家饭店管理公司，饭店集团化经营得到较大发展。

从发展趋势看，中国饭店集团化尽管有发展的势头，但还没有力量形成像国际上的假日、希尔顿、喜来登等大的饭店集团，关键是我们的管理技术与管理模式还达不到那种水平，中国饭店业向海外扩展也需一段时间。

补充材料

2008年7月，美国“HOTELS”公布全球酒店业300强2008年度排名，其中入选的15家中国酒店集团（包括注册在香港的公司）为上海锦江国际酒店集团第17位、香港香格里拉酒店集团第35位、金陵连锁酒店第48位、广东粤海（国际）酒店集团第50位、香港中旅维景国际酒店第51位、北京首旅建国酒店管理公司第53位、海南海航酒店集团第61位、格林豪泰酒店第88位、香港东方文华酒店集团第120位、香港瑞雅国际酒店第126位、北京天伦国际酒店第142位、香港朗廷国际酒店第168位、北京凯莱国际酒店第176位、香港富豪国际酒店集团第192位、香港半岛酒店集团第251位。

（5）饭店市场空间广阔，饭店发展前景良好。中国幅员辽阔，历史悠久，文化璀璨，风景秀丽，政治稳定，交通便捷，加之良好的服务形象和旅游信誉，使中国的旅游业具有广阔的市场空间和发展前景。2010年，共接待入境游客1.34亿人次，实现国际旅游外汇收入458.14亿美元，国内旅游人数21.03亿人次，收入12579.77亿元人民币，两者收入约为1∶2.5，而国际上两者的比一般为1∶9，说明中国国内旅游市场的潜力是巨大的。据国家旅游局预测，至2015年，中国国内旅游人数将达到33亿人次，到2050年将达到50亿人次。据世界旅游组织预测，至2020年，中国将成为世界第一旅游目的地。这足以说明，中国旅游业将有着辉煌的发展前景。在中国由亚洲旅游大国向世界旅游强国跨越的过程中，中国的饭店必将获得巨大的发展。

2. 中国饭店业的发展趋势

对于中国饭店业发展趋势，概括如下九个方面。

（1）饭店发展集团化。随着经济运行全球化，市场和资源跨国化的影响，世界饭店集团每年都在调整和兼并之中，饭店业的联盟和合并导致更大规模的饭店集团的诞生。如英国巴斯公司先后兼并了国际假日酒店集团、洲际酒店集团等成为更大规模，更具竞争力的英国巴斯酒店集团（Bass Hotels & Resorts）。与此同时，随着网络技术的发展，饭店销售除传统方式外，更多地利用互联网进行网上宣传、网上预订和不同行业间集团联合促销，饭店品牌在互联网上将有着巨大的魅力，品牌将越显重要，只有全球化、品牌化饭店才会在现代营销中得益。

走集团化发展道路，饭店企业一方面可以自己“造船”，在科学调研的基础上，合理扩大饭店企业的经营活动领域，走多元化经营之道，降低企业风险。另一方面，饭店企业也可与其他竞争对手建立横向战略联盟，组成联合舰队，以“销售联合体”、“命运共同体”等方式携手共进，在市场经济的大洋中共进共退。如中国名酒店俱乐部，加入者按客房数上缴会费，组成命运共同体。饭店企业还可与旅行社、旅游经销商、航空公司等建立纵向的战略联盟，如国外一些著名的饭店集团就是以航空公司为依托，走联合发展之道路。饭店还可采用现代网络技术，组建相对松散的饭店联合体。

而通过购买特许经营权等手段依附于某一著名的集团，借助于集团的品牌优势，采用“借船出海”的方式进行连锁经营，也是饭店企业走集团化发展道路的一条捷径。

（2）饭店竞争品牌化。随着服务对象的日益成熟，感性消费时代的来临以及饭店市场的日趋规范，在全球经济一体化的大背景下，国际上拥有著名品牌的饭店集团大量登陆中国饭店市场，中国饭店业将进入品牌竞争的时代。品牌竞争是以客人的满意度、忠诚度和饭店的知名度、美誉度为核心的竞争，其关键点是如何把握消费时尚，抓住消费者的心，打动消费者，把自己的品牌根植于消费者的心目中。所以，品牌竞争实际上就是通过消费者的满意最大化达到市场份额和经济效益的最大化。

品牌竞争要求饭店企业必须增强饭店品牌意识，注重品牌的设计和推广，坚持以过硬的质量作为品牌竞争的基础，以独特、新颖、鲜明、引人入胜的形象作为品牌竞争的标志，以灵活多变的公关宣传作为品牌拓展的手段，以合理的价格作为品牌含金量的尺度，并以深厚的文化底蕴作为品牌的生命，从而在消费者的心目中确立饭店的品牌。所谓“情人眼里出西施”，当消费者眼里只看到你的产品或服务，对同类企业置若罔闻时，饭店的品牌就发挥出了巨大的魅力。

（3）市场高度细分化与多元化营销策略。随着新时代旅游的发展，市场需求呈现多样化、个性化态势。饭店将注重市场需求的细分化，实行“小市场、大份额”战略，通过开发个性化产品和提供个性化服务来赢得目标顾客，许多有着鲜明特色和明确市场定位的主题饭店增多，如现代商务饭店、青年旅馆、汽车旅馆等。与此同时，随着顾客需求的变化和市场竞争加剧，饭店的营销策略呈多元化趋势。整合营销、利基营销、三元营销、关系营销、政治营销、资料库营销、绿色营销和网络营销等新的营销观念和策略不断涌现。

（4）饭店组织结构扁平化。在传统的饭店组织体系中，显要特征之一是层级分明、中间层次过多，饭店企业从上到下，通过严格的分工，形成层层级级的垂直体系，由此导致的直接后果一是人员虚设，职责不明；二是严重影响企业内部各类信息的畅通流转，因为饭店企业内的每一个层级都会成为信息的过滤器，饭店企业层次过多，三角形高度越大，饭店的有关信息在通过这些层次时，就越有可能受到“它们”的“处理”，使得信息变形、走样、曲解、甜蜜化、片段化、失真化。

扁平化的组织机构其特点是饭店企业的组织结构顶端到结构底部之间的层次数量减少，组织的管理幅度加宽，使得饭店组织结构由“高深”变得“扁平”。同时，由于一线员工是客人和饭店接触的“关键点”，直接决定饭店的服务质量和客人的满意程度，因此，在扁平化组织结构中，适当扩大了一线员工的权限。通过这样的结构改革，一方面有利于精简人员，充分发挥在岗人员的积极性，另一方面，信息在这样扁平化的组织结构中流转时，由于中间“处理器”减少了，信息准确性也得到了相应的保障。再者，这种组织结构适合时代要求，能及时为客人解决各类问题，提供各种快捷、优质的服务。因此，饭店应加强内部改革，精简人事、适当放权。但是，在扁平化的组织结构中，由于管理人员的管理幅度变宽，要求管理者具备更强的管理能力以及相关知识，这也对饭店从业人才提出了一种挑战，由此产生饭店人员职业化的发展趋势。

（5）饭店设施设备智能化。随着互联网技术的发展和全社会信息化进程的加快，以电子信息技术为代表的现代科技，逐步进入饭店业，饭店的智能化程度不断提高，客人感到更加舒适、方便。网上预订、网上宣传促销将逐步取代传统的电话预订、邮寄宣传资料和新闻媒体广告等；客人入住手续方便快捷，完全电脑化操作，客人可直接从电脑屏幕挑选自己喜欢的房样类型，不再像以往那样由总台分配哪间房间就住哪间房间；客人的身份资料也将利用先进的电脑扫描技术录入电脑，免去人工登记、确认等烦琐的程序；客房配备先进的 DVD 设施、多媒体互联网络和电子控制技术，客人可以通过房间内的电脑显示确认自己的个性服务内容。如每天叫醒时间、送餐时间、收衣和送衣时间、预订机票和宴席、与工作单位联系和客户进行业务联系等。

（6）饭店管理人本化。在知识经济时代，人才不仅是生产要素，更是企业宝贵的资源，尤其是饭店企业，其产品和服务质量的决定因素关键在于人。因此，饭店企业将会更多地采用人本管理的方式来密切企业与员工的关系。

人本管理的最终目的不是以规范员工的行为为终极目标，而是要在饭店企业内部创造一种员工自我管理、自主发展的新型人事环境，充分发挥人的潜能。因此，未来的饭店企业将会更加注重提高员工的知识含量。在饭店企业内部，将会建立一套按能授职、论功行赏的人事体制，通过员工的合理流动，发挥员工的才能；通过目标管理，形成一套科学的激励机制，在企业内部做到自主自发；通过饭店企业文化，利用文化的渗透力和诉求力，培养忠诚员工，确保饭店企业人力资源的相对稳定，避免饭店因频繁的人事变动而大伤元气。

21 世纪的竞争，是知识的竞争，归根结底是人才的竞争。未来饭店的经营应树立“顾客第一，员工第一”的经营理念，使饭店成为“宾客之家，员工之家”。饭店要注重员工的培养，为员工创造宽松的人际关系、舒适的工作环境，较多的晋升机遇和较高的工资福利。因为员工是服务的实施者，只有满意的员工才会提供满意的服务。通过赋予员工更大的权利和责任，使被管理者意识到自己也是管理者的一员，进而更好地发挥自己的自觉性、能动性和创造性，充分挖掘自己的潜能，在实现自身的人生价值的同时，为企业做出更大的贡献。

（7）饭店发展可持续化。长期以来，饭店业一直冠着“无烟产业”的绿色牌子。事实上，在饭店业的发展过程中也存在着可观的浪费：每天产生许多一次性消耗品，倒掉大量的食物，成为生产“生活垃圾”的大户……基于现代环境、能源、人口等世界性的问题进一步恶化，考虑到社会和顾客的长期利益，饭店将逐步走上一条可持续发展的道路。它要求饭店企业在发展过程中，不应以短期的、狭隘的利润作为行为导向，而应具备强烈的社会意识和环保意识，讲义求利，考虑到顾客、饭店、员工、社会等各个方面的利益，将饭店企业、顾客的利益与整个社会的长期利益作为饭店发展的最终目标。

（8）饭店服务个性化。20 世纪 90 年代以后，饭店逐步进入个性化服务时代，许多产品有特色、服务有个性的饭店在市场上呈现出强有力的竞争力和生命力，而那些产品雷同性强，服务无特色的饭店皆面临生存的危机。饭店在为所有来店客人提供规范化、标准化服务的同时，更注重对不同客人提供具有针对性、个性化服务。个性化服务是规范化服务的延伸。它体现在工作责任心、感情投入、灵活、超常、自选等方面，它能让客人最感满意，有时还能为客人带来惊喜。如豪华酒店中的“金钥匙”，被客人视为“百事通”、“万能博士”和解决问题的“专家”，它代表了饭店委托代办的最高水平。

（9）饭店效益微利化。在饭店发展初期，受供求关系的影响，饭店业一度成为“暴利”行业。随着供求关系的逐步平衡，饭店业逐步回归“百姓”，这意味着饭店业已步入微利时代。跨入新世纪，饭店效益微利化的趋势将更加鲜明，其中原因可归结为：第一，随着我国国民收入的大幅度提高以及居民闲暇时间的增多，我国饭店业的消费主体已从原先以海外消费者、高档商务消费者为主转变为以大众消费为主体的时期。第二，随着中国饭店市场的逐步规范，饭店业也逐步成熟，开始走下“暴利”的“神坛”，向社会平均利润靠拢。第三，受原先饭店业高额利润的诱惑，大量资金和企业进军饭店业，“全民办饭店”促成饭店买方市场的形成，饭店业将面临更加激烈的竞争。第四，世界范围内能源危机的出现和知识经济时代的影响，饭店企业的经营成本将会有所上升。

面对微利化的挑战，饭店在发展过程中一方面应加强管理，降低成本，减少支出，增加效益；另一方面必须拓宽经营思路，寻找新的经济增长点，利用饭店的品牌优势、销售网络优势、关系优势、技术优势等，积极开展店外营销、社会服务、物业管理等活动，通过组织举办名人演唱会、体育活动、科教活动等，扩大饭店经营活动领域，提升饭店形象。

本章小结

本章首先介绍了饭店的含义、功能和特点，对饭店发展历史沿革做了比较详细的阐述，同时对饭店的类型与等级和饭店发展现状与趋势进行了较为系统的阐述。作为未来走向饭店管理岗位的从业人员，了解饭店的基本知识可以为接下来的学习做好准备，也可为日后职业工作奠定基础。

思考与实践

一、思考题

1. 饭店的含义。
2. 饭店的分类。
3. 中国饭店业的发展历史。
4. 中国现代饭店业的四个阶段。
5. 世界饭店业的发展历史。
6. 饭店业的发展趋势。

二、选择题（有一个或一个以上正确答案）

1. 中型饭店客房数通常为（　　）。

A. 100 ~ 200 间　　B. 300 ~ 500 间　　C. 300 ~ 400 间　　D. 200 ~ 500 间

2. 世界饭店业的发展依次经历了（　　）。

A. 商业饭店时期　　B. 客栈时期　　C. 大饭店时期　　D. 新型饭店时期

3. 饭店业发展趋势包括（　　）。

A. 饭店服务标准化　　B. 饭店服务规范化　　C. 饭店发展集团化　　D. 饭店管理人本化

三、是非题

1.（　　）饭店业是以盈利为目的的企业。

2.（　　）饭店评星定级后，其星级标准不会改变。

3.（　　）星级制是把饭店根据一定的标准分成的等级，一星级最高。

4.（　　）国家旅游局1978年正式颁布了《中华人民共和国旅游涉外饭店星级标准》，开展涉外饭店星级划分与评定。

四、实践题

结合当地一家五星级酒店，谈谈作为一名酒店管理者如何实现管理人本化？

五、案例题

从酒店供给看，目前我国经济发达地区、重点旅游地区酒店供过于求的状况在一段时间内难以改变，酒店业竞争激烈，总体利润在正负间徘徊，因此外部资本在这些地区投资新建酒店的可能性较小，进入这一领域的方式主要为所有权收购、合同管理、特许经营等。

从进入酒店管理市场的资本类型看，国内民营资本在上述管理方式中不占优势，投资回报难以达到理想水平，因此进入的力度不会很大。境外资本凭借其先进的管理模式、知名的系列品牌组合、规模化的跨国网络、稳定的客源保障，在我国庞大的市场需求吸引下，将加快进入的速度与力度。目前，国际排名前十位的酒店管理集团已基本进入我国市场，如假日、喜来登酒店及度假村、雅高、万豪国际、凯悦、香格里拉酒店、希尔顿等，并加快了争夺市场份额的节奏。他们不但积极抢占高端酒店市场，近几年又开始向中低档经济型酒店扩张。

从国内国有酒店集团情况看，由于行政划拨和地方保护所形成的地域集中特征，使其难以实现实质性的规模化、网络化，难以有效分散经营风险，加之其在管理模式上的劣势地位又难以与境外资本抗衡，故这些企业在巩固现有市场地位的同时，不同程度地加大了向经济型酒店的扩展力度，并尝试逐步打破地方行政壁垒，通过与区域外酒店集团的资产置换，实现中低档酒店市场的占有率和酒店布局的分散化。

问题：根据以上对国际国内酒店集团的分析，国内饭店集团应该采取怎样的策略应对当前局势？

参考答案

一、略

二、1. B　　2. BCAD　　3. CD

三、1. 对　　2. 错　　3. 错　　4 错

四、略

五、分析提示

（1）借用他山之石，与国际接轨。

（2）苦练内功，做强本土王牌。

（3）弘扬传统，挖掘文化特色。

第二章 饭店管理概述

学习目标

知识目标：了解饭店管理的概念与职能，掌握饭店管理的基本理论与管理方法，熟悉饭店管理者应具有的新思维与新观念

能力目标：通过对本章基本理论知识的学习，能够具备当代饭店管理者应具有的新思维和新观念，并能够结合管理的基本理论和管理方法管理实际问题。

课前导读

旅游饭店是集食、宿、娱、购等为一体的综合性服务企业，饭店管理也是以管理学一般原理和理论为基础，涉及人、财、物、时间、信息等多种管理内容的一门独立的管理学科。为适应现代旅游饭店管理的需要，要求从业人员在理解和掌握管理一般理论的基础上，对饭店管理的概念与职能、饭店管理基本理论和管理方法、饭店管理者应具有的新思维和新观念都要有所熟知，为日后成为一名优秀的管理人才做好准备。

第一节 饭店管理的概念

一、管理的内涵

人类社会自从有了集体化协作劳动，管理就已经存在了。而对于什么是管理，并把管理作为一门学科加以研究，则是在20世纪初才出现的。对于管理，众多学者从不同的角度做出了不同的定义。

美国的哈罗德·孔茨和西里尔·奥·唐奈认为，管理就是通过别人使事情做成的一种职能。管理的工作内容就是进行计划、组织、人事、指挥和控制，孔茨强调管理的工作内容。

美国管理学家西蒙认为，管理就说决策。决策贯穿于管理的全过程和管理的所有方面，任何组织都离不开对目标的选择，任何工作都必须经过一系列的比较、评价、决策后才开始。如果决策错误，管理执行的较好，损失就越大。所以，西蒙认为管理就是决策，决策是管理的真谛。

管理学家穆尼认为管理就是领导。因为任何组织中的一切有目的的活动都是在不

同层次的领导下进行的，组织活动的有效性取决于领导的水平和有效性。

还有的学者认为管理就是沟通。因为管理的主体是人，管理是如何做人的工作，其中观念整合是先导，所有的管理问题归根到底都是沟通的问题。

显然，由于人们的研究立场、方法和角度不同，对管理的定义也就多种多样。在这里，我们采用美国管理学家斯蒂芬·P. 罗宾斯博采众家之长对管理下的定义：

所谓管理，是指通过与其他人的共同努力，既有效率又有效果地把工作做好的过程。在这个定义中，过程、效率、效果这三个关键词值得我们讨论。

1. 管理过程

早在20世纪初期，法国工业经济学家亨利·法约尔就已经提出：所有的管理者都必须执行涉及管理过程的五项管理活动，这五项管理活动就是计划、组织、命令、协调和控制。目前最为盛行的管理学教材把管理过程简化为四项，即计划、组织、领导和控制。

计划，首先是对组织目标进行定义；其次是建立一个总体战略以达到这些目标；最后是制定一个易于理解的层级计划来整合并协调组织的各项内容。设定目标为的是把工作落到实处，并能帮助员工关注组织中那些最重要的事情。

组织，就是对组织结构进行设计，决定要执行哪些任务、谁来完成、任务如何分配、谁向谁汇报、在哪里制定决策等。

领导，就是指挥、协调组织中的员工。当管理者激励员工、指挥其他人的活动、选择有效的沟通渠道来解决员工之间的冲突时，我们认为他正在履行领导的职能。

控制，就是监督、比较、纠错的方式与方法。在目标已确定，计划已制定，机构已安排，员工的聘用、培训及激励等活动都已完成之后，可能还会发生一些差错。为了保证组织所进行的活动能够按照既定的方向进行，管理者必须监督组织的绩效。实际的绩效必须与以往所设定的目标相比较，如果比较的结果存在明显的偏差，那么管理者就有责任使组织回到正轨上来。

2. 效率和效果

效率和效果所要回答的是“做什么”和“怎么做”的问题。所谓效率是指通过正确地做事，将投入转换为产出。例如，在既定的投入条件下，如果获得了更多的产出，那么我们就说效率提高了。同样，用较少的资源投入，获得了相同的产出，这也是提高了效率。既然管理者需要投入的资源如财力、人力、物力都是稀缺的，他们就会关注这些投入的有效使用问题。所以，管理关注的是资源成本最小化的问题。

资源成本最小化固然重要，但对组织来说只有效率还远远不够。管理还得关注既定目标的实现情况。在管理学中，我们称之为效果，即做正确的事。对于一个组织来说，就是达到其既定目标。

尽管效率和效果是两个不同的概念，但是两者密切相关。如果不考虑做事的效率，就很容易达到效果。例如一家酒店不考虑所投入的人工和材料等成本费用，那么酒店完全可以为顾客提供更为优质的服务。同样，一些旅游企业和部门（如航空、铁路、出入境关口等）出于安全等方面的考虑，在旅游客流高峰期采取了更为严格的措施，效果虽好，但却遭到了游客的抱怨和批评。由此我们认为，有效的管理既要关注目标的实现（效果），也要关注实现目标的效率。

二、饭店管理的概念

饭店管理是指饭店管理者或管理机构，依据企业所处的内外环境及可利用资源，通过执行计划、组织、领导、控制等管理职能，保证饭店业务均衡发展，并最终实现饭店效益目标的活动过程。

饭店提供的产品属于服务型商品的生产销售性质，生产依赖于市场，市场的结构、组成、半径、需求弹性等，决定了饭店产品的形态、价格、客源渠道等。商品销售也依赖于市场，饭店销售形式是把客人引入饭店进行消费。饭店管理者要想对饭店实施有效的管理首要前提是正确了解与评价市场，要进行充分的市场调查、市场预测及市场分析，科学分析饭店所处的内外环境的优势和劣势，同时结合饭店的特征以及可以利用的人、财、物、信息、技术等资源，从而为饭店市场定位，据此确定饭店的战略规划组合。

饭店管理的重要活动是管理者执行管理职能，这是每个管理者的基本职责。现代管理要求管理者精通业务，全面熟悉管理范围内的业务技术，根据管理层次与需要，有一定的时间参与管理范围内的业务，但并不强调必须人人参加业务操作活动，然而必须执行管理职能，并授予各管理岗位管理职能的具体内容。

饭店同其他组织一样有既定的管理目标，即实现一定的社会效益与经济效益。饭店占有和消耗社会劳动，就必然要承担社会责任，服务于社会，服务于顾客。饭店应满足消费者的旅居和日常消费的需要。同时饭店也应是社会精神文明的窗口。从某种意义上讲，饭店的社会效益是根本，好的社会效益会提高饭店的市场形象，增加企业品牌资本与知名度，同时也能给企业创造良好的外部环境，进而促进经济效益的提高。

饭店在一切管理活动中都离不开资源，饭店可能利用的资源如下：

（1）人力资源。在饭店经营过程中，需要具有管理技能的管理人员，训练有素的服务人员、厨师及有关的专门知识技能的人员。

（2）财力资源。饭店经营活动中，必须具备一定数额的资金，资金的来源是多方面的，包括自有资金、银行贷款、合股资金等。

（3）物力资源。物力资源包括饭店的建筑、设施设备、储备物资、当地食品原材料的供给、能源等。

（4）信息资源。饭店经营管理决定饭店效益，而一切经营管理活动都离不开信息。随着饭店业的激烈竞争，信息的可得性、速度、质量、数量的好坏决定着饭店的生存与发展，饭店信息可分为外部信息与内部信息。外部信息为饭店经营决策提供依据；内部信息为饭店改善经营管理服务。

（5）技术资源。随着生产力的提高，高新和尖端科技领域对饭店业的渗透，技术资源对饭店经营管理的影响日益突出。它不仅能提高饭店设备的档次，完善服务环节，而且，现代技术的运用也改变了饭店产品的形态，拓宽了销售渠道，延伸了市场半径，同时也有利于饭店管理水平的提高。例如，保安监控技术、网上交易、商务服务、内部控制等。

（6）品牌资源。饭店在社会公众心目中的良好形象以及与周围其他企业、团体、政府职能部门的良好关系等。

同步思考

饭店经营与管理之间的区别与联系有哪些？

分析提示：

饭店的管理既包括经营又包括管理，经营与管理是两个密不可分的概念，但是两者又有区别。经营主要由上层管理者承担，管理主要解决饭店外部环境的有关问题；经营主要侧重于饭店全局性、战略性问题，管理既要考虑当前问题，又要考虑长远发展；经营以解决动态问题为主，非程序化，管理主要由中下层管理者承担，主要解决饭店内部条件利用问题；经营侧重于饭店局部的、战术性问题，管理主要是当前饭店产品生产技术活动，以解决静态问题为主，程序化。经营与管理在目标上具有一致性，经营是管理者发展到一定阶段的必然结果，经营中有管理，管理中有经营。

第二节　饭店管理的基础理论

饭店管理是以管理学的一般原理为基础，结合饭店本身的业务特点和管理特点而形成的一门独特的学科。可以说，管理学理论是饭店管理理论的一般化，而饭店管理理论是管理学理论的特殊化。饭店管理者只有认识并运用饭店管理的客观规律，才能对饭店的经营活动实行科学的、有效的管理。

一、科学管理理论

科学管理理论发展至今约有120年的历史，对饭店经营有着宝贵的实用价值。科学管理理论主要包括泰勒的科学管理理论、法约尔的一般管理理论和韦伯的行政组织体系理论。

1. 科学管理理论

弗莱德瑞克·温斯罗·泰勒（Frederick Winslow Tayor，1856—1915）是科学管理理论（Scientific Management）的创始人，被称为“科学管理之父”。他生于美国宾夕法尼亚州的一个律师家庭，从小醉心于科学研究和实验，曾经是普通职工、工长、总技师、总工程师。通过自学，于1883年获机械工程学学位。他热衷于科学调查，研究和试验并希望通过事实改进事务。他认为科学管理的根本目的是谋求最高工作效率，合理的管理可提高工作效率；同时他认为，应当用科学管理方法代替旧的经验管理，科学管理的核心是管理人员和职工双方在思想上要彻底变革，方法是通过明确的规范提高生产率。多年来，泰勒的科学管理理论的实施收到了很好的效果，不仅提高了生产效率，还降低了成本，提高了职工工资等。然而，该理论忽略了职工的主观能动性和社会性。泰勒的科学管理理论主要包括以下内容：

（1）制定工作定额。通过对职工工作动作的研究，制定出标准的工作定额，这是科学管理的基础。

（2）实施标准化管理。为了使职工完成较高的工作定额，除了使他们掌握标准的操作方法以外，还必须把职工使用的工具、机械、材料及工作环境加以标准化。

（3）执行有差别的计件工资制。按照工作标准和时间定额，规定不同职务的工资。对完成和超额完成工作定额的职工，以较高工资支付；对完不成定额的职工，按较低工资支付。

（4）选择和培训优秀的职工。所谓优秀的职工指最能胜任工作又有进取心的职工。在制定工作定额时，以优秀的职工长年累积的绩效为标准，管理者的责任在于为职工找到最合适的工作，并且培训他们成为最优秀的职工。

（5）将管理职能与执行职能分开，使管理工作专业化。把企业日常运行的管理工作授权给下级人员，管理者应致力于计划管理工作。

补充材料

南北战争结束以后不久，美国当时形成了一种新的工业发展的气氛，不少行业开始出现了大型企业。由于工业的快速发展，对提高生产率来说，管理成为最为薄弱的环节。当时尽管有一些人对管理进行了探索，但基本上仍然是凭传统的经验办事，管理十分粗糙。车间管理如劳动的专业化、操作的标准化和程序化都没有建立起来，更谈不上工作的协调、一体化和系统化。结果，不仅造成了极大的浪费，而且效率低下，生产的潜力也得不到发挥，因而有一批工程师、企业家对工厂、车间经营效率不高的原因进行了研究，通过实验来寻求合理组织生产和发挥工人潜力的方法，并利用美国的机械工程师协会发表各自的看法。泰勒就是在这种情况下走上历史舞台的。

2. 一般管理理论

一般管理理论（General Principle of Management）是由法约尔提出的。法约尔（Henri Fayol，1841—1925）是世界公认的经营管理理论的创始人，称为“现代经营管理之父”。他与泰勒是同时代人，出生于法国，1860年毕业于国立采矿学校，长时间内担任法国某煤矿公司的总经理职务，积累了丰富的管理经验。他曾在法国军事大学任管理学教授，并对其他行业的管理进行了广泛调查。退休后，他创办了管理研究所。法约尔提出了管理的普遍性和重要性。他认为，凡是有组织的活动就需要管理，管理是任何组织的一个独立因素。法约尔指出，经营与管理是两个不同的概念。经营是指导或引导一个整体趋向目标。经营的内容共有6种活动，而管理只是其中的一种。法约尔认为，企业经营的6项活动是企业最高领导和普通职工作不同职务中从事的各种活动，这些活动随着职务高低的不同而各有侧重。

（1）经营的6种活动。

1）技术活动，技术设计和工艺制造。

2）商业活动，包括采购、销售和交换。

3）财务活动，确定资金来源和使用计划。

4）安全活动，保证职工劳动安全及设备使用安全。

5）会计活动，编制财产目录，进行成本核算和统计等。

6）管理活动，包括计划、组织、指挥、协调与控制。

一般管理理论是站在高层管理者角度研究整个组织的管理问题。法约尔认为，管理是经营活动中的一项，而且是最重要的一项，管理包括计划、组织、指挥、协调和控制5项职能。

（2）管理的14项原则。

1）分工原则（Division of Work）。劳动分工必须遵循自然规律，劳动分工的目的是取得劳动投入的最佳效果，劳动分工的结果是职能专业化。

2）权利与责任（Authority of Work）。权利是指挥并要求别人服从的力量，权利和责任必须统一，有权必有责。应区别职务权利和个人权利，职务权利由职务产生，个人权利来源于个人智慧、经验、道德、领导能力和资历等，个人权利是职务权利不可缺少的条件。

3）纪律原则（Discipline）。职工必须遵守自己与企业达成的协议。企业应对职工详细说明协议，协议必须明确而公正。在纪律的基础上实现职工与管理人员之间的彼此尊重，而不是以恐惧为基础。各级管理人员应称职，在纪律遭到破坏时采取公正的惩罚措施。纪律是企业经营取得成功的必要保证。

4）统一指挥原则（Unity of Command）。职工工作中只接受一位上级管理人员的指挥并向其汇报工作；违反这一原则，权利会受到损害，秩序会被打乱，稳定会受到破坏。

5）统一领导原则（Unity of Direction）。企业在做同一目的工作时，只能在一个上级管理者和一个计划前提下进行，这是企业运行中的统一行动、协调工作、集中力量的前提。

6）个人服从整体利益原则（Subordination of Individual Interest to General Interest）。在企业，个人或局部利益不能超越企业的整体利益，管理人员应树立良好的榜样，并不断地评估和监督。

7）职工报酬原则（Remuneration of Personnel）。企业应保证职工的报酬公平合理，使职工和企业双方满意，对有贡献的职工进行奖励。企业应关心职工的健康、道德和培训，关注和改善职工的工作环境和生活条件。

8）集中原则（Centralization）。企业集权和授权程度不是千篇一律，而是根据企业的规模、条件和管理人员的道德品质、业务能力和可靠性而定。

9）等级链原则（Scalar Chain）。等级链是企业各级管理人员形成的权利线，用以贯彻企业的管理工作，使管理达到统一和高效并保证信息传递的秩序。

10）秩序原则（Order）。在企业管理中，职工应分配到合适的职务或岗位，设施和物品应放在正确的位置从而保持企业高效的运行秩序。

11）公正原则（Equity）。管理人员应亲切、友好、公正地对待职工，善于处理人际关系。职工受到公平的待遇后会忠诚于企业，努力完成工作。

12）保持任期稳定原则（Stability of Tenure of Personnel）。管理人员应采取措施，鼓励职工，尤其是鼓励管理人员长期为企业工作；同时为了企业正常的运转，应及时补充各职务的短缺。

13）创造原则（Initiative）。管理人员应赋予职工发挥主动性的机会，鼓励职工认真思考问题和不断创新。

14）团队原则（Team Work）。企业内部应建立和谐的工作气氛，提倡团队精神。

补充材料

法约尔的贡献在于把这些原则加以整理或概括成一个概念纲要，这是他首创的。这些原则和术语为以后的管理文献所广泛采用，成为尽人皆知的事物。但是在当时，他提出这些原则是既新鲜又富有启发性的。所以西方的管理学家认为这是管理思想发展史上的一个重要里程碑。

（3）行政组织体系理论

行政组织体系理论强调组织活动要通过职务或职位而不是个人或世袭地位来设计和运作。韦伯（Max Weber，1864—1920）出生于德国律师家庭，1882 年毕业于爱丁堡大学法律系。一生中他担任过教授、政府顾问、编辑和作家，撰写的著作有《新教的伦理》、《经济史》、《社会和经济组织的理论》等。韦伯认为管理应以知识为依据，行政管理体系应体现规章制度、管理知识和技术能力。他认为行政组织体系能提高工作效率，在精确性、稳定性、纪律和可靠性方面优于其他组织体系。他认为，只有以规章制度作动力，抛弃一切人事关系的感情色彩，公事公办，组织才有可能生存下去。这是唯一的道路。韦伯甚至以工业生产的机械化过程来比喻组织机构的行政组织化过程，认为一个组织越是能完全地消除个人的、非理性的、不易预见的感情因素或其他因素的影响，那么它的行政组织特征也就发展得越完善，从而趋于一种“理想的”、“纯粹的”状态。韦伯行政组织体系理论（Theory of Bureaucracy）内容包括以下 5 个方面：

1）实行职能分工。为了实现组织目标，要把组织中的全部活动划分为不同的职能作为明确的任务，分配给组织中的各成员。

2）等级系统。各种职务或职位应按等级原则组织起来，每一职务有明文规定的权利和义务，每一个下级接受上级的指挥和控制，形成一个指挥系统或层次体系。

3）人员任用。组织中的人员任用完全根据职务要求，通过正式考试或培训后进行挑选，每个工作人员必须称职，不能随意免职。

4）管理人员。管理人员不是管理单位的所有者，是有固定薪酬的职业管理人员，应受聘任。管理人员必须严格遵守组织中的各项规则和纪律，并按照组织的规则晋升。

5）工作原则。组织中的各级管理人员必须完全以理性为指导，不受个人感情影响，客观合理地处理各项事务。

补充材料

韦伯认为，这种高度结构化的、正式的、非人格化的理想的行政组织体系是强制控制的合理手段，是达到目的、提高效率的最有效的形式。这种组织形式在精确性、稳定性、纪律性和可靠性等方面都优于其他形式，能适用于各种行政管理工作及当时日益增多的大型组织，如教会、国家机构、军队、政党、经济组织和社会团体。韦伯的这一理论，对泰勒、法约尔的理论是一种补充，对后来的管理学家，特别是组织理论学者的理论研究产生了很大的影响。

二、行为科学理论

行为科学是对生产中的企业职工行为及其原因进行分析和研究的一门综合科学，它研究职工的各种需要、欲望、动机、目的、内动力、个性、情绪和思想，特别是研究人与人之间的关系、个人与集体之间的关系，研究上述因素与组织目标的关系并进一步研究改进生产环境、组织结构、管理方式，从精神上和物质上引导职工的积极性和创造性。行为科学理论早期始于20世纪20年代末的“霍桑实验”。其理论称为“人际关系”理论，在20世纪50年代后由于管理学的发展，许多社会学家、心理学家和管理学家都关注行为科学的研究，先后发表了大量著作和论文。

1. 人际关系理论

人际关系理论（Public Relation）也称为“霍桑实验”（Hawthorne Studies）。霍桑是一家工厂的简称，全名称是美国西方电器公司霍桑工厂（Hawthorne Plant of Western Electric Company）。霍桑实验是由美国教授约翰·艾尔顿·梅约（George Elton Mayo，1880—1949）和弗瑞斯·罗特列斯伯格（Fritz Roethlisberger，1898—1974）在霍桑工厂做的“人际关系”实验，实验的目的是研究工作条件对生产效率的影响，寻求提高劳动生产率的途径，实验得出的结论称为人际关系理论。梅约原籍澳大利亚，1899年取得逻辑和哲学硕士学位，后在美国宾夕法尼亚大学任教。他的著作有《工业文明的人性问题》、《工业文明的社会问题》。弗瑞斯·罗特列斯伯格原籍美国，获得文学士和理学士双学位，后取得文科硕士学位，曾任化学工程师，后来在哈佛大学研究室工作。霍桑的人际关系理论有以下4个方面的观点。

（1）职工是“社会人”，是复杂的社会成员，除了追求经济收入外，还有社会和心理等需求，包括职工间的友情、安全感、归属感、受人尊敬等，因此企业必须从社会和心理等多方面鼓励职工，才能形成动力，从而提高工作效率。

（2）企业除正式组织外，还存在非正式组织。非正式组织和正式组织相辅相成，对生产效率的提高有很大影响。

（3）生产效率的高低主要取决于职工工作态度，即职工士气，士气越高，生产效率就越高。职工士气指职工工作积极性、主动性和协作精神。企业提高生产效率的前提是提高职工满意度。职工满意度和职工工作效率与被上级管理人员、同事和社会认可和承认度紧密相关。

(4) 企业应采取新的领导方法，可邀请职工参加各项决策，改善职工之间的关系，重视上下级之间的沟通，建立管理人员与职工的面谈制度，消除不良的人际关系等。

2. 需要层次论

阿伯拉罕木·马斯洛（Abraham H. Maslow，1908—1970）是美国著名心理学家和行为科学家，生于美国纽约，1934 年获心理学博士学位。他的著名著作有《人类动机的理论》、《动机和人》。需求层次论（Maslow's Hierarchy of Needs）认为，人是有需求的，其需求取决于人们已经得到了什么，尚缺少什么，只有未满足的需求才能影响人的行为。人的需求有高低层次，较低层次需求得到满足后，较高层次需求才出现。人的需求可以划分为 5 个层次，从低级向高级需求排列为：生理需求、安全需求、感情需求（归属需求）、尊重需求和自我实现需求。较低层次需求没有满足后，高一级需求不会成为人的行为动力；低一级需求满足后，它不会再成为激励人们行为的动力。

(1) 生理需求（Physiological Needs）。人们行为的最基本需求是生理需求，包括衣、食、住、行、医药等生活必需品，是一切需求中的基本需求。在生理需求得不到满足的前提下，其他需求都不会构成激励因素。

(2) 安全需求（Safety Needs）。第二级需求是安全需求，包括生产中的人身安全，工作安定，没有失业的威胁，退休后有养老金等。当人们生理需求得到满足后，最大的激励因素应当是安全需求。

(3) 感情需求（Belongingnees of Love Needs）。第三级需求是感情需求，指友谊、爱情和归属感等方面需求。例如希望自己与同事之间保持良好的人际关系，朋友之间的友谊和忠诚，对家庭和孩子的爱，使自己有所归属等。

(4) 尊重需求（Esteem Needs）。第四级需求是尊重的需求，这类需求包括自尊和受别人尊重、赞美、赏识，受到更高的聘用，对能力、知识、成就和名誉地位的需求等。这种需求得到满足可带来自信和荣誉感。

(5) 自我实现需求（Needs for Self - actualization）。第五级需求是自我实现的需求，是马斯洛需求层次理论中最高级的需求。马斯洛认为，这种需求希望充分实现个人才能，在成就和职位、地位等方面达到自己所希望的高度。

3. 双因素理论

双因素理论（Motivation and Maintenance Factors）包括保健因素和激励因素。美国心理学家弗雷德里克·赫茨伯格（Frederick Herzberg）和他的同事伯纳德·莫斯那（Bernard Mausner）、芭芭拉·斯奈德曼（Barbara B. Snyderman）在 20 世纪 50 年代后期，为了研究人的工作动机，对匹兹堡地区的 200 名工程师和会计师进行了深入的访问调查。结果发现，能够维持职工工作现状的因素与工作环境或工作条件有关，能够调动职工积极性的因素与工作性质和工作内容有关。赫茨伯格把前者称为保健因素，后者称为激励因素。赫茨伯格认为，保健因素（Maintenance Factors）类似卫生保健，是对人们身体有影响的因素，包括企业的政策、管理方法、职工与上下级的关系、职工工资、工作安全、工作条件、职工地位等。当保健因素低于职工可接受的水平时，会引起职工的不满；当这类因素得到改善，达到职工理想的水平，职工的不满会消除。赫茨伯格认为，保健因素对职工不起激励作用，这种因素只能维持职工工作效率，要进一步调动他们工作热情，还需使用激励因素。激励因素（Motivating Factors）包括工作成就感、受到上级重视、职务提升、工作本身特点、个人发明和工作责任等。保健因素涉及的主要是工作的外部环境，激励因素涉及的主要是工作本身。为了激励职工的工作热情，赫茨伯格主张管理人员应注意工作的丰富化，不使职工感到工作枯燥。在工作中给职工适当自主权，让职工及时了解工作成果。对职工所完成的工作及时肯定和表扬。

4. X 理论和 Y 理论

美国麻省理工学院教授道格拉斯·麦格雷戈（Douglas McGregor，1909—1964）是哈佛大学社会心理学教授，于1957年发表的《企业的人性面》一文中，首次提出传统的管理理论（X 理论）的特点和存在的问题及自己的管理理论（Y 理论），之后他又在其他著作中对两种不同的理论进行了比较。他认为 X 理论和 Y 理论的差别在于管理人员对职工的看法不同，因此采取的管理方法不同，道格拉斯·麦格雷戈总结为以下内容。

（1）X 理论。人的本性是懒惰的，好逸恶劳，尽可能逃避工作。人天生以自我为中心，对组织不关心，反对变革，把安全看得高于一切。一般人都胸无大志，不愿承担责任，宁愿被别人领导。由于人有厌恶工作的特性，因此轻信，不机敏，易于受骗。企业管理者应负责组织生产要素（资金、材料、设备和人员），以实现企业经营目标。管理工作是激发职工的热情，控制他们的行动，纠正他们的行为。没有管理人员的积极干预，职工很可能对组织采取消极甚至抵制的态度，因此管理的任务是对职工进行说服、奖赏、惩罚及控制。

（2）Y 理论。职工并不懒惰，在正常情况下愿意承担责任，热衷于发挥自己的才智和创造性。管理者应当使用正确的管理方法激励职工，扩大职工的工作范围，及时肯定职工工作成绩，鼓励职工对自己的工作进行评价。管理者要创造满足职工需要的环境，使他们的智慧、能力得到发挥，更好地实现组织和个人的目标。麦格雷戈认为，只有采用 Y 理论，企业才能取得成功。

三、现代管理理论

西方现代管理理论的形成标志着西方管理理论进入了第三个发展阶段。它是在第二次世界大战后，随着社会生产力的发展以及社会学、系统科学、电子计算机技术在管理领域中日益广泛应用而逐渐形成的。人们通常所说的西方现代管理理论不是一种管理理论，而是对各种不同管理学派理论的统称。

1. 现代管理理论的丛林

（1）管理过程学派。过程学派认为管理是一个过程，是在有组织的集体中让别人和自己共同去实现既定的目标。该派最初的代表人物是法约尔。管理者在管理活动中执行着计划、组织、领导、控制等若干职能。管理是一个循环的过程，从计划到控制，再从控制到计划，表明了过程的连续性。控制职能确保组织达到其计划的目标。

（2）社会系统学派。该学派认为，人的相互关系就是一个社会系统，它是人们在意见、力量、愿望以及思想等方面的一种合作关系。管理者的作用就是要围绕着物质的、生物的和社会的因素去适应总的合作系统。社会系统学派的主要代表人物是美国的巴纳德。巴纳德的主要贡献是：①提出了社会的各种组织都是一个协作系统的观点。他认为，组织的产生是人们协作愿望导致的结果。人们个人办不到的许多事，协作就可办到。②分析了正式组织存在的3种要素，即成员协作的意愿、组织的共同目标及组织内的信息交流。③提出了权威接受理论。巴纳德认为，管理者的权威来自下级认可，单凭发号施令是不可取的，重要的是取得下级同意、支持和合作。④对经理的职能进行了新的概括。经理应主要作为一个信息交流系统的联系中心，并致力于实现协作努力工作。

（3）决策理论学派。决策理论学派的主要代表人物是美国的赫伯特·西蒙。决策理论的主要论点有：①强调了决策的重要性。该理论认为，管理的全过程就是一个完整的决策过程，即决策贯穿于管理的全过程，管理就是决策。②分析了决策过程中的组织影响。上级不是代替下级决策，而是提供给下级决策前提，包括价值前提和事实前提，使之贯彻组织意图。价值前提是对进行判断的标准，而事实前提是对能够观察的环境及环境作用方式的说明。③提出了决策应遵循的准则，主张用“令人满意的准则”去代替传统的“最优化原则”。④分析了决策的条件。管理者决策时，必须利用并凭借组织的作用，尽量创造条件，以解决知识的不全面性、价值体系的不稳定性及竞争中环境的变化性问题。⑤归纳了决策的类型和过程。把决策分成程序化决策和非程序化决策两类：程序化决策是指反复出现和例行的决策；非程序化决策是指那种从未出现过的，或者其确切的性质和结构还不很清楚或相当复杂的决策。

（4）系统管理理论学派。系统管理理论学派强调管理的系统观点，要求管理者树立全局观念、协作观念和动态适应观念，既不能局限于特定领域的专门职能，也不能忽视各自在系统中的地位和作用。系统管理学派的主要代表人物是美国的卡斯特和罗森茨韦克。

（5）经验主义学派。经验主义学派的主要代表人物是德鲁克和戴尔等人。经验主义学派以向大企业的经理提供管理企业的成功经验和科学方法为目标，认为传统的管理理论和行为科学不能完全适应企业发展的需要，管理的科学应该从企业管理的实际出发，以管理实践为主要研究对象，以便在一定的情况下把管理实践加以概括和理论化。

（6）管理科学学派。管理科学学派也被称为管理数理学派或管理计量学派。这一学派的主要代表人物是美国的伯法等人。他们认为“管理”就是用数学模型及其符号来表示计划、组织、控制、决策等合乎逻辑的程序，求出最优解，以达到企业目标。因此，他们认为管理科学就是制定用于管理决策的数学和统计模型，并将这些模型通过电子计算机应用于管理实践中。

（7）权变理论学派。权变理论是一种较新的管理思想。权变的意思，通俗地讲，就是权宜应变。该学说认为，在企业管理中，由于企业内外部环境复杂多变，因此管理者必须根据企业环境的变化而随机应变，没有什么一成不变、普遍适用的“最佳”管理理论和方法。要求管理者根据组织的实际情况来选择最好的管理方式。

2. 现代管理理论的进展

（1）企业再造。所谓的企业再造，是指为了获取可以用诸如成本、质量、服务和速度等方面的绩效进行衡量的显著成就，对企业的经营过程进行根本性的再思考和关键性的再设计。这一定义揭示了企业流程再造的核心，来源于美国著名管理专家迈克尔·哈默和詹姆斯·钱皮合著并于1993年出版的《再造公司——企业革命宣言》一书。

企业再造的原理与方法：①紧密配合市场需求确定企业的业务流程；②根据企业的业务流程确定企业的组织结构；③以新的、柔性的、扁平化的和以团队为基础的企业组织结构取代传统的企业组织结构；④强调信息技术与信息的及时获取，加强企业与客人、企业内部经营部门与职能部门的沟通与联系。

企业再造是围绕业务流程展开的。业务流程再造的关键是重新设计业务流程。再造不是对现有的东西稍做改良，要治本，重新做，要脱胎换骨。就做到脱胎换骨，就要求从根本上改变思路。

（2）学习型组织。学习型组织是指营造整个组织的学习气氛，充分发挥员工的创造性思维能力而建立起来的一种有机的、高度柔性的、横向网络式的、符合个性的、能持续发展的组织。美国彼得·圣吉于1990年出版了《第五项修炼——学习型组织的艺术与实践》一书，指出未来组织所应具备的最根本性的品质是学习。试图推动人们刻苦修炼，学习和掌握新的系统思维方法。要使组织变成一个学习型组织，必须具有以下五项修炼的扎实基础。

1）系统思考。系统思考是五项修炼的核心，强调把各个独立、片段的实践联系起来看，以发现其内在的互动关系。

2）自我超越。自我超越是五项修炼的基础，强调要认识真实世界并关注于创造自己最理想的境界，并由这二者之间的差距产生不断学习的意愿，不断地自我创造和自我超越。

3）改善心智模式。人们要学习如何改变自己多年来养成的思维习惯，摒弃陋习，下力气强制和约束自己进入新的心智模式，破旧立新。

4）建立共同愿景。所谓共同愿景，是指能鼓舞组织成员共同努力的愿望和远景，或者说是共同的目标和理想。共同愿景主要包括3个要素：共同的目标、价值观和使命感。“愿景”强调的是大家共同愿意去做的远景。因此组织需要建立共同的理想、共同的文化、共同的使命，能使员工看到组织近期、中期和远期的发展目标和方向，从而使员工心往一处想，劲往一处使，使每个人的聪明才智得以充分发挥，使组织形成一种合力。

5）团队学习。团队学习是组织化的学习或交互式的学习。团队学习是适应环境突变的最佳方式。唯有大家一起学习、成长、超越和进步，才能让组织免遭冲击，创造持续佳绩。

学习型组织突破了原有方法论的模式，以系统思考代替机械思考，以整体思考代替片断思考，以动态思考代替静止思考。该理论试图通过一套修炼方法提升人类组织整体动作的“群体智力”。现代企业和其他许多组织面临复杂多变的环境，只有增强学习能力，才能适应种种变化，未来真正出色的组织将是能够设法使组织各阶层人员全心投入，并有能力不断学习的组织，也就是“学习型组织”。

(3) 知识管理。知识管理的研究最早始于美国。20 世纪 90 年代中期，知识管理蓬勃发展。目前，知识管理已经不仅仅局限于理论上的探讨，开始进入实用化阶段。

1）知识管理的内容。知识管理可分为人力资源管理和信息管理两个方面。人力资源管理是知识管理的核心内容，人力资源管理就是一种以“人”为中心，将人看作是最重要的资源的现代管理思想。

知识经济时代决定企业成败的不仅仅是企业掌握了多少显知识和物化了的知识，更重要的是能够使那些隐知识转换为显知识。隐知识集中储存在人的脑海里，是个人所获得的经验和技能的体现。知识管理就是要有效地实现这两类知识的转换并在转换中创新，它使企业能够明智地运用内部资源并预测外部市场的发展方向及其变化，对外部需求做出快速反应。

2）知识管理的特点。知识管理主要包括以下三个特点：

①重视对组织成员进行精神激励。组织成员拥有不断创新和创造新的有用知识的能力，他们是组织知识创新的主体。因此，采取恰当的激励机制就显得尤其重要，它不仅注重物质激励，更注重精神激励——一种新型的精神激励，即赋予组织成员更大的权力和责任，使其更好地发挥自觉性、能动性和创造性。

②重视知识的共享和创新。未来组织间的竞争取决于其整体创新能力，有效的知识管理要求把集体知识共享和创新视为赢得竞争优势的支柱，创造一种组织知识资源能够得到共享和创新的环境。其目的是通过知识的更有效利用来提高个人或组织创造价值的能力。

③强调运用知识进行管理。传统管理是经验管理，而经验只是知识中的一个层次。管理科学产生后，管理的知识也是不完整、有是偏颇的。在知识管理中，管理的知识应当是完整的、全面的、有机统一的，它要求管理者能够掌握并在管理过程中综合地运用各种相关知识，使得管理活动卓有成效。将知识视为组织重要的战略资源，把最大限度地掌握和利用知识作为提高竞争力的关键。

3）知识和管理的实施。知识管理主要包括以下五种实施内容。

①设立知识总监。设立知识总监或主管的目的是要在没有先例可循的情况下能够熟练地丰富、支配和管理不断发展的知识体系，以便有效地运用集体的智慧提高应变和创新能力，如可口可乐、运用电器等公司都设立了知识主管。

②从市场和客户那里获得信息和知识。这是实施知识管理的重要途径，通过给客户提供超越业务范围相关知识的服务时企业获得信息和知识的重要手段。

③建立知识与信息的共享网络和知识联盟。知识与信息共享网络主要有两种：一是内部网；二是虚拟网，二者都具有众多的功能。例如，美国的波音公司通过建立虚拟网络，实现了空军地勤的“无纸”开发。波音公司的员工无论在世界的哪个角落都能使用相同的数据库。知识联盟有助于组织之间的学习和知识共享，使组织能够开展系统思考。知识联盟将比产品联盟更紧密和具有更大的战略潜能，它可以帮助组织扩展和改善自己的基本能力，从战略上创造新的核心能力。

④以知识创新为基础设立职位。这体现知识时代独特的管理理念。发达国家的许多公司都开始实施知识创新管理规则，即根据职员知识创新的表现发放奖金和晋升职

位。此外，美国的 IBM 公司、日本各大公司等，还鼓励专业技术人员与管理者进行岗位交换，目的是使职员获得更多的有关公司的整体化知识。

⑤建立学习型组织。破除旧的管理观念与思想模式的束缚，强调学习和“知识能力”的重要性，知识将成为创造财富及其附加价值的主体；获得和应用知识的能力，也将成为企业核心竞争力的关键。知识社会的来临使得企业再造和学习型组织成为时代的热潮。

管理学理论是十分丰富的，以上只是对管理学的主要原理做一般的介绍。各种原理运用于饭店都不能照搬照抄而是要根据饭店的实际情况，灵活合理地运用，在实践中不断地发展和创新管理学的理念。

第三节　饭店管理的职能与方法

一、饭店管理职能

饭店管理职能指饭店管理的职责和功能，包括饭店的计划职能、组织职能、领导职能、控制职能和协调职能。

1. 饭店计划职能

饭店计划职能指管理者为实现饭店经营目标对未来工作所进行的规划和安排，是饭店管理的首要职能。计划职能的依据是企业的资源，包括人力、财力、物力和销售渠道等。在制定计划时要考虑饭店当前的工作和未来发展、管理人员和职工的意见，明确饭店任务和目标，明确实施技术的原因、时间、地点和方法等。饭店计划工作程序应包括选择目标、编制计划和实施计划等。

（1）计划种类。

1）长期计划、中期计划与短期计划。饭店长期计划指超过 5 年的计划，是表达企业长远目标和发展方向的计划；1 年或 1 年内的计划称为短期计划或年度计划；在饭店长期计划与短期计划之间的计划称为中期计划。中期计划主要是协调饭店长期与短期之间的关系。中期计划比长期计划的内容更详细，更具体。

2）具体计划与指导计划。饭店具体计划指有明确目标的计划，例如人力成本降低 5% 的计划；指导计划指规定一般的方针并说明工作重点，而不把管理者限定在具体目标上的计划。

3）战略计划与经营计划。饭店建立的总体目标，规定在经营环境中地位的计划称为战略计划；而饭店总体目标中的细节计划称为经营计划或运营计划。战略计划与经营计划在时间、范围和目的等方面各不相同。饭店战略计划考虑的是长远发展规划，而经营计划通常周期为 1 年。一些企业家把前者称为战略目标，把后者称为行动目标。此外，饭店计划还可按工作程序、组织层次和表现形式分类。

（2）目标管理。

饭店计划中常涉及目标一词。目标是饭店在一定时期内管理人员期望达到的成果，是计划组成的要素之一，是实现任务必须完成的工作或应达到的标准。饭店经营目标比经营任务更具体并可测量，量化的经营目标具有鼓舞职工士气、提高工作效率的作用，已成为饭店管理人员鼓励职工的有效手段。饭店经营目标并非单一，而是多样化的。在这些目标之间有主次之分，主要目标常处于表面，容易被认识和发展；次要目标常被忽视。

目标管理的重点是使饭店全体管理人员和职工围绕工作目标进行充分沟通，在工作中实施自我控制，并努力完成各自的工作目标。长期以来，饭店实行计划指标层层分解，归口管理，即目标管理。饭店目标管理的具体工作是：制定企业整体目标和战略；部门根据饭店总目标，制定本部门目标；部门所有职工参与设定自己的具体目标；管理者与下级共同实现本部门和本职务目标；定期检查目标进展情况并反馈；实施绩效奖励，促进目标成功。目标管理特别适合用于饭店业务主管人员对一线职工进行的有效管理。当今，饭店目标已成为饭店管理班子评估各部门工作、职工绩效及饭店总体目标实现的依据。饭店目标的制定应具体，常用一个动词，后面加上具体的时间或质量标准。例如："以 2007 年客房出租率为基础，2008 年将出租率提高 2%。""以 2007 年中餐厅平均入座率为基础，2008 年入座率增加 3%。""2008 年顾客满意率将比 2007 年提高 10%。"

（3）计划原则。

饭店计划应明确目标，根据预测的数据和信息制订计划。饭店计划必须是可行的，留有一定的空间以便根据实际情况进行调整。饭店计划执行中，各部门和各层次有关人员应充分协调和交流。

（4）计划方法。

饭店计划制定的效率很大程度上取决于计划方法。目前各种现代计划方法应运而生，其中滚动计划法是将短期计划、中期计划和长期计划有机地结合起来，根据近期计划的执行情况和环境变化情况，定期修订未来计划。在计划中确定未来工作目标很困难，因此计划期越长，不确定性就越大，为提高计划的有效性，采用滚动计划法很有必要。

2. 饭店组织职能

饭店组织职能包括组织结构、组织活动、组织规章制度、职工招聘、职工培训和评估等。饭店组织职能是为企业提供一切所需的资源，包括原料、设备、人员、资金和技术等。

（1）组织要素。饭店组织的关键要素包括组织目标与宗旨、组织人员与职务、岗位职责与权利、组织合作与协调。

1）目标与宗旨。饭店组织必须有特定的经营目标和经营宗旨，经营目标和经营宗旨是饭店组织存在的前提。不同类型的饭店，其经营目标和经营宗旨不同，组织结构也不同。例如商务饭店以商务和事务旅行者及商务会议团队为主要目标顾客，其经营宗旨是商务旅行者和事务旅行者的房务业务和餐饮业务，会议团体的房务业务、会议业务与餐饮业务等。因此商务饭店组织结构、部门设置、设施配备和服务特色都应以它的经营目标和经营宗旨为基础。

2）人员与职务。饭店职工是构成饭店组织的基本要素，饭店职工包括各级管理人员和一线职工。不同种类、规模和管理模式的饭店，它设置的职务名称、职责和数量都不同，工作人员知识和技术需求也不同。在饭店中职工的素质和能力是导致饭店经营成功与失败的关键；同时饭店组织人员的合理匹配，职务及其工作范围的制定都是影响饭店经营能力的关键要素。

3）职责和权利。职责是饭店各部门和各岗位的工作权利和责任，也表示饭店组织的上下级关系。作为上级职能部门或上级职务具有对下级职能部门或下级职务指导的责任；作为下级职能部门和职务具有对上级管理部门和人员汇报工作，接受业务指导的责任。权利是上级领导授权的职权，这种职权不是个人职权，而是职务权利。饭店组织中的各部门和职务应有适当的权利和职责。

4）合作与协调。合理的饭店组织应加速部门和职务间的合作与协调，通过各职能部门和各职务将饭店组织联成整体。饭店组织由多个职能部门和职务组成，为了完成饭店既定的经营目标和经营宗旨，他们必须合作与协调。

（2）组织特点。饭店组织是由职工、职位和职责组成的相互联系和信息沟通的整体，是实现饭店经营目标的工具，该整体只有依靠全体职工的协调行动才能达到目标。因此饭店组织具有整体性。饭店组织分工必须专业化和系统化。组织分工分为水平分工和垂直分工，水平分工是横向分工，指部门专业化和职能化；垂直分工是纵向分工，指部门内分工的工序化和程序化。饭店组织的集权与分权涉及职工工作能力和部门之间的协调能力，通常饭店组织分工越细，协调工作越困难。饭店组织工作是动态的，组织结构不是一成不变的，随着饭店内外环境和经营目标变化而变化。随着社会进步和科学技术的发展，饭店原有组织结构不能适应目标的实现时，管理人员需要调整和变革原有组织结构。此外，根据组织职能原理，饭店组织不仅指组织结构，还作为一个管理过程，为了实现企业既定的目标，饭店组织工作的重点之一是组织各部门和全体职工和谐地工作。

（3）组织功能。饭店组织是为达到特定的经营目标，在分工协作的基础上的职工集合。饭店组织以专业化分工为基础，由各职能部门、业务管理层和所有职工组成。在饭店组织中，各层次管理人员有不同的责任和权利。因此，饭店组织是实现饭店经营目标的核心力量。科学的饭店组织使组织成员互相尊重、互相支持、互助信任、互相关心，对企业有归属感、责任感和向心力。高效的饭店组织具有合理分工、保持与外部环境良好关系的功能并规定各部门及其职工的相应责任。例如规定房务部经理负责饭店住宿业务的全部管理。此外，通过这种结构调整，可提高职工工作绩效，使职工感受被企业认可的喜悦。

3. 饭店领导职能

饭店领导职能指饭店总经理和业务总监等高级管理人员运用职务权力和个人影响力指挥、引导、带动、激励全体职工，为实现饭店目标而做出努力和贡献的过程。其中，职务权利指管理者的职务及上级赋予该职务的管理权利；个人影响力指管理者自身素质和业务能力。领导职能是饭店管理职能之一，贯穿于饭店管理工作的各方面和各环节。饭店领导职能不同于其他各项管理职能，只涉及企业的全体职工。

（1）领导作用。饭店领导作用指饭店领导者的协调作用、指挥作用和激励作用。

通常饭店目标是通过全体职工集体活动实现的。即使饭店制定了明确的目标，由于企业每个成员对目标的理解，对技术的掌握及个人利益、知识、能力和信念等方面的差异，在认识上也会发生分歧，在行动上或偏离目标，工作中会出现摩擦。因此饭店领导者需要协调职工朝着共同的目标前进。总经理应作为带头人，引导职工、激励职工实现目标，引导全体职工满腔热情地为实现饭店目标做出贡献，调动全体职工的积极性。

（2）领导效果。饭店领导效果常取决于三个方面及三者之间的相互作用：领导者素质、被领导者素质和领导者的工作环境。饭店总经理是饭店经营管理工作的主要指挥者，其本身的背景、经验、知识、能力、个性和价值观念等都会影响到饭店目标的确定、领导方式的选择和领导工作的效率，因此领导者的素质是影响饭店经营效果的关键因素之一。被领导者指全体职工，是领导工作的客体，其背景、经验、知识、能力、责任心、个性及他们对企业的要求等都会对领导工作产生影响。被领导者的素质、态度及对领导的配合程度不仅影响领导方式的选择，也影响领导工作的有效性。饭店领导职能总是在一定的环境中进行的，这种特定环境包括职工规模与类型、工作任务与目标、工作压力、上级领导期望、职工关系及饭店文化等。为了适应特定的领导环境，领导者必须采取有效的领导方式。

（3）领导权使用。为了有效地使用领导权，饭店领导者应慎重使用手中的权力。在饭店管理中少数领导者试图用权威树立形象，然而招致职工的反感和厌恶，损害了领导形象，降低了威信。成熟的领导者应珍惜自己的权力，必要时应当机立断，使用权力维护企业和职工的利益。作为领导者不要简单粗暴，应关注工作中的细节，正确运用权力，公正和廉明，维护饭店规章制度。但在必要情况下，为了维护企业长远利益也应从实际出发，对事件进行果断的处理。

4. 饭店控制职能

饭店经营实践中，由于受内外环境因素的影响，很可能使管理工作偏离既定的计划和目标。为了保证各项计划和目标的实现，饭店控制职能很有必要。所谓饭店控制职能指为确保饭店既定的计划和目标而进行的各项检查、监督和纠偏工作。饭店控制职能既可以理解为饭店一系列的管理活动，也可以理解为是检查、监督和纠偏的过程。饭店控制职能与计划职能紧密相关。饭店计划工作是饭店控制职能的前提；为了饭店控制职能的有效进行，饭店管理者必须及时取得各项计划和目标的执行情况，并将这些信息与原计划和目标进行对比。控制工作是实现饭店经营目标的基本保证，可使复杂的经营活动协调一致，避免管理失误，减少经济损失。

（1）控制特点。饭店控制职能具有整体性和动态性，饭店控制工作由职工进行；反之，又促进了职工的工作能力。饭店控制职能的整体性表现在：完成饭店计划是全体职工的共同责任，参与控制工作也是全体职工的共同任务。饭店经营管理不是静态的，其外部环境及内部条件不断变化，因此饭店控制工作应具有动态特征。饭店控制工作方法不仅是监督和检查，更重要的是指导和帮助，因此管理者应制定纠正偏差计划。

（2）控制类型。饭店计划工作一旦付诸实施，就会产生许多信息。这些信息可由不同的方式，通过不同的渠道反映到饭店管理人员中，经分析和整理，管理人员可对不同的控制对象确定不同的控制方法，包括现场控制、反馈控制、任务控制、绩效控制和战略控制。

1）现场控制指业务主管人员通过深入餐厅、客房、厨房等工作现场，亲自监督检查和指导，进行控制。

2）反馈控制指在工作结束后进行的控制方法，是通过对工作结果进行测量、比较分析并采取措施，纠正偏差的方法。

3）前馈控制指通过预测，将可能出现的结果与计划进行比较，预先确定可能发生的偏差并提前采取措施加以纠正的方法。

4）任务控制也称运营控制和业务控制，是针对基层生产和服务的直接控制活动，例如质量控制和成本控制等。

5）绩效控制是财务控制，是利用财务数据观测企业的经营状况，以此考评各职能部门的工作实绩，从而控制饭店整体经营工作。

6）战略控制是对饭店战略计划和目标实现程度的控制。

（3）控制程序。饭店控制职能尽管是针对不同部门和各工作环节进行的检查和监督活动，然而饭店各项控制活动都有相同的过程，将这一相同过程称为控制程序。饭店控制常包括 4 个程序：制定控制标准、评估工作绩效、进行偏差分析和采取纠正措施。

1）制定控制标准。制定控制标准是控制职能的基础工作，控制的标准形式有实物质量标准、工作质量标准和经济价值标准等。控制的标准方法有标准法、统计法、经验法和技术法。标准法是根据国际标准、国家和地区标准等进行控制；技术法指工程技术法或称为工程技术标准。饭店管理者应根据工作性质选择适当的控制标准形式和控制标准方法。

2）评估工作绩效。评估工作绩效是对饭店各项计划工作执行结果或状态的客观评价，是计划执行信息的收集与输入过程。评估绩效工作直接关系到纠偏措施的实施。通常饭店管理者获取工作信息的途径有各种报表、书面报告、询问和直接观察等。在各种工作绩效评估途径中，管理人员亲临现场是获得详实和准确的工作信息的有效途径。当管理人员的管理工作幅度较大，口头报告是一种很好的替代实地观察的方法，此方法可与职工双向沟通并可进行追踪分析；书面报告的信息不仅可用来了解计划的实施情况，还可存档供以后使用。饭店衡量绩效的方式包括定性衡量和定量衡量两种方式。在获取有关计划执行情况的信息中，能够用数值量化表示的，将其同相应的计划指标进行比较，这样衡量工作难度相应小一些；但有些工作的绩效难以用量化方法来衡量，只能采用描述性的定性方法说明。

3）进行偏差分析。进行偏差分析时，管理人员将各项实际工作绩效与既定的标准进行比较，若没有偏差或没有超出偏差允许的范围时，一般不需采取纠偏措施；对超出范围的偏差，管理人员必须对其深入分析和研究，找出原因和问题的症结。通常产生偏差的原因是多种多样的，从管理职能的角度分析，主要包括计划本身存在问题、计划执行中存在问题、管理人员的指导与激励问题。饭店管理人员对发现的偏差采取措施予以纠偏是控制过程中不可或缺的环节。

4）采取纠正措施。通常纠偏措施主要有：重新委派管理人员或明确其职责，进一步授权；进行机构调整或增加人员；改善经营中的指导方法和激励策略；调整经济和技术手段及增加资金或设备的投入等。

（4）控制原则。为确保控制工作的成效，饭店要以明确和切实可行的工作目标和计划为控制工作的基础。控制工作应有专职部门和人员作为工作的保证。饭店控制工作的前提是健全的信息反馈渠道。饭店控制是对饭店计划实施过程的检查与调整，因此应随时掌握经营实际情况并与计划标准进行比较。饭店控制工作应有一套切实可行的控制标准，科学地选择控制点，突出控制重点，及时准确地发现问题，分析和解决问题。饭店控制工作应重视控制的准确性，提高控制工作的灵活性，要有各种应变方案。有效地饭店控制职能必须将资源投入与可能得到的效果相比较，从中选择经济合理的控制点，采用先进的控制方法和手段，不断提高控制工作的效率和效果。

5. 饭店协调职能

饭店协调职能指通过处理企业内外关系，为企业发展创造良好条件，从而促进饭店各项目标的实现过程。由于饭店经营需要各部门共同努力才能完成，而各职能部门的工作目标并不一致，因而经常出现工作矛盾和冲突，这就需要管理者提供协调加以解决。因此，协调是饭店管理不可缺少的职能。

（1）协调作用。饭店协调工作对饭店经营管理起着关键作用，通常职工为了满足个人需要，个人目标与企业目标不能完全一致。饭店管理者可通过协调使职工个人目标与企业目标相一致，从而促进企业目标的实现。在饭店经营中，职工与职工、部门与部门、饭店与相关者之间的矛盾不可避免。饭店管理者通过协调，使他们相互合作和配合，使各项工作紧密衔接。

（2）协调原则。饭店协调工作原则包括目标原则、效率原则、责任原则和沟通原则。饭店协调工作的主要目标是使饭店全体职工充分理解企业的目标和任务，使个人目标与企业目标相一致，从而促进企业总目标的实现。当然，饭店管理者的协调工作必须围绕企业总目标进行。从这个意义上说，目标管理是实现饭店分工和协调的有效工具。饭店协调工作可通过协调经营中的问题，使部门之间和职工之间更好地分工与合作，从而提高企业效率。饭店协调工作使职工更加明确各自责任，明确各部门和各岗位在完成饭店总目标中承担的工作任务和职责范围。此外，作为饭店工作人员除了要明确自己的职责，还要明确相互协调的责任。沟通是饭店协调职能的关键，饭店管理者在实施协调工作中，要掌握有效的沟通技巧，合理选择沟通渠道，积极排除沟通中的障碍，充分发挥协调的积极作用。

（3）协调内容。饭店协调工作的主要内容，包括饭店内部之间的协调和饭店与外部环境的协调。饭店要顺利地运营，必须根据企业总目标，对各要素进行统筹安排和合理配置并使各经营环节相互衔接，相互配合；其次饭店规章制度是协调工作的基本保证，例会是饭店管理工作中不可缺少的协调方式。通常饭店部门每周至少举行 1 ~ 2 次例会，而饭店横向例会每月召开 1 ~ 2 次。企业与股东的关系是企业生存和发展的基础，饭店通过加强与股东间的信息沟通，争取现有股东和潜在投资者的了解、信任和支持，最大限度地扩大企业资金来源。在协调企业与股东关系时，应完善企业法人治理结构，在企业所有者和管理者之间形成相互制约机制和有效的激励机制，最大限度地提高企业经营效率。饭店内部人际关系的协调是提高职工对企业归属感、认同感，增加企业凝聚力的重要保证。有效的内部协调使全体职工团结一致，共同为实现饭店目标而努力。因此饭店管理人员在实施协调时，应相互尊重，平等待人，互助互利，诚实守信。

饭店应与顾客建立和维护良好的关系，其目的是促进企业与消费者的有效沟通，在企业与顾客之间应保持了解和信任，相互依存的关系使企业及时准确地掌握顾客需求及需求的发展趋势，为顾客提供有价值的产品和服务，在市场中建立良好的企业形象。饭店管理人员应做好市场调查和预测，改进和完善服务体系，认真对待顾客投诉，积极寻求政府支持，协调与政府的关系，提高办事的效率并利用一切机会扩大企业的影响和信誉。饭店应协调与新闻界的关系，借助媒体迅速扩大影响，塑造自己的良好形象，应尊重新闻界人士，向他们提供真实信息，保持经常联络，增进双方信任和了解。饭店必须搞好与社区的关系以取得社区支持，饭店的发展依靠社区在后勤方面的支持与服务。

二、饭店管理方法

饭店管理方法指为实现饭店经营目标，管理者组织和协调饭店经营要素的方法和手段。通常饭店管理方法包括经济方法、行政方法、法律方法、定量分析管理方法、职能管理方法与行为科学方法。

1. 经济方法

用经济方法管理饭店是按照客观经济规律的要求，依靠经济组织，利用经济核算、经济杠杆（价格、成本、利息、工资等）来管理饭店。经济方法的实质是以物质利益为动力去调动员工的积极性，其特点是利用经济杠杆的作用来影响和诱导管理对象的行为，按客观经济规律办事，采取与管理目标相一致的经济措施。用经济方法管理饭店，要求管理者要尊重和利用客观经济规律，只有符合客观经济规律的经济方法，才能把饭店员工的经济活动引导到实现饭店经营目标的轨道上来。实行经济方法管理饭店，必须使饭店真正成为自负盈亏、自主经营的经济实体，建立健全经济核算制度，真正让经济方法发挥作用。经济方法体现市场经济的科学规律，以规范的经济指标体现工作绩效。饭店内实行的经济方法有经济责任制、定额管理、职工薪酬和福利管理等。几乎饭店所有的管理活动都使用经济方法，因此经济方法是饭店管理最基本和最持久的方法。这种方法具有平等性、物质利益性、广泛性和有效性等特征。运用经济方法应注意这种方法的局限性，过分强调或单一运用经济方法易造成职工的短期经济利益观，影响他们的主动性和创造性。

2. 行政方法

行政方法指依靠职务权力，借助行政手段，采取行政命令对饭店经营进行管理的方法。行政管理方法主要手段包括计划、组织、指挥、监督、检查和协调等。行政方法管理饭店经营的特点是直接，信息传递速度快，便于集中调配资源，不与报酬挂钩。

运用行政方法首先要建立健全饭店的各级组织机构，按决策（总经理）、管理（部门经理、厨师长等）、执行（主管、领班）和操作层（饭店服务员和其他工作人员）四个层次来组建机构，按照行政管理程序发布指令、贯彻执行、检查反馈和协调处理。它是饭店管理中不可缺少的方法。但是行政管理方法的实施必须符合客观规律，管理者必须认识到行政方法的实施不等于强迫和命令。单纯运用行政方法容易引起职工的抵触心理，不易持久。在运用行政方法时，要注意对客观经济规律的研究，注意同经济方法相结合，克服官僚主义和滥用职权。

3. 法律方法

法律方法指通过国家和地方法律、法规和企业制度，调节饭店各种经营活动，严格约束职工行为的管理方法。法律管理方法在企业内部表现为饭店规章制度、劳动合同、岗位责任制、饭店领导体制及企业法和公司法等。饭店运用法律方法管理经营活动具有权威性、规范性、强制性和稳定性等特征。因此，法律方法也是解决经济纠纷的重要工具，是饭店开展经营活动的有力保证，也是同损害饭店利益的行为做斗争的有效手段。运用法律方法管理可增强职工自觉守法和守纪意识，提高经营管理水平和增加经营效益。用法律方法管理饭店，要求管理者要了解国家的有关法律，并在国家法律允许的范围内开展经济活动。

4. 定量分析管理方法

饭店管理中运用量化手段是指通过对管理对象数量关系的研究，遵循其量的规律性来进行管理。定量方法在管理中，主要运用于资金管理、财务管理、投资管理、物资管理、市场管理、市场预测和经营决策等方面。通常是建立一些数学模型，将一些问题定量化，通过计算得出有关数据，从而为经营管理决策提供依据。目前在饭店管理中可用的数学模型有：ABC 质量分析法、物资购置的经济批量公式、ABC 库存管理法、盈亏平衡点分析法、定量预测方法、投资效益分析法、计划管理的网格技术和线性规划等。为了更好地发挥定量方法的作用，必须在日常的经营管理中注意各种原始数据的记录、积累、整理、分析，使之成为定量分析的基础。定量方法的主要过程是计算，电子计算机技术可以运用于饭店管理。定量方法是运用数学手段进行管理，参与管理的主观因素较少，具有准确可靠、节省人力、物力的优点，但它解决不了饭店管理中存在的众多不可控制因素，在许多重大问题的决策上最终还是离不开人的判断。

5. 职能管理方法

管理作用于饭店，使饭店能按照自身的发展规律存在和发展，使饭店的业务活动能按饭店的经营目标进行，关键在于饭店管理者运用饭店的职能管理方法。饭店管理职能的执行，目的是为了合理地组织饭店的业务活动，扩大饭店的接待能力和经济效益，维护和改善饭店的运营体系。饭店的职能管理方法是通过具体职能体现出来的，即通过计划、组织、指挥、控制、协调和激励等职能来发挥作用。

6. 行为科学方法

用行为科学方法管理饭店，也就是运用社会学、心理学、组织学等现代行为科学理论，分析研究饭店中人的行为以及这些行为产生的原因，根据人的行为规律进行管理。管理是协调他人的行动，并通过他人的行为收到预期效果。饭店管理中最重要、最活跃的因素是人，员工的积极性和创造性是实现饭店各项目标的最根本因素。但员工的积极性和创造性，受员工需求的满足程度、动机、情绪、思想状况以及在劳动过程中的人际关系等因素的影响和制约。行为科学方法就是通过对员工行为规律的分析研究，来激励、控制和改变员工的行为，使员工追求的行为和饭店的目标趋向一致。

补充材料

饭店经营管理的目的是为了最大限度地发挥饭店的效能，使饭店能以最低的消耗产生最大的效益。为了达到这一目的，饭店的管理人员必须采用适当的管理方法来保证饭店经营管理活动的正常开展。目前，我国饭店常用的管理方法，主要有经济、行政、法律、定量分析、职能管理和行为科学等方法。这些方法在管理过程中，互相渗透、相互制约、相互联系，其中以经济方法为主。

第四节　现代饭店管理者的新思维与新观念

一、管理者的新思维

所谓思维，是指人脑对客观事物概括的、间接的反应。通过思维，人的认识就能够从个别中看到一般，从现象中透视本质，从偶然中洞察必然，从现存的事物中推测其过去、预见其未来。因此，现代饭店管理者必须努力掌握科学的新思维。

人的思维是十分活跃的，思维方式也是多种多样的。按特性划分，有创造性思维、常规思维与非常规思维等；按功能机理划分，有逻辑思维、形象思维与直觉思维等；按思路方向划分，有发散思维、收敛思维、逆向思维、双向思维、多向思维、立体思维等；按时空划分，有纵向思维、横向思维、多维思维、大跨度思维、跳跃式思维、超前思维、动态思维等；按相互关系划分，有综合思维、两面思维、整体思维、开放型思维等；按理论类型划分，有哲学思维、科学思维、辩证思维、系统思维等；按管理的构成划分，有个体思维、群体思维、社会思维等。不同的思维方式，有其不同的特点与优势，管理者要善于选择使用、交叉使用或组合使用。

从饭店管理的客观要求看，饭店管理者必须打破传统的封闭的思维模式，不断更新观念。应具备如下的新思维。

1. 宏观性思维

站在全局的战略高度，从整体上分析和考虑问题的一种思维方式。包括三个重要的参数：

（1）时间因素。思维对象往往是以时间、地点、条件为转移的。

（2）空间因素。即宏观思维的事物所产生的地点、位置及空间的长、宽、高三维因素。

（3）结构因素。任何事物的结构是分层次的，事物既有正面、方面、侧面的因素，同时又有表面、深层、核心的因素。

饭店管理者采用宏观性思维，能够摆脱站在微观和局部地位思考问题时存在的局限性，对统御和协调全局工作，提高决策的科学性，增强宏观控制能力具有重要的指导意义。

2. 预见性思维

即饭店管理者对事物的未来发展做到心中有数，既要在光明时刻看到黑暗，又要在黑暗中看到光明，对过去的与现在的要用次要精力，对明天的和将来的要投入更多的精力。在饭店经营管理过程中，管理者如能具有预见性思维，就能及早把握机会，做好准备，迎接挑战，也能预见可能出现的问题，加强防范，有利于提高经营管理水平，促进饭店的发展。

3. 及时性思维与灵敏性思维

一个成功的管理者应善于及时抓住机会，机会是一种资源，抓住机会就等于获得了资源。同时，要善于对每件细小的事件的发生与变化作出灵敏的反应。

4. 发散式思维

发散式思维，又叫辐射思维、多路思维、立体思维和求异思维，是一种沿着各种不同方向去思考、探索和追求多样性的思维。它是从一个思索对象出发，充分展开想象的空间，去探索多个可能的答案；对一个认识对象，不仅沿着一条线或在一个平面内思维，而且从多角度、多方位去考察和探索，力求真实地反映这个事物的整体，从中找出解决问题的最佳方案。发散式思维是一种解放性思维，其特点是思想活跃，不拘一格，不受常规束缚，勇于创新，甚至标新立异和异想天开，对管理者来说，遇到的同一个问题，解决的答案越多越好。

5. 聚合式思维

聚合式思维，又叫收敛思维和求同思维，是一种把某个问题所提供的各种信息聚合起来，得出一个正确答案或最佳解决方案的思维。聚合式思维认定在一定条件的限制下，某个问题只有一种答案。为了获得这个正确的答案，必须使多路思维集中在这个答案上。也就是说，要把遐想千里的发散式思维牵引回来，对某一思维结点发起思维攻势。这种攻势在时间上具有连续性，在空间上具有立体性。它的优点是：能去发散式思维之粗而留其精，去发散思维之伪而存其真，使思路逐步清晰，慢慢缩小，本质渐渐显露。发散与聚合是两个既关联又互补的重要环节，都要求思维的系统性。发散是横向地展开，聚合是纵向地、层次地系统深入。复杂问题的解决，往往要经过“发散→聚合→再发散→再聚合”的多次反复。

6. 演绎思维

演绎思维是指由一般到个别的推理，即由普遍性的判断（即前提）推出特殊性的新的判断（即结论）的思维形式。这种思维方法，有助于对“普遍真理”是否适用于“特殊地区”作出准确的判断，从而解决由“面”到“点”的经验转移和方法演变。

演绎思维的运用，通常要经历三个思维阶段：①准确判断或验证大前提的科学性，即“普遍真理”的可靠性。如果大前提错了，一切推理也必然是错的。②准确判断或验证大前提与小前提的关系，即一般与个别的关系。通常情况下，一般与个别存在四种关系：一是一般中包含个别，二是一般与个别部分交叉，三是一般与个别连接，四是一般与个别无关。③根据大前提与小前提的四种不同关系，拟订不同的决策方案。需要注意的是，在一般与个别的四种关系中，一旦出现第四种关系，这就意味着“一般”并非具有普遍意义，或“个别”与“一般”并非属于同一个范畴。这时，管理者就要予以重新判断和特殊处理。

在饭店管理的实践中，管理者应努力借助演绎思维的方法，正确对待已经验证的“普遍真理”，妥善处理由“面”到“点”的经验转移和方法演变，创造性地将普遍真理运用到个别的环境之中。

7. 归纳思维

归纳思维是指由个别到一般的推理，即由个别事物开始，发现它们的共同点，进而引出一般性结论或一般性知识的思维形式。这种思维方法，能够帮助管理者透过个别事物的表象，看到其蕴藏着的对全局具有指导意义的规律性东西，从而解决由“点”到“面”的经验转移和方法演变。

常见的归纳思维有以下两种类型：①完全归纳思维。这种类型的思维，是将所有的个别现象一一列举，只要前提是真实的，其结论必然是真实的、可靠的。②不完全归纳思维。这种类型的思维，只是列举其中一部分个别现象，因此，它的结论有时是可靠的，有时是不可靠的。要想得出可靠的结论，就要选择具有代表性的典型事例，不能根据主观需要，随便挑选一些个别“典型”作为依据。

归纳思维与演绎思维是相互联系、相互补充、相互渗透、密不可分的，管理者在运用归纳思维时，也必须运用演绎思维。单纯地抬高归纳思维、贬低演绎思维，或抬高演绎思维、贬低归纳思维都是错误的。

8. 直觉型思维

直觉型思维，属于一种非逻辑思维。它是以个人的学识和经验为基础，通过直觉来提出概念和假设的一种思维方式。管理者掌握了这种思维方法，有助于从错综复杂的社会现象中，凭借丰富的实践经验和知识积累，作出极可能是准确无误的判断和抉择。这种凭直觉和灵感作出的判断和抉择，在时间紧迫的危急关头，在无法进行周密的逻辑推理的特殊时刻，是十分宝贵的、完全必要的。事实上，一个经验丰富的管理者在日常决策中，几乎有将近一半的判断不是凭逻辑推理获得，而是凭直觉获取。如果以直觉不可能百分之百正确为由，否认直觉思维在管理活动中的运用，那么，管理活动本身也就很难进行下去了。当然，直觉型思维毕竟属于一种“有待证实”的判断，很容易把实际上不相干的事物联系在一起，并不总是准确无误的，只要条件允许，还应尽可能运用科学手段进行验证。

9. 创造性思维

创造性思维是一种具有开创意义的思维活动，是传统的抽象思维（包括逻辑思维和形象思维）向灵感思维的延伸，是反映人类开拓新领域、创建新成果的思维活动。从针对现状的新发现，到提出新的决策方案，再到产生新的结果，都是在创造性思维指导下的管理过程。要使创造性思维贯穿饭店管理的全过程，首先应该不断激发饭店管理者的创造欲望，力求使每一个管理决策，或每个管理过程，都包含着新的目标和新的措施；其次，要依靠发散思维，从不同方向、不同的角度思考问题，从多方面寻求管理的新途径；再次，应从直觉、灵感、想象等非逻辑性思维捕捉饭店管理的新机会。通过创造性思维和创造性行为，不断进行饭店目标创新、技术创新、产品创新、服务创新、制度创新和环境创新，把饭店的各项工作全面推向新的阶段。

二、饭店管理者的新观念

（一）创新意识

创新一词对于管理者并不陌生，人们经常会将其与设备更新、技术变更、产品开发、工艺改进相联系。无疑，这些是创新的一部分，但并非创新的全部。我们认为，创新是一种思想原则及在这种思想原则指导下在饭店管理中的具体运用。创新是在旧的运行机制基础上的变革。当旧机制出现内部矛盾或外部的不协调时，饭店管理通过创新求得新的协调与平衡。

1. 创新意识对饭店管理的重要性

（1）创新是饭店管理的基本职能。从管理的一般逻辑顺序来说，在特定时期内饭店管理工作内容包括：确定企业目标，制定与选择实现目标的行动方案；分解目标，设计组织结构、编制定员，组织业务；协调部门关系，检查控制纠正偏差，关注内外条件的变化，寻找变革的机会，计划与组织变革等。上述的管理工作，一方面，要求管理者通过管理保持饭店业务按既定的决策、计划运转；另一方面，要求管理人员有创新意识，使管理本身向前发展，同时带来更好的效益。

（2）创新意识是饭店发展的需要。饭店要发展，管理人员只安于现状是远远不够的。由于饭店业务的复杂性，饭店运转过程中，必然要与外界环境发生种种沟通与联络，一定时期内饭店外部环境的变化必然会影响饭店内部系统，必须通过创新来适应或消除这种影响。同时饭店产品作为一种商品走向市场，通过商品交换实现饭店产品的价值。在市场经济条件下，产品完美的使用价值和更低的个别差价是提供竞争力的根本，这些都有需要管理人员深入了解市场，并依据市场推陈出新，创造新产品，靠创新控制成本，降低产品价格，以不断推动饭店的发展。

2. 创新的主要表现形式

（1）技术创新。饭店现代化进程的一个重要标志是广泛运用现代化科学技术。企业要在市场竞争中立于不败之地，应不断进行技术创新，如近年来网络技术、计算机技术、保安监控技术、成本控制技术等在饭店管理中的应用。

（2）产品的创新。包括产品的形态、内容、服务项目、组合方式以及产品质量的创新。

（3）制度创新。包括企业产权制度创新，经营制度创新，管理制度创新。

（4）组织创新。包括组织原则、管理体制的创新，组织形式、组织结构、人员安排的创新。

（5）环境创新。这种创新不是指企业为适应外界变化而调整内部结构与活动，而是积极通过企业的创新活动来改造环境，引导环境朝着对企业有利的经营方向发展。例如，通过公益活动影响社区政策的政策等。

(6) 市场营销创新。包括市场需求创新；产品设计创新；销售渠道与方式的创新；价格与促销的创新等。

(二) 品牌意识

1. 品牌的含义

品牌是指用以区别不同企业所生产销售的产品或服务的名称、标记、图案、形象或其他特征，包括品牌名称、品牌标记、品牌内涵等内容。

品牌对于生产者与消费者都有着非常重要的意义。对于生产者来说，品牌有助于区分不同的产品与服务，有助于形成良好的企业形象，培养回头客，并在此基础上建立顾客的忠诚。对于客人而言，品牌可以识别不同的饭店产品，从而决定自己的住宿选择，并且可以通过诸如消费名牌等形式获得心理上的满足与回报。饭店作为服务性的行业，其产品需要走向市场，通过激烈的商场竞争销售产品，由于饭店产品的无形性的特点，使得饭店招徕客源比一般企业要困难。饭店只有通过完善内部服务提高质量，进而树立良好的市场形象，形成顾客忠诚，培养品牌来招徕客源。饭店未来的竞争是品牌的竞争，谁拥有著名的品牌，谁就会在竞争中处于主动地位。所以从某种意义上来说，品牌对饭店比对其他任何企业都更重要。

随着经济全球化的进程以及饭店集团的国际化发展，我国饭店管理者必须强化饭店品牌意识，努力扶植与培养企业的品牌，以增强饭店的国际竞争优势。

2. 品牌意识的主要内容

饭店要加强品牌管理，要求管理人员树立品牌意识，从品牌组成要素、内容等方面入手努力扶植与培养企业品牌。

(1) 提升经营理念、发挥品牌的凝聚功能。饭店经营理念的形成是一个非常重要的工作，也是饭店品牌的一个核心方面。经营理念首先要具有可识别性，要有其鲜明的个性，并与饭店的历史沿革、经营优势相结合，同时要迎合时代特色，并不断引进新的管理与服务观念；另一方面要与饭店的市场定位的特征相结合。

(2) 完善制度规程，统一品牌的行为识别。饭店的经营理念一旦形成，应立即辅以培训，让饭店所有员工明确与领会其精神及实质；并把它贯彻到具体业务中去，相应地建立与完善各种制度，采用统一的行为规范和服务准则，以形成统一的行为识别。

(3) 规划有形展示，形成统一的视觉识别。饭店所有与品牌相关的传播因素都应共同塑造一个完整的形象。在品牌建立的过程中，营销人员能够做的最重要的一步是前后一致、始终如一地展示品牌的有形性因素（主要指饭店的名称、饭店标记、建筑外观、主色调、设备设施、人员服装、用品与消耗品等)，有形展示尽可能统一、已形成统一的视觉识别。饭店在客人心目中的形象越统一、个性越鲜明，其品牌地位越高。

(4) 加强信息传播，提高品牌的认知度。企业品牌的形成依赖于饭店的内部与外部的公关营销，通过饭店的公关营销，把饭店的有关品牌信息传播到更广泛的客源市场领域，以提高饭店品牌的市场认知度。饭店应拟订整体形象营销框架和实施步骤，加强品牌宣传。与此同时饭店应融合经营优势，针对市场的变化，形成自己的产品优势，增加经营特色与品牌的竞争力，加大宣传促销的力度，提高饭店的效益，多方结合树立企业品牌。

（三）市场意识

1. 市场意识的树立

在市场经济时代，饭店产品必然要向其他产品一样走向市场，通过商品生产、交换实现产品的价值。我国的饭店业经过几十年的发展已经由1988年以前的卖方市场发展到现在的买方市场，由于种种原因，可能在某些时期、某些地区饭店市场会出现供不应求的局面，但总体说来饭店市场已经发育成为一种买方市场。因此作为饭店管理者应树立牢固的市场意识，按市场经济规律进行经营。饭店的一切经营、管理应以市场为中心，同时针对不同市场条件，消费者的心理特征，采取灵活的经营策略，扩大经营。

2. 市场意识的主要内容

（1）建立适应市场经济的经营体制。饭店体质要从计划经济向市场经济转化，建立现代化的企业体制，明晰产权关系，建立精干高效的组织体系、完善的企业管理体制。

（2）明确目标市场，进行市场定位。饭店业务是围绕客人而进行的，因此饭店产品的形式、价格及业务决策均要以客人需求为依据。这就要求饭店管理人员在饭店决策时应进行充分的市场调查、市场预测、市场分析，按一定的标准进行市场细分，并认真评价每一个细分市场，同时根据市场竞争现状，分析饭店现有的人、财、物等资源情况以及企业经营的优势、劣势，并选择合适的目标市场，根据目标市场的需求特点设计组合产品，确定饭店业务形式、内容等。市场经济条件下市场意识要求管理人员应从市场规律出发，饭店适应宾客，而不是相反，饭店业务决策的依据是客人的需求特征，而不是管理者的主观臆断。

（3）加强信息管理，适应市场变化。市场经济条件下，企业的经营目标是不断适应与满足市场需求，要把握市场需求需要依靠市场信息。饭店信息由两部分组成：一部分是饭店内部客人消费信息，了解客人需求变化及宾客的意见、建议、要求，便于饭店不断完善服务与管理，提高客人满意度；另一部分是饭店外部信息，掌握饭店市场变化特征，为正确的饭店经营决策提供依据。

（4）把握市场机会，适时占领市场。经济的发展，人民生活水平的提高往往会改变市场结构与组成，文化水平的提高与价值观点的变化将改变人们的消费偏好，左右市场份额。饭店管理者应敏锐观察市场动态，根据变化适时调整以不断占领新的领域，不断创造发展优势。

（5）全员促销，增加市场份额。饭店产品走向市场，参与市场竞争，要想占有足够的市场份额，必须树立竞争意识，加强饭店促销。饭店的促销分为两方面：一方面是饭店外部促销，通过各种灵活的形式开拓市场，增加客源，宣传自己，树立形象；另一方面是饭店内部促销，以良好的服务争取回头客，形成自己的良好形象，通过宾客对饭店良好印象为饭店扩大对外宣传。

（四）人本意识

1. 人本意识的树立

人本意识是指饭店管理对象诸要素中把人列为根本要素，也是影响管理的首要因素，充分发挥人的潜能，进而有效管理饭店的其他因素。企业由人、财、物、资金、信息、技术等要素组成，人是其中最积极、最活跃的因素，也是有思想、有感情的具有能动性的因素，而企业的其他要素都是通过人的管理产生影响的。客观地说管理对象的各个要素都会对管理产生影响，但人是最基本的因素。

在饭店管理中，管理的主体是人，饭店管理的对象也是人。由于饭店是由多部门、多岗位、多工种组成，以分散的手工劳动为主，因此人的素质、状态、心理直接影响饭店产品经营与饭店要素组合状况。饭店首先要求管理者有良好的素质以及科学的管理理念，并且在管理中首先做好人的工作。

饭店业务是以人为中心展开的，服务主体是人，服务对象是人，他们之间存在着服务的交换关系，这种交换不是简单交换而是一种面对面的服务，是饭店服务人员借助饭店的设施设备提供的服务，给宾客带来的物质上、心理上的满足。饭店与宾客之间需要交流与沟通，从而达到两者之间感情的融合，服务人员通过微笑服务、细微服务、情感服务、针对性服务把饭店对客人的欢迎之情准确地传递给客人，并使客人接受与认可。

正是由于人的特殊地位与作用，作为以人为核心的旅游饭店，要想创造一流的优质服务和理想的社会经济效益，就必须坚持“以人为中心”的管理思想，科学、充分、有效地利用人力资源。

2. 人本意识的主要内容

管理者应树立以人为本的管理意识，即在管理工作中正确认识人的价值和作用，科学使用与培育人，并激励人和做好人的工作。

（1）树立以人为本的理念。现代企业的经营与管理必须坚持“三个第一”的战略；即市场第一、顾客第一、员工第一的战略。市场第一是指饭店在设计饭店产品业务决策时一切服从于市场，从市场实际出发开展业务。饭店对外是“顾客第一”，把满足客人需求作为饭店服务的目标。饭店内则应树立“员工第一”的思想，确立人是饭店生存与发展的根本要素的管理理念。“市场第一”“顾客第一”，都是人的主观能动性的客观反映。美国大的旅游企业之一罗森布鲁斯公司总裁哈尔·罗森布鲁斯提出了著名的“只有当公司把员工置于首位，员工才能将客人置于首位”的思想。认为公司应对员工产生积极的影响，一个公司如何对待员工，会极大地影响着产品的质量。北京长城饭店提出“在管理者的心中只有员工第一，在员工的心中才能有客人第一”。管理工作中始终以人为本展开，树立员工第一的观点，管理者从思想上把自己当成高级服务员，从利益同盟，人格平等，率先垂范，情理结合等入手，以员工满意为归属，努力为员工服务。

（2）正确认识与使用员工。饭店业务是以人为中心展开的，是靠员工的服务而生存的，在管理中要明确认识到只有满意的员工，才能有满意的客人。让员工满意的前提就是要正确认识企业的员工。企业的职工是社会的人，不是上足发条的机器人，不会像机械人一样按既定的程序简单运作。人是有思想、有感情的，不是单单追求金钱收入，除了物质需求外还追求人与人之间的平等、友情、相互尊重、理解、安全感、归属感等。

饭店管理者既要尽可能满足职工的物质需求，同时也要采取新型的领导方法满足员工的社会心理需求。同时在具体业务工作中根据不同人的心理素质、特长、爱好，结合岗位的特点，做到用人之长，充分利用好饭店的人力资源。

(3) 科学培训与激励人。人是企业精神的载体，人的知识、经验、技能、智慧是一种可持续开发，生生不息的资源。发挥人的潜力需要管理者以科学的方法加以控制。一般而言，企业职工工作的好坏取决于两个方面，而其一是职工是否具备适合岗位工作的知识、能力、技术。其二是企业职工投入工作的积极性的大小。前者通过员工招收、培训加以控制与提高来解决；后者则是领导方法问题。在饭店人力资源一定的情况下，提高其工作质量与效率的途径是培训。饭店培训是对人员素质的塑造，是人本意识的体现，饭店培训应该有系统、有计划地进行，把理论培训与实践培训结合起来，以形成良好的企业文化，造就高素质的员工队伍。在饭店工作中员工投入工作积极性的高低，取决于饭店的管理。管理者应采取新型的管理方法，通过激励来调动员工的积极性，把饭店目标与个人发展目标结合起来，从而使员工把饭店的事当成自己的事，而饭店把员工的事当成饭店的事，真正做到饭店、职工相互依托、共同发展。

(4) 注重管理技巧，实现以人为本。要实现以人为本的目标，除具备现代管理理论外，管理者还需要掌握管理艺术以提高管理水平。管理过程中应把管理层要求做的工作变成员工愿意做的工作，管理者根据饭店决策的计划来开展业务。业务开展过程中，单单靠管理者的行政命令维系，往往效果不佳。这就需要管理者与员工进行良好的沟通。加强民主管理，要把员工的想法变成自己的想法，饭店每个员工均有自己的思想和创建，而且员工在饭店基层，对服务于管理中的问题以及客人需求最清楚，因此让员工参与民主管理，随时听取员工的合理化建议，了解员工的思想动态，把握员工的创新精神，取其精华并付诸实施，这样把员工的想法变成管理层的行动。

员工利益与饭店利益唇齿相依，管理人员在任务和利益分配上要确保公正、公平，评估员工时应坚持实事求是，一分为二，做到多听逆言，赏罚分明，争过让功，廉洁自律。同时日常管理中，在严格企业制度的同时应注意制度的艺术性。员工犯错误，管理者难逃其咎。因此必须根据实际情况灵活处理，该严则严，该宽则宽，令员工心服口服。管理者应克服官僚主义，否则会伤害员工感情，将不利于调动员工的工作积极性、创造性。

(五) 饭店意识

饭店意识是指从饭店性质与业务特点出发，为了科学经营和管理饭店，达到为宾客服务的质量标准，饭店从业人员应有的观念意识主要包括：服务意识、质量意识、系统意识等。

1. 服务意识

所谓服务意识是饭店从业人员在服务中主动发现客人的需求并满足客人的需求，并把这种过程做到最佳状态的意识。客人到饭店来需求是多方面的，有物质上的，也有精神上的，有常规的，也有随机的。服务意识要求服务人员在对客人服务时始终把客人的利益放在第一位，最大限度满足客人需求。

不同类型客人需求特点不同，要求服务人员善于观察和把握客人个性化需求特征。能够针对不同的客人需求特征提供针对性服务，如客房内的茶水服务，根据不同地域客人应分别送上红茶、绿茶、花茶等，如果是欧美客人则应换送冰水。

饭店服务人员应树立牢固的对客人服务意识。管理人员也应树立良好的服务意识，管理人员的服务意识有两层含义：首先管理者应树立对客人的服务意识，同时也应树立对员工的服务意识。在管理中做好员工的思想工作、后勤工作，解决员工的后顾之忧，为员工创造为客人服务的便利条件。香港文化集团提出“如果你不是直接为客人服务，那么你的职责是直接为客人服务的人服务”；他们认为管理者的职责是为一线服务，为他们创造一个良好的工作、生活环境。并把饭店的组织结构图画成一个倒三角形，最上面是客人、一线服务员，下面是基层、中层管理者，最下面是总经理。饭店从组织结构上体现了管理中的服务意识，饭店只有形成后台为前台，前台为客人，职能部门为业务部门、管理人员为服务人员服务的良好氛围，才能促进饭店的健康发展。

2. 质量意识

服务质量是饭店的立身之本，是饭店形象的具体化。良好的服务质量能够招徕回头客，吸引潜在客人。饭店服务质量决定饭店的生存与发展。由于饭店的质量对饭店经营起到至关重要的影响，管理人员应把服务质量作为一项重要的工作对待。

饭店应树立全员质量意识，服务质量管理人员应充分认识到饭店服务质量对饭店经营的重要作用。应在全店明确管理规定和完善服务的各种标准、规范、制度，并在执行中不断改进与完善。要通过不断检查、监督、控制确保饭店服务质量达到既定的标准。

3. 系统意识

饭店是一个多部门、多工种组成的复杂的组织系统，系统的每一个组成部分都有其本身的特点，要想这个系统有效地运转，有赖于饭店系统意识的贯彻。系统是指由若干个相互联系、相互作用的部分组成，在一定环境中具有特定功能的处于一定环境中的有机整体。系统各部分的组合是按一定规律、一定方式的组合，每一组成部分既有其特定的功能，又协调于系统的整体。饭店从整体上说属于一个系统，此系统又包括若干子系统，饭店的子系统可以从多个层面加以界定。饭店系统是一个有机协调的整体，不能缺少任何一个子系统。饭店系统是社会巨系统中的一个子系统，业务过程中要与外界的社会其他子系统发生各式各样的联系，它不是一个封闭系统，而是一个与外界不断进行交流与沟通的开放系统。

管理人员在管理过程中要树立饭店系统意识。饭店总系统与子系统有各自的不同目标，但是要求各子系统的目标要以饭店整体目标为前提与条件，子系统的活动要与饭店整体经营活动协调。系统意识的另一方面的要求为了达到饭店经营目标，在系统内部要强调协作，各相关的子系统、部门、岗位、班次提倡主动协作与配合，以保证饭店系统的完整性、有效性。

本章小结

本章首先介绍了管理的内涵和饭店管理的概念，对饭店管理理论做了比较详细的阐述，同时对饭店管理的职能与方法进行了较为系统的阐述，并对未来走向饭店管理岗位的从业人员应具备的新思维、新理念进行了细述，为日后从事饭店管理岗位的相关工作奠定基础。

思考与实践

一、思考题

1. 试述泰勒的科学管理理论的主要内容。
2. 简述法约尔的14项管理原则。
3. 简述韦伯行政组织体系理论的内容。
4. 试述饭店管理职能。
5. 试述饭店管理的方法。
6. 简述现代饭店管理理念。

二、选择题（有一个或一个以上正确答案）

1. 科学管理理论发展至今约有（　　）年的历史。

A. 80　　B. 100　　C. 120　　D. 140

2. 法约尔认为，企业经营活动包括（　　）。

A. 技术活动　　B. 安全活动　　C. 商业活动　　D. 会计活动

3. 霍桑实验得出的结论称为（　　）。

A. 双因素论　　B. X理论和Y理论　　C. 需要层次论　　D. 人际关系理论

4. 表达企业长远目标和发展方向的计划是（　　）。

A. 经营计划　　B. 短期计划　　C. 中期计划　　D. 长期计划

5. 饭店组织职能包括（　　）。

A. 组织结构　　B. 职工培训和评估　　C. 职工招聘　　D. 组织规章制度

三、是非题

1.（　　）领导职能是饭店管理职能之一，贯穿于饭店管理工作各方面和各环节。
2.（　　）饭店控制工作应具有静态特征。
3.（　　）饭店管理单一运用经济方法易于发挥职工主动性和创造性。
4.（　　）创建绿色饭店有利于开源节流。
5.（　　）处理投诉会增加饭店管理成本。

四、实践题

请实地参观并调研一家五星级饭店，谈谈这家饭店管理方法对你有什么启示？

五、案例题

现代饭店起源于欧洲的贵族饭店。欧洲贵族饭店经营管理的成功者是西泽·里兹。英国国王爱德华四世称赞里兹："你不仅是国王们的旅馆主，你也是旅馆主们的国王。"

西泽·里兹1850年2月23日出生于瑞士南部的一个小村庄，以后曾在巴黎最有名的沃尔辛餐厅当侍者。在那里，他接待了许多王侯、贵族、富豪和艺人，其中有法国国王和王储、比利时国王利奥彼得二世、俄国的沙皇和皇后、意大利国王和丹麦王子等，并了解了他们各自的喜好、习惯、虚荣心等。此后，里兹作为一名侍者，先后在奥地利、瑞士、法国、德国、英国的几家餐厅和饭店工作，并崭露头角。27 岁时，里兹被邀请担任当时瑞士最大最豪华的卢塞恩国家大旅馆的总经理。

里兹的经历使他立志去创造旨在为上层社会服务的贵族饭店。他的成功经验之一是：无需考虑成本、价格，尽可能使顾客满意。这是因为他的顾客是贵族，支付能力很高，对价格不在乎，只追求奢侈、豪华、新奇的享受。为了满足贵族的各种需要，里兹创造了各种活动，并不惜重金。

里兹的成功经验之二是：引导住宿、饮食、娱乐消费的新潮流，教导整个世界如何享受高品质生活。1898 年 6 月，里兹建成了第一家自己的饭店：里兹旅馆，遵循“卫生、高效而优雅”的原则，是当时巴黎最现代化的旅馆。第一次实现了“一个房间一个浴室”。里兹旅馆的另一个创新是用灯光创造气氛，制造出一种神秘宁静和不受别人干扰的独享气氛。当时里兹旅馆特等套房一夜房价高达 2500 美元。

另外，里兹的格言之一是：客人是永远不会错的。他十分重视招徕和招待顾客，投客人所好；格言之二是：好人才是无价之宝。他很重视人才，善于发掘人才和提拔人才。

问题：（1）里兹对饭店管理的成功经验和管理格言对你有什么启示？

（2）“无需考虑成本、价格，尽可能使顾客满意”在现代酒店管理中是否适用？为什么？

参考答案

一、略

二、1. C　2. ABCD　3. D　4. D　5. ABCD

三、1. 对　2. 错　3. 错　4. 对　5. 错

四、略

五、分析提示

（1）饭店管理者要以客人为中心，重视顾客的满意度；饭店管理者要能够引导消费，促进消费；饭店管理者要抓住重视人才，有能力识人、用人、育人、留人。

（2）不太适用，里兹旅馆的定位是王侯、贵族、富豪和艺人，这个群体不在乎钱，只讲求相互攀比、享受生活，适合当时的年代。

第三章 饭店组织管理

学习目标

知识目标： 了解饭店组织机构的设置及饭店的组织制度，饭店非正式组织的概念；掌握饭店非正式组织的特征、划分及管理，饭店企业文化的内涵、作用和企业文化建设

能力目标： 通过对饭店组织管理基本理论的学习，能分析饭店组织结构的合理性，以及如何处理非正式组织的问题

课前导读

科学地设置饭店组织机构，科学地制定规章制度，掌握非正式组织的发展方向，合理地发挥饭店非正式组织的作用，加强饭店企业文化的建设，这些是饭店正常运转的重要保证，是提高服务质量的重要保证，也是提高饭店社会效益和经济效益的重要保证。本章将主要介绍饭店的组织机构与组织制度，饭店非正式组织的管理及饭店企业文化建设。

第一节 饭店组织机构与组织制度

饭店组织对饭店各类人员关系的处理、积极性的发挥、工作效率的提高将会有重要影响。因此，饭店组织管理成效是衡量饭店管理能力的重要标志，是饭店服务质量的重要保证。现代饭店管理更要对饭店的组织进行科学的研究和决策。

一、饭店组织机构

饭店组织机构是指饭店为了有效实现饭店目标而筹划建立的饭店内部各组成部分及其关系。如果把饭店视为一个生物有机体，那么组织机构就是这个有机体的骨骼。因此，组织机构是否适应饭店经营管理的要求，对饭店的生存和发展有很大的影响。组织机构是有效开展饭店经营活动的组织保证，组织管理学家马克斯克指出：领导的职责就在于成功地设计一种组织，并委派最恰当的人选，然后致力于按照组织原则促使大家去达成目标。饭店组织机构就是这种组织原理的具体运用。任何饭店都必须设置组织机构来明确各个员工的工作岗位、职责与业务范围，协调各部门、各级管理人员之间的关系。

1. 国内饭店组织机构设置

饭店组织机构的设置受饭店类型、规模、接待能力等因素的影响，但随着时代的进步及其业务的发展，组织机构的设置也有所变化。

国内饭店在机构设置上一般采用总经理负责制，设置副总经理分管各部门，但直接向总经理负责。其机构设置如图 3－1 所示。

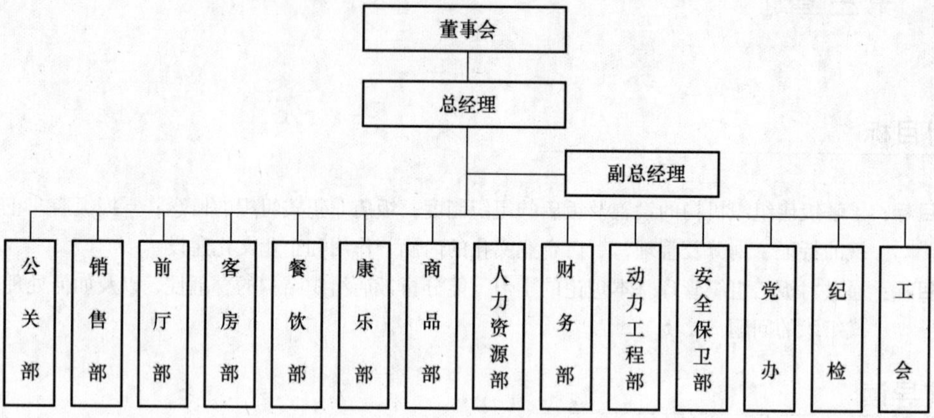

图 3－1　国内饭店组织机构图

其组织机构的优点是：机构简单，权力集中，权责分明，指挥与命令统一，人员少，效率高。它的主要缺陷是：缺乏合理的分工，不利于同级协调与联系，领导者工作负担过重，经常处于忙乱的状态。

2. 国外饭店组织机构设置

国外饭店在机构设置上一般实行归口管理，在总经理下设置总监一职，对重要部门和业务联系紧密部门进行归口管理，其机构设置如图 3－2 所示。随着我国饭店业的发展，国外饭店的组织机构形式将被我国的国内饭店更多地采用。

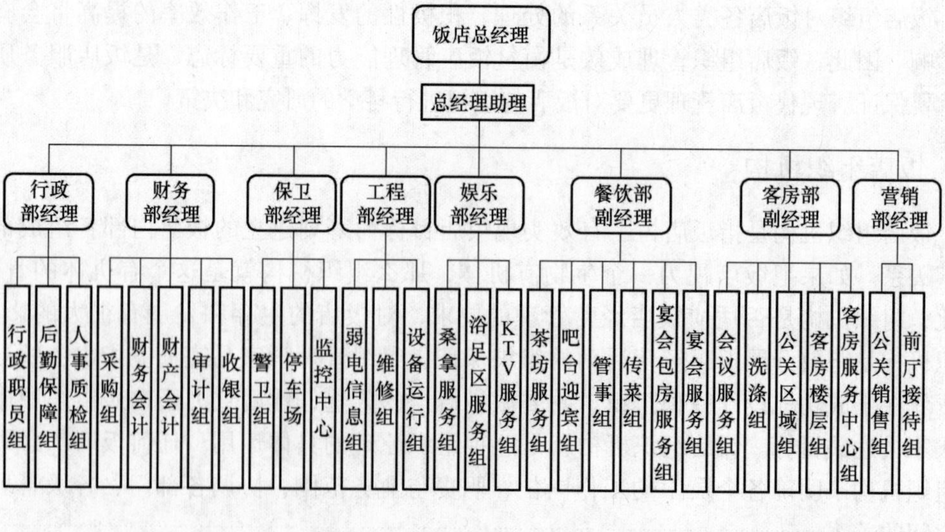

图 3－2　国外饭店组织机构图

其优点有：强调统一指挥，有利于调动整个饭店的人力、物力、财力；有利于加强行政领导的权威，提高饭店经营活动的有效性和高效性；充分发挥职能部门专业管理的水平。其不足之处是：行政领导容易包揽一切事务，职能部门的作用发挥不够，缺乏必要的自主权，积极性发挥较困难；各职能部门之间横向沟通和协调性差；在业务指导上，领导与部门之间会出现一定的矛盾冲突；可能增加管理费用等。

3. 饭店常见组织结构类型

组织结构描述组织的框架体系。常见的组织形式有直线式结构、职能式结构、直线职能型结构、事业部制组织结构以及矩阵式组织结构。

（1）直线式结构。直线式组织部门是直接生产产品、提供服务的部门，要求机构简单、权责明确，如饭店中的客房部、餐饮部、前厅部等即属于直线式组织部门。

直线式结构的优点主要是：结构简单，权责分明，命令统一；组织程序与业务程序简单一致；解决问题及时。其缺点主要是：各级主管的工作极其繁杂；要求管理者具有全面的知识和才能。

（2）职能式结构。职能式结构是指按照基本活动相似或技能相似的要求，分类设立专门的管理部门。

职能式结构的优点主要是：管理职能分工化，可以充分发挥专业人员的作用，使上级集中精力抓大事。其缺点主要是：违反指挥统一原则，形成多头领导，不利于建立责任制，影响管理效能。

（3）直线职能型结构。直线职能型结构是目前我国饭店普遍采用的组织形式。这种组织形式是在“直线制”和“职能制”的基础上发展而来的，它吸收了“直线制”对组织控制严密的长处和“职能制”充分发挥专业人员作用的长处，兼有这两种组织形式的优点。特点：把饭店部门分为业务部门和职能部门。业务部门包括前厅部、客房部、餐饮部、娱乐部、工程部等；职能部门包括饭店办公室、人事部、财务部、保安部等。

直线职能型结构的优点主要是：既保持了直线制集中统一指挥的优点，又吸取了职能制中发挥专业管理部门或专业人员职能作用的长处。其缺点主要是：横向联系复杂；组织程序与业务程序繁杂，信息迂回时间长；最高管理层的管理幅度大；权力过于集中，影响中下层人员的积极性和主动性的发挥。

（4）事业部制组织结构。采用事业部制结构需具备三个条件：具有独立的产品市场；具有独立的利益；具有足够的权力，能自主经营。

事业部组织结构的优点主要是：公司最高领导层不受日常琐事纠缠，可集中精力运筹企业的重大经营决策和发展战略；事业部经营单一产品系列，对产品和销售实行统一指挥，便于根据实际情况灵活地作出决策；事业部领导者和职工的经营观念增强，促使其更加重视经营成果。缺点：协调事业部横向联系的难度增大；事业部对公司的整体意识减弱，如果处理失当，容易产生本位主义；增加管理人员，增大管理费用。

（5）矩阵式组织结构。矩阵式组织结构是指按照职能划分的部门与按照产品或项目划分的部门结合成矩阵形的一种组织形式。

矩阵式组织结构的优点主要是：可以打破各部门的分割状态，加强一些临时专案工作的开展，使组织管理中纵的联系和横的联系较好地结合起来，强化饭店服务效果。其缺点主要是：如果协调不好，会产生多头指挥问题。

饭店组织机构的设置各有其利弊。采用何种形式应视饭店具体情况而定，从本饭店的实际出发选取一种最适合本饭店的组织机构。总之，组织机构的选取应有利于饭店的经营管理，有利于提高工作效率，使饭店组织发挥出最大的效能。

二、饭店的组织制度

饭店的组织制度是为了实现饭店共同目标，反映饭店各方面共同要求，由饭店各方共同达成的行为规范协议。为了保证饭店的正常运转，发挥出组织的最大效能，就必须有一套严格的规章制度。饭店组织管理制度一般有三类：饭店基本制度、经济责任制和工作制度。

（一）饭店基本制度

1. 总经理负责制

总经理负责制是饭店组织管理中实行的领导制度。总经理负责制确定了总经理是饭店的法人代表，在饭店中建立以总经理为首的经营管理系统，总经理在饭店中处于中心地位，对饭店的经营活动实行统一领导和全面负责。工作重点是：制定饭店的经营方针和发展战略，开发饭店的客源市场，并对饭店的管理方法、质量标准等重大问题做出决策；另外，还要对管理人员和服务人员做出选择，确定培训计划，保证员工能够适应饭店发展的需要。

2. 职工民主管理制

职工民主管理制的基本形式是饭店职工代表大会。职工代表大会具有管理、监督和审议三方面的权力。具体工作为：听取和审议通过总经理的工作报告；审议饭店的发展规划、经营计划以及一些重要的经营管理问题；审议饭店各项基金使用以及饭店福利等有关饭店全体职工切身利益的问题；监督饭店的各级干部，对成绩显著的干部提出表扬和嘉奖，对不称职甚至违法乱纪的干部提出撤换的建议。实行民主管理制体现了饭店职工在饭店中的主人翁地位，是搞好饭店经营管理的关键之一。在实行民主管理制的同时，要正确处理好民主和集中、自由和纪律以及权利和责任的相互关系。

3. 员工手册

饭店的另一个极为重要的基本制度就是《员工手册》。《员工手册》是饭店的《基本法》。它规定了饭店每一个员工所拥有的权利和义务，每个员工应该遵守的纪律和规章制度以及可以享受的待遇。

补充资料

××大酒店《员工手册》的目录

目　　录

（二）经济责任制

饭店的经济责任制是饭店组织管理中的又一项重要制度。它要求饭店各部门以饭店的经济效益和社会效益为目标，对自身的经营业务活动负责，实行责、权、利相结合，把饭店的经济责任以合同的形式固定下来。

饭店的经济责任制包括对国家的经济责任制和饭店内部的经济责任制两方面。

1. 饭店对国家的经济责任制

饭店的经营活动和社会相联系，饭店就对国家负有一定的经济责任。饭店应遵守国家的法律、政策、规定，以正常的经营手段取得经济效益，依法向国家上缴税金。

2. 饭店内部的经济责任制

饭店内部的经济责任制是按照责、权、利相结合的原则，把饭店的经营目标加以分解，层层落实到部门、班组、个人。

饭店内部经济责任制是以责为中心，责权相结合的管理方式。其基本点是：确定指标，保证上缴，超收多留，欠收自补。经济责任制在利益分配上根据各部门和个人创造效益的多少、贡献的大小实行按劳分配。其分配形式主要有计分计奖制、浮动工资制、提成工资制等多种。在执行经济责任制中，要切实搞好考核。只有通过严格、准确、公平的考核，各部门及个人的责、权、利才能真正结合起来，经济责任制的实施才会有意义，才能起到真正的作用。

（三）工作制度

工作制度是执行饭店控制职能的具体保证，也是饭店基本制度和经济责任制实施的保证。制定工作制度必须严谨、详细和具体。工作制度主要包括岗位责任制和各项服务和操作的规范。

1. 岗位责任制

岗位责任制是饭店组织管理的基础工作之一。岗位责任制是饭店具体规定各工作岗位及人员的职责、作业标准、权限等的责任制度，是饭店服务人员的工作守则，工作和服务程序指南及各项业务检查标准的依据，也是饭店全体员工的工作大法。

饭店岗位责任制的建立要在饭店组织结构设置和作业研究的基础上进行岗位设置。首先，应具体准确地规定岗位的数量、名称和职责范围；其次，要核定各岗位的工作量、服务程序和服务标准，明确负责此项工作和服务应具备的技能和知识；最后，要明确规章制度、奖惩条例。

实施岗位责任制，有利于明确饭店组织中各层次、各岗位的职责权限，有利于各部门、各岗位之间进行有效的分工和协作，从而保证饭店各项活动的正常运转。

2. 管理法规和服务规程

管理法规包括部门的制度、条例、守则以及有关经营的各项政策。其内容要体现饭店的经营目标，维护饭店制度、条例的整体性，又具体结合各部门工作的实际，有较强的可操作性。管理法规一经制订施行，无论管理人员还是服务人员就要不折不扣地执行，不能随心所欲，必须强调每个员工都有执行法规的义务。管理人员要对法规的执行进行监督和控制，执行与管理法规相适应的考核制度和奖惩措施。

服务规程就是确定服务工作的标准、规格和程序。服务规程要以每次服务工作的特定内容和过程为对象，具体规定该项服务工作的环节、顺序、具体内容的细节，如礼仪要求、语言动作、操作内容、时限效率以及意外情况和客人特殊要求的处理等，还要明确该项服务与前、后另一项相关服务过程相衔接的规定要求。

三、饭店非正式组织管理

一个人总是处于这样或那样的群体中。这个固定的群体其实就是一种组织，一种正式的或非正式的组织。一个群体中，伴随着正式组织的存在，往往同时会有各种各样非正式组织的存在。

（一）正式组织和非正式组织

1. 正式组织

正式组织是指所有成员彼此互相沟通，为既定目标采取共同行动，并依法或依规章制度的有关规定，形成一个组织。正式组织具有以下特征：

（1）经过规划而不是自发形成的，其组织机构的特征反映出一定的管理思想和信念。

（2）有十分明确的组织目标。

（3）讲究效率，协调地处理人、财、物之间的关系，以最经济有效的方式达到目标。

（4）分配角色任务，影响人们之间关系的层次。

（5）建立权威，组织赋予领导以正式的权力，下级必须服从上级。

（6）制定各种规章制度约束个人行为，实现组织的一致性。

（7）组织内个人的职位可以相互替代。

2. 非正式组织

非正式组织是在满足需要的心理推动下，比较自然地形成的心理团体，其中蕴藏着浓厚的友谊与感情因素。非正式组织具有以下特征：

（1）组织的建立以人们之间具有的共同思想，相互喜爱、相互依赖为基础，是自发形成的。

（2）组织最主要的作用是满足个人不同的需要。

（3）组织一经形成，会产生各种行为规范，约束个人的行为。这种规范可能与正式组织目标一致，也可能不一致，甚至发生抵触。

3. 非正式组织的作用

积极作用：在没有上级指挥的情况下，工作依然进行得很顺利；由于个人与群体的关系十分默契，产生了较大的、有效的指挥幅度；员工们又都习惯于自觉地配合起来，完成工作任务，因而管理者往往可以通过非正式组织的积极作用节省不少指挥协调工作。

消极作用：如果非正式组织敌视其所在的饭店企业，又以群体的形式存在和起作用，管理者很难了解其中每个成员的情况，也无法针对其中某一个人进行处分；更不能期望非正式组织能自觉地按照管理者的意愿去办事；在工作时，往往会三五成群地凑在一起休息、聊天，从而影响工作效率。

因此，管理人员必须要意识到非正式组织的存在，避免与之对立。并且，当他们管理下属时，会感到利用这种组织是有利的。

（二）非正式组织划分

由于非正式组织的多样化，并且它们内部和相互之间关系在不断地发展变化，管理人员必须及时对非正式组织进行掌控，掌握其发展方向，才能扬长避短，发挥非正式组织的积极作用。非正式组织可以分为四种类型：

（1）消极型。这种非正式组织是内部没有一个得到全部成员认可的领袖，分为好几个小团体，每一个团体都有一个领袖，同时某些领袖并不认同组织，存在个人利益高于组织利益的思想。

（2）兴趣型。由于具有共同的兴趣、爱好而自发形成的团体，成员之间自娱自乐。

（3）破坏型。这种非正式组织形成一股足以和组织抗衡的力量，而且抗衡的目的是出于自身利益，为谋求团体利益而不惜损害组织利益。同时，团体内部成员不接受正式组织的领导，而听从团体内领袖的命令。

（4）积极型。一般出现在企业文化良好的企业，员工和企业的命运紧密地联系在一起。比如日本本田公司的 QC 小组，完全是自发成立，员工下班后聚在一起，一边喝咖啡，一边针对当天生产车间出现的生产问题和产品瑕疵畅所欲言，最后通过讨论找出解决问题的方法。

对于饭店来讲，虽然一般的非正式组织中很少存在破坏型的，但是，如果出现一定的内外部诱因，那么消极型、兴趣型和积极型非正式组织都有可能迅速地转化为破坏型非正式组织。作为组织的管理者需要对组织内存在的诸多非正式组织有一个清晰的界定，它是属于那一种类型？它们的领袖是否具备良好的道德素养和职业素质？这些非正式组织中的核心成员有没有属于企业高层领导的，他们是否可以准确地强化自身正式组织的角色？考虑到这些问题就可以较好地监控和处理非正式组织，实现饭店的管理目标，保证饭店及部门工作的正常运作。

补充资料

厦门灌口工业区的YJ有限公司是一家生产服装的中型企业，一部分产品是自产自销，而绝大部分产品是按照国外订单生产，然后出口到国外。公司一直都保持着稳定的发展，但自从公司的前厂长离开自己创业后，整个形势就开始慢慢地发生变化。老总开始物色具有丰富服装生产和出口经验的管理者，结果前后来了三任厂长都改变不了车间混乱的状况，生产的服装几乎每批都被外贸公司退回返工，产品的质量达不到要求，一方面让公司大幅亏损，另一方面由于公司采取的是计件工资制，也导致员工的工资锐减。一时间公司内部流传着各种消息，如：又要换厂长了；刚做的一单又要返工；这个月的工资老板会压着不发；老板准备放弃这家企业等。而这时公司的老总正在和深圳的一家贸易公司谈判，希望能获得一个100万元的海外订单，在离开公司之前虽然他也知道公司内部人心不稳，但他认为只要能签到大额的订单就可以稳住员工的心，然后生产也会走向正常。结果，当他给员工发了上个月的工资，回到车间却发现已经有40%的员工集体领到工资后辞职。他发现这些一起离开的员工大多是来自同一省份，或者以前在同一家公司工作过。

资料来源：飞诺网 FENO. CN

这是一起比较典型的非正式组织破坏型的案例。现实企业中的非正式组织大都是比较松散的，在正常的状态下，对企业的管理并不会显示出很大的影响，在企业蓬勃发展的时候，它更不容易被感知和发现；但当企业出现变化和转折的时候，这类非正式组织的力量就会突然地壮大，并且可能会以各种方式对组织进行冲击和对抗。

（三）饭店非正式组织的管理

在一个组织内，往往不止存在一个非正式组织，可能存在着两个以上的非正式组织。如果这些非正式组织之间存在着不可调和的矛盾，那么这些非正式组织间的对立、敌视，将会大大降低组织成员之间、各部门之间的协作性，甚至会有恶意竞争和相互拆台行为。这样的结果不但会恶化组织的内部工作氛围，而且可能会严重地瓦解组织的凝聚力，破坏组织的整体效能，削弱团队的凝聚力。如何避免或消除非正式组织对饭店和部门管理所造成的不利影响？以下是一些可以参考和借鉴的方法。

1. 紧急应对

（1）谋求与非正式组织领袖的合作。非正式组织中的领袖人物集中体现了非正式组织成员的共同价值和共同志趣，他们往往凭借自身的技术专长和个人魅力在非正式组织中享有很高的威望和影响力。有时他们的实际影响力甚至远远超过那些正式组织任命的管理者。他们的思想和行动直接影响着非正式组织的思想和行动。因此，当非正式组织出现“紧密化”“危险化”时，管理者应对非正式组织中的领袖的影响给予高度重视，积极与他们在各个层面上进行有效沟通，并在理性和合作的基础上解决危机。

（2）迅速建立通畅的正式沟通渠道。非正式沟通往往是由于缺乏正式的信息沟通才产生的，并且由于非正式沟通的不规范性和不权威性，经常会引起信息的失真。当通过这种非正式的渠道所传递的信息严重失真，并引起组织内部的人心涣散、惶恐时，它就会对组织造成极大的危害。为此，作为管理者，当面对危机时，首先应致力于迅速在组织内部建立起权威的、正式的信息沟通渠道。当组织内的员工对组织的任何情况产生疑问时，有一个合法的渠道获取真实的信息，这样就能把非正式沟通给企业所带来的损失减少到最低限度。

（3）迅速采取内部公关政策。当企业出现非正式组织“紧密化”“危险化”，并产生与企业管理层对抗时，管理者首先要进行自我检讨，是否自身确实存在严重危及员工利益的决定，还是企业在运作过程中不得不临时采取的措施，或是由于某些心怀不轨的员工在操纵员工。如果确实是由于管理层疏忽而危及员工利益，管理者应该迅速调整政策。如果是不得已的临时措施，或是有人在蛊惑人心，那么管理者可以利用企业的公共场所，进行坦诚、公开的交流，以取得广大员工的信任。同时运用企业中的舆论工具、媒体、事件等，对非正式组织群体成员的共同意见进行有计划、有目的的引导，循序渐进地使非正式组织成员的意见与企业的组织目标相一致。

（4）坚决清除极具破坏性的人物。一般而言，当非正式组织“紧密化”“危险化”时，一定伴随着某一些或某个人，在整个事件过程中他起到了最大的推动和蛊惑作用，如果他们抱着极端的个人主义，违背组织原则，严重阻碍组织的发展，损害组织和组织内其他成员的利益，或者在非正式组织内传播谣言，煽风点火，蛊惑人心。对于这类害群之马，在进行说服改造无效的情况下，要坚决予以开除，使其接受应有的惩罚。但是在采取这样的措施时，务必向非正式组织中的成员澄清事实，以免引起非正式组织成员的误解，造成人心动荡。

（5）工作调动。必要时把非正式组织的核心员工调离原来的岗位，减弱非正式组织的影响，使非正式组织由紧密向松散演变。

2. 长远之策

（1）工作团体小型化。在组织设计时，可以考虑将较少的人数组成一组，一般3～10人，因为小团体可以使人产生较强的归属感，也容易具有较高的个人成就感。如果一个部门多到40人就必然会形成各自的小团体。这种非正式组织之间可能会产生各种摩擦，不利于工作效率的提高和良好工作氛围的保持。但如果能把该部门编为6～7个小单位，他们的社会需要与工作需要就可以合二为一；如果在编组时能按自愿的原则，则必将有助于小组树立集体观念，有利于形成相互协助的工作团队。

组合正式群体时，要最大限度地顾及人们的志向、爱好、能力结构、个性特点等因素，使员工获得最佳的心理环境。如：近几年来，在一些组织中推行了聘用制、自由组合等，这种新的劳动组合实际上就是使正式群体和非正式群体在结构上趋于一致，让广大员工处在一种“亲近”的人际关系之中工作。这不仅可以减少非正式群体产生的可能性，而且还可以削弱非正式群体的消极作用。

（2）消除同质化。非正式组织的根源就在于同质化，比如相似的经历、学历、年龄，相似的背景、价值观，来自同一个城市、同一所大学等，这是非正式组织存在和发展的基础。同质化使得员工在压力之下或者利益的驱动下能更快地取得一致，从而为非正式组织的紧密化提供良好的条件。所以尽量保持员工的多样化、差异化是最容易达到效果的方法。

对于管理者来说，可以从两个方面达到消除员工同质化。首先，在招聘的时候，一方面要根据目前企业内现有员工的状况以及非正式组织的情况来制定招聘规划，尤其注意不能增强现有非正式组织的力量，另一方面在招聘过程中也要注意不能在同一个区域或同一所学校招聘到占一定比例的员工；其次，在用人制度上要引进市场的竞争机制，保持员工一定比例的流动性，这样就能很容易地来抑制非正式组织的力量的不断壮大。

（3）改善正式沟通渠道。当一个组织缺乏必要的正式沟通或正式沟通的渠道不畅时，非正式沟通便会盛行。因为人们总是对不了解的事情有着强烈的好奇心。所以，在真实的信息被传达之前或是不被传达时，非正式沟通的信息便替代了真相。要排除非正式沟通的干扰，就必须重视正式沟通。要及时地在上下级之间、各部门之间进行正式沟通，尤其是那些与广大组织成员密切相关的事情。要尽可能地使决策公开化、透明化，使组织中的每一个人有主人翁的感觉，觉得自己是集体中的一分子。同时，注意保持沟通渠道的畅通，确保信息准确无误被传递到信息的接受方。

（4）引导非正式沟通。考虑到非正式沟通对缓解工作压力，增进人际关系的作用，企业管理者可以适当地考虑更多的创造机会，在组织内部正确引导非正式沟通渠道，从而使上下级之间、同级之间，有更多的机会了解、沟通，最终使组织能够健康发展。如组织活动与非正式组织群体成员意见的沟通提供机会，如各种舞会、联欢会、恳谈会等，举办各种专栏、有奖征文、开展合理化建议，体育比赛等，对他们的观点进行潜移默化，逐渐使其接近或相同于企业的观点。在这样的场合，员工会有更多的机会接触到企业内部同部门之间的员工，从而建立起更庞大、更复杂的非正式沟通网络，在必要的时候进行更迅速、更快捷的信息沟通。

（5）培养团队协作型文化。非正式组织与正式组织之间的冲突本质上是两种文化之间的冲突，是正式组织文化与非正式组织的亚文化之间的冲突。因而，从长远来看，要通过培养团队协作型文化来引导非正式组织的正确发展方向。培育团队协作型企业文化，是构建基于高度信任的企业人际关系的关键，企业应在员工中培育共同的理想和价值观念，从而使员工对企业有认同感、归属感，增强企业的凝聚力；企业应通过采取各种激励措施，满足员工的物质和精神心理需要，使员工与企业之间结成命运共同体；企业还应加强企业道德建设，并建立和完善企业内部的各项规章制度，通过企业道德的力量和制度规范来约束员工的行为，增强员工之间的互信和合作机制，从而建立强文化型企业，加强企业信息的沟通，使非正式组织的消极作用消弭于无形。

（6）管理者施加影响。管理者要平易近人，保持平和、虚心的态度，主动与员工接触，尽可能地参与非正式组织的活动，以消除员工对管理者的顾虑和防备，这样才能使管理者更容易加入到“非正式组织”中。当管理人员成为非正式组织的成员，可以通过他们施展个人影响，逐渐使非正式组织的行为和利益与正式组织管理目标保持一致，更好地发挥非正式组织的积极作用，遏制消极作用的发生。

同时，管理者在日常工作中也尤其要重视与非正式组织核心人物的交流。要尊重并肯定他在非正式组织成员中的地位和威信，这是取得其信任并与之进行合作的前提。通过与其合作，可以及时地了解到非正式组织的动向以及基层成员对于管理层决策的反馈，疏通信息自上而下的沟通渠道，便于管理层及时地对政策进行修改补充。

总而言之，管理者需要最终在企业内部建立起一种新型的正式组织结构关系，在这种新的组织结构关系中应该更加关注组织的人性化特征和社会成员的个体利益，并进一步增强灵活性。这是最大消除非正式组织消极影响的根本之道。

同步思考

Tom 即将有一周的假期，而且他打算五月份的第三周请休假。他所面临的唯一问题是，其部门内的五位员工中的两位也提出申请于同一期间休假，并已获得上司 Luther 的批准。Tom 因担心 Luther 不同意他于该期间休假，所以决定直接向 Luther 的上司 Harry 提出申请，而 Harry 对 Tom 十分友善，因为他们会一起钓鱼。Harry 在未注意到 Luther 未看到这份休假申请单的情形下，就核准了。经过了数星期后，在一个偶然的机会中，Luther 发现 Tom 已被同意在五月的第三周休假。

这是因为 Luther 的部属直接向 Harry 请示的诸多事件中的一件，类似的情况一直困扰着 Luther。事实上，就在上星期 Luther 无意间在洗手间听到以下的对话：“如果你想让任何事情获得批准，不要浪费时间去找 Luther，最好直接找 Harry。”

问题讨论：

1. 你认为 Harry 应该怎么做才对？
2. 你认为这是谁的错？Harry 或 Tom？
3. 如果 Luther 以这个问题质问 Harry，而 Harry 只是轻描淡写地说想帮个忙，又将如何处理？

第二节　饭店企业文化

一个企业能保持多长的寿命？企业怎么才能做大做强做好？企业的成长和发展，技术、管理、市场营销等要素固然不可或缺，但企业文化是根本的、决定性的力量。考察一个企业是否成功，不能光凭经济指标，还要看其社会影响、环境状况和人文状况。企业文化是企业生存、竞争和发展的灵魂，是现代企业竞争取胜的立足点。

一、饭店企业文化的内涵

（一）饭店企业文化的内涵

饭店企业文化是员工经过长期的生产实践培育起来并共同遵守的、有别于其他组织的目标、价值观和行为规范的总称。

理解这个定义需要把握以下几点：首先，饭店企业文化构成是多要素的，既有精神的，又有物质的。其次，文化是分层次的，精神方面是饭店企业文化的内蕴存在，物质方面是饭店企业文化的外显存在。再次，文化是长期生产实践中形成的、员工共同认可和遵守的行为规范，需要内化为人们的共同信仰才能发挥最大作用。企业文化同心圆如图 3－3 所示。

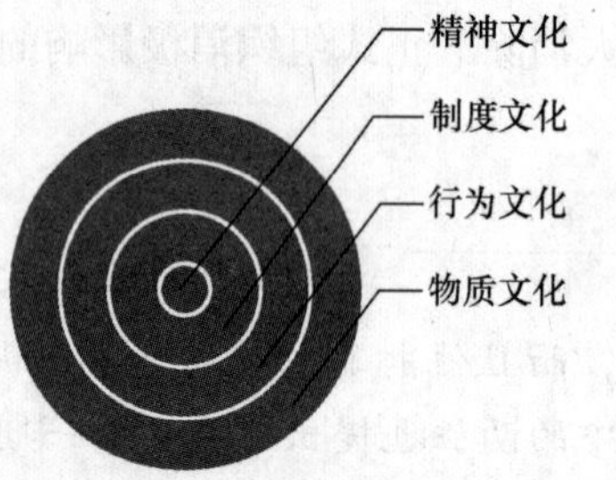

图 3－3　企业文化同心圆

1. 精神文化

精神文化是最深层次的文化，它既是文化层次的结晶和升华，也是其他文化层次的支撑。精神反映核心价值观、态度和各种信仰，能影响员工对自己、对顾客、对企业的看法，并使他们按照这种看法采取行动。精神文化的内核是企业价值观，企业价值观决定企业的命运。所有杰出的公司都很注重企业文化的建设，都具有崇高的信念和价值观。

饭店的价值观是一种以饭店为主体的价值观，是饭店人格化的产物。饭店企业的价值观，是饭店全体员工共有的、内化的判断事物的标准和原则。价值观反映了企业管理者的思想和公司的追求。这种意识是企业的核心思想、资产和经营哲学，是受保护和推崇的，它揭示了企业的实质和精髓。

2. 制度文化

制度文化，是组织为了达到特定目标所制定的行为规范，亦即一种人为制度的程序化、标准化的行为模式和运行方式。由于它规定了哪些行为应受到赞扬，哪些行为要受到批评，从而具有鲜明的强制性。

制度一般包括组织制度和运营制度。组织制度文化是企业权力机构体系文化。饭店要争取竞争优势，就必须以顾客需要的满足为核心，设计组织制度文化；以面向顾客的价值观为指导，将顾客满意作为衡量组织制度机构合理性的首要标准；压缩权力层级，以方便顾客消费流程为基本目标，设计扁平化的组织机构，建立完善高效的组织制度文化。

运营制度文化是饭店运营程序与标准执行系统，以保证饭店运营质量的一致性和稳定性。世界知名饭店集团的品牌建立过程，很大程度上得益于它们严格规范的操作标准和执行系统，这是创建服务个性化的基础。

3. 行为文化

饭店行为文化，是饭店员工在生产经营、人际关系中产生的活动文化，是以人的行为为形态的文化。饭店行为文化，一方面不断地向人的意识转化，影响精神文化的生成；另一方面，又不断地向人的物质文化转化，最终物化为饭店的物质文化。

4. 物质文化

饭店的物质文化，就是饭店文化的物质层，它是由员工的服务和各种物质设备等构成的文化，如饭店提供的产品或服务、建筑物、设施设备、标志、氛围等工作环境和生活环境。

（二）学习与超越文化

学习型组织（Learning Organization），美国学者彼得·圣吉（Peter M. Senge）在《第五项修炼》（The Fifth Discipline）一书中提出此管理观念，企业应建立学习型组织，其含义为面临遭遇裂变的外在环境，组织应力求精简、扁平化、弹性应对、终生学习、不断自我组织再造，以维持竞争力。知识管理是建设学习型组织的最重要的手段之一。

学习型组织不存在单一的模型，它是关于组织的概念和雇员作用的一种态度或理念，是用一种新的思维方式对组织的思考。在学习型组织中，每个人都要参与识别和解决问题，使组织能够进行不断的尝试，改善和提高它的能力。学习型组织的基本价值在于解决问题，与之相对的传统组织设计的着眼点是效率。在学习型组织内，雇员参加问题的识别，这意味着要懂得顾客的需要。雇员还要解决问题，这意味着要以一种独特的方式将一切综合起来考虑以满足顾客的需要。组织因此通过确定新的需要并满足这些需要来提高其价值。它常常是通过新的观念和信息而不是物质的产品来实现价值的提高。

学习型组织应包括五项要素：

建立共同愿景（Building Shared Vision）：愿景可以凝聚公司上下的意志力，透过组织共识，大家努力的方向一致，个人也乐于奉献，为组织目标奋斗。

团队学习（Team Learning）：团队智慧应大于个人智慧的平均值，以做出正确的组织决策，透过集体思考和分析，找出个人弱点，强化团队向心力。

改变心智模式（Improve Mental Models）：组织的障碍，多来自个人的旧思维，例如固执己见、本位主义，唯有透过团队学习以及标杆学习，才能改变心智模式，有所创新。

自我超越（Personal Mastery）：个人有意愿投入工作，专精工作技巧的专业，个人与愿景之间有种“创造性的张力”，正是自我超越的来源。

系统思考（System Thinking）：应透过资信搜集，掌握事件的全貌，以避免见树不见林，培养综观全局的思考能力，看清楚问题的本质，有助于清楚了解因果关系。

学习是心灵的正向转换，企业如果能够顺利导入学习型组织，不只能够达致更高的组织绩效，更能够带动组织的生命力。

学习型组织废弃了使管理者和工人之间产生距离的纵向结构，同样也废弃了使个人与个人、部门与部门相互争斗的支付和预算制度。团队是横向组织的基本结构。伴随着生产的全过程，人们一起工作为顾客创造产品。在学习型组织里，实际上已经排除了老板，团队成员负责培训、安全、安排休假、采购以及对工作和支付的决策。

部门之间的界限被减少或消除，而且组织之间的界限也变得更加模糊。公司之间以前所未有的方式进行合作，新兴的网络组织和虚拟组织由若干个公司组成，它们为了达到某种目的而联合起来，这些新的结构提供了适应迅速变化着的竞争条件所需的灵活性。

二、饭店企业文化建设的功能

饭店企业文化在饭店管理中起着重要作用，它有利于树立饭店良好的饭店形象，提高饭店的整体效益，推进饭店的有效发展，因此，饭店企业文化具有导向、凝聚、约束、激励等作用。

1. 凝聚作用

企业文化的凝聚作用，可以使企业有一股强大的前进力量。当企业文化被职工认可和接受后，企业文化就成为一种黏合剂，把全体员工凝聚在创新的目标下，有助于形成职工的群体意识，改善人际关系，调动职工积极性，为实现企业的目标而努力。松下电器公司每天对职工进行“七精神”教育，上班前全体职工聚集广场高唱社歌，背诵“七精神”；下班后，要对照“七精神”检查自己一天的言行。松下的一位经理说，每天有几万职工背诵价值规范，好像大家都融为一体了。

补充资料

闻名遐迩的松下电器公司，早在创业之初，就提出了“松下七精神”。

(1) 产业报国精神：作为员工，认识到这一精神，方使自己更具使命感和责任感。

(2) 光明正大精神：光明正大为人们的处世之本，无论学识才能有多大，如无此精神，即不足为训。

(3) 友好一致精神：友好一致已成为公司信条，公司人才济济，如无此精神，就是乌合之众，无力量可言。

(4) 奋斗向上精神：为了完成我辈使命，只有彻底奋斗方是唯一途径，和平繁荣要靠精神争取。

(5) 礼节谦让精神：为人若不谦让，就无正常的社会秩序。社会礼节谦让的美德，能塑造情操高尚的人士。

(6) 适应同化精神：如不适应社会大势，成功就无法获得。

(7) 感激精神：对为我们带来无限喜悦与活力者应该持感激报恩之观念，并铭记心中，便可成为克服种种困难，招来种种幸福之源。

与此同时，松下电器公司把自主经营、量力经营、专业经营、靠人才、全员式经营、适时、求实等哲学，也列为整个“松下精神”的一个有机组成部分。

资料来源：http：//www. lhh1688. com/list. asp? id =495

2. 约束作用

企业文化的约束作用，弥补了企业规章制度等硬约束的不足和偏颇。企业文化的约束功能是通过一种观念的力量，氛围的影响，团队行为准则和道德规范等去约束、规范，控制职工的个人行为来实现的。企业文化不是硬约束，而是一种软约束，一旦一个企业的团队意识，内部风气和风尚等企业文化内容具有创新的特点，就会造成强大的使个人行为从众化的团队心理压力和动力，使个人在知识创新过程中产生共鸣，进而自我调整，控制自己的行为，自觉展开知识创新活动。这就在很大的程度上弥补了企业规章制度等硬约束的不足和偏颇。

3. 激励作用

企业文化的激励作用，使职工有一个充满热情的工作心态。企业文化以经济学中的人本主义为理论的基础，把尊重人作为它的中心内容，以人的管理作为整个管理工作的中心，它对人的激励不是一种外在的激励，而是一种内在的激励，是通过企业文化的塑造，在职工的心目中树立起创新的思想观念和行为准则，使企业职工理解到自身工作的重要意义，从而激励员工发挥自己最大的潜力，用最高的工作热情去实现企业目标。

4. 辐射作用

企业文化的辐射作用，可以使本企业的文化得到转播。优秀的企业文化不仅对内部职工有凝聚力，而且能对企业外部产生一种强烈的吸引力和感召力，可以使企业在与其他社会经济团体的交往中树立起良好的信誉和形象。而且好的企业文化，可以得到外界的认同和学习，以使自己优秀的企业文化得到传播和宣扬，这样更有利于企业的发展。

5. 渗透作用

企业文化的渗透作用，使企业的各个方面欣欣向荣。企业文化作为一种民族意识的表现形式，对管理模式的形成及其作用的发挥有较强的渗透力。

6. 导向作用

企业文化的导向作用，可以指导企业的经营和引导员工的行为。导向作用是指企业文化对企业员工和企业生产经营活动发挥着引导作用，长期引导员工为实现企业文化目标而努力。具体体现在：优秀企业文化可以引导员工的心理、行为朝着企业的目标而努力。如美国电报公司为提高竞争力和凝聚力，提出“一流服务”的口号，推动整个公司为此目标而努力，“一流服务”起着指引方向的导向作用。

三、饭店企业文化的建设

现代旅游饭店，不仅要有高舒适度、高效能的服务设施和服务质量，而且更需要构筑一种文化环境，渲染一种文化氛围，以满足旅游者日益增长的物质生活以外的精神需求和文化审美愉悦。可以说，在饭店所有的经营特色中，文化氛围是最具魅力与持久的，它在某种程度上反映出饭店的经营理念与水平，体现着饭店的档次与服务意识，是一家成功的饭店不可缺少的经营法宝之一。那么，该如何去建设自己的企业文化呢?

（一）饭店企业文化建设的主体

1. 企业员工

企业员工是企业文化建设的主体，也是企业文化建设的基本力量。坚持以人为本，应当注意以下几个方面的问题：

（1）充分重视人，把员工当作企业的主人。

（2）正确看待人，处理好管理者与员工之间的关系。

（3）有效地激励人，充分发挥员工的聪明才智。

（4）全面发展人，使员工实现自己的目标。

补充资料

HP Way（惠普之道）：人本文化

惠普文化的核心是相信每个员工都有他的重要性，因此一定要尊重每个人的重要性，只有这样，公司员工才能齐心协力为公司的发展而努力。惠普文化常常被人称为“HP Way”（惠普之道）。HP Way 有五个核心价值观，它们像是五个连体的孪生兄弟，谁也离不开谁，它们是：一、相信、尊重个人，尊重员工；二、追求最高的成就，追求最好；三、做事情一定要非常正直，不可以欺骗用户，也不可以欺骗员工，不能做不道德的事；四、公司的成功是靠大家的力量来完成，并不是靠某个人的力量来完成；五、观念不断地创新，做事情要有一定的灵活性。这些核心价值观充分体现出惠普公司人本管理的理念。

2. 企业骨干

企业骨干是企业文化建设的骨干主体，也是企业文化建设的榜样力量。企业骨干是现代企业民主管理过程中产生的，这里所谓的骨干是一批在企业伦理道德上和企业经营管理理念上的卓越人物，他们是与企业一般员工相对应的一个群体。

3. 企业家

企业家是企业文化建设的主体，也是企业文化建设的基本力量。在我国企业家通常指企业的董事长、经理或厂长，是一个企业的主要领导人物，一般是企业法人代表。他们是企业文化的倡导者、塑造者、传播者、培育者和发扬者。企业家以自己的哲学理念、价值观、理想、素质、作风等融合而成的个性，精心塑造企业精神。第二次世界大战后，日本经济快速发展，一个重要原因是日本企业形成像松下幸之助那样一些企业家，IBM 创始人老沃森亲自为公司确立了“尊重每一个人”，“为顾客提供尽可能好的服务”，“追求卓越”三大信条。企业家拥有对员工的感召力和影响力，企业家的权威对企业精神的贯彻具有强大的推动作用。企业家还是企业精神的表率，是企业精神的具体化身。

补充资料

GE：培养优秀领导人

根据GE实际情况的调查，领导人培养和发展要经历三个阶段：

第一阶段是进入某个领域的头5年。首先，在自己的技术领域取得了成功，也就是说，已经很深入地了解这个行业，了解其复杂性，而且都在与此相关的工作中获得了成功。其次，能接受具有挑战性的工作任务。也许可能会有这样的想法“我的工作任务比任何人都重很多，这把我吓坏了，我不知道我是否能胜任，我也不明白他们为什么要我做这项工作。但是我把它完成了”。当你在做一项具有挑战性、一项你自认为难以胜任的工作时，它培养了你两方面的能力：一方面，它培养一种从事你以前从未做过的不同工作的能力；其次，它培养了你的自信心，令你从容面对那些令你束手无策和害怕的情况。领导者每天需要做的就是去面对他们不知如何解决的具有挑战性的问题，很多时候他们吓坏了，因为他们想“我解决不了这个问题”。但是他们摆脱了困境，解决了问题，找到了出路。这就是领导人的作为。最后，有早期的领导机会。GE不但提供领导能力的培训，而且提供轮职机会以使其获得不同的工作经历，不断发展。

第二阶段是进入本行业5～15年。此时管理者已拥有了对一个团体的管理责任，对整个机构的业务有着广泛的参与并有机会接触重要人物进行面对面的交流，以提高管理技术、策略和技巧，提高跨越职能部门看待问题的能力。

第三阶段管理者将成为机构的决策者。此时管理者对工作负有全权责任，这意味着如果有什么事没有完成，他们不能指责别人，因为那是自己的责任。

GE领导人必备要素：

首先是活力，具有迎接并应对变化的个人活力，做事情一定以此为行动导向。其次是激励，必须具有强大的感染力，并有能力创造一个氛围以激励和推动他人，从而使公司的潜力得到最大的发挥。再次是锋芒，充满创新精神，困难面前勇于做出果断的决定，有坚定的信念及魄力。最后是执行，要有始终如一、实现承诺、克服困难、达到目标的能力。

（二）饭店企业文化建设的基本原则

1. 营造浓郁的文化氛围，加强制度建设

营造浓厚的饭店管理文化，就是要总结、宣传、推广本企业员工的闪光点，使其升华，并渗透于管理、经营、服务的各个层面。饭店要建立起具有本企业特色的规章制度，来调整企业和个人行为，搞好行为规范，以保证饭店组织、指挥、协调、控制等各项工作的正常进行。制度常常能塑造人，使人自觉地适应制度、遵守制度。合理的激励制度有利于提高员工的士气、调动员工的积极性；合理的惩罚机制有利于提高员工的道德素质；合理的福利机制有利于提高员工的凝聚力和归属感。对于企业文化建设来说，从制度入手是一条行之有效的途径。凡是好的企业，都有一套系统完备的，为员工认可、接受的制度。这些制度在实践中作用于员工，使员工形成了以顾客满意作为严格管理的基本标准，营造尊重知识、尊重人才的氛围。通过制度建设营造浓厚

的企业管理氛围，实施文化驱动管理，管理催促文化的良性循环。

2. 塑造良好的饭店形象，改善饭店内部形象

饭店市场的竞争从某种意义上讲，是饭店形象的竞争。饭店形象包括：经营理念、品牌形象、员工形象等综合在一起的整体形象外在化表现，是饭店内部员工和外部公众对饭店的认识、感受和评价，是饭店无形资产的重要组成部分。良好的饭店形象能得到社会的认同和信赖，有利于占领消费者心理市场。饭店文化建设要在内增员工凝聚力和外增饭店知名度上下功夫，这就需要通过一整套饭店识别系统的设计与实施，向社会公众展示饭店的个性特征，包括：管理者群体、员工队伍、饭店标志、法人信誉等，从而建立饭店的崭新形象。饭店应用先进的事迹教育人、用健全的制度规范人、用良好的机制监督人，塑造饭店员工在顾客心中的完美形象，在员工中形成对企业的向心力和凝聚力。饭店内部环境，既有经济因素，也有非经济因素。文化建设的一个重要任务就是要创造每个员工都能发挥自己聪明才智的环境。通过灵活积极的用人制度，满足员工渴望成才的需要。通过丰富多彩的活动，满足员工物质、文化、生活需要，使员工把企业看成“家”，形成一个荣辱与共、盛衰共担的利益共同体。

3. 培养优良的企业精神，加强员工教育

饭店文化最主要的内容就是饭店的价值观念、企业精神。优良的企业精神就是饭店之魂，是饭店员工共同拥有的精神支柱。企业精神的生命力的一个重要标志在于拥有自己的个性。饭店文化的核心是企业精神，随着饭店文化的普及与发展，饭店价值观将人格化、全员化，员工素质也将得到全面提高，企业精神也将随之得到发展。饭店的价值观同样决定了饭店的发展意志和动力，优秀的饭店文化将会促进饭店管理现代化、规范化、系统化。成功的饭店会团结更多的员工，营造一种积极的氛围，形成自己独特的文化精神。好的饭店文化，对内可以形成员工凝聚力，对外形成市场竞争力，是饭店的无形精神财富，时刻对饭店的经营管理产生影响。饭店中的优秀员工，其积极性、创造性可以自觉形成，但普通员工未必如此。这就需要自上而下的灌输、宣传和渗透。在实践中通过树立典型、表扬优秀等形式宣传企业精神、饭店形象、饭店目标，培养职工的凝聚力、归属感和高昂士气，建设强势饭店文化。

4. 建立良好的文化宣传渠道

饭店应办好自己的报刊，开展形式多样的活动，在活动中培养团队精神、渗透饭店文化、增强团队凝聚力和对饭店的忠诚度。

目前的中国饭店业供求关系发展不平衡，供大于求，竞争激烈，但市场的层次、空间和潜力还很大。聪明的管理者不会害怕竞争，而是通过竞争来显示优势和能力，通过竞争找到自己的位置。我们应该认识到：供求的天平倾向消费者，他们选择的虽然是饭店，但实际上他们选择的是最值得信赖的员工、最值得信赖的服务、最值得信赖的文化。

本章小结

本章主要阐述了三个问题，饭店组织的基本知识、饭店非正式组织的管理以及饭店文化的内涵。饭店组织管理是实现饭店所有者、宾客和员工价值的保证，也是提高饭店核心竞争力的重要途径。通过掌握饭店组织管理的知识，可以更好地完成经营管理任务。

思考与实践

一、思考题

1. 国内饭店组织机构的特点是什么？

2. 什么是饭店组织制度？饭店组织制度有几类？

3. 饭店非正式组织有哪些特点？

4. 如何对饭店非正式组织进行管理？

5. 简述企业文化的内涵。

6. 企业文化由哪些要素构成？

7. 如何理解企业的物质文化？

二、选择题（有一个或一个以上正确答案）

1. 饭店的基本制度包括（　　）。

A. 总经理负责制　　B. 职工民主管理制　　C. 经济责任制　　D. 岗位责任制

2. 饭店非正式组织的特征是（　　）。

A. 组织目标明确　　B. 自发形成　　C. 统一的思想和信念　　D. 组织领袖任命产生

3. 企业最深层次的文化是（　　）。

A. 物质文化　　B. 制度文化　　C. 行为文化　　D. 精神文化

三、是非题

1. （　　）《员工手册》在企业管理中起到制度约束作用。

2. （　　）企业文化建设在企业管理中是“摆设”。

3. （　　）对非正式组织管理的好坏直接影响企业各项工作能否顺利进行。

四、实践题

1. 针对当地饭店实际，画出该饭店的组织机构图，指出其机构设置的利弊。

2. 结合本地某一饭店实际，了解该饭店企业文化的建设情况，指出其现存问题。

3. 分组讨论自己所在班级的班级文化是什么？以海报形式用简练的文字和图形表示出来。根据班级的班级文化，设计并制作一期班级刊物。

五、案例题

小张是某五星级商务酒店的服务生。某日，该酒店接待了一个非常重要的大型会议。小张的领班孙某在晚餐之前进行了详细的接待计划安排，原本从事用餐服务的小张被领班安排和小王合作在餐厅的入口做领座员（原本是小王一人当班）。餐饮总监也在现场做指导。可是就在就餐高峰之前，餐饮总监发现包厢准备还不到位，于是临时让小张去该包厢做好卫生及准备工作，小张见是餐饮总监的命令，不敢怠慢，课时小张准备完包厢回到餐厅入口时，客流量已经很大了，小王一人无法应付，导致有许多客人不满。领班对小张擅自离开岗位给予了严厉的批评，并称事后将追究相应责任。而小张简直是一肚子冤枉，明明自己是被餐饮总监临时调用的，并不是擅自离岗，对领班的批评真是觉得委屈。

请分析在这次事件中，餐饮总监和领班谁对谁错？小张是否应该执行餐饮总监的临时调用？为什么？

参考答案

一、略

二、1. AB　　2. B　　3. D

三、1. 对　　2. 错　　3. 对

四、略

五、分析提示

本案例中的问题是由该公司的职务交叉、领导之间沟通不足造成的。日常工作的安排、检查、指导、考核等，由领班具体去实施其职责范围内的工作，而不应该由餐饮总监亲自替下属做这些琐碎的事情。作为小张，出现多头领导后，应该多请示、多汇报，让各级领导随时清楚你的工作状况。

第四章 饭店市场营销

学习目标

知识目标：了解市场营销的概念，营销观念的演变历程以及在饭店业中的体现；掌握饭店传统营销模式，饭店新型营销模式

能力目标：对饭店市场营销内容有初步的认识，明确饭店市场营销管理的实际运用方法

课前导读

饭店的产生和发展是因为人们生活的需要，饭店营销活动也是围绕人们的需要而展开的，而这个需要正是我们理论上所讲的市场。饭店市场营销工作者应该准确把握市场营销核心概念，正确认识市场营销管理的任务，全面理解市场营销管理过程，对于饭店搞好市场营销，加强管理，提高经济效益具有重要意义。本章首先对饭店市场营销的概念进行界定，从营销管理过程入手，阐释了饭店市场细分及目标市场选择、饭店市场营销策略，并介绍了新型的市场营销模式。

第一节　饭店市场营销概述

一、饭店市场营销的概念

饭店市场营销是饭店在变化的市场环境中，为满足顾客需要和实现饭店目标，综合运用各种营销手段，把饭店产品和服务整体地销售给顾客的一系列市场经营活动与过程。还可以进一步解释为：

饭店为了实现经营战略目标，通过对饭店产品和服务进行设计、定价、促销、分销的计划和执行的过程，来满足目标消费者和组织的需要。换言之，饭店的市场营销是指饭店调研、了解和分析市场的需求及购买欲望，设计和开发适当的产品、服务并对其进行定价，进而选择和决定饭店的目标市场，针对目标市场进行促销、分销，以满足目标市场或消费者的需求，并使饭店取得良好经营成果的一系列经营活动和过程。

二、营销观念的演变历程

企业的经营思想指导着企业的营销行为，要想研究企业的市场营销活动，首先必

须清楚营销的观念。近百年来，伴随着企业生产及销售活动的变化，企业的营销指导思想经历了一个漫长而复杂的、由“以生产为中心”转变为“以顾客为中心”、从“以产定销”转变为“以销定产”的演变过程。具体而言，市场营销的观念经历了以下阶段：

1. 生产观念

这是最古老的一种经营哲学，这一观念是在生产力相对比较落后的情况下才会持有的一种观念，在手工作坊的生产时代里，企业的生产效率比较低，商品生产量有限，经营者持有的观念是“我生产什么，就销售什么，我生产多少，就可以销售多少”，不会从消费者的需求出发从事经营活动。企业的核心在生产环节，而非消费者的需求。如20世纪到20年代的福特公司生产的“T”型车只生产黑色的而不管消费者的需求就是在典型的生产观念指导下而产生的。

2. 产品观念

在市场竞争日趋激烈的条件下，企业要想更多地销售出自己的产品，就必须有吸引顾客的地方，而在早期，企业经营者首先能够想到的吸引顾客的手段就是提高产品的质量，为顾客提供优质的产品，由此，产品观念应势而生。这种观念认为，与同类型的产品相比，只要自己的产品质量最好、性能最优、功能最多，那么自家产品就会受到消费者的欢迎。与生产观念相比，这一观念有一定的进步，而且这一观念至今在企业界还存在着广泛影响。

3. 推销观念

推销观念的经营哲学产生于20世纪20年代末至50年代，这一时期是许多产品由“卖方市场”向“买方市场”过渡的时期。在这一阶段中，由于各种原因，企业之间的竞争逐步加剧，市场供给由供不应求转变为供过于求，由卖方市场向买方市场过渡，企业开始重视广告及人员的推销，但推销观念同样表现为“我卖什么，顾客就买什么”。其实质仍是以企业的生产及推销为中心，依然是在未考虑顾客需求的情况下从事产品的生产与销售工作，随着商品经济的不断完善与发展，这一观念也慢慢地不再适应社会的需要。

4. 市场营销观念

市场营销观念产生于20世纪50年代之后，当时，社会生产力迅速发展，市场趋势表现为供过于求的买方市场，同时，广大居民个人收入迅速提高，有可能对产品进行选择，企业间产品的生产与销售竞争加剧，单纯依靠生产效率、产品质量以及各类推销方式已不能满足企业的经营需要，如果产品不对路，不能满足消费者的需求，生产得越多、质量越好、投入推销方面的人力物力越多，则企业成本越高，产品若卖不出去，企业的损失越大，在这种形势之下，市场营销观念随之产生。市场营销观念认为，要达到企业目标，关键在于弄清目标市场的需求和欲望，并根据这些需求欲望从事自身的生产经营活动，以满足顾客的需求，因此市场营销观念的出发点不再是企业的生产，而是顾客的需求，“顾客需要什么，就生产什么”是市场营销观念的表现。

5. 社会营销观念

社会营销观念是在20世纪70年代出现的，随着社会的不断发展，在经济利益的驱动下，有些企业为了追求销售量，追求经济效益，不惜冒犯消费者的利益生产伪劣产品、发布一些欺骗性的广告，这些行为都直接侵犯了消费者权益，引起了广大消费者的不满，由此社会上掀起了一场保护消费者权益的活动。而且人们越来越清楚地认识到资源与环境保护的重要性。为了改善地球的生态状况，企业需要树立一种绿色的生态经营观念，即一方面注意生产一些不会破坏自然环境的产品，另外一方面，注意教育消费者树立绿色消费的观念，由此社会上又掀起了一场保护生态平衡的运动。

6. 大市场营销观念

20 世纪 80 年代后，经济全球化趋势愈加明显，许多企业都将目标投向全球范围，大市场营销观念使企业对市场营销环境的认识跃上了一个新的层次。在此之前的营销观念中，企业能够影响的范围仅限于消费者，在大市场营销观念下，企业影响的不只有消费者这一微观的主体，还有政府部门等宏观主体。在大市场营销观念的指导下，企业发挥了营销的主观能动性，通过影响环境，使之向有利于企业的方向改变，所以，与传统观念相比，在大市场营销观念指导下的企业能够开辟更宽阔的天地。

三、饭店营销观念演变的体现

在市场经济条件下，与普通企业类似，任何一家饭店都必须具备营销意识，成功的营销是饭店在激烈的竞争之中处于不败之地的有效保证。现代营销意识在饭店行业中的出现与推行乃至广为流传也经历了一个漫长的阶段，与普通企业的营销观念相比，迄今为止，依然有些饭店的营销意识处于较为落后的观念阶段。各类观念在饭店行业中分别表现如下。

1. 饭店业中生产观念的体现

在饭店业的发展初期，许多地方的饭店产品与服务供不应求，虽说饭店硬件设施简陋，服务项目较少，但前来投宿的旅游者却是络绎不绝，旅游旺季甚至会出现蜂拥而至的局面，旅游者要吃要住，但由于客房不足，所以能找到下榻之处对他们而言已是心满意足。在这种供不应求的态势下，常常是饭店提供什么，旅游者便购买什么，饭店一方只需关心有无客房、有无餐食即可，无需把力气花在改善设施、增加服务项目、提高服务质量方面，旅游者的心理需求及其他要求完全被忽略，这种状况表明当时的饭店普遍持有传统的生产观念。

20 世纪 70 年代末、80 年代初，我国处于改革开放初期，当时我国许多主要旅游目的地都出现过饭店紧缺的现象。严重的供不应求造成了纯粹的卖方市场，也导致我国饭店经营者中普遍存在着生产导向的经营观念。

2. 饭店业中产品观念的体现

当饭店行业中出现竞争或者在酒店进入淡季时期，有些饭店开始思考如何吸引到更多的顾客，就客人而言，他们下榻饭店所能获得的最基本的好处：一是客房可供休息下榻，二是餐厅可以就食用餐，饭店若能在这两方面提供优于其他酒店的良好的设施和服务，客人一般会感到满意并在日后不断回头。此时，饭店意识到：客人喜欢良好的设施和优质的服务，饭店工作的核心是提供良好的设施和优质的服务，由此产品观念逐步渗入饭店行业。

3. 饭店业中推销观念的体现

饭店的客人来自五湖四海，其需求千差万别，且在不断变化，饭店设施与服务再好，不考虑客人的需求，也是无的放矢。随着竞争的出现，饭店供不应求的现象逐渐发生变化，产品导向观念已不再适应时代的发展。此时若饭店不加紧推销，客房利用率低，餐厅、舞厅等营业额难以上去，企业经营可能出现赤字，为此许多饭店开始设置营销部或销售部，这些部门的主要职责是派遣销售人员到一些企事业单位推销饭店已有的客房、会议或餐饮类产品，通过拉会议的形式实现饭店产品的顺利出售，或者通过各种优惠活动吸引顾客。与生产导向及产品导向的营销观念相比，推销观念在饭店业的出现表明酒店开始意识到主动出击销售产品的重要性，这是一种进步，但这种观念依然是站在饭店的角度生产并销售产品，没有注重顾客的需求。

4. 饭店业中营销观念的体现

随着竞争日趋激烈，饭店开始意识到顾客的需要是酒店提供产品与服务的根本，饭店中的硬件产品应根据顾客的需求进行设计，并应客人的要求提供服务。在这种营销观念的指导下，许多饭店开始推行个性化的服务，并根据客人的不同需要推出各种类型的饭店及客房、餐饮产品等。饭店市场划分越来越细化是营销观念的重要体现，商务楼层、女士楼层、无烟客房、蜜月房、残疾人客房等新型产品的不断涌现表明饭店日益重视客人的个性化需要，客史档案的应用使得营销观念的应用达到极致化，饭店可以根据客史档案中有关客人生活习惯及爱好的记录提供有针对性的服务，以培养自己的忠诚顾客，这些都表明营销观念已日益渗透至饭店的各个角落。

5. 饭店业中社会营销观念的体现

将企业、消费者和全社会的利益结合起来，为消费者提供环保型的产品，一方面满足了现代消费者的需求，另一方面也维护了未来消费者的长远利益。社会营销导向的观念在酒店业中盛行是近些年来的新趋势。一些国际连锁饭店已经开始在绿色营销方面作出努力，如为了减少森林砍伐而节约纸张，它们提供的卫生纸是用再生纸做的；办公室的一些非正式文件使用电传纸的反面；在客房里放置小册子，宣传保护环境与资源的日常方法；为节约水资源而减少棉织品的洗涤次数、取消一次性牙具、在客房中配置节水马桶；组织员工参加植树活动等。目前，绿色营销及社会营销已成为国际饭店业的一种潮流，而且预计生态营销、社会营销将是21世纪酒店营销中的重要观念与形式。

6. 饭店业大市场营销观念的体现

第二次世界大战后政治经济局势的稳定为全球旅游业的蓬勃发展奠定了坚实的基础，同时也为饭店集团在全世界范围内的攻城略地提供了助推力。在饭店集团扩张的过程中，大市场营销观念的作用不容忽视。许多外资饭店和被外方管理的酒店在中国市场上都非常注意维系与所在地政府的关系，积极举办并参与各类公益及慈善活动，以开放的姿态及热情好客的态度向客人甚至是非客人提供殷切周到的服务，令政府、社区民众及消费者产生了对于饭店的信任感。在良好企业形象的帮助下，饭店的营销工作自然事半功倍。大市场营销观念的盛行，使得饭店通过各种公关手段创造了有利于饭店经营的市场氛围，对于饭店行业的进一步发展起到了推动的作用。

四、饭店市场营销的基本认识

1. 饭店营销的出发点——市场

市场的概念古已有之，最初市场即为“城市”中的“市”，是指商品、货物买卖的场所。在营销观念出现后，市场意指需求，即站在商品销售者的角度去看待市场中的需求状况，研究如何更好地去满足并创造顾客的需求。在企业的眼中，哪里有需求，哪里就有市场。在企业的眼中，市场是“具有一定的需求欲望，且有能力支付货币，从而获得某一商品或服务以满足自身需求的、现实或潜在的顾客。”

基于普通企业对于市场的认识，我们可以归纳饭店市场的概念要点如下：

（1）从社会整体的角度来说，饭店市场是酒店商品交换关系的总和，饭店本身是这种交换关系中的供给者，实现产品服务的交换以及产品服务价值的实现是饭店营销的目标。

（2）站在饭店的角度来看，饭店市场应当是指酒店现有的及潜在的具备一定需求欲望与支付能力的消费者，即在饭店商品交换关系中处于需求一方的现实及潜在的顾客。

可以看出，饭店市场营销活动的出发点是市场中的需求，饭店的首要和基本任务是发现、了解并满足饭店市场中消费者的需求。现代市场营销观念强调企业应以消费者为中心，通过发现、了解消费者的需求，并从需求出发，针对不同目标市场的顾客，采取不同的营销策略，合理地组织饭店的人、财、物力资源，尽可能地满足消费者的需求，为顾客提供合适的产品与服务。

2. 饭店营销的内容——顾客需要的产品

在饭店商品交换的关系中，饭店提供的产品与服务是满足市场需求的重要因素，它是连接饭店与消费者的桥梁与纽带。饭店营销活动的根本是生产出适合饭店市场中顾客需求的产品与服务。

饭店顾客需要的是硬件设施的使用权以及随之附加的服务。饭店是由一个或许多建筑所组成的接待设施，它所提供的最基本的产品就是这些接待设施，包括住宿设施、餐饮和其他诸如商务、购物、娱乐等服务。上述设施所提供的各种有形产品（如餐饮部提供的菜肴、酒水饮料等）及无形服务，它以员工劳动的形式呈现在顾客面前，而且饭店的服务必须达到一定的标准要求。与一般产品相比较，饭店产品的特点主要表现为：

（1）饭店产品的复杂性。外出旅行人员的需求一般比较复杂，涉及住宿、饮食、交通、购物、娱乐、商务等诸多方面，从性质上分类，饭店产品大体上包括硬件产品与软件产品两部分，硬件产品是饭店拥有的各类住宿、餐饮、娱乐、交通、会议及商务等接待设施；软件产品即是依托上述设施向客人提供的各类服务项目。这两类产品共同构成饭店向客人提供的产品，缺少其中任何一个方面，饭店产品都是不完整的。

（2）饭店硬件产品的所有权不可转让。饭店的产品是有形设施和无形服务的综合体，有形设施主要是为无形服务顺利展开提供相应的物质保障，饭店在经营的过程中，转让的仅仅是产品在一定时间内的使用权，而不是像其他企业销售一般消费品那样同时转让所有权，而且客人在使用的同时还要承诺在店使用这些产品期间保持其物质构成的完好无损。

（3）饭店服务产品的无形性。饭店产品的主体成分之一是向客人提供的服务，它创造出的成果更多的是顾客直接的心理和生理感受，是无形的。当然，服务结果的无形性不意味着服务过程与内容的无形性，饭店必须依赖有形的硬件设施才能为顾客带来较好的体验和感觉。由于顾客的期望值有较大的差异，同样的饭店服务产品会给人以不同的感受，这也是饭店产品无形性的体现之一。

（4）饭店服务产品的生产和消费不可分割。饭店服务产品的生产、经营和消费常常发生在同一个时空背景条件下，密不可分，它们是一个过程的两个方面。服务人员在向客人提供服务的同时，消费也即刻启动，顾客开始享受饭店提供的服务产品，待客人离店并结束消费时，生产不再进行，服务人员也停止了向顾客提供服务的行为。饭店市场中的交易过程与消费过程具有同步性。

（5）饭店产品不可储藏。由于饭店的硬件产品所有权不能转移，且其服务产品又具有生产消费不可分割的特征，因此，饭店产品具有不可储藏性。有形产品一日未售出去，还可以期待明天去卖，饭店的主体产品不存在存货一说，如果饭店产品不能及时地销售出去，那么产品当时的价值将永久地丧失而无法弥补。比如饭店客房，如果今天不能够卖出去，它今天的价值就损失掉了。也正是由于饭店产品的这一特点，才更加体现出饭店营销工作的重要性。

（6）饭店产品不可运输。饭店产品具有在空间上的不可位移性。一般工厂是把产品运到顾客所在地进行销售，而饭店产品无法运输至顾客面前，无论是硬件产品还是软件产品都必须依附于饭店的生产环境，它们不可能脱离该环境单独存在。饭店要想销售自己的这些产品，必须将顾客吸引到饭店所在地，而不能像工厂那样，把产品运到顾客所在地。

（7）饭店产品的需求在淡旺季具有明显的差异。受旅游者工作及休闲度假时间的限制、旅游景点在不同季节中的吸引力不同、国家节假日等因素的影响，大多饭店的需求在时间分布上不均匀，呈现时淡时旺的状况，导致饭店经营淡旺季差异性的特征也非常明显。

（8）饭店产品与其他旅游产品高度关联。饭店产品常被视为旅游产品的一种，饭店业也被视为旅游业的一个部门：在旅游者全部需求结构（食、宿、行、游、购、娱）中，饭店担负着解决旅游者食、宿、娱等方面的任务。所以，饭店通常也被组合到整个旅游产品当中去，成为其他旅游产品的互补品，因而饭店产品与其他旅游产品具有较强的关联性，这种关联性从需求一直延伸到价格，如果其他产品价格上涨，饭店产品的需求就会下降，如果其他产品的价格下降同饭店产品的营销策略结合起来使用，这样才能帮助饭店扩大产品的销售。

3. 饭店市场营销活动的过程及最终目标——令顾客满意、实现产品的销售并盈利

饭店营销的核心是要满足客人的需求，最终通过顾客满意实现顾客货币和饭店商品之间的交换，达到产品与服务售出并获得利润的目标。企业要想更好地实现交易就要针对饭店产品的特殊性进行营销活动，其要求如下：

（1）饭店的产品设计必须从消费者的需求出发，同时体现出差异性。任何产品的设计与推出都必须从消费者的需求出发，只有满足消费者需求的产品才是受欢迎的产品。基本功能类似并不意味着饭店产品必须千篇一律，没有任何差别。由于饭店产品构成非常复杂，因此饭店产品的差异化应该体现在方方面面，如饭店的建材、餐厅客房的布置等都应根据目标顾客的不同需求加以设计，更重要的是通过不同人的服务以及不同的营销策略在市场上形成产品及品牌形象的区分。

（2）饭店必须加强与顾客之间的沟通，通过品牌打造与口碑传播降低顾客的消费风险预期。饭店产品的无形性、生产消费的异地性及产品的不可运输性给顾客入住饭店带来了较大的消费风险预期，也为营销工作带来一定的障碍，销售人员不能进行实物展示，只能借助于一些文字、图片或声像材料向顾客展示，这使得饭店产品的销售变得比较困难。饭店及顾客克服这些障碍的共同依据就是品牌及口碑。所以，饭店必须通过创造品牌、打造口碑来降低消费者的风险预期，提高自己的客房出租率。因此，品牌连锁经营或饭店管理集团成为必要。

（3）饭店必须加强忠诚顾客的培养。由于饭店产品的各种特点使得顾客识别消费风险的途径有限，所以很多顾客都会选择去过的饭店入住。所以，越来越多的饭店开始意识到客户忠诚度是企业最大的财富，通过各种方式使顾客坚持长期购买饭店的产品与服务，能够减轻饭店的竞争压力，为饭店带来更多的利润。此外，忠诚顾客不仅可以带来新的顾客还可以实现长期稳定增长的销售额、降低企业的销售及广告成本，提高企业的利润水平。可以说忠诚营销是现代饭店营销的必然要求与发展趋势。

（4）饭店应当通过互联网及各类预订手段完善自身的销售网络。饭店在空间上的不可移动性，使它成为未来可以借助国际互联网进行销售的最具有潜力的行业之一。由于饭店无法当面向顾客介绍并销售自身的产品，而许多顾客为了到异地后能够及时入住饭店，多会通过预订提前安排好自己的住宿安排事宜，因此，通过互联网及各类预订手段完善销售渠道已经成为饭店行业的一种必然趋势。预订系统的应用在未来一段时间将对饭店原有中间商的业务造成一定冲击。

（5）饭店必须采用各种手段平衡需求，价格策略必须灵活。饭店的需求具有明显的淡旺季特征，加之饭店产品具有不可储藏性的特点，这两点结合起来，将给饭店经营带来极大的困难。因此，饭店管理人员必须通过灵活的价格、促销和其他激励手段来调整宾客需求量的时间分布形态，分流旺季、高峰的需求量，增加淡季需求量，改变淡季需求不旺的状况。

据此，我们可以理清日常生活当中人们对营销的误解和滥用，饭店营销不仅仅是推销或销售，不仅仅是广告，也不仅仅是某种宣传活动的策划，营销涉及企业几乎全部的经营行为，并集中体现在对产品、价格、销售渠道和促销的决策上。

第二节 饭店营销传统模式

一、饭店顾客需求分析

1. 饭店顾客的功能需求

顾客的功能需求是顾客住饭店最起码的要求，一般体现在顾客对于饭店硬件产品提出的要求，即客人入住饭店后对于住宿餐饮等提出的要求，饭店被称为顾客的“家外之家”，这个家必须符合顾客的基本需要，与家类似，饭店为客人提供的硬件设施必须满足顾客以下功能性的要求。

（1）清洁。美国旅馆基金会与宝洁公司的一项联合调查表明：在宾客初次或再次选择一家饭店考虑的诸多因素中，清洁是首要的因素；在宾客不再选择一家饭店考虑的诸多因素中，不够清洁是首要的原因。

补充资料

酒店在清洁方面的误区

目前中国饭店在清洁方面存在许多误区，造成对客人严重的危害，导致客人的流失。

我们常听到饭店管理者或客人在批评或投诉员工某些方面不清洁时，员工常会振振有词地说：“我已经清洁过好多遍了。”这里的关键不是以清洁的程序或次数来说明是否清洁，而是清洁是否达到科学标准。

据调查，实际上多数餐馆的杯、盘、碟消毒了，但消毒过程中未按标准操作，叠放过密，水温过低（标准的水温洗时为60～70℃，冲时为80℃），造成消毒不彻底，细菌仍存在。国外也曾对洗碗机进行检查，发现里面的污物堆积严重，提议也该对洗碗机进行清洗。洗碗机不干净，碗能干净吗？

地毯清洁过了，看起来很干净，可不知地毯上约70%的灰尘是小于3微米的（人的头发是50微米，一般肉眼可以看清10微米），更别说地毯上的螨虫。

干洗衣服时，干洗过程是完成了，但并没有达到效果，因为干洗过程中，由于种种原因，没有按要求将浓度已超规定标准的清洁液进行蒸发。在脏的清洁液内清洁衣物，不是越清洁越脏吗？可见，没有正确的清洁观念，虽然是进行了清洁，可又如何能保证客人的健康和安全？

（2）舒适。舒适不是高档，而是满足宾客休息和心理上消费的需要，因此，饭店应注意前厅、餐厅及其他公共区域划分要合理，在进行客房设计时，客房面积要合适，装饰材料色彩要协调，饭店中所有硬件设备都必须能够满足客人在住宿、餐饮、娱乐休闲方面的舒适性要求。

补充资料

客房寝具和宾客舒适

对于饭店管理者来说，应该好好考虑客人的舒适问题。以饭店客房的寝具为例，以前一直是被忽视的。大量的资金耗费在高档的建筑材料上，于是在客房的棉织品和用品用具上，能节约就节约一点，于是毛巾小一点，棉被薄一点，枕头便宜一点就行，至于枕芯用什么材料就更不管不顾。但其实一套好的寝具、一个好的枕头，才能够让客人真正感到舒适。

在寝具的舒适度方面，枕头的厚度也十分重要。一般饭店的枕头，薄的往往两个也太低；厚一点的一个太低，两个太高。一般人睡觉以侧卧居多，枕头低的就难免“落枕”，而“高枕”也未必“无忧”。如果饭店能够把枕头做成一高一低，或者两个高枕，备用一个低枕，能够让客人自由设置高度，应该就比较到位了。

(3) 方便。方便主要体现在诸多方面：首先饭店地理位置的选择应当方便顾客办事，98.5%的客人希望他们所下榻的酒店地理区位优越、交通便捷、周边环境优美或者紧邻城市繁华商业街区。其次房间内的所有设施应该能够满足顾客的一些特殊要求。如卫生间吹风机、电话的配备，这些都是顾客对于饭店产品方便性的要求。

补充资料

星程酒店推出的舒适、方便洗浴用品

经调查，星程酒店发现，61%的顾客认为酒店客用品的质量会直接影响居住感受。由于不少酒店的客用品质量低于顾客日常使用的产品，有超过半数的顾客会选择自行携带用品。因此星程酒店特别订制了本酒店的洗浴用品，并为该洗浴用品注册了独家品牌，命名为STARESCENTIAL。星程酒店从原料、配比、香型、保养效果等十余个方面进行反复测试和筛选，使STARESCENTIAL的品质最终优于家用品牌的水准，此外星程酒店还更特别设计“灵巧盖”以方便开启，即使顾客双手满是泡沫，轻松开关也毫无问题，让顾客使用更方便。

(4) 安全。宾客对饭店的最高需要可以说是对安全的需要。客人需要饭店必须有一个良好安全的环境，包括人身和财产安全、设施设备的使用安全、食品卫生安全、电话网络的安全。为保障宾客的人身财产安全，饭店应有一批技术精湛的工程人员和设施设备监控措施，以防发生人身事故。饭店还有保护住店客人隐私安全的义务。当然，饭店应注意保护客人的个人私密空间，在为顾客提供服务时，不能干扰顾客。

补充资料

餐饮安全问题

意大利某餐馆曾发生多起客人发病现象，结果发现罪魁祸首是在厨房烹调的主厨，这位主厨已患有多年的肝炎，并已到了较严重的地步却仍未引起酒店的重视。另外，在实际操作过程中，厨师们习惯在炸过的油料中添加新的油料，而较少在使用一定时间或数量后全部更新，而油料在长期高温下会产生有毒物质，这些会对人体健康造成危害。上述问题说明酒店必须注意到客人提出的安全性要求，从工作中的每一环节抓起，争取消除所有会危害顾客安全的漏洞。

2. 饭店顾客的方式需求

服务也是饭店提供给顾客的产品。顾客被称为饭店的“上帝”，“上帝”对于饭店提供的产品不仅有硬件方面的要求，更有服务方面的要求，一般而言，顾客在进入饭店之后都希望得到：

（1）随时随地的全天候服务。虽说饭店是宾客的家外之家，但是毕竟饭店并非自己的家，在饭店中，遇到任何问题，顾客都希望饭店能够予以帮助。比如，在深夜入住饭店时，在需要饭店提供一个接线板时，或者需要送餐时，都需要饭店能够提供相应的服务，为了满足这些要求，饭店必须提供24小时全天候的服务。

（2）亲切礼貌的热情服务。宾客进入饭店，渴望的是得到享受和尊重，因此每一位客人在踏入饭店大门时，都希望见到服务人员亲切的微笑。为此，饭店工作人员工作时要进入最好的工作状态，使宾客步入饭店就因受饭店的礼遇和尊重而留下深刻的印象。此外，在饭店里宾客来自四面八方，工作人员应了解国外及一些少数民族的风俗习惯，尊重他们的礼仪规范。

（3）规范准确的高效服务。每一位入住饭店享受服务的客人，都希望饭店的服务是高效率的，是符合星级标准与规范的，甚至是超值服务。为此，饭店服务人员必须勤练业务技能，确保自己的服务规范高效，这样饭店提供的服务产品才能符合顾客需求，才能展示出饭店的星级水准。

（4）体贴周到的关心服务。在外出公干或旅游的过程中，顾客会备感旅途劳累，此时他们格外需要饭店工作人员的关心，饭店员工要秉承“真诚待客，体贴关怀，以确保客人不断再来光顾是我们最重要的宗旨。对客人表现出真诚热情的态度，时刻全心全意地关注”这样的理念，才能满足其在心理上被体贴、被关心的需要，久而久之他们就会成为饭店的常客。

二、饭店市场细分

在现代营销的经营思路中，市场细分对于企业而言是成功经营的基础．不能正确对市场进行细分，企业无法选择合适的目标市场，也就不可能制定相应的营销战略与策略，最终也就无法取得经营上的成功。

1. 市场细分的基本认识

（1）市场细分的含义。从区别消费者的不同需求出发，按照市场上消费者的需求、欲望、需要、购买习惯和行为诸因素，根据消费者购买行为的差异性，把整个饭店市场细分为两个或两个以上具有类似需求和欲望的消费者群体，这一工作过程被称为饭店市场细分，市场细分的结果，即分属于同一群体具有相似的欲望和需要的消费者被称为细分市场。

（2）市场细分的作用。市场细分有助于识别市场机会、选择目标市场；市场细分有助于饭店了解各细分市场中顾客的特点，制定并调整市场营销策略；市场细分为饭店制定个性化服务策略奠定基础；市场细分能够增强企业的竞争力。

（3）市场细分的步骤。首先，饭店需要研究顾客的市场范围。由于饭店面向的是异地顾客，因而任何地域的非本地人员都有可能成为饭店的潜在顾客。但需要注意的是，不同地区、不同档次、不同类型的饭店，所面临的顾客对象可能有较大的分别，如北京、上海、广州等城市的高星级商务酒店可能会接待来自世界各地的宾客，而一些二线省会城市乃至地方城市的中小饭店，接待的宾客则可能以全国甚至仅以本省客源为主，所以，饭店选择的市场范围宽度必须适中，要与饭店的自身能力和营销目标相联系。

其次，列出市场范围内所有潜在消费者的全部需求，同时选择合适的细分变量，将饭店的顾客市场划分为若干个具有不同消费特点的子市场。

再次，对于细分市场中的顾客进行调查，了解细分市场中顾客的需求及购买行为特点，为日后制定相应的营销策略打下坚实的基础。

最后，分析调查结果并确定各个可能的细分市场的名称、规模、特征，结合企业实力，选择具有较强市场吸引力且适合企业自身的目标市场，并且针对目标市场顾客的特点，提供满足其需求的产品，同时制定相应的市场营销策略。

2. 饭店市场细分变量的选择及其细分结果

要进行有效的市场细分，饭店必须找到适合、恰当的细分变量，所谓市场细分变量，即对市场进行细分所考虑的因素和依据，是指影响消费者消费饭店产品的因素，受到这些因素的影响和作用，消费者在欲望和消费需要方面产生了明显的差异。

一般而言，对于饭店市场进行细分的标准变量主要包括地理变量；年龄性别等人口统计变量；购买动机等心理变量；购买方式、购买途径、购买时机、购买频率及停留时间等行为变量。根据这些细分变量划分出来的饭店子市场都具有鲜明的消费特征。

（1）根据地理变量划分出的饭店子市场。地理变量是饭店划分市场时最常采用的细分变量。按照地理变量对于市场的划分，饭店客源市场可以分为国内市场和国外市场，其中国外市场按地理变量继续细分还可以分为亚洲客源市场、欧美客源市场、中东客源市场等，以此类推，亚洲客源市场又可以分为日韩市场、港澳市场、台湾市场、东南亚客源市场等；国内市场的细分方式也有许多．例如根据行政区划，国内市场可以分为东北市场、华北市场、西南市场、华东市场、华中市场、西南市场和西北市场等，而这些亚市场又可细分为每一省份及地市市场。

（2）根据人口统计变量划分出的饭店子市场。人口统计变量主要包括：年龄、性别、职业、收入、家庭状况（包括家庭生命周期、家庭规模等方面的因素）、受教育程度、社会阶层、种族、宗教、民族等。其中，饭店多以年龄、性别为细分变量对市场进行划分。如根据年龄可分为青年人市场、老年人市场、儿童市场等；根据性别可以分为男性市场和女性市场。希尔顿是最早注意到女性顾客特殊性的饭店集团，它早在1974年就开辟了专门的女子专用楼层和女子客房。

补充资料

美国饭店发展新趋势——饭店儿童房的设置与设计

人们都知道凯孟斯·威尔逊在20世纪50年代初创建假日饭店的故事。威尔逊先生全家利用夏天的假期出游，可是他们住宿的路边旅馆往往既小又贵，设备落后，服务糟糕。威尔逊从自己的不愉快经历中得到启发：随着生活水平的提高，尤其是随着联邦政府大规模兴建州际公路计划的提出，美国旅游市场中存在着一种尚未得到满足的要求，即度假旅游者希望能够住进干净、舒适的旅馆，客房应该带卫生间，价格合理。更重要的是，未成年小孩可以免费跟大人住同一房间。度假结束，威尔逊便开始设计、建造离高速公路不远的假日饭店。

考虑到上述情况，假日饭店集团所属的饭店早在2001年已经拥有1.1万个“孩子套间”。这类房间色彩鲜艳，墙上可能是热带雨林的壁画，也可能是别的什么吸引孩子的东西。但房间较一般客人用房小，房内放的是双层床，可供两个孩子使用。房内也有电视机、电子游戏机等适合孩子需要的物品。

（3）根据心理变量划分出的饭店子市场。按心理变量细分的市场主要是从消费者所处的社会阶层、生活方式、个性等心理特点进行细分的。心理变量与其他变量不同，这些变量显得更为主观，测量起来也比较困难，但心理因素决定着人们的消费行为和生活方式，因此，心理变量细分出来的市场特征更加明显，用心理变量细分市场需要更深入的调查研究，需要借助更专门的分析方法。影响饭店消费者的心理因素有许多，其中在饭店业应用最为广泛的是顾客的住宿动机因素。根据住宿动机划分出的饭店子市场主要分为两大类：公务客人市场和旅游度假客人市场。

（4）根据行为变量划分出的饭店子市场。行为变量是饭店划分市场的另一重要变量，一般而言，饭店会根据购买者的购买方式和购买量、购买途径、购买时机、购买频率、顾客的停留时间、品牌忠诚度等因素将他们划分成不同的群体，根据行为变量进行市场细分的过程叫行为细分。行为是心理过程的结果，但比起心理细分变量，行为变量更具可观察性和可测量性。

（5）根据停留时间划分出的饭店子市场。按照客人在饭店下榻的时间及逗留的天数，酒店宾客又被分为短住客和长住客。在这两类客人中，我们应当特别注意长住客这一群体。一般来说，长住客是一些因特殊原因长期在饭店住宿停留的客人，有时会在酒店居住几个月甚至一年以上。这些长住客在饭店住宿的原因多为公干，如一些外资公司在我国北京或上海等地设办事机构，需要派驻外籍人员。针对长住客人的服务应比一般普通住客更为周到细致，这样饭店才能培育出与之前所述的常客一样的利益、口碑双贡献的忠诚顾客。现在市场上出现的公寓型饭店多以长住客为主要目标客源。

三、目标市场选择与市场定位

在依据合适的细分变量对饭店市场进行了深入细致的划分之后，饭店需要根据市场需求的满足程度和未来的发展潜力，结合自身实力，选择合适的目标市场并进行市场定位工作。

1. 目标市场的选择

目标市场是指饭店即将进入的或计划为之服务的某个或某些细分市场。所以目标市场与细分市场具有紧密的关系：目标市场就是饭店的目标消费群体，即企业决定要进入的细分市场，是企业产品的销售对象，它是饭店在整体市场上选定作为营销活动领域的某一市场或某些细分市场，是对企业而言最具有价值的、最具有吸引力的那个细分市场。

2. 饭店的市场定位

目标市场选择确定后，企业就要进行市场定位。市场定位即根据市场的具体情况，使产品在市场上找到一个有利的合适位置，以便使目标顾客更加容易接受产品及酒店。市场定位策略必须建立在市场细分与目标市场选择的结果上。

饭店的市场定位可以采取以下几种策略：

（1）根据使用消费群定位。这是与市场细分联系最为密切，也是饭店最常采用的定位策略。饭店将自身产品指引给适当的使用者或某个目标市场，以便根据这些使用者或目标市场的特点创建产品恰当的形象。有些饭店不以某一单一客源为主要接待对象，而是会将几类客人混合起来，形成自己的目标市场，如喜达屋集团旗下的 W 饭店是一个四星级饭店品牌，它将专门为商务客人而设的设施和服务与独立精品饭店的特点相结合，把市场定位在一个由 70% ~75% 的个体商务旅游者和 25% ~30% 的商务小团队客人的目标市场。

（2）根据价格质量定位。根据价格质量进行定位有两种做法：一是饭店将产品的价格作为反映质量的标志。众所周知，价格的重要作用之一便是象征产品的质量。对于一个提供全方位侍应服务的高档饭店来说，为自己的产品制定高价，本身就会对顾客起到一种知觉暗示的作用，即他们可在这里得到周到的高等级服务。二是将相对低廉合适的价格与优良的产品质量相结合，以突出显示产品的性价比。采用明智的定位使得一些经济型饭店的经营重点突出、方向明确，并且可以在其最擅长的领域——价格诱人的简单住宿经营中取得优势。

（3）根据产品特色定位。在与竞争对手的目标市场相同、价位相当的前提条件下，饭店需要根据自己的产品特色进行定位，即根据自己产品的某种或某些优点，或者说根据目标顾客所看重的某种或某些利益去进行定位，以有效地将自身与竞争对手区别开来。世界著名的泊瓷酒店就是采用这种方式进行定位，通过突出酒店硬件设施的奢华气派，泊瓷酒店成功地树立了自身“七星级酒店”典范的形象。

（4）根据产品用途、类别进行定位。这一方法是指根据产品的某种特别用途去进行定位。同样是一个大厅，它可以作为大型宴会、自助餐的场地，也可以被当成会议大厅接待各种会议，同时，还可以成为各种展示、展览的场所。对于这样的一个酒店产品，饭店可以根据其不同的用途，在挑选出来的目标市场中，分别树立起不同的产品个性和形象。北京九华山庄就采用了这种定位方法，通过强化自身的保健功能将自己定位于“体检中心＋酒店”的功能，使得自己有别于普通的郊区度假酒店，并获得了成功。

（5）根据竞争定位。这种方法采用的做法是：饭店将自己同市场中声望较高的其他酒店进行比较，借助竞争者的知名度来实现自己的形象定位。迎头定位是一种以强对强的市场定位方法，即将本饭店形象或产品形象定在与竞争者相似的位置上，与竞争者争夺同一目标市场。如快餐业中的肯德基就采取了这一定位策略，在与麦当劳竞争的过程中，肯德基迎头而上，从各个方面挑战麦当劳快餐业龙头老大的市场地位。

四、饭店营销策略制定

目标市场选定后，就要根据目标市场的需要，确定营销因素组合，制定经营策略，以实现酒店的预期目标。传统思路认为饭店可采取的营销策略主要有产品策略、价格策略、分销渠道策略以及促销策略。

1. 产品策略

针对宾客的不同需要设计开发各种受宾客欢迎的饭店产品是酒店营销工作的基础。饭店在制定产品策略时应当清楚产品本身的构成，以“满足顾客的需求”为出发点从事该项工作，同时注意产品创新的重要性，并且借助品牌的打造实现产品的顺利销售。

（1）饭店产品的构成与组合。从不同的角度分析产品的构成本身对于酒店设计产品具有指导性的意义。一般而言，人们对饭店产品的构成有两种认识：首先是饭店产品的基本构成——实物产品与服务产品。多数人都清楚，饭店提供的产品不仅包括硬件设施这一种实物产品，还包括饭店员工借助设施所生产并且提供的各种有形产品及无形服务。其次是饭店产品中的核心产品与辅助性产品。核心产品是消费者入住饭店主要寻求的最基本的利益，它是饭店经营的根本。饭店的辅助性产品是与核心产品相配套的一系列产品、服务受顾客的体验感受，是为了更好地满足顾客的特殊需要而增加的服务项目。

（2）饭店产品创新。饭店要在市场竞争中获胜，必须有自身的独特之处，但这种独特总是极易被其他饭店所模仿，所以，要想长期保持在市场中的竞争优势，饭店必须不断地进行产品与服务的创新，如可以推出无障碍客房、无烟客房、女士客房、老人客房、绿色客房等新型客房。也可以进行饭店餐饮产品的创新，如改变餐厅的设施与环境以及对餐饮产品的创新，给消费者以全新的感官与感受。还可以在饭店服务方面创新，这就要求饭店所有工作人员在岗期间必须站在客人的角度，通过关注客人、揣摩客人的喜好来发现客人需求，满足客人的个性化需要，给每位客人提供一种难忘经历，为客人在抵店、住店、离店的全过程中提供他们真正喜好的不同于其他宾客的个性化服务。

（3）饭店的品牌。品牌是饭店产品的一种重要属性，饭店通过设计并组合运用产品的名称、标记及符号，为自身创建一个品牌，其目的在于将自身与竞争对手的产品和服务区别开来。品牌的最大特征是向消费者传递关于某种产品或服务的一组具有长期稳定性的信息。品牌对于饭店营销尤为重要。因此饭店应当注重自身的品牌营销工作，下大力气打造自身的品牌，或通过一定的途径引入并借助他人的成功品牌实现自身产品的销售。

2. 价格策略

价格是影响消费者购买酒店产品的重要因素，企业要想将产品售卖出去，必须为这件产品制定合理的价格，因此正确的价格策略是饭店营销策略中的重要一环。一般而言，饭店常采用的定价策略有：

（1）新产品定价策略。新产品进入市场能否打开销路，价格起着非常关键的作用。因此，饭店在推出新产品时，应慎重的选用定价策略。

1）撇脂定价策略。新产品进入市场时，需求弹性小，竞争对手少，饭店可有意识地将产品价格定得偏高，以便迅速收回投资，当有竞争者进入时，就采用降价的方法限制竞争者的进入。采用这种定价方法，要求饭店提供的产品具有无与伦比的优质性或独特性。

2）渗透定价策略。新产品上市时，饭店以偏低的价格进行销售，只求保本或微利，用低价吸引顾客，提高市场产品占有率时都采用这种定价策略。

3）温和定价策略。饭店根据产品成本、国家税金和一般利润，给新产品定出适中的价格，这样既能保证饭店获得一定的初期利润，又能使新产品被广大宾客所接受。

（2）心理定价策略。这是一种根据宾客的不同心理，采取不同定价技巧的策略。常用的心理定价策略有：

1）尾数定价策略。给饭店产品定一个以零头数结尾的非整数价格，在宾客心目中留下一个价低的印象。适用于低档产品的定价。

2）整数定价策略。饭店利用人们普遍认为“一分钱一分货”的心理和追求方便的心理，给产品一个整数定价，以此来反映产品较高的质量。

3）如意定价策略。这种策略是指饭店利用宾客希望吉祥如意的心理来确定价格。比如，中国很多地区的消费者认为“8”有吉祥之意，因此饭店可以针对这类消费者的心理给产品定一个含有“8”的价格。

（3）折扣定价策略。

1）数量折扣。饭店根据宾客购买产品的数量或次数来决定是否给予或给予多少折扣，目的是鼓励宾客重复购买。

2）季节折扣。饭店产品是一种季节性色彩浓厚的产品，有明显的淡旺季之分，尤其是一些处在非热带地带海滨的饭店。这样一些饭店就季节作为打折的因素。

3）时间折扣。根据每天的早、中、晚不同的时间段或一星期中每天的客流量变化，拟定不同的价格。

4）现金折扣。这主要是对饭店产品批发商实行的一种折扣，饭店对宾客提前支付账单给予的一种优惠。

5）功能折扣。依据宾客的身份或产品的功能来确定折扣。如饭店普遍给中间商较大幅度的折扣，但对一些散客，给予的折扣幅度就非常小或根本不给予折扣。

6）有效的整体折扣。将饭店的一系列产品组合成一个整体进行“打包”后销售，并给予较大的整体折扣。宾客购买这个打成“包”的产品时，可以获得比单项购买多得多的优惠。

3. 营销渠道策略

营销渠道是指宾客产生消费动机进入饭店这一整个过程中所经历的路线以及相应的一切活动的总和，又称为分销渠道。在市场经济条件下，市场的容量很大很广，大部分饭店产品必须依靠一定的销售路线，才能将产品转移到宾客手中。它既是饭店产品商品化的必由之路，也是连接产品和宾客的中介。并且，不同的营销渠道，决定着影响活动的质量和效果。

（1）营销渠道的基本类型。饭店产品的营销渠道主要包括直接营销渠道和间接营销渠道两类。

1）直接营销渠道。直接营销渠道又称无渠道营销，指饭店直接向宾客推销产品，宾客则直接向饭店购买所需的产品。通过开展内部促销活动，越来越多的饭店产品开始实现直接营销。

2）间接营销渠道。许多饭店开始借助批发商、零售商、代理商等营销机构和个人在营销信息上的优势，开展营销活动。这种经由中间商实现产品交换的营销形式就是间接营销渠道。

（2）营销渠道选择的因素。

1）市场因素。饭店营销渠道的选择，受市场容量的大小、购买频率的高低、市场的地理分布等因素的影响。一般来说，宾客数量越多、分布越广、购买频率越高，饭店越应采用较长、较宽的分营销渠道，反之则应采用较短的、较窄的营销渠道。

2）产品因素。首先，产品质量会对饭店营销渠道的选择产生影响。例如，一些质高价优的产品往往会被少数富有的购买者重复购买，因此，这类产品宜采用直接营销渠道或较短、较窄的营销渠道；相反，对于一些大众化的产品，由于其目标顾客数量众多且分布较广，饭店应采用较长、较宽的营销渠道。同时饭店营销渠道的选择还受产品特性的影响。

3）饭店自身因素。饭店的经济实力、经营意图等都会影响饭店营销渠道的选择。实力薄弱的饭店一般更多地依赖中间商，以减少营销开支；而实力雄厚的大饭店在利用中间商的同时，还非常注重自身渠道的建设。此外，饭店营销渠道的选择还必须与饭店的经营意图相一致。

（3）营销渠道的发展趋势——联合营销。随着市场竞争的加剧，饭店企业依靠单一的营销力量和手段进行营销已显得越来越力不从心了，饭店在营销渠道的选择上也开始走联合营销的路子，即饭店企业以购买特许经营权、签订管理合同、组建命运共同体等方式，组建全国性乃至全球性的营销网络，充分拓展营销渠道的长度和宽度，以更灵活的方式在最接近宾客的地方进行最有效、最方便的营销。

4. 促销策略

在整个饭店市场上，同类产品或服务的提供者众多，在产品的现实和潜在供给能力大于市场需求的情况下，所有饭店都面临着由于消费者可能购买别人的同类产品而使自己的产品无法卖出的威胁，并且这种威胁日趋尖锐。

促销，就是将有关企业或产品的信息，通过各种宣传、吸引和说服的方式，传递给目标消费者，促使其了解并信赖产品所蕴涵的丰富效用，引导他们购买，达到扩大销售的目的，其实质就是宣传、沟通产品信息。这种信息沟通的方式有广告活动、公共关系、营业推广、内部促销、人员推销、直接邮寄、形象促销等。

促销策略就是对促销对象或领域、促销任务、促销目标、促销效果、促销投入、各种限制条件等进行科学的选择、配置、控制和分析，使信息宣传、沟通手段和过程系统化、规范化。

补充资料

饭店所倡导的全员营销意识就是要让每一名员工懂得，自己工作的好坏直接关系到饭店的形象、声誉和生命，人人做好自己的工作就是在促销饭店产品，并在此基础上有意识地针对顾客需求，推销饭店的产品和服务，通过顾客满意来实现最佳的销售效果。

顾客在饭店消费前和消费过程中，往往不是很了解饭店的产品，这也就是常见的信息不对称现象。饭店员工及时地提前了解，主动向顾客推荐介绍有关的产品和服务，礼貌地将选择权交给顾客，从而使饭店与顾客的信息不对称趋于对称，这才是真正意义上的“全员推销”。

美国酒店大王斯塔特勒曾经说过：“谁是酒店的销售人员？是所有员工。”饭店的营销活动由内、外两个方面组成。外部营销的目的是开拓市场，增加客源，宣传自己，树立形象，这主要是营销部门的工作。内部营销的主要目的则是争取回头客和提高客人消费额，这显然是所有部门特别是为客人提供直接服务的前台各部门的一项重要职责。因此，饭店的每一位员工都要具备销售意识。

第三节　饭店新型营销模式

随着饭店市场的日益成熟，竞争日趋国际化、全球化。在这种新形势下，出现了一批全新的营销理念和营销技巧。这些营销理念和营销技巧，丰富了饭店营销管理的内容，推动饭店营销活动走上了一条全新的通路。

20 世纪 90 年代以来，为有效提升服务业的营销效果，营销专家根据服务业的基本特点，提出“4Cs”营销组合策略，即为有效提升营销效果，服务型企业应注重宾客（customer）、消费成本（cost）、便捷（convenience）、沟通（communication）的有机组合。

一、"4Cs" 营销组合策略的基本内涵

1. 宾客

饭店市场发展至今，已形成一个典型的买方市场，因而饭店企业营销的重要任务是寻找宾客、发现宾客、吸引宾客。基于这一市场现状，饭店企业应将宾客作为饭店营销活动的出发点和归宿点，着眼于研究宾客的需要和欲望，根据宾客的购买能力分析不同宾客的消费需求，在产品设计、价格定位、分销渠道以及促销模式的选择上充分考虑不同宾客的特殊性，以期获得宾客对饭店产品的认同。

饭店应对宾客的需求时刻保持敏感。国际旅游业内普遍认为，宾客需求信息是饭店最珍贵的材料。谁掌握了饭店需求信息，谁就是赢家，谁就有可能成为管理大师、营销大师。因而饭店要在内部建立"眼对眼"的观察机制，饭店工作人员要善于发现、预见宾客需求，特别是一线工作人员要有积极寻找服务、寻找有效信息的精神，并具备对宾客需求做出敏捷反应的能力。饭店在营销过程中尤其应突出满足宾客特殊需求的能力，并将其付诸行动。满足宾客特殊需求的能力现已成为饭店产品质量中最有价值、最重要的部分，具备满足宾客特殊需求的能力，往往表明饭店具有超越同行的产品质量。

2. 消费成本

现代饭店面临的宾客具有"经济人"的显著特征，他们总希望以较少的投入获得较大的效益。因而如何减少宾客消费总成本是饭店营销要考虑的重要问题。值得注意的是，宾客的消费成本是一个综合概念，它包括以下成本：

（1）货币成本，即宾客购买、消费饭店的产品所支付的货币总和。

（2）时间成本，即宾客在购买饭店产品时所付出的时间代价。

（3）体力成本，即宾客在购买饭店的产品时所耗费的体力价值。

（4）精力成本，即宾客在购买饭店产品时所承受的心理代价，也就是宾客的精神成本。

（5）信息成本，即宾客在收集饭店产品有关信息时所耗费的成本。

饭店应尽量减少宾客的消费总成本，让宾客意识到自己购买的产品是最经济、最实惠的产品，从而获得最大的满意。

3. 便捷性

饭店在营销过程中，特别是在营销渠道的设计和选择上，应充分考虑这种营销渠道能否使宾客便捷地购买到其感兴趣的产品，应考虑"如何在最接近宾客的地方出售产品和服务"。

互联网的兴起和发展使得饭店在客源市场全球化分布这一大背景下也能为宾客创造一个良好的营销通道。因而饭店在营销渠道的设计上，除了保持传统的营销渠道外，还要研究网站的设计、推广和运用。

4. 沟通

营销过程是饭店与宾客的相互沟通过程，并且随着消费能力的提高，在这种互动关系中宾客将占据主动地位。因而饭店应树立"营销即沟通"这一理念，既要加强内

部互相沟通，又要加强与宾客的沟通。

饭店内部沟通包括管理人员与服务人员之间的沟通以及部门与部门之间的沟通。在饭店内部沟通中，首先要加强管理人员与服务人员的沟通，这种沟通，可以使管理人员及时向服务人员提供信息（尤其是经常向服务人员提供有关服务质量的反馈），使服务人员能清楚地了解自己的作用、管理人员的期望、企业的经营目标等；服务人员可使管理人员更多地了解有关宾客需求的信息，这有利于他们科学地做出决策，在饭店内部沟通中还要加强部门之间的沟通，特别是营销部门与其他部门之间的沟通。饭店应保证营销部门能及时获取饭店内各种最新信息。

外部沟通的实施同样需要贯彻全员沟通理念。饭店的管理者和每一位员工都必须认识到，营销工作不只是营销人员的事情，饭店的每个岗位都是吸引客人的因素，都具有发挥创造性的潜力。因此每个饭店从业人员都应充分利用与宾客接触的机会，在宾客心目中树立起良好的形象，同时尽可能地为饭店收集更多的信息。

二、“4Cs”营销组合策略的不足

“4Cs”营销组合策略以宾客需求为导向，与以市场为导向的“4Ps”相比，有了较大的突破。但从市场发展趋势看，“4Cs”存在以下不足：

1. 宾客需求的合理性问题

“4Cs”以宾客需求作为营销活动最主要的任务和目标，但宾客需求有个合理性的问题。对宾客而言，追求收益最大化始终是其不变的消费取向，特别是对低价格的要求永无止境。而作为经济主体的饭店也要考虑其收益平衡。若是一味追求宾客需求的全面满足，饭店企业所付出的成本将会大幅增加。因而，从长远来看，饭店企业应考虑两者利益的均衡，考虑宾客利益的合理程度。

2. 饭店企业营销的主动性问题

“4Cs”以一种“迎合宾客的态度”要求饭店企业在营销过程中被动地去发现、满足宾客需求。这一策略体现了浓厚的“被动适应宾客需求”的色彩。为此，饭店企业在实践这一策略时，应考虑怎样以更好的方式在饭店与宾客之间建立一种新型的、互动的、对等的营销关系。

3. 竞争对手研究的问题

面对竞争日趋激烈的市场，饭店企业不仅要考虑宾客需要，而且应重视竞争者，要准确分析自身在竞争中的优劣势，在竞争中发展。而“4Cs”策略在扩大宾客作用的同时却忽略了对竞争者的关注和研究，具有一定的片面性。

三、“4Cs”营销组合策略

针对“4Cs”存在的问题，美国学者 Done Schultz 提出了“4Rs”营销组合策略。他认为，现代企业营销的关键在于能否与消费者建立关联（relative）、能否提高市场反应速度（reaction）、能否开展关系营销（relation）、能否得到回报（reward）。根据这一理论，面对竞争性市场中动态性的宾客，反对企业要赢得长期稳定的市场，就要做到：

（1）通过某些有效的方式与宾客建立一种互动、互求、互需的关系，减少宾客流失。

（2）建立快速的市场反应机制，提高反应速度和反应能力。

（3）注重关系营销，把服务、质量和营销有机结合起来，通过与宾客建立长期稳定的关系实现长期拥有宾客的目的。

（4）注重营销活动的回报。一切营销必须以宾客及企业创造价值为目的。回报是维持和发展市场关系的必要条件。

无论何种营销组合策略，都有其使用的企业和适用的市场，因而饭店企业应根据外部环境和自身条件，适时选择合适的营销组合策略，并将其综合运用，以提高营销效果。

第四节 饭店市场营销管理的实际运用

饭店业已经进入了一个顾客决定一切、营销决定企业成败的崭新时代。随着经济全球化程度的日益提高，中国企业在国内外市场上面临的世界性竞争日趋激烈。在这种背景下，对中国的饭店来说，掌握并应用好新的国际营销管理理论，建立新的营销管理体系显得尤为重要。

一、网络营销

随着信息技术的迅速发展，网络技术也越来越广泛地为人类所掌握和利用。对于饭店而言，网络营销蕴藏着无限的潜力。

1. 网络营销的概念和特点

网络营销是指以互联网为传播手段，通过对市场的循环营销传播，达到满足消费者需求和商家需求的过程。网络营销是目标营销、顾客导向营销、双向互动营销、远程全球营销、无纸化营销、自助式营销等一系列先进营销方式的综合体。

网络营销的价值在于它可使生产者与消费者之间的价值交换更便利，更充分，更有效率。与其他营销方式相比，网络营销具有全球化、个性化、跨时空性、经济性的特点。

2. 网络营销在饭店业的应用

（1）网络调研。调研市场信息，可以从中发现消费者的需求动向，从而为市场细分、定位目标市场提供依据，这是大部分饭店开展营销活动的重要内容。网络能够及时地提供大量的信息，这为市场调研工作提供了巨大的帮助。

饭店可根据不同的情况、不同的目的采用不同的调研方法。营销人员可在饭店网站上发出电子调查问卷，通过提供各种奖励方式来吸引客户参与调研，然后利用计算机对访问者反馈回来的信息进行整理和分析，即可得出调研结果。营销人员也可以先收集目标顾客的电子邮件地址，然后直接向他们发送电子调查表，请他们对电子调查表中所列的问题一一作答。饭店还可以在新闻组中提出一些与饭店有关的、但不是纯商业性的问题，吸引访问者参与讨论，从而获得相关的市场信息。

（2）网络广告。无论是传统广告还是网络广告，其本质都是通过与目标受众的有效沟通，最终达到使目标受众做出购买决策的目的。网络广告相对于传统广告具有高度扩张、跨越时空限制、内容详尽、形式多样、更新及时、反馈可测性高等优势。

（3）网络预订。网络预订主要通过下列方式来实现：

1）计算机预订网络。由企业运营的计算机预订网络主要有两种：中央预订系统和全球分销系统。中央预订系统通常由大型饭店集团建立和拥有。全球分销系统是由航空公司订票系统发展而来的。

2）营销联合体。这是指由专门的组织或饭店建立的、旨在联合促销和销售的联营组织。

3）网上旅游公司。随着旅游产业规模的扩大和技术大发展，基于计算机和互联网的分销渠道应运而生。目前许多网上旅游公司通过网络进行 B2B 和 B2C 的产品组合与分销。

二、分时营销

分时营销是指饭店将客房的使用权分时段出售给顾客，顾客购买了某一时段的使用权后，可以享有转让、馈赠、继承等系列权益以及对公共配套设施的优惠使用权。

1. 分时使用

分时营销的内涵之一在于把饭店客房的使用权按时段进行分割，不同顾客购买不同时段的使用权，顾客购买了某一时段的使用权后可以在每年的这一特定时段使用该饭店的客房。

2. 分时交换

分时营销对顾客最大的吸引力在于分时交换的理念。当顾客决定某一年不在其所购买的时段使用饭店客房时，可以用自己的时段去交换同属一个交换服务网络的任何一家饭店另一个时段的使用权。全球现有 100 多个国家的 5000 多家饭店加入了分时交换联盟，这为消费者提供了广阔的选择空间。

三、主题营销

1. 主题营销的内涵

主题营销是指饭店企业根据自身特色、时令季节、消费时尚、顾客需求、社会热点等因素有意识地发掘、利用或创造某种特定主题来实现经营目标的一种影响方式。主题营销的最大特点是赋予一般的营销活动以某种主题，围绕既定的主题来营造饭店的气氛，即饭店内所有的产品、服务、色彩、造型以及活动都为主题服务，使主题成为顾客可识别的特征和产生消费行为的刺激物。

2. 主题产品的设计与组织

（1）主题饭店。近年来，主题饭店在地域上呈全球化分布趋势，并且可供选择的主题也趋向多样化，从原来的单纯与地理环境特征相一致的主题发展到音乐、博彩、历史传说、体育活动等各种主题。在经营管理、营销策划、装修构思等方面均融入创新思路。

与传统饭店相比，主题饭店从某一主题入手，把服务项目与主题相结合，以个性化的服务代替刻板的服务模式，体现出饭店对顾客的尊重和信任。饭店不再单纯是住宿、餐饮消费的场所，更是以历史、文化、城市、自然等不同文化吸引宾客参与的舞台。

创建主题饭店包括民俗地域型、历史文化型、回归农家型、文学艺术型、娱乐文化型以及运动休闲型。

（2）饭店主题活动。饭店主题活动是指饭店企业在对消费需求进行科学分析的基础上选择适当的主题，然后围绕这一主题而开展的各种营销活动。较之于其他活动，主题营销活动的优点在于重点突出，容易给人留下深刻的印象。

四、绿色营销

1. 绿色营销的含义

绿色营销是组织以环境保护和可持续发展观念为其经营哲学思想，以绿色消费为中心和出发点，以绿色文化为价值观念，在满足顾客绿色需求的前提下，为实现组织目标而进行的营销活动。其宗旨有三：一是节约材料耗费，保护地球资源；二是确保产品安全、卫生、方便地被使用，以利于人们身心健康和生活品质的提升；三是引导绿色消费，培养人们的绿色意识，优化人们的生存环境。绿色营销考虑的是组织活动同自然、社会环境的关系，谋求的是社会的可持续发展。

2. 饭店实施绿色营销的基本措施

（1）实施绿色管理。所谓绿色管理就是将环境保护和可持续观念融入饭店的经营管理活动中。目前，国际上通行的做法是推行“5R”原则：研究、减消、再开发、循环、保护。

（2）推出绿色产品。产品是营销的基础，所以饭店实施绿色营销必须注重绿色产品的开发。首先，饭店应开辟绿色客房。从严格意义上讲，绿色客房内的所有用品都应该是绿色的。其次，饭店应严把采购关和生产关，为客人提供绿色食品和饮料。

（3）进行绿色促销。绿色促销就是围绕绿色产品而开展的各项促销活动的总称。饭店可以通过人员推销直接向消费者宣传饭店的环保措施；饭店的产品广告应注意强调饭店产品的绿色特征，刺激消费者的绿色需求；饭店还应通过公关活动让公众了解到本企业在环境保护方面所做的努力，从而在公众中树立起绿色健康的形象。

本章小结

饭店市场营销活动是联结饭店与市场的桥梁，营销活动的成败直接影响到饭店经营的成败；营销活动是一种持续不断、有步骤地进行的一种管理过程；饭店市场受消费者年龄、性别、收入、文化程度、地理环境、心理等诸多因素的影响；饭店可以根据其可控制的市场营销因素制订营销策略以及应用最新的营销模式。

思考与实践

一、思考题

1. 饭店市场营销的含义是什么？

2. 概述饭店市场细分的依据。

3. 饭店营销策略主要有哪几种？

4. 饭店新型的营销模式是什么？

二、选择题（有一个或一个以上正确答案）

1. 市场因素主要是指（　　）对价格的影响。

A. 成本　B. 政策因素　C. 需求状况　D. 通货膨胀

E. 竞争状况　F. 产品因素

2. 新产品上市时，饭店以偏低的价格进行销售，只求保本或微利，用低价吸引顾客，提高市场占有率。此种策略属于（　　）。

A. 尾数定价策略　B. 整数定价策略　C. 如意定价策略　D. 折扣定价策略

E. 渗透定价策略

3. 下列（　　）属于折扣定价策略。

A. 数量　B. 季节　C. 时间　D. 现金

E. 功能　F. 整体

4. “4Cs”的基本内涵（　　）。

A. 宾客　B. 消费成本　C. 提高市场反应速度　D. 与消费者建立关联

E. 便捷性　F. 沟通

三、是非题

1.（　　）饭店在开发设计各种产品时，应根据“先核心，后形式，再延伸”的思路进行全面设计，以增加产品的科学性和实用性。

2.（　　）质高价优的产品已采用间接营销渠道。

3.（　　）一切营销必须以为宾客及企业创造价值为目的。

4.（　　）饭店营销渠道的选择必须与饭店的经营意图相一致。

四、实践题

到酒店见习，调查在饭店营销管理中主要有哪些先进的营销管理新理念，运用了哪些营销策略？

五、案例题

2001年，携程网创始人季琦注意到一位网友抱怨预订酒店的价格太贵。于是，他对携程网上订房的数据做了分析，发现中国遍布星级酒店，但在高档和低档之间，缺乏价格经济的既干净又能让人信任的酒店，而这在中国正有巨大的市场需求。由此他产生了创建一个经济型全国连锁酒店品牌的想法。2002年，中国最大的酒店分销商（携程旅行服务公司）和中国资产最大的酒店集团（首都旅游国际酒店集团）战略合作创立了如家酒店连锁。

如家很快实现了高速跳跃式成长。2006年10月，如家在美国纳斯达克市场挂牌上市并成为2006年度业绩最佳的上市公司。如家运营收益2005年为0.9亿元，2006年为2.7亿元。2008年仅第3季度就达到5.3亿元，增长迅速。截止到2009年2月，如家在中国87个城市开业酒店数达到500家，平均入住率为95%，位居中国经济型酒店第一位。

以建立酒店服务业的全国品牌为目标，如家酒店的定位是：干净、简洁、现代、经济、温馨。这意味着既要有明显的价格竞争力，又要提供创新的顾客价值。如家被形象地称为“二星级的价格，五星级的床。”如家充分利用和整合其原有的优势——携程网的客户信息和销售网络，建立关联的商务顾客数据库，十分便捷地将其信息有效送至潜在的目标顾客，并得到大量的新顾客。在充分做好定位，获得初步业绩的基础上，如家引入外部风险投资，实现快速铺网、互动滚动发展，形成如家商业模式，打造品牌。

问题：请结合本节课相关知识，分析如家为什么能取得如此显著的成功？

参考答案

一、略

二、1. CE　2. B　3. C　4. ABCDEF　5. ABEF

三、1 对　2. 错　3. 对　4. 对

四、略

五、分析提示

(1) 依据需求，找准市场，准确定位。

(2) 利用网络，捕获客户信息，发展新顾客。

(3) 引入外部资本，业务业绩扩张，打造品牌。

第五章 饭店人力资源管理

学习目标

知识目标：饭店人力资源管理概述，饭店人力资源计划，饭店员工招聘与录用，饭店员工培训，饭店员工绩效与薪酬管理

能力目标：理解饭店人力资源的含义，了解饭店人力资源计划的编制过程，掌握饭店员工的招聘、录用及培训的程序和方法，掌握员工绩效管理和薪酬管理的方法

课前导读

饭店经营管理活动的进行是靠人来完成的。离开人的活动，饭店经营管理活动就成为无源之水。因此，人力资源管理是饭店经营管理的重要内容之一。饭店的经营管理者必须清醒地认识到，饭店之间的竞争实际上是饭店经营管理水平的竞争，而饭店经营管理水平的竞争实际上是人才的竞争。面对激烈的市场竞争，饭店的经营管理者必须不断提高经营管理水平和管理“人”的水平。

第一节 饭店人力资源管理概述

一、饭店人力资源管理概念

人力资源是社会经济发展中最为积极、最为活跃的因素。在饭店的五大资源（人力资源、财力资源、物力资源、时间资源、信息资源）中，人力资源是最为重要、最为宝贵的资源，它控制着饭店的其他资源。现代企业的竞争，归根结底是人才的竞争。人才的优劣，将直接影响企业经营的好坏。饭店作为劳动密集型企业，更是如此。

饭店人力资源管理是指恰当运用现代管理中的计划、组织、指挥、协调、控制等职能，发现、利用、开发饭店全体员工的素质和潜能，通过合理的录用、配置、激励、培训等手段，实现饭店人力资源的优化组合，调动员工的积极性，发挥员工的潜能，为饭店创造价值，确保饭店战略目标的实现。

二、饭店人力资源管理的任务和作用

（一）饭店人力资源管理的任务

1. 科学、客观地评价人

饭店是由众多的业务部门和职能部门组成的，饭店在经营的过程中，需要大量的多种多样的人才。为了使用好、培养好各类人才，饭店人力资源管理首先要对人力资源进行科学客观的评价。饭店管理者应该从社会学、心理学等角度对不同的人的特征进行研究，研究人的个性特征、能力特征、人的需求等，从而对人有一个全面、客观的了解和评价，为造就人才、合理地使用人才打下坚实的基础。

2. 积极造就人、合理使用人

饭店员工工作的特点是手工操作性强、独立性强，因此饭店要把员工的特点和岗位的职责要求结合起来，对员工进行有针对性的专业训练。

合理使用人主要包括四点：第一，饭店应根据个人的兴趣、爱好和志愿，把员工安排在合适的岗位。第二，饭店管理者应该根据具体的工作内容，对员工加以指导和引导，而不是干预。第三，饭店应根据员工使用的情况进行考评，使员工的才能得到恰当的发挥。第四，把使用和造就结合起来，有使用也要有造就。

3. 优化组合各类人力资源

饭店业和现代人力资源管理的发展，要求饭店不仅要具有单个优秀员工，而且还要具有强大的优秀的员工团队，从而去适应新的工作形式——团队化。因此，在饭店经营管理中，除了要做到职责分明、人尽其才、才尽其用外，还必须注重人力资源的优化和组合，形成精干、有序、高效的饭店组织。

4. 处理好人才流动问题

饭店人才的流动是不可避免的，人才流动对饭店来说有利有弊，适度的人才流动，可以给企业注入新的血液，可以改善员工的队伍素质，实现人力资源的最优配置，而过度的人才流动，会影响饭店的服务质量，会增加饭店的人力资源成本。因此，要保持员工的合理适度的流动。饭店人才流动的目标是淘汰不适合饭店职业的员工，留住称职优秀的员工并达到结构优化。为此，必须建立完善的员工使用办法和建立相应的淘汰约束机制。

5. 建立饭店人力资源管理体系

饭店人力资源管理体系包括：工作分析与设计、人力资源规划、员工招聘、培训、绩效管理、薪酬福利管理、劳动关系调整等。

（二）饭店人力资源管理的作用

1. 能够保证饭店的各项业务顺利进行

饭店的经营活动离不开员工的积极参与，科学的人力资源管理。通过人力资源计划的编制和招聘工作的开展，可以使饭店及时获得一定数量的符合饭店各岗位要求的员工，从而为饭店各项业务活动的开展提供人力上的支持和保障。

2. 可以提高员工的素质

饭店经营管理的好坏和员工素质息息相关，人力资源管理通过调查员工的培训需求、科学的设置培训项目并采用先进的培训手段，可以大大提高员工的知识和技能，并为饭店员工整体素质的提高打下基础。实践已经证明，经过员工培训，饭店的损耗和成本都会大大下降，安全事故也能得到一定程度的减少，员工的工作能力和自尊心都会得到增强。

3. 能够提高饭店的服务质量

质量是企业的生命线，而饭店的服务质量是需要由娴熟技能的员工来保证的，科学的人力资源管理，首先能够让员工树立正确的服务意识和科学的职业观；其次，能够给员工的知识和技能得到全面的拓宽；最后，能够激励员工工作的热情，并使之不断地向上，以热忱的态度去完成饭店的各项工作，从而全面提高饭店的服务质量。

4. 增强员工的凝聚力

人力资源管理的内容中，员工的薪酬、福利、劳动保护、劳动关系调整都是不可忽视的。合理的薪酬设计、基本的福利项目、工作条件的改善、和谐的工作关系，都是饭店义不容辞的责任，也是饭店增强员工积极性和凝聚力的重要手段。因此，科学的人力资源管理，能够使员工感受到饭店就是"员工之家"。

三、饭店人力资源管理的内容

饭店人力资源管理工作大致可分为两个方面：一方面是事务性的，一方面是战略性的。其中事务性的工作主要有考勤、人事档案管理、绩效考评、薪金福利等行政性和总务性的工作；战略性的工作主要有饭店人力资源的战略规划、政策的制定和执行、员工的培训、员工职业生涯的规划等，具体内容如下。

1. 制定饭店的人力资源计划

根据饭店的经营管理目标和组织结构的需要，对饭店的各项工作性质、岗位职责及素质要求进行分析，确定饭店员工需求量、需求标准，做好饭店人力资源数量和质量的预测。

2. 招聘录用员工

按照饭店的人力资源计划，依据科学的标准，结合饭店的实际情况，制定出相应的用人政策、遴选办法及录用程序，在科学计算、预估工作量和定员的基础上，招聘合格的员工。

3. 教育培训

饭店员工素质的提高主要依靠有计划的教育培训，由于员工级别、所在部门和工作内容不同，饭店应采取不同的培训方式和培训内容。对操作层员工的培训应注重技能和职业素养的培训，对管理层的员工应进行分析问题和解决问题等管理能力的培训。培训一般分为在岗培训和脱产培训等。

4. 建立完整的考核体系和奖惩制度

饭店通过考核员工的工作绩效，及时做出反馈，奖优惩劣。科学的考核、奖惩体系能给员工指引方向，调动员工的积极性，提高工作效率，从而实现饭店的整体效益。

5. 建立良好的薪酬福利制度

薪酬福利制度是饭店人力资源开发与管理的重要内容。薪酬是指员工因为受雇用而获得的各种形式的报酬，其核心部分是工资、奖金和福利。饭店应根据自身的特点选用合适的工资形式，建立合理的奖励和津贴制度，为员工提供劳动保险等福利待遇，从而最大限度地发挥员工的潜能，调动员工的积极性。

6. 培养高素质的管理人员

饭店管理者素质的高低对饭店员工的积极性的调动有重要影响。高素质的管理者能够运用有效的领导方式和沟通技巧达到开发员工潜能、培养企业文化、增强饭店凝聚力、提高饭店社会效益和经济效益的目的。

第二节 饭店人力资源计划

饭店人力资源计划是人力资源管理各项工作的起点和依据。目前我国大多数的饭店，基本上都有饭店经营规划，但很多都缺少人力资源计划。有的个别饭店有一些人力资源计划，但也都是短期人数预测方面的工作而已，这不能满足饭店的长期发展的需要。在激烈的市场竞争中，饭店要实现经营目标，就必须对人力资源进行科学的预测和计划，以保证饭店在未来特定的时间特定的岗位上能及时得到合适的人员。

一、饭店人力资源计划的含义和内容

1. 饭店人力资源计划的含义

饭店人力资源计划是在现有的人力资源存量分析的基础上，对未来人力资源供求情况进行科学的预测，制定必要的政策和措施，以保证满足饭店未来人力资源需要的过程。

要更好地理解饭店人力资源含义，还必须了解以下几个要点：

（1）饭店环境的变化带来了饭店对人力资源供给和需求的动态变化。

（2）饭店人力资源计划主要工作是制定必要的人力资源政策和措施，以保证饭店对人力资源需求的满足。

（3）饭店人力资源计划是以饭店的战略目标为基础的，若战略目标变化，人力资源计划也应随之变化。

（4）饭店人力资源计划的最终目标是使组织和个人的长期利益都能够得到有效的实现。

2. 饭店人力资源计划的内容

人力资源计划从用途和时间上可分为战略性的长期计划、策略性的中期计划和作业性的短期计划。

人力资源计划从层次上可分为战略层次上的总体计划和战术层次上的业务计划。业务计划是指各项人力资源管理职能活动的具体计划，主要包括：

（1）岗位职务计划。岗位职务计划的主要内容有确定组织框架、岗位职务标准、进行定员定编。

（2）人员补充计划。人员补充计划是人事政策的具体体现，目的是合理填补饭店中长期内可能产生的职位空缺。

（3）人员调配计划。人员调配计划是饭店内人力结构和人员配置的调整，包括饭店内职务调配、员工工作调动、岗位轮换等。

（4）人员接替及晋升计划。人员接替及晋升计划是饭店根据人事测评、员工培训、绩效考核的结果来确定各个职位晋升人员的次序。

（5）退休解聘计划。退休解聘计划实质上是饭店的淘汰机制，饭店应在一定时期内有计划地裁减冗员。

（6）教育培训计划。教育培训计划是指饭店有计划、有步骤地对现有人员进行分门别类地培训，充分挖掘现有人力资源的潜力，培训出饭店发展所需要的合格人才。

（7）职业生涯计划。职业生涯计划是饭店对员工的使用、培养和职业发展等方面作出系统的、特殊的安排，将员工的个人成长、发展与饭店的需求、发展相结合的计划。

二、饭店人力资源计划编制

在编制人力资源规划时，人力资源管理人员需要确定完成饭店组织目标所需要的人员数量和类型，因而需要收集和分析各种信息并且预测人力资源的有效供给和未来需求。在确定所需人员类型和数量以后，就可以着手制定战略计划和采取各种措施以获得所需要的人力资源。

（一）影响饭店人力资源计划的因素

影响饭店人力资源计划的因素是多方面的，大致可以分为两类：一是饭店外部环境因素；另一类是饭店内部环境因素。

（1）饭店外部环境因素。宏观经济发展趋势，人力资源市场的供求状况，人们的择业偏好，国家和政府的法律、法规、政策，教育水平和科学技术的发展。

（2）饭店内部环境因素。饭店的发展目标、饭店的经营规模、组织结构、饭店企业文化、人力资源部门人员的素质等。

（二）饭店人力资源计划的程序

（1）根据饭店的经营环境、战略目标对现有人力资源进行盘点，对人力资源需求和供给进行预测。

（2）确立人力资源计划的目标与政策。

（3）制订人力资源计划方案。

（4）对各项人力资源计划实施情况进行控制、评价和调整。

（三）人力资源需求预测

饭店人力资源需求预测是饭店为实现既定目标对所需员工的数量、质量和结构进行科学估算的过程。人力资源需求预测要以饭店的战略目标和发展计划以及工作任务为依据。

1. 人力资源需求预测的影响因素

（1）饭店规模、等级、档次的变化。

（2）饭店组织形式与组织结构的变革。

（3）饭店经营项目和产品结构的调整。

（4）饭店接待能力、现有员工的工作情况、定额和工作负荷情况。

（5）饭店员工的流动率，即由辞职、解聘、退休等引起的职位空缺规模。

（6）饭店的财务资源对人力资源需求的约束，根据未来人力资源总成本可以推算人力资源的最大需求量。

（7）社会科学技术的进步。

2. 人力资源需求预测的方法

（1）趋势分析法。趋势分析法是根据过去一定时间的人力资源需求趋势来预测未来需求情况的方法。饭店现在人力资源的使用水平很少只由过去的状况决定，像一些因素如销售额、生产率变化等会影响到组织未来的人力资源需求。因此，该方法得出的结果，可以作为一种趋势来参考，不能机械地加以应用。

（2）比率分析法。比率分析法是通过计算组织活动因素和该组织所需人力资源数量之间的比率来确定未来人力资源需求的数量与类型的方法，如表 5－1 所示。

表 5－1　某饭店服务人员与行政人员比例情况

	年份	员工人数		比例
		服务人员	行政人员	行政人员:服务人员
实际	2011	200	50	1:4
	2012	237	58	1:4.1
	2013	264	63	1:4.2
预测	2014	296	69	1:4.3
	2015	320（a）	72（b）	1:4.4
	2016	350（a）	77（b）	1:4.5

（3）回归预测法。回归分析法是通过绘制散点图寻找、确定其事物（自变量）与另一事物（因变量）之间的相关关系，来预测组织未来对人力资源需求数量的方法。如果两者是相关的，那么一旦组织能预测出其业务活动量，就能预测出自身的人员需求量。当自变量只有一个时，为一元回归；当自变量有多个时，称多元回归。

（4）德尔菲法。专家们背靠背，分别提出各自的预测；调查组织者综合专家们的上述意见，并再次提供给专家（可以是另外一些专家），如此反复，直到形成可行的、一致的预测结果。在人力资源需求预测方面，德尔菲法具有方便、可信和能够在缺少资料、其他方法难以完成的情况下成功进行预测的优点。

（四）人力资源供给预测

饭店人力资源需求预测是对饭店内部人力资源需求量的预测，是人力资源计划的一个方面，饭店还必须了解通过哪些渠道能够获得所需的人力资源，这是饭店人力资源的供给预测所要解决的问题。饭店人力供给预测是饭店为了实现既定目标，对未来一段时间内可获得的人力资源状况作出预测，包括对饭店内部和外部的人力资源的数量、质量、结构等进行预测。

1. 人力资源供给预测的影响因素

（1）地区性的影响因素。主要包括饭店所在地的经济发展水平、饭店所在地人口总量与人力资源率、饭店所在地的人力资源整体状况、饭店所在地的地理位置、饭店所在地的教育水平等。它直接影响人力资源的供给质量、饭店所在地就业水平和就业观念、饭店酬薪、福利对就业人的吸引程度、饭店本身对就业人的吸引程度。

（2）全国性的影响因素。主要包括全国劳动人口的增长趋势、全国相关专业的大学生毕业人数及分配情况、全国饭店从业人员的薪酬水平和差异、教育制度变革的影响等。

2. 人力资源内部供给预测方法

（1）马尔柯夫转移矩阵模型。马尔柯夫转移矩阵模型是一种运用统计学原理预测组织内部人力资源供给的方法。其基本思路是通过收集历史数据，找出企业过去人事变动的规律，从而推测企业未来人事变动的趋势。

（2）人员接替模型。人员接替模型是通过建立组织内的某些职位候选人的评价模型来预测企业内部人员供给的一种方法，它通过跟踪并分析企业中各职位的员工的绩效考核及晋升可能性，确定企业中各职位的接替人选，然后评价接替人选目前的工作情况及潜质，确定其职业发展需要，考察其个人职业目标与组织目标的契合度。如图5－1、图5－2所示。

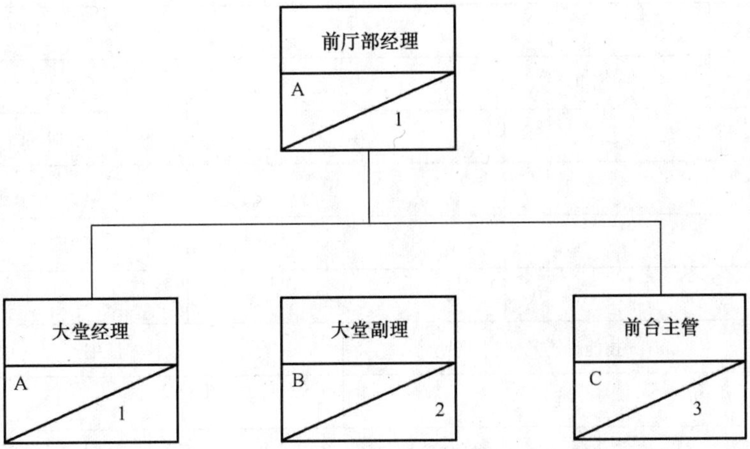

图5－1　管理人员接替图法示意图

职务系列A　职务系列B　职务系列C

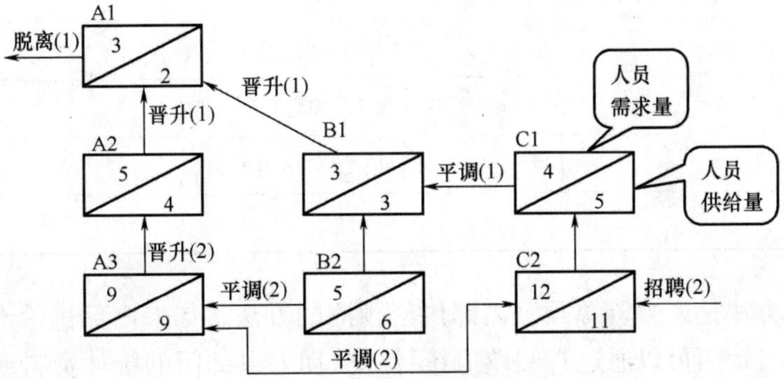

图5－2　人员接替模型示意图

（3）技术调查法。技术调查法是饭店通过设计技能清单，来反映员工工作能力特征。这些特征包括培训背景、以前的经历、持有的证书、已经通过的考试、主管的能力评价等。技能清单能帮助人力资源的计划人员估计现有员工调换工作岗位的可能性的大小，决定哪些员工可以补充企业当前的空缺。饭店人力资源计划不仅可以保证为饭店中空缺的工作岗位提供相应数量的员工，同时还要保证每个空缺都有合适的人员来填充，尤其是饭店的一线服务人员。因此，技术调查法也是人力资源内部供给预测较为可行的方法，如表5－2所示。

表5－2　员工技能清单

<table>
<tr><td colspan="2">姓名</td><td>部门</td><td>科室</td><td>工作地点</td><td colspan="2">填表日期</td></tr>
<tr><td colspan="2">到职日期</td><td colspan="2">出生年月</td><td>婚姻状况</td><td colspan="2">工作职称</td></tr>
<tr><td rowspan="5">教育背景</td><td>类别</td><td>学位种类</td><td>毕业日期</td><td>学校</td><td colspan="2">主修科目</td></tr>
<tr><td>高中</td><td></td><td></td><td></td><td colspan="2"></td></tr>
<tr><td>大学</td><td></td><td></td><td></td><td colspan="2"></td></tr>
<tr><td>硕士</td><td></td><td></td><td></td><td colspan="2"></td></tr>
<tr><td>博士</td><td></td><td></td><td></td><td colspan="2"></td></tr>
<tr><td rowspan="4">训练背景</td><td colspan="2">训练主题</td><td colspan="2">训练机构</td><td colspan="2">训练时间</td></tr>
<tr><td colspan="2"></td><td colspan="2"></td><td colspan="2"></td></tr>
<tr><td colspan="2"></td><td colspan="2"></td><td colspan="2"></td></tr>
<tr><td colspan="2"></td><td colspan="2"></td><td colspan="2"></td></tr>
<tr><td rowspan="2">技能</td><td colspan="3">技能种类</td><td colspan="3">证书</td></tr>
<tr><td colspan="3"></td><td colspan="3"></td></tr>
<tr><td rowspan="4">志向</td><td colspan="4">你是否愿意担任其他类型的工作？</td><td>是</td><td>否</td></tr>
<tr><td colspan="4">你是否愿意调到其他部门去工作？</td><td>是</td><td>否</td></tr>
<tr><td colspan="4">你是否愿意接受工作轮调以丰富工作经验？</td><td>是</td><td>否</td></tr>
<tr><td colspan="4">如果可能，你愿意承担哪种工作？</td><td colspan="2"></td></tr>
<tr><td colspan="2" rowspan="2">你认为需要接受何种训练</td><td colspan="5">改善目前的技能和绩效</td></tr>
<tr><td colspan="5">提高晋升所需要的经验和能力</td></tr>
<tr><td colspan="7">你认为自己现在可以接受哪种工作指派</td></tr>
<tr><td colspan="7"></td></tr>
</table>

以上三种方法是人力资源预测内部供给预测的方法，如果内部供给不足时，就要考虑外部供给，饭店可以通过查阅政府统计、劳动人事部门的统计资料或直接调查相关信息来了解外部劳动力市场，从而进行人力资源外部供给预测。

（五）编制饭店人力资源计划

饭店在完成人力资源供需预测以后，就要来协调供需之间的平衡。这种平衡不仅包括人员供需总量上的平衡，还包括员工年龄、性别、素质、类别、层次上的平衡。因此，饭店在制定人力资源计划时，不仅要保证数量上的平衡，而且还要保证质量、结构上的平衡。

饭店人力资源供求不平衡的不同状况，可以采取不同的调整方法。下面介绍一些常用的方法和措施。

1. 人力资源缺乏时的政策

（1）通过内部招聘、内部调整、内部晋升的办法把人员补充到空缺岗位上。

（2）对员工进行培训，提高员工的劳动效率。

（3）引进先进的管理方法和设备来提高员工的工作效率。

（4）部分的经营项目和业务以合理的方式外包。

（5）招聘正式工、临时工和兼职人员。

2. 人力资源过剩时的政策

（1）适当地扩大饭店规模、增加新的经营项目、拓展新的市场。

（2）减少人员补充。当员工退休、离职时，对空闲的岗位不进行人员补充。

（3）对富余员工进行新岗位知识技能培训，通过换岗来减缓员工过剩问题。

人力资源的供需预测和协调平衡后，就要编制人力资源计划，在编制人力资源计划过程中，主要是对人力资源的净需求的确定。净需求的确定可以按部门编制，也可以按照类别来编制。

第三节　饭店员工招聘与录用

员工的招聘能给饭店注入新鲜的血液，能获得优秀的人才，能增强企业核心竞争力。在整个人力资源管理工作中，招聘工作是一项基础性工作，饭店的所有管理工作都是建立在招聘基础上的，饭店如果没有员工，其他管理工作将无法进行，并且饭店发展的好坏，很大程度取决于是否招聘到适合饭店运行和发展的合格员工，因此说有效的招聘工作是保证饭店正常运转的重要前提。

一、员工招聘的含义

员工招聘是指饭店为了经营发展的需要，根据已制定的人力资源计划，由人力资源部从饭店内部或外部获得能够胜任饭店工作的员工的过程，是对社会和饭店可利用的人力资源进行第一次开发的过程，是饭店人力资源管理的重要环节。

饭店员工招聘工作是一项经常性的工作，由于饭店业是劳动力密集型企业，劳动力的流动率较高，而有时饭店的扩建、改造，现有职位的空缺，现有岗位员工的晋升或不称职，员工的离职，老员工的退休等，都需要饭店及时地招聘员工。因此，为保证饭店的正常运转，人力资源的招聘工作就显得尤为重要。

二、员工招聘的原则

饭店员工招聘，应坚持“公开招聘，自愿报名，全面考核，择优录取”的原则，人力资源部主管要严格把好质量关，在实际招聘工作中必须遵循下列原则。

1. 公正公开原则

公开原则是指饭店将招聘信息，如岗位名称、人数、资格和条件、应聘方法、时间和地点，均面向社会公开发布，并且公开进行。这样不仅可以使应聘者获得公平竞争的机会，而且使饭店达到广招人才的目的。

2. 平等竞争原则

平等是指饭店应对所有的应聘者一视同仁，不制造各种不平等的限制条件（如性别歧视）和各种不平等的优先优惠政策，努力为应聘者提供平等竞争的机会，不拘一格地选拔、录用各方面的优秀人才。竞争是指饭店通过面谈和测试来确定人员的优劣和人选的取舍。为了达到平等竞争的目的，要严格考核程序和手段，科学地录取人员，防止徇私舞弊等现象的发生，应通过激烈而公平的竞争，选择优秀人才。

3. 效率优先原则

效率优先原则是指饭店争取用较少的费用，录取到高素质、符合饭店需要的人员。

4. 全面考评原则

全面考评，就是要对应聘者的德、智、体等各方面进行综合考察和测验。应聘者的“德”决定着工作能力的使用方向，制约着工作能力的发挥。“智”是指一个人的知识、智慧和能力，对“智”的考评是全面考评的重点。“体”是指员工的身体素质，员工良好的体质是智力得以发挥的生理基础，对“体”的考评是其他一切考评的前提。

5. 择优录取原则

择优录取，就是根据应聘者的考评成绩，从中选择优秀者录用。择优录取是饭店招聘的根本目的和要求，是招聘成败的关键。择优的依据是应聘者的全面考评结论和录用标准。只有坚持这个原则，才能网罗人才，选贤任能，为饭店各个岗位选择合适的人员。择优必须有严格的纪律为保障，领导必须带头遵守招聘纪律，不搞例外。

6. 宁缺毋滥

在没有合适人选填补空缺的情况下，不要急于招聘不适合的人，否则要么经试用期考核不合格饭店不用，要么应聘者适应不了工作自己提出辞职，无论哪种饭店都要花费人力、物力重新招聘。

三、员工招聘的流程

饭店员工招聘主要有四个阶段：一是制定招聘计划；二是确定招聘途径；三是招聘工作实施；四是招聘工作评估。

（一）制定招聘计划

在招聘工作正式开始之前，制定一整套完备详细的招聘工作计划是十分必要的。具体包括：确定本次招聘目的、描述应聘职务和人员的标准和条件、明确招聘对象的来源、确定发布招聘信息的方式、确定招聘组织人员、确定参与面试人员、确定招聘的时间和新员工进入饭店的时间、确定招聘经费预算等。

补充资料

招聘规模（金字塔模型）

例：企业职位空缺：10个，面试与录用的比例为3∶1，那么需要30人来参加面试；笔试与面试的比例为10∶3，因此就需要100人来参加笔试，应聘者与参加笔试的比例为10∶1，所以企业需要吸引1000名应聘者，应聘者的规模为1000人。

补充资料

招聘时间（时间流失数据法 TLD）

例：企业计划6个月内招聘30位销售人员，那么规模为3000人，根据经验，在招聘广告刊登10天征集求职者的简历，邮寄面试通知需要5天，进行个人面试安排需要5天，面试后企业需要4天决定录用决策，得到录用通知的人需要在10天内作出是否接受工作的决定，接受职位的人需要在10天才能到企业报到，按照这样的估计，企业应在职位出现空缺前40天就开始招聘，还要考虑邮局的失误等原因。

（二）确定招聘途径

1. 内部招聘

内部招聘就是从饭店内部发现和挖掘人才。其主要途径有：

（1）职工提升。职工提升是指将饭店内部的员工提拔到较高的职位上。内部提升可以使饭店和员工更快地相互适应；使员工感到个人的职业生涯发展是有前途的，这对激发员工潜能，稳定员工队伍，提高员工对饭店的忠诚度是非常有利的。

（2）平级调动。平级调动是指内部员工在同级水平职务间的调动，职务级别不发生变化，工作岗位发生变化，是较常见的内部招聘方式。工作调动可以给员工提供饭店内相关工作经验的机会，为日后提升做准备。

（3）工作轮换。工作轮换是指员工在不同阶段从事不同工作，因而轮换工作的员工其岗位有临时的特点；工作轮换有助于丰富员工的工作经验，有利于培养员工的管理水平。

（4）原有员工重新聘用。原有员工重新聘用是指将那些因饭店经营状况不好而暂时离开工作岗位的员工招回到原有工作岗位上。这种方法能够减少招聘的费用，能够让员工更快地适应工作环境。

2. 外部招聘

其主要途径有：

（1）报纸广告招聘。这是一种常用的招聘方式，覆盖面广，有利于提高饭店的知名度，起到广告的效果。

（2）校园招聘。在我国，随着旅游业的迅速发展和旅游教育水平的提高，每年都有大量的毕业生走向社会。由于他们具有较好的饭店管理的业务知识，并且通过实习实训获得了一定实际经验，因此他们是饭店招聘的理想对象。

（3）现场招聘会。饭店可以参加专场招聘会来招聘员工，这种招聘方式便于双向交流、开放性强，通过面对面的交流了解应聘者的详细情况，为以后确定适合的岗位打下良好的基础。

（4）网络招聘。这是一种新兴的招聘渠道，饭店可以通过自己的网站和专业的招聘网站发布招聘信息来获得应聘人员的资料，从而选拔合格员工。网络招聘的特点是信息量大、更新快，可随时查询数万条不同地区的应聘者信息。

（5）职介机构。职介机构是饭店授予职介机构一定的权限，委托职介机构为其选择、推荐人才的一种方式。

（6）猎头公司。猎头公司是私营就业服务机构的一种具体形式。它定位于在别的饭店工作成功的经理人，并未主动寻找新工作的人。饭店借助专业猎头公司的资源优势，加快招聘的速度，提高招聘的质量，并实现对高级人才和紧缺人才的需求。

补充资料

猎头公司

猎头公司（Head—Hunting Company），作为高级人才招聘公司的俗称，是指专门替用人单位搜寻和推荐高层管理人才和专业人才的公司。猎头公司产生于第二次世界大战结束后的美国。北京于 1993 年成立第一家猎头公司，现在已经发展到几十家，它的客户一般是外资企业或中外合资企业。其费用按照招聘职位第一年的年薪确定，一般高级职位按年薪的 25% ~35% 收取，中低职位的费用标准是该职位 1 ~3 个月的薪金。

（三）招聘工作实施

招聘工作实施主要包括：发布招聘信息、填写求职申请书 、审核应聘者资料、初次面谈、能力和技能测试、任用面谈、体格检查、办理录用手续、岗前培训、上岗试用 10 个环节。

（1）发布招聘信息。饭店根据所聘的岗位特点选择适合的招聘途径将招聘信息发布出去。

补充资料

某饭店关于客房服务中心主管的招聘信息

招聘职位：饭店客房服务中心主管
招聘人数：1人
学历要求：大专及以上学历
性别要求：女
工作性质：全职
工作经验：两年以上
工资待遇：面议
工作地点：北京
联 系 人：张经理
发布日期：2008年3月20日
有 效 期：三个月
岗位描述：
1. 参加部门例会，协助经理处理日常工作。
2. 召开中心例会，传达部门精神，布置当日工作要点。
3. 检查员工仪容、仪表和到岗情况。
4. 督促中心人员工作，处理工作中出现的问题。
5. 监督遗留物品的处理情况。
6. 向前厅部提供准确的房态资料。
7. 安排VIP房的接待工作。
8. 联系工程部，解决客房维修事宜。
9. 编写工作日记，记录特殊事项，向部门经理汇报。
素质要求：
1. 基本素质：责任心强、讲求效率、工作主动。
2. 自然条件：身体健康、仪表端庄。
3. 文化程度：大专以上学历。
4. 外语程度：达到酒店英语中级水平。
5. 工作经验：有二年以上酒店从业经验。

（2）填写求职申请书。填写求职申请书是指对饭店招聘工作或岗位感兴趣的应聘者递交个人简历，填写求职申请书的过程（表5-3）。

表 5 -3　　　　×××饭店职位申请表　　（编号 00001）

××× HOTEL EMPLOYMENT APPLICATION FORM

填表日期：　　年　月　日　　到任日期：________
DATE：　YEAR　MONTH　DAY　　DATE AVAILABLE FOR EMPLOYMENT
求职部门/分部门/职务：　　可否做夜班或倒班工作？Yes/Not
DEPT/SECTION/POSITION APPLIED FOR　　WORK NIGHT SHIFT OR ROTATING?
A ________ ________ ________　　月薪要求 RMB ________
B ________ ________ ________　　SALARY EXPECTED

近照 PERCENT PHOTO

姓名 NAME		英文名 ENGLISH NAME		年龄 AGE		性别 SEX		民族 TRIEE	

出生日期 DATE OF BIRTH		现有学历 EDUCATION		学位 DEGREE		职称 TITLE	

婚姻状况 MARITAL STATUS	未婚 SINGLE　已婚 MARRIED　离异 DIVORCED　丧偶 WIDOW	身份证号码 I. D NO.	

身高 HEIGHT	cm	体重 WEIGHT	kg	裸视：左 右 EYESIGHT LEFT RIGHT	政治面貌 POLITICAL STATUS	

现工作单位 NAME OF CO. /UNIT		档案现存处 PLACE OF FILE	
家庭住址 ADDRESS		邮编 POST CODE	

联系电话 TELEPHONE		手机 MOBILE		户口所在地 PERMANENT RESIDENCE	

外语语种 FOREIGN LANGUAGE	英文 ENGLISH　日文 JAPANESE　俄文 RUSSIAN　其他 OTHERS	专业/特长 SPECIAL SKILLS	

学 习 经 历
EDUCATION BACKGROUND

教育程度 EDUCATION	起止日期 FROM…TO	学校名称 NAME OF SCHOOL	主修专业 MAJOR
高中或职高 HIGH SCHOOL			
大专或大学 COLLEGE			
其他 OTHERS			

工作经历
EMPLOYMENT HISTORY

起止时间 FROM…TO	工作单位 NAME OF COMPANY	部门 DEPARTMENT	职务 POSITION

家庭主要成员
FAMILY MEMBERS AND WORKING UNITS

姓名 NAME	年龄 AGE	与本人关系 RELATION	工作单位 NAME OF COMPANY	职务 POSITION
推荐人 SPONSOR		工作单位 NAME OF CO./UNIT		
紧急联系人 PERSON IN CASE OF EMERGENCY		电话 TEL. NO.		手机 MOBILE

应聘人签字：　　　　日期：
SIGNATURE　　　　DATE

（3）审核应聘者资料。饭店招聘人员对应聘者递交的材料进行审阅，判断应聘人员情况是否真实可信。通过审阅，淘汰一部分情况不符合饭店要求的员工，在此基础上，确定参加面谈的人选。

（4）初次面谈。饭店通过与应聘者面对面的交谈，确定应聘者的仪容仪表、语言表达等能力是否符合饭店的要求，同时应聘者也能对饭店的待遇和工作环境等方面有一个大致的了解。

（5）能力和技能测试。指饭店采用不同的考核方式对应聘者的知识、能力等综合素质进行测试、评估，为录用提供依据。

（6）任用面谈。基本确定录用人选后，在任用之前要进行面谈，进一步了解应聘者的详细情况，了解应聘者是否愿意长期工作等问题。

（7）体格检查。体检是饭店招聘录用工作不可缺少的一个环节。饭店是服务性行业，对拟录用的人员，进行体格检查可以保证客人及其他人员的健康。

（8）办理录用手续。在确定合格的录用人选之后要发出录取通知书，通知书以书面为宜。

（9）岗前培训。对录用的员工就饭店的组织结构和工作环境、岗位知识和技能等方面进行培训，为日后上岗就业打下基础。

（10）上岗试用。饭店对新员工进行3～6个月的试用。试用期合格者将与饭店签订正式的劳动合同。

（四）招聘工作评估

招聘评估是招聘工作的最后一个环节，很多饭店以前对这个环节不太重视。对招聘效果进行评估，可以发现招聘过程中的问题，为以后招聘工作提供依据。对招聘效果评估一般可以从以下几个方面进行：

（1）招聘成本。招聘费用越低，录取人数越多，说明招聘的成本越低。反之，招聘成本越高。

（2）应聘比率。这是对招聘数量方面的评估。应聘比率 =（应聘人数/计划招聘人数）×100%。其他条件相同时，应聘的比率越高，说明招聘的效果越好。

（3）录用比率。这是对招聘效果质量方面的评估。录用比率 =（录用人数/应聘人数）×100%。其他条件相同时，录用的比率越高，说明招聘的效果越好。

第四节　饭店员工培训

21世纪是知识经济的时代，知识更新的速度越来越快，无论是个人还是企业不重视学习和培训都无法在社会上立足。国际上许多知名的饭店集团，如万豪、香格里拉、希尔顿都拥有一套完善的培训体系。在国内，随着饭店业竞争的加剧，饭店对培训也越来越重视，把对员工的培训已列入饭店人力资源管理活动的重要环节。

据饭店业的研究发现，饭店中60%的问题是由于员工缺乏培训造成的，未受过培训的员工造成事故数量是受过培训员工的3倍。据美国饭店协会对纽约州饭店的统计，培训可减少3%的浪费。

一、员工培训的含义与特点

员工培训是指一定饭店为开展业务及培育人才的需要，采用各种方式对员工进行有目的、有计划的培养和训练的管理活动。其目标是使员工不断地更新知识，开拓技能，改进员工的动机、态度和行为，使其适应新的要求，更加完美地胜任现职工作或担负更高级别的职务，从而促进饭店效率的提高和目标的实现。员工培训具备以下特点：

（1）培训的主要目的是提高员工的绩效和有利于饭店目标的实现。每个培训计划和项目必须准确地分析其成本和收益，考察它对组织目标实现的价值。

（2）员工培训的直接任务是提高员工的知识、技能，改进员工的工作态度和行为。即体现在育道德、树观念、传知识和培能力四个主要方面，其中前两者是软性的、间接的；后两者是硬性的、直接的，是员工培训的重点。

（3）员工培训是员工职业发展和实现自我价值的需要。现代人力资源管理理论认为，员工在为饭店做出贡献的同时，也要尽力体现自身价值，不断自我完善和发展。有效的员工培训活动不仅能够促进饭店目标的实现，而且能够提高员工的职业能力，拓展他们的发展空间。

（4）员工培训是组织开展的有目的、有计划、有针对性、有步骤的系统管理行为。必须确立特定的培训目标，提供特殊的资源条件，遵循科学的培训方法和步骤，进行专门的组织和管理。

二、员工培训的分类与内容

（一）员工培训的分类

饭店员工的培训类型因人、因时而有所不同，具体分类如下。

1. 按培训对象的层次分

（1）决策层培训。饭店的决策层人员主要有饭店经理、总监、部门经理。对他们的培训内容主要有：市场观念和竞争观念的树立、饭店经营发展战略的确定、营销策略的制定等。

（2）督导层培训。饭店的督导层人员主要有主管、领班等。对他们的培训内容主要有：管理能力的提高、专业知识的加强、人际关系的处理、领导员工的能力等。

（3）操作层培训。饭店的操作层是指对顾客服务的一线员工、后台的技术、勤杂员工等。对他们的培训内容主要有：专业知识的掌握、业务技能的熟练、工作态度的好坏等。

2. 按实施培训的阶段分

（1）职前培训。职前培训也称就业培训，是员工上岗前的培训，可分为一般性培训和专业性培训。

①一般性培训。一般性培训是指对新员工进行饭店行业知识、饭店工作性质和特点、饭店人员素质和饭店简介、饭店建筑、饭店组织结构等常识性内容进行介绍。

②专业性培训。专业性培训是指对新员工所在部门和岗位进行专业的训练。了解该部门、该岗位的业务特点、规范、程序等。

（2）在职培训。在职培训是对员工在岗时所需知识技能的培训，如外语会话能力、计算机操作技能、服务操作技能等。在职培训贯穿饭店每一个员工就业时期的全过程。

（3）职外培训。职外培训是指受训员工暂时脱离岗位或部分时间脱离岗位参加学习或接受某种专门训练。根据受训时间安排和受训员工脱产时间的长短，职外培训可分为全日式培训、间日式培训、兼时式培训三种。

①全日式培训。指受训员工全天参加脱产培训，一般需要数天以上的时间。

②间日式培训。指受训员工采取非连续方式进行培训。

③兼时式培训。指受训员工每天接受若干小时的培训，其余时间返回工作岗位，继续工作。

（二）员工培训的内容

饭店员工培训的内容，从总体上可以分为三个方面：职业态度（Attitude）、职业技术（Skill）、职业知识（Knowledge），简称“A、S、K”培训。

1. 职业态度培训

饭店工作特点决定了员工应有良好的服务意识、高度的责任心和职业道德感。因此，饭店员工培训中要时刻注意该方面员工的思想动态，采用灵活的方式，强化员工的服务意识与职业道德观。该项培训成功的关键在于深入挖掘员工服务中有关服务意识和职业道德方面存在的问题，通过宣讲企业文化，树立服务榜样，剖析典型案例等形式，使员工从根本上重视职业道德，提高服务意识。此外，培养员工的团队精神，树立诚信形象，增强员工的归属感和荣誉感，也是服务意识和职业道德培训的重要内容。

2. 职业技术培训

职业技术培训是员工培训的主要内容，它直接关系到各项服务工作能否依照标准完成，并保证顾客满意。通过这方面培训，应该使员工掌握完成本职工作所必备的技能和技巧，包括一般技能和特殊技巧。餐饮部服务员摆台、上菜、撤盘培训，客房部服务员客房清洁工作培训、做床培训，前台服务员接待程序培训等，都属于技能培训；餐饮部服务员看台培训、前台服务员处理特殊问题等方面的培训，都属于服务技巧培训。

3. 职业知识培训

职业知识培训对员工素质的提高起着潜移默化的作用，特别是有关旅游和饭店的基本知识更进一步地影响着饭店服务质量的提高。例如：合格的服务员需要扎实地掌握饭店服务礼仪、本岗位基本常识；掌握饭店各项服务措施；了解饭店的各种服务设施；熟悉饭店主要客源国的政治、经济、地理、历史和民族风俗习惯等。

三、员工培训的步骤与流程

（一）发现培训需求

发现培训需求既是饭店培训工作的开始，又是衡量培训工作效果的主要依据，即培训是否满足了需求。培训需求的产生主要有三个方面：

（1）由于饭店经营环境的变化，导致员工缺乏应具备的知识和技能而产生培训的需求。

（2）由于饭店各部门工作上产生问题而产生培训的需求。

（3）由于饭店员工流动而产生培训的需求。

培训需求的调查可以采用员工行为观察法、调查问卷法、阅读技术手册法、访问专家法、员工访谈法等。调查问卷法如表5-4所示。

表 5－4　　　　　　　　　　　　**培训需求调查表**

岗位：		在岗时间：			
职务：		在职时间：			
年龄：	性别：	前一个职务：			
		优	良	中	差
工作技能熟练程度：					
自我感觉当前工作表现：					
培训需要		是		否	
1. 当前您工作中最大的困难或存在的问题是什么？					
2. 为弥补不足，当前您最需要的培训是什么？					
填写时间：		地点：			
备注： 1. 根据实际，如实填写。 2. 字迹清晰。 3. 请于________年 ____ 月 ____ 日前将表返回。					

（二）制定培训计划

培训流程的第二步是制定培训计划。对于不同的培训对象和不同的培训内容，培训计划也是各不相同的。但重要的培训计划至少应该包括企业培训的意义、培训任务和目的、培训内容和形式、培训方法、培训时间和步骤、培训考核及其要求等内容。

补充资料

香格里拉饭店员工培训计划

培训主题："香格里拉情" 标准 1——殷勤好客亚洲情

目　　标：

1. 本阶段培训工作的目的是建立员工对公司经营理念和指导原则的忠诚感，以达到香格里拉2014年远景目标，特别是在提高市场份额、维系顾客以及保持顾客忠诚感方面。

2. 建立员工信心，使其能在每时每刻为所有顾客提供最好的"殷勤好客亚洲情"式的服务。

3. 在本阶段培训结束时，参加者将能够：

（1）从顾客的角度理解顾客的期望。

（2）理解顾客对我们的高度期望。

（3）利用核心价值不断地超越顾客的期望，理解自身在首次及每次为顾客提供"殷勤好客亚洲情"式的服务时的重要作用。

(4) 强化公司经营理念和指导原则的传播。

内　　容:

1. 为什么需要“香格里拉情”?

2. “殷勤好客亚洲情”的重要性。

(1) 旅途劳顿。

(2) 顾客期望。

(3) 顾客为什么选择香格里拉。

(4) 顾客对香格里拉的期望。

(5) 顾客如何评价我们:服务质量检测。

(6) 顾客服务中的过失。

(7) 经营哲学、指导原则以及自身的角色。

3. “殷勤好客亚洲情”的相关概念。

(1) 什么是“殷勤好客亚洲情”?

(2) 核心价值:尊敬、谦恭、礼貌、助人、真诚。

(3)“殷勤好客亚洲情”的象征。

4. 我在提供“殷勤好客亚洲情”式的服务中的作用。

准备工作:

(1) 检测表。

(2) 培训记录册。

(3) 投影仪、白板。

时　　间:1天

培 训 员:经集团认可的培训员和培训大使

培训对象:所有员工

(三) 准备培训资料

培训材料应准备完全,印刷要求整齐、清晰。在材料的编排上,尽可能考虑到趣味性,深入浅出,易懂易记。应充分利用现代化的培训工具,采用视听材料,以增加感性认识,激发他们认真练习的动力。特别是准备好工作分析表,它是详细、系统说明某一岗位的工作具体做什么,如何做,在做时要注意的问题以及所使用的工具与材料等的实用培训教材,可以运用工作分析表来对员工进行实战性培训。

(四) 具体实施培训

饭店培训的方法一般可以简单地概括为“T、S、F、C”四步培训法。

T——Tell you:即传授,就是告诉你如何去做;

S——Shou you:即示范,就是演示给你看;

F——Follow me:即练习,就是让你跟着练;

C——Check you:即纠正,就是对你所做的进行检查与纠正。

知识、技术的熟练掌握与运用是以记忆为基础的。据调查,人通过不同器官实现记忆的有效性如下:通过阅读可记住10%,通过听课可记住20%,又看又听,可记住

50%，自己复述一遍可记住 80%，一面复述一面动手做可记住 90%。因此应该尽量采取视听、研讨和角色扮演这些身临其境的培训方法以增强培训效果。

（五）评估培训成效

培训成效评估包含两层意义：一是对培训工作本身的评价；二是对受训者通过培训后所表现的行为是否反映出培训效果的评价。通过培训成效评估，使培训工作不断改善。

补充资料

培训评估表

1. 我认为此次培训：

□很有帮助　□有些帮助　□有启发　□半信半疑

□没有作用

2. 此次培训课程，对我来讲：

□非常适合　□较适合　□不太适合　□完全不适合

3. 课程内容与实际情况：

□非常相似　□较接近　□不同　□相距甚远

4. 授课教师讲课：

□语言生动，阐述清晰　□条理尚清楚

□一般　□思路混乱

5. 培训所准备的教材：

□资料翔实，案例丰富　□理论性强，案例较少

□一般　□枯燥乏味

6. 培训所用时间：

□太短　□有点紧　□正好　□有点长

□太长

7. 占用一天休息时间，我认为：

□应为此投资　□可以接受　□接受上司安排　□不能接受

8. 培训地点：

□非常合适　□较为合适　□不太合适　□不合适

9. 此次培训给我最好最突出的印象是：

10. 此次培训最迫切需要改进的地方是：

四、员工培训的方法

培训的方法多种多样，它直接关系到培训对象的接受程度和培训效果，组织者应该根据饭店的特点和不同的对象，选择不同的培训方法。饭店常用的培训方法有以下几种。

1. **讲授法**

讲授法是人们最熟悉的培训方法，是由培训者向受训者讲授知识，是最传统的培训方式。讲授法最大的优点就是可以系统地将知识在短时间内教给员工。缺点是单向信息传递，反馈效果差。常被用于一些理念性知识的培训。

2. **讨论法**

讨论法属于培训中集体互动的一种方式。一般采取设定一个讨论的题目，然后受训者进行分组讨论。

优点是信息交流时方式为多向传递，员工参与性高，多用于巩固知识、训练员工分析、解决问题与人际交往的能力，但运用时对培训者的要求较高。

3. **案例研讨法**

案例研讨法是培训者通过引入案例，让受训者分析问题，并提出解决方案的培训方法。优点是案例研讨法注重分析一些实际问题，培养受训者分析问题和解决问题的能力，并且通过相互交流，可以激发受训者的灵感。缺点是由于案例不存在唯一的正确答案，也没有评价方案优劣的标准，并且也看不到方案真实的效果，所以很大程度上依赖于培训者和受训者自身的素质。案例研讨法适用于中层以上的管理者。

4. **角色扮演法**

角色扮演法是设计一个接近真实情况场景，指定受训者扮演特定的角色，借助角色的演练来体验该角色，从而提高解决该类问题的能力。其特点是人与人之间的直接交流，有利于培养人际关系方面的技能，因此，培训饭店公关人员、销售人员常常采用这种方法。

5. **视听技术法**

视听培训是利用幻灯、电影、录像、录音、电脑等视听材料对员工进行培训。优点是运用视觉与听觉的感知方式，直观鲜明，促进学习效果。缺点是员工的反馈与实践较差，且制作和购买的成本高，内容易过时。它多用于饭店概况、专业技能等培训内容，也可用于知识性的培训。

6. **操作示范法**

操作示范法是饭店员工入职之前操作技能训练最广泛采用的一种方法，是饭店技能能手对员工讲授理论和技能操作规范，然后进行标准的示范表演，受训者反复模仿、操练的培训。这种方法虽然枯燥，但在技能培训中是非常必要的。主要适用于操作技能比较强的工种，比如餐厅摆台、酒吧服务员调酒、客房服务员做床等。

7. **远程培训法**

远程培训法是通过计算机、电信会议等辅助手段使受训者在不同时间、不同地点获得有计划、有目的的训练。远程培训法适合于多地点经营的饭店集团和连锁饭店，缺点是成本费用高。

补充资料

现代培训方法——行动学习法

行动学习是英国国际管理协会主席烈·睿文（Reg Revans 1907—2003）于20世纪60年代提出的一种学习理念和培训方法。经过后来者不断地完善发展，这一方法已在许多发达国家的工商管理、社会服务、政府改革等领域得到应用。

基本原理是：行动学习是基于认知科学、脑科学和组织管理学的发展成熟起来的。最初的行动学习认为，指导与询问的结合才是完整的学习，即学习 = 系统化知识 + 不确定环境下对问题的洞察力。学习第一步是以问题开始的，要选定一个需要解决的困难问题；针对特定问题，需要有一些成型的知识，学习的第二步是获得这些知识；第三步是通过提问、引发的思考与相关知识结合，导致对问题的重新定义、对过去经验的重新解释，激发更多样、更具深度的见解，形成新的解决问题方案；第四步是通过实践去考验新的认知、定义和方案。由于不断反复以上四个步骤，学习成为一个循环往复螺旋上升的过程。

具体做法是：个人带着工作中的实际问题参加；7人左右组成学习小组，不定期聚会，每次1~3天；集体讨论，相互交流思想、经验；学习必要的知识（请有关专家）；小组有一位教师负责催化，帮助大家；可投入3月至3年不等的时间，形成最终的成果。

成功关键：行动学习要取得成效。首先，选择最需要研究解决的现实问题，这些问题尚未解决；其次，必须有学员的积极参与、单位领导的大力支持，有一定的时间保证；再次，有培训专业人员的辅导；最后，也是最重要的，能够把行动学习的阶段性成果应用于工作实践。

第五节　饭店员工绩效与薪酬管理

一、饭店员工绩效管理

（一）绩效管理的含义

绩效管理是指管理者与员工在相互了解的基础上确定绩效目标与达成绩效目标所需的知识，并通过人员管理和人员开发使组织、团队、员工取得更好的工作成果的管理过程。这种观点把员工的绩效视为饭店绩效的基石，依据饭店的战略目标确定员工绩效评价的内容和标准，并把保证组织目标的实现作为员工绩效改善的根本目的。绩效管理实质上是综合饭店和员工绩效管理的系统。

（二）绩效管理系统的组成

绩效管理系统主要包括向员工表明绩效期望、并与员工达成计划共识、跟踪员工执行绩效计划的进程、指导员工解决工作问题、向员工提供反馈信息并共同拟定绩效改进计划等环节。绩效管理系统的关键组成部分有制定绩效计划、绩效诊断和辅导、评估绩效、绩效反馈。

1. 制定绩效计划

管理者与员工就员工在该绩效考核期内应履行的工作职责、各项任务，预期达到的工作效果、衡量绩效的标准、员工权限等问题进行探讨并达成协议。绩效计划是整个绩效管理体系中重要的前馈控制环节。

2. 绩效诊断和辅导

绩效诊断和辅导指管理者与员工共同分析引起绩效问题的原因，帮助员工克服工作困难。

3. 评估绩效

根据绩效计划拟定的标准和指标，采用合理的评价方法，衡量员工各方面的绩效。在员工充分参与绩效计划和绩效沟通的基础上进行绩效考核。

4. 绩效反馈

绩效反馈指管理者与员工进行绩效评估面谈，使员工充分了解和接受绩效评估结果，并共同探讨绩效改进计划。

绩效管理系统的这四个组成部分在发生的时间和方式上既有一定的连贯性，又存在许多交叉的地方。绩效管理通常要求管理人员同时开展两项或多项上述活动。我们从绩效管理的概念和构成中可以看出绩效管理和绩效考评并不完全相同。它们存在着一定的区别。具体区别如表 5－5 所示。

表 5－5　　绩效管理与绩效考评的区别

比较对象 区别点	绩效管理	绩效考评
过程完整性	一个完整过程	局部环节、手段
侧重点	具有前瞻性，信息的沟通和绩效提高，强调事先沟通与承诺考评，重能力的培养	具有回顾性，重判断、评估，强调事后成绩大小
出现阶段	伴随全过程	关键环节 特定时期出现

（三）绩效评估方法

绩效评估的方法主要有比较法、描述法、量表法、目标管理评价法。

1. 比较法

（1）序列比较法。序列比较法是对按员工工作成绩的好坏进行排序考核的一种方法。在考核之前，首先要确定考核的模块，但是不确定要达到的工作标准。将相同职务的所有员工在同一考核模块中进行比较，根据他们的工作状况排列顺序，工作较好的排名在前，工作较差的排名在后。最后，将每位员工几个模块的排序数字相加，就是该员工的考核结果。

（2）相对比较法。相对比较法是对员工进行两两比较，任何两位员工都要进行一次比较。两名员工比较之后，相对较好的员工记“1”，相对较差的员工记“0”。所有的员工相互比较完毕后，将每个人的得分相加，总分越高，绩效考核的成绩越好，如表5－6所示。

表5－6　相对比较法示例

评价项目：业务知识

	甲	乙	丙	丁
甲	—	1	1	0
乙	0	—	0	0
丙	0	1	—	0
丁	1	1	1	—
积分	1 较差	3 最优	2 中	0 差

（3）强制比例法。强制比例法是指根据被考核者的业绩，将被考核者按一定的比例分为几类（最好、较好、中等、较差、最差）进行考核的方法。考核成绩服从“两头小、中间大”的正态分布，在对被考核者进行相互比较的基础上按比例强制将其分入一定的等级。

2. 描述法

描述法是指评估者用文字描述和评论被评估者的能力、态度、行为、成绩、优缺点等。常用的描述法有：评语法、关键事件法。

3. 量表法

量表法是参照客观标准，制定不同形式的评估尺度进行绩效评估的方法。常用的量表法包括图评价量表法、行为锚定量表法、行为观察量表法等。

（1）图评价量表法。图评价量表法，评价者可采用工作质量、工作数量、工作独立性、业务知识水平、人际关系、出勤情况等方面来反映员工的工作绩效。具体要列出员工工作的具体行为，每个维度都可以根据业绩划分若干刻度，以便评估者在一个连续区间内评价被评估者的表现。

（2）行为锚定量表法。行为锚定量表法的具体步骤有：绩效维度及其含义、每一个维度列出关键事件、每一个维度与行为锚之间的关系、每个维度包含行为锚从好到坏排列，如表5－7所示。

表5－7　行为锚定量表法示例

营销人员维度表	
维度	子维度（权重）
团队合作（0.27）	大局观（0.25）　分享知识（0.25） 认同（0.25）　影响力（0.25）
沟通能力（0.13）	表达（0.5）　领悟（0.5）
市场洞察力（0.2）	产业（0.3）　产品（0.3）　营销（0.4）

续表

营销人员维度表		
主动性（0.16）		无
责任心（0.1）		无
纪律性（0.07）		无
社交能力（0.07）		无
大局观	好	具有良好的大局观，努力协助本部门工作，并配合其他部门共同完成公司目标，如在公司遇到紧急情况时，能和本部门人员及其他部门人员通力合作，及时完成公司目标
	中	能意识到本部门的目标，必要时给予其他部门一些配合
	差	在工作中，常常意识不到个人的工作应以部门和公司的利益为主
分享知识	好	经常与同事探讨工作方法和质量的改进
	中	有时与同事探讨工作方法和质量的改进
	差	当同事向自己请教时，表现的不愿意
认同	好	尊重同事和其他部门的成就，并愿意以他们为榜样
	中	对部门和其他同事的成就满不在乎
	差	对部门和其他同事的成就满不在乎，有时甚至会对表现好的同事冷嘲热讽
影响力	好	积极鼓励团队的所有成员共同探讨和解决问题
	中	有时会让团队的其他成员共同探讨和解决问题
	差	很少听取团队其他成员的意见，在团队中往往自己说了算，却得不到其他人的认可

（3）行为观察量表法。行为观察量表法是观察被评估者在某个时期特定行为发生的频率，如表5－8所示。

表5－8　　行为观察量表法示例

1. 对客人态度一贯良好

1　2　3　4　5

几乎从不　　几乎总是

2. 一贯帮助其他服务员

1　2　3　4　5

几乎从不　　几乎总是

4. 目标管理评价法

目标管理评价法是典型的成果导向型评价法。它是将饭店预先设定的目标与员工的完成情况进行对比评价。饭店与员工在共同协商的基础上，将饭店目标层层分解，形成部门目标乃至个人目标；然后通过充分授权、适时监督、不断给予支持和帮助的方式，激发员工进行有效的“自我控制”，促使其努力实现目标；最后，根据每项目标最终的完成情况进行绩效评估，给予相应的奖励或惩罚，激励员工在下个周期更好地完成目标。

二、饭店员工薪酬管理

（一）薪酬的含义

薪酬是指雇员作为雇佣关系的一方得到的所有形式的货币收入以及各种有形的服务和福利之和。有学者认为薪酬是指支付给以脑力劳动为主，要求工作质量的劳动者的基本报酬形式，工资是指支付给以体力劳动为主，要求工作数量的劳动者的基本报酬形式。在我国绝大多数的饭店习惯将劳动者的基本报酬统称为工资。

（二）薪酬的构成

从狭义看薪酬的构成包括个人获得的工资、奖金以及金钱或实物形式支付的劳动回报；从广义的薪酬构成来看，薪酬还应该包括雇员分别从工作任务、团队成就和组织声誉中获得的心理的、社交的和文化的利益之和，即薪酬是由经济性报酬和非经济性报酬构成的，如表 5－9 所示。

表 5－9　　薪酬构成

<table>
<tr><td rowspan="14">全面薪酬</td><td rowspan="9">经济性薪酬</td><td rowspan="4">直接经济薪酬</td><td>基本工资</td></tr>
<tr><td>绩效工资</td></tr>
<tr><td>奖励</td></tr>
<tr><td>生活水平调整增资</td></tr>
<tr><td rowspan="5">间接经济薪酬</td><td>带薪非工作时间</td></tr>
<tr><td>员工个人及其家庭服务</td></tr>
<tr><td>健康以及医疗保健</td></tr>
<tr><td>人寿保险</td></tr>
<tr><td>养老金</td></tr>
<tr><td rowspan="5">非经济性薪酬</td><td colspan="2">满足感</td></tr>
<tr><td colspan="2">赞扬与地位</td></tr>
<tr><td colspan="2">雇佣安全</td></tr>
<tr><td colspan="2">挑战性的工作机会</td></tr>
<tr><td colspan="2">学习的机会</td></tr>
</table>

（三）薪酬水平的影响因素

1. 内部因素

（1）饭店方面。饭店对薪酬水平的影响，首先体现在饭店的支付能力上，饭店的支付能力越强，薪酬水平往往会越高；其次体现在饭店的薪酬策略上，饭店的薪酬策略是指相对于市场平均水平，饭店在薪酬上采取领先、跟随还是滞后的策略；再次薪酬的水平还体现在饭店的文化上，饭店的文化如果表现出对员工较高的关注度，以人为本的文化理念，薪酬水平就会偏高或更能满足员工的需要。

（2）员工方面。员工的个人因素主要包括饭店员工本身所担任的职务、掌握工作的技能水平、资历、学历、员工的工作表现及业绩等。

2. 外部因素

（1）劳动力供求状况。在市场经济条件下，当对某种职业的需求与供给不平衡时，这种职业所获得的薪酬水平就会有所改变。饭店内具体工作的薪酬水平也会因社会劳动力市场的供求变化而波动。

（2）竞争对手的薪酬水平。饭店往往会把薪酬水平与其他饭店的薪酬水平作比较。如果比其他饭店高，就会增加饭店的费用与支出；如果比其他饭店低，就会引起员工的不满，影响员工队伍的稳定。基于饭店的长远发展和风险的防范，薪酬水平会调整到与竞争对手相当的水平上。

（3）当地经济发展和消费状况。在经济扩张时期，消费水平会明显提高，薪酬水平也会提高。许多饭店将生活津贴放到工资里面，当消费品价格上涨时，饭店可能会增加物价补贴，以保障员工生活水平不受影响。

（4）国家的有关法规。《中华人民共和国劳动法》及相关法规对薪酬的调整做了严格的规定，任何饭店都不得违反这些法律、法规。

（四）薪酬设计

1. 薪酬设计的原则

（1）公平原则。公平原则包括外部公平和内部公平两个方面。外部公平是指饭店的薪酬水平在行业内是有竞争力的。内部公平是指薪酬制度制定的过程对所有员工是公平的。

（2）合法原则。薪酬水平的确定受政府相关法律、法规和政策的影响，这就要求饭店在设计自己的薪酬制度时遵守相关的法律、法规和政策。

（3）效率优先原则。饭店薪酬的设计要以提高效率为优先考虑。

2. 薪酬设计流程

（1）职务分析。薪酬设计的前提是科学的职务分析，通过职务分析可以了解某一职务的工作职责、权利、工作条件和任职资格等相关信息，并根据这些信息确定某一职务员工必须具备的能力和资格。

（2）职位评价。职位评价是在职务分析的基础上，来确定职位之间的相对价值，为每一职位建立价值序列，根据这个价值序列来确保薪酬体系设计过程中的内部公平。主要的方法有排序法、分类法、要素记点法和因素比较法。

（3）薪酬调查。薪酬调查选择的对象一般是本地区与自己类似的饭店或与自己有竞争关系的饭店。饭店选好后，再进行职位的选择，所选职位应该与本饭店性质和内容相似，这些职位在不同饭店之间具有可比性。调查完相关信息后，对这些信息要整理分析，得出被调查市场的薪酬水平，并绘制薪酬政策线，作为饭店薪酬水平参考的依据。

（4）薪酬水平定位。薪酬调查后，饭店已经清楚地看到市场的薪酬水平，饭店到底采取领先、跟随薪酬策略还是采取滞后薪酬策略，主要取决于饭店的经营状况、支付能力和员工素质等方面因素。饭店应该综合上面因素，来选择适合自己的薪酬策略。

（5）确定薪酬结构。薪酬结构包括每个职位等级的工资范围，包括等级数，每个等级的最高工资、中位工资和最低工资。饭店通过确定合理的薪酬结构，来实现饭店内部的公平。

（6）薪酬体系的实施和调整。饭店的薪酬制定后，要在一段时间内稳定地、切实有效地加以执行。但是随着时间的推移、外部环境的变化和饭店自身的发展，饭店的薪酬也要随之做出相应的调整。

第六节　饭店员工的激励

激励是现代饭店管理中最重要的职能，激励影响着饭店经营目标的实现。判断饭店人力资源管理是否科学和有效，主要看其是否发挥了对员工有效的激励。饭店人力资源开发和管理所追求的目标是，用各种各样合适的、恰当的激励方法充分调动员工的积极性，最大限度地挖掘人的潜力，为饭店创造出最优的经济效益和社会效益。

一、员工激励的概念与意义

（一）激励的概念

激励，顾名思义就是激发和鼓励。从心理学角度讲，激励是指激发人的行为动机的心理过程，是一个不断朝着期望的目标前进的动态过程。简而言之，就是在工作中调动人的积极性的过程。

管理者在考虑激励时，首先要意识到每个人都有一种内在的动因或内驱力，如需要、欲望与期待等，它能使人按照某一特定方向或方式行动，或者使之与外在环境动力相结合产生某种行为。其次，每个人的行为都具有导向性，总是走向某一目标或结果。最后，每个人所具有的导向系统，即内驱力与环境力量的结合，使人们能综合判断自己的行为，并通过反馈调整其行为目标。

饭店员工激励是指饭店管理者通过各种内外部有效的措施和方法，发现和引导员工内心需要，最大限度地激发员工的积极性、主动性和创造性，从而有效地实现饭店经营目标和满足个人需要的过程。

（二）员工激励的意义

1. 调动员工的积极性，激发员工的潜能

饭店业是劳动密集型行业，饭店工作本身又具有操作性强、手工劳动强大等特点。这些都会使得员工在长时间的工作中缺少动力，缺乏干劲，员工没有了工作热情，效率就会大大下降，饭店也就失去了活力，最终导致饭店目标无法实现。因此必须运用激励手段，调动员工的积极性，提高工作的效率，从而实现饭店的目标。

人的潜能是难以估量的，很多潜能人自己也没有意识到，只有在特定环境中，使用有效的激励措施才能激发出来。美国哈佛大学教授威廉·詹姆斯通过研究发现，在计时工资制度下，一个人如果没有受到激励，仅能发挥其能力的20%～30%，如果受到正确充分的激励，就能发挥其能力的80%～90%，甚至更高。可见，激励对激发人的潜能有重要作用和意义。

2. 可以提高员工的素质

从组织行为的角度讲，提高饭店员工的素质有两个途径：一是培训；二是激励。

在饭店人力资源开发和管理中，之所以对员工进行奖励，是因为员工素质优异的表现是员工素质提高的表现；反之，对员工的惩罚，则是因为员工行为素质下降的表现，通过惩罚，纠正员工的行为，提高员工的素质。因此，激励对提高员工的素质有重要作用和意义。

3. 可以提高管理水平

饭店员工最清楚饭店运转中存在的各种问题。管理者采用合理的激励方式可以鼓励员工提出合理化建议、建设性意见和措施，会使员工积极参与管理，员工会以主人翁的姿态去工作，从而使饭店经营管理水平和服务质量得到不断提高。

4. 可以吸引人才、留住人才

在现代饭店人力资源开发和管理中，由于饭店业的自身特点和其他原因，使得饭店员工的流动比较强。任何饭店的稳定，都离不开稳定的优秀的员工队伍，要想吸引人才、留住人才，就必须采取十分有效的手段。

5. 可以形成团队精神

饭店是一个整体，饭店管理的成功需要饭店全体员工的共同努力。管理者可以通过对员工进行有效的沟通和激励，使员工树立全局的观念，进而形成整个饭店的团队精神。一旦团队经过努力实现其目标，它将使员工拥有强烈的归属感、自豪感和成就感，使饭店更具凝聚力。

二、员工激励的原则

众所周知，激励对饭店有着非常重要的意义，那么要想使激励的作用发挥得恰到好处，管理者必须在实际工作中正确运用各种激励方法，而在运用激励方法之前，有必要了解各种激励原则。饭店员工的激励原则主要有以下几点。

1. 目标性原则

在饭店的激励过程中，设置目标并且目标一致是一个关键性环节。员工只有确立了目标，才会有动力。因此，饭店人力资源部的管理人员在激励过程中，首先让员工树立目标，然后使员工、班组、部门的目标与饭店的经营目标要保持一致。只有这样才能取得良好的激励效果。

2. 适度性原则

饭店在实施具体的激励方法时，一定要适度。过强或者过弱不但起不到激励的效果，甚至还会起到反作用。

3. 差异性原则

饭店从组织结构上看，存在不同层次、不同部门、不同岗位的员工；从结构比例上看，存在着不同级别、不同年龄、不同性别的员工。对这些员工我们是否都给予激励，采取什么样的激励方式，管理者必须要区别对待，才能调动其积极性，因此激励必须坚持差异原则。

4. 及时性原则

激励的成效在很大程度上取决于是否及时，当员工的工作业绩有所提高或者超额完成任务，饭店都应该及时采取激励措施，使员工的行为得到肯定和强化。如果饭店激励间隔的时间较长会使员工的行为示范作用大大削弱，激励效果会大打折扣。因此，激励必须遵循及时性原则。

三、激励的基本形式

在饭店管理实践中，激励的方法和手段颇多，饭店的管理者在遵循激励基本原则的基础上，应根据具体情况对不同的员工采取不同的激励方式，下面介绍几种基本的激励方式。

1. 需求激励

根据美国心理学家马斯洛需求层次理论可知员工有生理需要、安全需要、社交需要、尊重需要、自我实现需要。因此饭店的管理者针对员工不同层次上的需要采取不同的激励方式。

生理需要主要是指人维持生存所需的衣、食、住等基本生活的条件的需要，针对这些需要，饭店应给员工相应的物质激励，如工资和福利激励等。

安全需要是指人对人身安全、就业保障、工作和生活环境安全等方面的需要，针对这些需要，饭店应强调员工的作业安全和为员工建立失业、医疗等保险。

社交需要是指人希望获得友谊、爱情及归宿的需要，针对这些需要，饭店应多组织各种团体活动，给员工提供交往的机会。

尊重需要是指人有自尊、自重和希望获得别人的承认、信赖、尊重的需要。针对这些需要，饭店应尊重员工、信任员工、重视员工。

自我实现需要是指最大限度地发挥个人的潜能成为自己所期望的人。针对这种需要，饭店赋予员工工作权利和责任，让员工感觉到有成就感和自豪感。

2. 目标激励

任何组织的发展都需要有自己的目标，任何个人在自己需要的驱使下也会有个人的目标。目标激励必须以组织的目标为基础，必须把组织的目标与员工的个人目标结合起来，使组织目标和员工目标相一致。

目标的激励作用 = 目标价值 × 期望概率，因此，管理者在确定目标时，不能太高也不能太低，要结合员工的能力和实际情况，定一个员工通过努力就能够实现的目标，对按时完成目标的员工，要给予适当的鼓励和表扬。

3. 情感激励

情感激励是管理者加强与员工感情上的沟通，尊重员工、关心员工与员工建立平等和亲切的感情关系。关心员工是指关心员工的思想和情感、关心员工的心理活动、关心员工的家庭，为员工解决后顾之忧。尊重员工是指管理者把员工看作饭店的主人，让员工参与管理，使员工树立主人翁意识。情感激励的关键是，管理者必须以自己的真诚去打动和征服员工，以情动人，切忌采用命令的方式。另外，采取这种方式并不意味着无时无刻都充满感情，有时“雪中送炭”所带来的情感震撼是不可估量的。

4. 信任激励

信任激励是指饭店的管理者充分信任员工并对员工报有较高的期望，这样员工会充满信心，产生荣誉感，增强责任感和事业心。饭店管理者的责任是要帮助员工认识和重视自己的责任的同时也要交给员工能力相当或稍大于其能力的责任，这样既能使员工感到被重视也会使其体会到工作的意义。另外，饭店管理者还要给员工一定的自主权，现在很多饭店给前台接待员一定的优惠权，使其能够根据实际情况决定是否给予客人优惠，这一措施既增加了饭店的销售又激发了员工的热情，使员工感觉到自己是有能力的，是充分可以信任的。

5. 榜样激励

榜样的力量是巨大的。榜样激励是指通过饭店树立榜样，使目标形象化，号召员工向榜样学习，来激发员工的力量从而提高员工工作效率。这种方式是在饭店中树立真人榜样，给人以鼓舞和鞭策，激发员工学习和赶超的愿望。另外，领导者本身的示范和作用也会对员工的行为产生重要影响。所以，饭店管理者要注意树立自己的公众形象，从而达到激励员工的目的。榜样激励具体实施步骤是：首先要树立榜样；其次，要对榜样的事迹广为宣传，最后是给榜样以明显的使人羡慕的奖酬，这样才能提高榜样的效价，使员工增加向榜样学习的动力。

6. 惩罚激励

惩罚激励是斯金纳的强化理论的运用。惩罚激励是负强化，属间接激励，其心理机制是人的羞怯、过失心理，不愿受到名誉或经济的损失。惩罚激励是管理者利用自己的权力和职务对员工的某种行为予以否定或批评，使员工消除这种行为。如果惩罚得当，不仅能消除人的不良行为，而且能化消极因素为积极因素。饭店管理者在运用惩罚激励时，要注意批评惩罚不是目的，只是一种手段而已，并且在运用过程中，要针对具体情况。这种激励方式一般不单独用，要与其他激励方式配合使用。

以上是常用的激励方式，除此之外，还有很多激励方式，比如晋升激励、荣誉激励、竞争激励、学习激励、工作激励等。在实际工作中，饭店对人力资源进行管理，应该坚持激励的基本原则，针对不同的情况，综合运用各种激励手段，才能达到事半功倍的效果。

本章小结

本章主要阐述了饭店人力资源管理在饭店管理中的重要性，具体阐述了人力资源计划，它是饭店人力资源管理的基础性工作，在对饭店人力资源供需预测基础上，实现人力资源供求的平衡；阐述了人力资源管理中招聘、录用及培训的程序和方法；阐述了绩效管理系统的组成和薪酬管理的流程；阐述了激励的原则和方法。通过本章的学习，使学生不仅对人力资源的工作有所了解，更重要的是引导学生们在实践中运用这些知识，切实地把人力资源的具体工作做好。

思考与实践

一、思考题

1. 饭店人力资源管理的内容。
2. 饭店人力资源预测的方法。
3. 饭店员工招聘的流程。
4. 饭店员工招聘的途径。
5. 饭店员工培训的类型。
6. 饭店员工培训的流程。
7. 饭店员工培训的方法。
8. 饭店绩效管理的组成部分。
9. 影响薪酬水平的因素有哪些。
10. 激励的方法。

二、选择题（有一个或一个以上正确答案）

1. 饭店众多的资源中，（　　）是最为珍贵，最为重要的资源。

A. 物力资源　　B. 财力资源　　C. 人力资源　　D. 信息资源

2. 饭店人力资源供给需求的方法（　　）。

A. 比率分析法　　B. 马尔柯夫转移矩阵模型　　C. 人员接替法模型　　D. 技术清单法

3. 招聘广告的主要形式有（　　）。

A. 报纸广告　　B. 电视广告　　C. 海报　　D. 广播广告

4. 根据培训对象的不同，可以将其分为（　　）。

A. 决策管理层培训　　B. 督导管理层培训　　C. 服务员在岗培训

D. 服务人员及操作人员层培训

5. 绩效评估的方法有（　　）。

A. 比较法　　B. 描述法　　C. 量表法　　D. 目标管理评价法

三、是非题

1. （　　）财力资源是饭店管理最重要的资源。
2. （　　）内部晋升和内部引荐都属于内部招聘形式。
3. （　　）根据培训内容的不同可以将其划分为职前培训、在职培训、职外培训。
4. （　　）绩效考核是现代饭店人力资源管理的基础工作。
5. （　　）饭店员工薪酬就是指饭店对员工付出的劳动和工作给予相应的工资。

四、实践题

1. 通过对饭店人力资源内部供给预测方法的学习，绘制一张某酒店总经理职位的接替示意图。
2. 结合培训流程知识的学习，请为餐饮部的服务人员制定一个详细的培训计划。

五、案例题

R饭店正在按照四星级的标准进行内装修，半年后就将试营业，但还没有对管理人员和员工进行招聘。饭店管理当局眼看开业时间越来越近，要求饭店人事部门尽快提出人员招聘方案。人事部门面对众多的求职者，不知如何进行工作。他们给饭店管理当局提出的人员招聘方案被否决，总经理要求他们先明确人员招聘的原则和招聘考试的方法后再拿出具体的实施方案。

思考：结合该案例论述如何才能搞好饭店员工的招聘工作。

参考答案

一、略

二、1. D　　2. A　　3. A　　4. ABD　　5. ABCD

三、1. 错　　2. 对　　3. 错　　4. 错　　5 错

四、略

五、分析提示

（1）人力资源计划的含义和内容。

（2）招聘的流程。

（3）制定完备的招聘计划。

第六章 饭店服务质量管理

学习目标

知识目标： 理解饭店服务质量的含义、内容和特点，了解饭店服务质量的基本要求；熟悉饭店服务质量的控制体系；掌握饭店服务质量的分析方法和管理方法；熟悉提高饭店服务质量的途径

能力目标： 能够理解饭店服务质量的重要性，熟练运用饭店服务质量分析方法来分析饭店存在的服务质量问题，并能把饭店服务质量管理的方法运用于实际

课前导读

假日饭店公司的创始人凯蒙斯·威尔逊的名言是："优质服务是构成最终胜利的因素。"国际饭店业巨子拉马达公司的总裁杰里·马尼昂曾说过"向客人提供卓越的服务是拉马达公司未来成功的关键所在。"服务是饭店经营的最主要的产品，服务质量是饭店经营管理的生命线。饭店之间的竞争，本质上是服务水平与质量的竞争，因此，不断提高饭店服务水平和服务质量，以服务求生存，以质量求效益是每一家饭店发展的必经之路，也是所有饭店管理者共同努力的目标和日常管理的核心部分。随着饭店业竞争的日趋激烈，宾客对饭店服务及服务质量的要求越来越高，饭店必须不断探索提高和完善自身服务质量的途径和方法，以优质服务和较高的质量赢得顾客的忠诚，从而使饭店在这个快速变动、激烈竞争的市场中处于领先地位。

第一节 饭店服务质量概述

饭店业属于服务性行业，饭店所出售的产品是建立在物质设备基础之上的由有形的产品、无形的服务和其他要素所组成的服务产品的组合。在这一组合里，员工的劳动创造的大部分价值即为顾客可以感知的服务。现代饭店业之父斯塔特勒曾说过"饭店仅出售一种特殊商品——服务"，"出售优质服务的饭店就是好饭店，出售劣质服务的饭店就是差饭店"，可见饭店服务质量在饭店经营中的重要意义。质量管理意识已成为饭店管理者必须具备的一种观念，而对饭店服务质量的含义的正确理解和对饭店服务质量特点、内容的把握，是饭店管理者进行饭店质量管理的基本前提。

一、饭店服务质量的概念

服务质量可以从两个方面来看，从服务供应方的角度，服务质量是服务固有的特

性满足顾客和其他相关方要求的能力；从消费者的角度，服务质量是消费者的预期服务质量和感知服务质量之间存在差异的方面以及差异的程度，预期服务质量和感知服务质量之间的差距越小，说明服务质量越好，顾客就越满意，反之顾客则越不满意、越失望。在体验经济时代到来之际，显然后者更为人们所接受和肯定。

饭店服务质量是指“以饭店设备、设施等有形实物产品为基础和依托，由饭店员工所提供的活劳动而形成的无形产品所带来的，让客人在饭店中获得物质和精神需要的满足程度。”也可以理解为饭店服务在使用价值上适合和满足宾客需要的程度。

从形式上来看，饭店服务质量可以分为功能质量和技术质量两大类，前者是指为顾客提供“什么”，后者是指“如何”为顾客提供服务。因此，饭店服务质量具有以下内涵：

（1）饭店服务质量的评判具有很强的主观性。在一定的环境和道德前提下，消费者会根据自身的需要和期望，认为服务质量是“什么”，服务质量就是“什么”。

（2）饭店服务质量具有绝对性。无论是有形设施还是无形劳务，都必须保证质量，饭店的每个运作环节都是服务质量的重要组成部分。

（3）饭店服务质量具有变动性。当顾客的需要改变或提高以后，饭店的服务质量也应随之而改变或提高。

（4）饭店必须提高服务质量，通过采用严谨的策略和制度，加强人员管理，来满足或超值满足现有及潜在的内部和外部顾客的要求和愿望。

（5）服务质量的提高，可以提供比竞争者更多的价值，获得更多的市场份额，并可为每个员工提供良好的发展和工作环境。

二、饭店服务质量的内容

饭店服务质量是通过有形产品质量和无形服务质量来体现的，其中有形产品质量包括饭店设备设施的质量、饭店实物产品的质量和服务环境的质量；无形产品质量主要指员工服务质量，包括礼貌礼节、职业道德、服务态度、服务技能、服务效率和团队精神等。

饭店服务是有形产品和无形服务的有机结合，饭店服务质量则是有形产品质量和无形服务质量的统一，有形产品质量是无形服务质量的凭借和依托，无形服务质量是有形产品质量的完善和延伸，两者相辅相成，构成完整的饭店服务质量的内容。

（一）有形产品质量

饭店有形产品主要满足宾客物质上的需求，饭店有形产品质量是指饭店提供的设施设备质量、实物产品质量以及服务环境的质量。

1. 饭店设施设备的质量

饭店是凭借其相关的服务设施设备来为客人提供服务的，所以，饭店的设施设备是饭店赖以生存的基础，是饭店劳务服务的依托，设施设备的数量和质量，在一定程度上反映出一家饭店的接待能力。同时，饭店设施设备质量也是服务质量的基础和重要组成部分，是饭店服务质量高低的决定性因素之一。饭店设施设备包括客用设施设备和供应用设施设备。

客用设施设备也称前台设施设备，是指直接供宾客使用的那些设施设备，如客房设备、康乐设施等。它要求做到设置科学，结构合理，配套齐全，舒适美观，操作简单，使用安全，完好无损，性能良好。

其中，客用设施设备的舒适程度是影响饭店服务质量的重要方面。舒适程度的高低一方面取决于设施设备的配置，另一方面取决于对设施设备的维修保养状况。因此，随时保持设施设备完好率，保证各种设施设备正常运转，充分发挥设施设备效能，是提高饭店服务质量的重要组成部分。

供应用设施设备是指饭店经营管理所需的不直接和宾客见面的生产性设施设备，如锅炉设备、制冷供暖设备、厨房设备等。供应用设施设备也称后台设施设备，要求做到安全运行，保证供应，否则也会影响服务质量。

饭店只有保证设施设备的质量，才能为客人提供多方面的感觉舒适的服务，进而提高饭店的声誉和服务质量。

2. 饭店实物产品质量

实物产品可直接满足饭店宾客的物质消费需要，其质量高低也是影响宾客满意程度的重要因素之一，因此实物产品质量也是饭店服务质量的重要组成部分之一。饭店的实物产品质量通常包括：

（1）饮食产品质量。餐饮产品是饭店唯一生产供客人享受的物质产品，饭店管理者必须认识到饮食在宾客的心目中占有的重要位置以及不同客人对饮食的不同要求，如有的客人为求满足新奇感而品尝名菜佳肴，而有的客人只为符合口味而喜爱家常小菜。但无论哪种宾客，他们通常都希望饭店饮食产品富有特色和文化内涵，要求原料选用准确，加工烹制精细，产品风味适口等。另外，饭店还必须保证饮食产品的安全卫生。

（2）客用品质量。客用品也是饭店实物产品的一个组成部分，它是指饭店直接供宾客消费的各种生活用品，包括一次性消耗品（如牙具、牙膏等）和多次性消耗品（如棉织品、餐具酒具等）。客用品质量应与饭店星级相适应，避免提供劣质品；提供的客用品数量应充裕，能够满足客人需求，而且供应要及时；另外，饭店客用品的品种还应切实满足宾客的需要，而不仅仅是摆设。另一方面，客用品品种过多势必增加饭店成本，最终必会损害到客人利益，影响服务质量，所以客用品配备应适度，以能够满足本饭店客源需求为宜；最后，饭店还必须保证所提供客用品的安全与卫生。

（3）购物商品质量。为满足宾客购物需要，饭店通常都设有商场，而商场商品质量的优劣也影响饭店整体服务质量。饭店商品应做到花色品种齐全、商品结构适当、商品陈列美观、价格合理、具有地方或民族特色等，更为重要的是要注重信誉，杜绝假冒伪劣商品，而且饭店所供商品应符合宾客的购物偏好。

（4）服务用品质量。服务用品是指饭店在提供服务过程中供服务人员使用的各种用品，如客房部的清洁剂、餐饮部的托盘等。它是提高劳动效率、满足宾客需要的前提，也是提供优质服务的必要条件。服务用品要求品种齐全、数量充裕、性能优良、使用方便、安全卫生等。管理者对此也应加以重视，否则，饭店也难以为宾客提供令其满意的服务。

3. 服务环境质量

饭店服务环境质量就是指饭店的服务气氛给宾客带来感觉上的美感和心理上的满足感。它主要包括独具特色、符合饭店等级的饭店建筑和装潢，布局合理且便于到达的饭店服务设施和服务场所，充满情趣并富于特色的装饰风格以及洁净无尘、温度适宜的饭店环境和仪表仪容端庄大方的饭店员工。所有这些构成饭店特有的环境氛围。它在满足宾客物质方面需求的同时，又可满足其精神享受的需要。

对服务环境质量的要求通常是整洁、美观、有序和安全。在此基础上，对于高星级饭店来说，还应充分体现出一种带有鲜明个性的文化品位。

由于第一印象的好坏很大程度上是受饭店环境气氛影响而形成的，为了使饭店能够产生这种先声夺人的效果，管理者应格外重视饭店服务环境的管理。

（二）无形产品质量

服务产品质量是饭店服务质量的核心内容。服务作为一种无形产品，其质量的好坏依赖于客人的主观感受，服务的使用价值使用以后，其服务形态便消失了，仅给宾客留下不同的感受和满足程度。而客人的感受又受到其自身的兴趣、爱好、文化层次等多种因素的影响，因此对服务质量的评判很难形成统一的标准，但对其基本内容还是形成了共识，其主要内容包括以下几个方面。

1. 服务态度

服务态度是指饭店服务人员在对宾客服务中所体现出来的主观意向和心理状态，其好坏是由员工的主动性、创造性、积极性、责任感和素质高低决定的。因此饭店要求服务人员应具有"宾客至上"的服务意识，并能够主动、热情、耐心、周到地为宾客提供服务。饭店员工服务态度的好坏是很多宾客关注的焦点，尤其当出现问题时，服务态度常常成为解决问题的关键。宾客可以原谅饭店的许多过错，但往往不能忍受饭店服务人员恶劣的服务态度。因此，服务态度是无形产品质量的关键所在，直接影响饭店服务质量。

2. 礼节礼貌

礼节礼貌是以一定的形式通过信息传输向对方表示尊重、谦虚、欢迎、友好等态度的一种方式，礼节偏重于仪式，礼貌偏重于语言行动。礼节礼貌表明了饭店的基本态度和意愿。饭店礼节礼貌要求服务人员具有端庄的仪表仪容，文雅的语言谈吐，得体的行为举止等。饭店服务员直接面对客人进行服务的特点使得礼节礼貌在饭店管理中备受重视，因为它直接关系着宾客满意度，是饭店提供优质服务的基本点。

3. 服务技能

服务技能是饭店提高服务质量的技术保证，是指饭店服务人员在不同场合、不同时间、对不同宾客提供服务时，在适应具体情况灵活恰当地运用操作方法和作业技能以取得最佳服务效果的过程中，显现出的技巧和能力。服务技能的高低取决于服务人员的专业知识和操作技术，要求其掌握丰富的专业知识，具备娴熟的操作技术，并能根据具体情况灵活运用，从而达到给客人以美感和艺术享受的服务效果。也只有掌握好服务技能，才能使饭店服务达到标准，保证饭店服务质量。

4. 服务效率

服务效率是指员工在其服务过程中对时间和工作节奏的把握。它应根据宾客的实际需要灵活掌握，要求员工在宾客最需要某项服务时即时提供。因此，服务效率并非仅指快速，而是强调适时服务。饭店服务效率有三类：其一，是用工时定额来表示的固定服务效率，如清扫一间走客房用30分钟、夜床服务用5分钟、宴会摆台用5分钟等；其二，是用时限来表示的服务效率，如总台入住登记每位宾客不超过3分钟、办理结账离店手续不超过3分钟、租借物品服务要求服务人员5分钟内送至客人房间、接听电话不超过三声等；其三，是指有时间概念，但没有明确的时限规定，靠宾客的感觉来衡量的服务效率，如餐厅点菜后多长时间上菜、代购物品何时完成等，这类服务效率问题在饭店中大量存在着，若使客人等候时间过长，很容易让客人产生烦躁心理，并会引起不安定感，进而直接影响着客人对饭店的印象和对服务质量的评价。

5. 职业道德

职业道德是人们在一定的职业活动范围内应该遵守的行为规范的总和。饭店服务过程中，许多服务是否到位实际上取决于员工的事业心和责任感。因此员工遵守职业道德也是饭店服务质量的最基本构成之一，它无可避免地影响着饭店的服务质量。作为饭店员工，应遵循“热情友好、真诚公道，信誉第一、文明礼貌，不卑不亢、一视同仁，团结协作、顾全大局，遵纪守法、廉洁奉公，钻研业务、提高技能”的旅游职业道德规范，真正做到敬业、乐业和勤业。

服务质量除上述内容外，还包括员工的劳动纪律、服务的方式方法、服务的规范化和程序化等内容，这些同样应为饭店管理者关注。

上述有形产品质量和无形服务质量的最终结果是宾客满意程度。宾客满意程度是指宾客享受饭店服务后得到的感受、印象和评价。它是饭店服务质量的最终体现，因而也是饭店服务质量管理努力的目标。宾客满意程度主要取决于饭店服务的内容是否适合和满足宾客的需要，是否能够为宾客带来享受感。饭店管理者重视宾客满意度自然也就必须重视饭店服务质量构成的所有内容。

三、饭店服务质量的特点

饭店服务质量同其他一般商品的质量相比，存在很大的差别。饭店依托于有形的设备设施，为顾客提供面对面、随时随地的服务，以满足顾客物质和精神上的需要。饭店服务所提供服务的特点以及饭店服务质量特殊的构成内容，使其质量内涵与其他企业有着极大的差异。为了更好地实施对饭店服务质量的管理，管理者必须正确认识与掌握饭店服务质量的特点。

（一）综合性

饭店服务质量的构成内容既包括有形的设施设备质量、服务环境质量、实物产品质量，又包括无形的服务质量等多种因素，且每一因素又由许多具体内容构成，贯穿于饭店服务的全过程。其中，设施设备、实物产品是饭店服务质量的基础，服务环境是补充，服务是表现形式，而宾客满意程度则是所有服务质量优劣的最终体现。它既涵盖了衣食住行等人们日常生活的基本内容，也包括办公、通信、娱乐、休闲等更高层面的活动。因此，人们常用“一个独立的小社会”来说明饭店服务质量的构成所具有的极强的综合性。

（二）整体性

客人对饭店服务质量的印象，是通过他进入饭店直至他离开饭店的全过程形成的。在此过程中，客人得到的是各部门员工提供的一次一次具体的服务活动。但这些具体的服务活动不是孤立的，而是有着密切关联的，是一个整体。所以说饭店服务质量的含义是全面的，对其管理不能只表现在某一个局部范围或者个别指标上，因为在连锁式的服务过程中，只要有一个环节的服务质量有问题，就会破坏客人对饭店的整体印象，进而影响其对整个饭店服务质量的评价。因此饭店服务质量的管理要具有全面性、整体性和系统性，饭店服务质量管理工作应该作为一个系统工程来抓，多方收集饭店服务质量信息，分析研究影响服务质量的各种因素，既要抓好有形产品的质量，又要抓好无形产品的质量，既要保证前台对客服务的质量，又要保证后台的服务供给质量，从整体上确保饭店的服务质量，确保每项服务的优质、高效，确保饭店服务全过程和全方位的"零缺点"。正如"木桶理论"所说的，一只由长短不一的木条拼装而成的木桶，它的盛水量取决于最短的那根木条的长度。因此，饭店服务质量应该有自己的强项和特色，但不能有明显的弱项和不足，否则就要影响服务质量的整体水平。

补充资料

木桶原理又称短板理论，是由美国管理学家彼得提出的。说的是由多块木板构成的水桶，其价值在于其盛水量的多少，但决定水桶盛水量多少的关键因素不是其最长的板块，而是其最短的板块。这就是说任何一个组织，可能面临的一个共同问题，即构成组织的各个部分往往是优劣不齐的，而劣势部分往往决定整个组织的水平。

若仅仅作为一个形象化的比喻，"水桶定律"可谓是极其巧妙和别致的。但随着它被应用得越来越频繁，应用场合及范围也越来越广泛，已基本由一个单纯的比喻上升到了理论的高度。这由许多木板组成的"水桶"不仅可象征一个企业、一个部门、一个班组，也可象征某一个员工，而"水桶"的最大容量则象征着整体的实力和竞争力。

（三）主观性

尽管饭店自身的服务质量水平基本上属于客观存在，而且有一些客观的衡量标准，但由于饭店服务质量的评价是由宾客享受服务后根据其物质和心理满足程度进行的，因而带有很强的主观性。客人作为饭店服务产品的使用者，在购买和享受时受时间、空间、情绪、心态的影响，会对同一服务产生不同的感受和评价，而且不同的客人由于存在着兴趣、爱好、观念、经济收入、文化层次和道德修养的不同，也必然会对饭店服务产品产生不同的理解和评价。但饭店服务质量的高低必须以客人的心理感受和满意程度为评价标准，甚至应尊重一部分不具有代表性的客人的偏见，偏见有时恰恰反映了宾客的某种需求。如果饭店无视不同客人对饭店服务质量的评价，其结果必然是失去客源，失去生存和发展的基础。因此，饭店员工应该在服务过程中通过细心观察，了解并掌握宾客的物质和心理需要，不断改善对客服务，为客人提供有针对性的个性化服务，并注重服务中的每一个细节，重视每次服务的效果，用符合客人需要的服务本身来提高宾客的满意程度，从而提高并保持饭店服务质量。正如一些饭店管理者所说，既然我们无法改变客人，那么就要根据客人需求改变自己。

（四）一次性

实物产品生产出来以后，一般要经过多个流通环节才到达消费者手中，其生产和销售是分离的，如果在出厂前检验不合格，可以返工或销毁，因而其质量容易把握和控制。但饭店服务是直接的、面对面的，是由一次一次的内容不同的具体服务组成的，而每一次具体服务的使用价值均只有一次使用性，其显现的时间短暂，如微笑问好、介绍菜点等。这类具体服务不能储存，一结束，就失去了其使用价值，留下的也只是宾客的感受。由于饭店服务质量的显现是一次性的，不像实物产品那样可以返工、返修或退换，因此，如要进行服务后调整，也只能是另一次的具体服务。也就是说，即使宾客对某一服务感到非常满意，评价较高，也并不能保证下一次服务还能获得好评。因此，饭店管理者应督导员工做好每一次服务工作，争取使每一次服务都能让宾客感到非常满意，从而提高饭店整体服务质量。

（五）依赖性

饭店产品生产、销售、消费同时性的特点决定了饭店服务质量对饭店员工表现的直接依赖性。饭店服务质量是在有形产品的基础上通过员工的劳务服务创造并表现出来的。这种创造和表现能满足宾客需要的程度取决于服务人员的素质高低和管理者的管理水平高低。所以，饭店服务质量对员工素质有较强的依赖性。

因为饭店服务质量的优劣在很大程度上取决于员工的即席表现，而这种表现又很容易受到员工个人素质和情绪的影响，具有很大的不稳定性。所以要求饭店管理者应合理配备、培训、激励员工，努力提高他们的素质，发挥他们的服务主动性、积极性和创造性，同时提高自身素质及管理能力，从而创造出满意的员工。而拥有满意的员工是创造满意的客人的基础，是不断提高饭店服务质量的前提。

（六）情感性

饭店服务质量还取决于宾客与饭店之间的关系，关系融洽，宾客就比较容易谅解饭店的难处和过错，而关系不和谐，则很容易致使客人小题大做或借题发挥。因此，饭店与宾客间关系的融洽程度直接影响着客人对饭店服务质量的评价。这就是饭店服务质量的情感性特点。

事实上，无论饭店如何努力，饭店服务质量问题还是会出现在饭店的任何时间和空间，所不同的是发生的问题数量和层次，这是一个无法回避的客观现实。作为饭店管理者所应做的，是积极地采取妥当的措施，将出现的服务质量问题的后果对客人的影响降至最小，避免矛盾的扩大化。其中最为有效的办法，就是通过一些真诚为客人考虑的服务赢得客人，在日常工作中与客人建立起良好和谐的关系，使客人最终能够谅解饭店的一些无意的失误。

四、饭店服务质量管理的基本要求

（一）以人为本，内外结合

饭店服务的质量管理从“以人为本”的角度出发，需要做好两方面的工作：一方面，必须坚持“宾客至上”，把饭店服务质量的基本出发点放在顾客的需要上，饭店服务质量目标的确立、质量标准的制定以及饭店服务质量管理活动的组织均应以此为依据；另一方面，饭店服务的主要执行者是饭店的员工，饭店管理者在实现饭店服务质量管理的过程中，心中必须装有员工，用心管理，尊重、理解并关爱员工，给员工创造良好的工作环境，授权员工，充分发挥员工的聪明才智，使员工乐于执行饭店的质量要求，能够善于工作、乐于工作。

（二）全面控制，“硬、软”结合

饭店服务质量的构成复杂，影响因素众多。从饭店服务质量的构成来看，它的内涵非常丰富，既有有形的部分也有无形的部分，不仅如此，在饭店服务的每一个过程、每一个环节都有若干内容和影响因素，各种内容和各个因素又相互联系、相互制约。从饭店服务质量的形成过程来看，它包括事前的开发设计质量控制、事中的服务提供质量控制和事后的服务评价与改进的质量控制，所以，要提高饭店服务质量必须要树立系统观念，实行全员、全过程和全方位的控制。注重硬件设施的建设和完善，重视智力投资，抓好饭店企业的软件建设，做到“两手都要抓，两手都要硬”的效果。

（三）科学管理，点面结合

饭店服务质量既有物质因素，也有精神因素，有些因素是可以进行定量衡量的，而有些只能采用定性要求。同时，饭店服务质量不仅要满足顾客需求的共性，也要注意顾客需求的个性。饭店服务既要坚持贯彻国家的服务质量标准，也要确立具有自身特色的服务规范和管理办法。所以，饭店服务质量的管理必须实事求是、科学分类，在管理过程中，不忽视任何一个微笑的服务细节，做到点面管理相结合。

（四）预防为主，防管结合

由于饭店服务具有生产和消费的同一性特点，饭店员工每一次劳动所提供的使用价值就是一次具体的服务质量，在服务提供的过程中，顾客就实现了消费，生产和消费是处于同一时间的。因此，服务质量的高低往往是一锤定音，事后难以修补的。所以，提高饭店服务质量的关键就在于树立预防为主的思想，防患于未然，做好事前的预测和控制，注重员工平时的培训与督导工作。饭店各级管理者要坚持走动管理，强化服务现场的管理和坚持，防检结合，力求把各种不合格的服务消灭在萌芽状态。

补充资料

饭店服务质量标准量化

饭店服务质量标准是对具体的服务项目提出的要达到的基本要求，定量（如时间）是反映工作的效率和效果。宾客至上，服务第一就是要满足客人的需求，把其贯彻落实到服务质量工作中去，质量管理是一项经常性、日常性的管理，应持之以恒，按照饭店服务质量标准量化到各岗位。

服务质量标准一览表

检查项目	项目标准
服装完好整洁程度	完整、挺括、清洁
服装与饭店格调协调程度	与饭店档次、特色、服务工种协调
着装区别	按部门、工种、级别分别区分
着装统一程度	外套、内衣、裤（裙）、鞋、袜、领带（花）、工号牌
礼貌程度	端庄大方、礼貌周到、规范标准、主动热情
纪律性	无扎堆聊天、擅离岗位等现象
门卫服务	态度好、礼节周到、勤快主动
外语水平	流利使用、说得清、听得懂
行李、出租车、会客服务	态度好、效率高、安全
接待、预计、问询、结账留言、外币兑换、票务、客房服务中心、叫醒、开夜床	态度好、效率高、周到、准确无差错
大堂副理	态度好、效率高、协调应变能力强
贵重物品保存服务	态度好、效率高、准确无差错、安全措施好
前厅温度	23～25℃
背景音乐	音质好、音量柔和适度
整理客房服务	整洁、效率高、用品齐全
电话服务	态度好、接话快、业务熟、准确无差错
洗衣服务	态度好、手续清楚、质量好
客房送餐、擦鞋服务	态度好、迅速、准确、效率高
电视节目质量	图像清晰、音质好
饮用水和冰块服务	有保证、及时、卫生
餐厅经理	语言能力好、推荐食品能力强、管理监督效果好
餐厅领班	能运用外语、熟悉业务、组织协调效果好
餐厅服务员	态度好、纪律性强、熟练运用外语、服务效果好
菜式美观程度	色、形、味俱佳
食品卫生	符合《食品卫生法》的有关规定
零点、团队、宴会、自助餐、酒吧等其他服务	态度好、效率高、服务周到、规范化
商品服务	礼节礼貌好、耐心、服务周到、快捷、准确无误、推销展示技巧强、商品包装好、旅行生活必需品齐全、商品摆放展示性强、突出重点、整齐、无过期食品

一、客房内物品摆放规范

客房精细化服务标准

序号	物品	标　　准
1	衣架	西装衣架放左边；裙架、衬衣架放右边
2	衣刷	挂在衣架杆左边靠柜壁
3	擦鞋篮	13~17F放到隔层的最下层把手朝外靠紧挂衣架，篮边离柜边15厘米；8~11F放在衬衣与裙架下靠近柜壁，离柜边5厘米
4	被子	12~16F两床并排放到衣柜上方；8~11F及17F两床并排放到衣柜下方，开口朝外
5	行李柜	离墙5厘米
6	电视机柜	离墙5厘米，对准两床的正中间，离行李柜5厘米
7	电视机转盘	离柜边2厘米，居中摆放
8	有线	T字形，一头插墙上，直头插电视机上
9	垃圾桶	房间的垃圾桶放在电视机柜上边，离电视柜5厘米，柜边5厘米，卫生间的垃圾桶靠卫生间墙壁，距离马桶5厘米
10	茶几围椅	茶几与围椅成直角摆放，相距2厘米，靠墙的围椅离墙5厘米，靠窗的围椅离窗台20厘米
11	落地灯	与墙角、茶几线成一条直线，距墙角15厘米，与落地灯杆成一条直线。火柴放于烟缸正前方，火柴字样朝向客人
12	窗帘	空房拉上纱帘与厚帘，住房只拉纱帘，两边厚帘对称拉开至推窗边
13	书报架	放于书桌上放靠床的一边，边距2厘米
14	便纸	放于靠书桌的床头柜上，距下边2厘米，搭电视机指南左下角2厘米
15	电脑桌	键盘放于显示屏下方居中，鼠标垫布放于靠近电脑抽屉的上方居中，距书桌边2厘米，鼠标放置于垫布中间（电脑使用提示台卡，有电脑的房间放于鼠标旁，无电脑的房间放于数据线接口正前方，离书桌边上1厘米）
16	黄页等	按长沙人手册，黄页、蓝页叠放于左边抽屉内
17	洗衣袋	每间房放一个，三折叠成口袋大小，有绳的一头折于内，字正朝上，放于书桌右边的抽屉内靠右摆放
18	服务指南	放于书桌上，两抽屉缝的正上方，离桌边5厘米
19	书桌椅	以两抽屉缝为中间点，椅距书桌边2厘米，口向床45度角，椅角与书桌边成一条直线
20	遥控器	放于靠近书桌的床头柜上，靠近书桌，距床头柜上边2厘米
21	电话	放于床头柜靠床一侧，距正在边5厘米，离床头上边2厘米
22	晚安卡	放于靠近卫生间的床头柜上，离电话机2厘米，离床头上边5厘米
23	清洁卡	房间里清洁卡放于晚安卡旁边，相距2厘米边与晚安卡对齐成45度角，卫生间清洁卡放于方巾篮边2厘米处，靠近面盆的一边，与方巾篮边平齐，角度一致

续表

序号	物品	标　准
24	桑拿按摩台卡	放于晚安卡与清洁卡后方，角度一致，距晚安卡与清洁卡5厘米
25	电视指南	放于靠近书桌的床头柜上，离遥控器2厘米，距床头柜上边2厘米
26	拖鞋	放于床头柜内。拖鞋居中摆放，距柜边5厘米
27	茶杯	杯把正直朝外，两杯平行，相距2厘米
28	凉水壶	把手正直朝外，放于两杯正上方与杯成品字形，距茶杯5厘米
29	电热水壶	放置于有电源插座的一边，把手朝外离边5厘米
30	毛巾筐	靠房间过道墙放，超出洗漱台5厘米
31	小商品架	放于方巾架旁边，靠近墙的一边，离方巾架2厘米，角度与方巾架一致，边与方巾架平齐
32	方巾架	与一次性用品篮对称，摆成45度角
33	一次性用品篮	放于毛巾架下台面上，摆成45度角
34	烟灰缸	卫生间烟灰缸放于一次性用品篮边离左右各1厘米，离台边1厘米
35	卷纸	纸边折成三角形，三角边朝上放于卷纸盒内
36	香皂碟	放于洗漱台龙头的右边，离龙头5厘米，扇形边朝外，香皂放于皂碟内摆放居中字面朝上
37	浴巾、毛巾	折成三叠，开口对应，摆放居中，毛巾两边与浴巾两边对齐
38	方巾	折成三叠，开口朝里，摆放居中

二、整理房间

要求整洁，效率高，用品齐全。

脏房、标间：25～30分钟　　　　　　　　套房：35～40分钟

三、借用物品

客人要求送物品，3分钟内完成。

四、洗衣服务

早上9:30前收出客衣，下午6:00之前送回，要求态度好，质量好。

五、开夜床服务

中班小整一间房为5～8分钟。

六、楼层灯光调节

过道：7:00AM—7:00PM　开B灯　　　7:00PM—7:00AM　开A灯

楼梯口：7:00PM—7:00AM　开　　　7:00AM—7:00PM　关

其他地方做到人走灯熄。

七、各班次员工工作任务

早班每人做12间卫生，确保卫生质量；

中班一人三层楼开夜床；

晚班一人要做到每小时巡视一次楼层。

八、铺床

要求员工每做一床3分钟内完成。

九、维修房恢复

5分钟内完成。

十、VIP房

客人外出随时小整。

十一、员工的仪容仪表

服装要求完好、整洁、待客要求主动热情，礼貌周到。

十二、电话服务

电话在三声之内接听，态度要好，准确无差错。

十三、查退房

要求员工速度快、仔细、认真、准确无差错，3分钟内完成。

十四、领班查空房

要求认真、规范、标准，5分钟内完成。

第二节　饭店服务质量控制体系

饭店服务质量控制体系，就是以保证和提高饭店服务质量为目的，运用系统的概念和方法，把饭店服务质量各阶段、各环节的服务质量管理职能组织起来，形成一个有明确任务、职责、权限的有机整体，其各阶段、各环节互相协调、互相促进。饭店服务质量控制关键必须要加强以下几个阶段的控制。

一、饭店服务设计开发过程的控制

（一）饭店服务设计开发的基本要求

1. 遵循顾客价值导向

“宾客至上”强调的就是把客人放在首位，把客人的需要作为饭店服务活动的出发点，饭店服务活动的宗旨就是追求客人满意。这种以顾客价值为导向的服务价值观，也是体现饭店企业价值的源泉。顾客价值导向意味着饭店在战略决策、日常运营管理和经营评估等方面都要以顾客价值为出发点，以实现顾客价值最大化为战略目标。

2. 注重顾客差异需求

饭店的客人对饭店的服务产品可能存在着各种各样、迥然不同的需求，特别是在区域经济、文化差异较大的地区，人们的价值观或生活方式存在很大的不同，导致其对产品和服务的要求也存在着巨大的差异性。因此，饭店企业在设计服务时，必须要注意到客人多元的需求，建立差异化的服务战略。

3. 坚持服务品质基础

坚持服务品质基础就是要坚持服务质量第一的思想，服务质量以顾客需求为导向，服务产品的品质应该是具有客观的衡量标准的。服务品质的保证，可以降低饭店的投诉处理等服务成本，提高饭店的服务声望，最终保证饭店效益的实现。

补充资料

香港上海大酒店有限公司下属机构的半岛集团，已在香港、马尼拉、曼谷、北京、纽约、比华利山以及芝加哥管理着八家豪华饭店，拥有3000多间客房，并以其在每个大都市只建立一家顶级豪华饭店的理念而闻名于世，被国际饭店业尊称为“五星半岛”。半岛酒店形成了一以贯之的风格。以下是75年来半岛酒店习惯的花絮。

饭店共有4.8万件纯银餐具，市值100万美元，每天需启动八部打磨机擦拭，餐具自1925年至今的80多年中都是用同一个制造商。

门童每天为客人拉开雕有一对门神的玻璃大门约4000次，他们身上的全白制服和白帽自开业以来是同一款式。

4. 关注引导市场理念

饭店在设计服务产品时不仅要满足现有市场的需求，还要准确对未来市场进行预测和定位。饭店企业需要准确发现顾客的潜在需求，对这些潜在需求进行引导和开发。这就是说饭店要靠创新服务产品来实现，对现有服务产品进行重新设计和包装来更新理念、引导市场，使饭店企业在激烈的市场竞争中把握先机，进而才有可能享受市场最初的高额垄断利润。

5. 重视效益至上原则

饭店企业存在的目的就是为了获得效益，所以饭店服务产品的设计应立足于饭店的经济效益目标。饭店管理者在服务产品设计时应充分考虑到其经营的可行性，慎重地比较整个饭店的经济效益与经营成本，判断设计的服务项目是否能够最终实现饭店企业的效益目标。此外，饭店服务设计还要遵从其社会效益和环境效益等诸多方面的因素。

（二）饭店服务设计开发的基本内容

饭店服务设计的过程就是根据饭店服务的具体内容，设计服务项目、服务模式以及服务规范的过程。

1. 服务项目的设计

饭店的服务项目是衡量饭店服务标准的一个重要部分。饭店服务项目设计的主要职责是通过对顾客需求的分析和确认，根据质量法规和服务产品提供标准，运用科学手段与方法设计出满足饭店顾客需求的服务项目。一般来说，服务项目越多、越全，饭店的服务质量就越好。根据不同的划分标准，饭店服务项目可以划分为多种类型。按照服务类别划分，饭店服务项目可分为前厅接待、客房、餐饮、娱乐、购物和其他服务等项目；按照功能划分，饭店服务项目包括常规、特色和延伸服务项目三大类；按照服务对象划分，可分为无差异和差异服务项目等。饭店服务项目的设计总原则应当是能够使顾客、饭店和社会都能获得良好收益。

2. 服务模式的设计

饭店服务模式的建立往往与一个国家、地区的历史、环境、文化、科技发展等密切相关。在饭店服务模式的发展过程中，出现过很多极具时代代表性的服务模式，如全方位服务模式、标准化服务模式和个性化服务模式等。标准化服务模式能够满足大多数客人重复性的一般要求，但却无法满足部分客人特殊的个别要求。现在的消费者越来越注重个人意志，对饭店的服务需求也越来越趋向于个性化和多样化。因此饭店在大力推行标准化服务的同时，也应该积极提供多样化、个性化的服务。

3. 服务范式的设计

饭店服务范式的设计包括饭店服务质量规范、饭店服务提供规范和饭店服务控制规范的设计。饭店服务质量规范主要是规定饭店服务提供所能达到的质量标准，它是服务质量评价的重要依据。饭店服务质量规范包括设施设备质量规范、实物产品质量规范和劳务服务质量规范。饭店服务提供规范规定了饭店提供服务的方法与手段，使饭店实现服务规范的具体措施。饭店服务控制规范主要是指检查饭店是否按照规定的方法和手段提供服务，并且达到了应有的服务质量标准。

二、饭店服务提供过程的控制

饭店服务的提供过程实际上就是饭店员工与顾客直接接触的过程，也是顾客对各项具体服务产生实际感受的过程。饭店服务提供过程的控制，包括饭店服务信息管理、饭店服务机制建设和饭店服务现场控制三个方面。

（一）饭店服务信息管理

1. 运行信息

饭店服务在提供过程中，会涉及整个服务流程和管理系统的运行，包括服务部门、服务人员、服务设施、服务环境等多个方面的内容，甚至还包括各种突发事件、现场管理和顾客意见等方面的信息。这些饭店运行方面的信息应该进行及时的记录和科学的管理，最后形成饭店无形的知识财富。饭店服务运行信息的有效管理有助于提高饭店服务质量和顾客满意度，从而为饭店赢得更多的忠诚顾客，实现饭店企业的经营目标。

2. 顾客信息

顾客是饭店生命的源泉，当然，顾客信息管理对于饭店整个的服务管理工作来说，也是一个重要内容。顾客的信息内容包括身份信息、需求信息、贡献信息和价值信息等。顾客信息是饭店企业建立客史档案的基础。在饭店实际经营过程中，绝大多数饭店企业的利润是由少数的顾客贡献的。所以，饭店加强对优质顾客信息的收集和管理，对实现饭店的经营目标具有现实意义。

3. 同行信息

国内外同行业的服务质量信息资料的收集和整理，可以使饭店企业了解国内外服务质量的新情况、新趋势，可以对饭店服务项目的设计和开发提供灵感。饭店企业在了解国内外同行业竞争对手的情况下，可以更好地把握全局，“知己知彼，方能百战不殆”，对促进饭店企业自身服务质量的提高有很大帮助。

(二)饭店服务机制建设

1. 饭店服务管理机制

饭店服务质量涉及对各类人员和物资的管理，建立科学、严谨的服务管理机制是十分必要的。饭店服务管理机制的建设应当遵循目标明确、分工协作、责权一致和精简高效等原则。饭店方的服务管理机制可以采取多种形式，如饭店统一评价、部门自评、外请专家考评、专项质评和随时“暗评”等多种形式。饭店服务质量管理到底采用哪种管理机制，还应根据其自身的具体情况来决定，最适合解决自身所面临的问题的组织形式就是最好的形式。

2. 饭店服务预警机制

饭店服务预警机制主要通过监控预警指标和发布服务预警等级来开展工作。饭店服务预警机制的指标体系一般包括质量检查信息、顾客投诉率、顾客满意度信息和与饭店经营相关的财务信息等。饭店服务质量预警度等级明确表明饭店服务中将要发生的危机趋势和已经发生的危机现象。预警度可分为绿色、黄色、橙色和红色四种警示。

3. 饭店服务运行机制

饭店服务运行机制是指在饭店服务系统中，各个服务功能、程序和要素之间彼此依存、相互作用和有机结合所形成的内在关联和运行方式的过程，其主要目标是控制顾客接待过程中的服务质量。其具体工作一般包括岗位人员服务质量控制、设备物品质量控制、服务方式变更控制和环境的质量控制等内容。

4. 饭店服务补救机制

饭店服务补救机制是指饭店企业为了赢回那些因服务失误等原因而对饭店失去好感的那部分顾客所采取的一系列管理过程，包括发现服务失误、分析失误和解决失误等措施和步骤，饭店服务补救机制应该是一个完整的系统。优秀的服务补救比可靠的服务更难做到，仅仅一次未能很好处理的服务问题，就可能极大地损害通过多次可靠的执行服务才建立起来的声誉。

(三)饭店服务现场控制

饭店服务现场指的是饭店服务的具体场所和具体服务过程，饭店服务现场是饭店服务质量得到最终体现的场所，饭店必须对其加以重视。饭店服务现场的控制主要是通过顾客管理、员工管理、产品管理与“真实瞬间”管理来实现的。

1. 顾客管理

饭店在为顾客提供服务时，以顾客价值为导向，在服务期望、服务感受和服务经历等方面吸引和引导顾客完成消费活动，避免消极后果。在饭店服务现场控制过程中，饭店应积极引导顾客有效地完成其角色，对顾客的贡献给予奖励，制定并公布顾客的“行为准则”，引导顾客之间积极的相互影响等。

2. 员工管理

饭店的服务是由饭店员工的具体操作来实现的，因此，有必要在服务现场进行积极的员工管理活动。在饭店员工的现场控制管理过程中，应当坚持以人为本的原则，在尊重和信任的基础上，通过现场督导、充分授权和明确职责的手段来鼓励员工为顾客提供优良的服务。

3. 产品管理

饭店的服务产品主要包括客房产品、餐饮产品和康乐产品等，这些服务产品的质量构成都含有物质因素和人为因素。饭店产品的现场管理就是要通过管理措施和手段确保饭店产品的物质因素和人为因素得到有效的控制，使之达到应有的服务产品质量标准。

4. "真实瞬间"管理

"真实瞬间"（也称"关键时刻"，moments of truth，MOT）是在服务过程中，饭店顾客与饭店服务进行有效接触的时间、地点与事件的集合，是饭店向顾客提供饭店服务产品的最终体现。真实瞬间是饭店向顾客展示服务质量的有限时机，它具有短暂、连续和不可代替的特点，所以饭店应该通过有效手段积极管理"真实瞬间"。

补充资料

关键时刻（moments of truth，MOT）这一理论是由北欧航空公司前总裁詹·卡尔森创造的。他认为，关键时刻就是顾客与北欧航空公司的职员面对面相互交流的时刻，放大之，就是指客户与企业的各种资源发生接触的那一刻。这个时刻决定了企业未来的成败。卡尔森在1981年进入北欧航空公司担任总裁的时候，该公司已连续亏损且金额庞大，然而不到一年时间卡尔森就使公司扭亏转盈。这样的业绩完全得益于北欧航空公司员工认识到：在一年中，与每一位乘客的接触中，包含了上千万个"MOT"，如果每一个MOT都是正面的，那么客户就会更加忠诚，为企业创造源源不断的利润。

美国酒店伙伴管理公司根据卡尔森的观点，研究并确定了顾客逗留酒店期间通常会有39个关键时刻，比如顾客预订客房、需要叫醒服务等，为了不断创新关键时刻的服务，他们将39个关键时刻分别排列在一个被称为"跳舞的顾客游戏"的棋盘上，用游戏来训练员工对关键服务点的程序和诀窍的掌握和运用。他们把39个关键点的每个接触看作是一次服务机会，酒店员工可以利用这些机会，为客人创造一个良好的服务体验，使客人有宾至如归的感觉。

三、饭店服务评价与改进过程的控制

饭店服务质量的评价与改进控制是指及时收集各种信息，并对各种信息进行分析，及时发现问题，找出原因，从而有针对性地采取措施，保证饭店服务目标的实现。饭店服务质量的评价与改进控制主要是为了找出经验教训，避免未来再次发生类似的失误或过错，提出更高的服务质量保障目标，由此不断提高饭店的服务质量。

1. 信息的收集与分析

收集和分析关于饭店服务质量效果的信息是饭店改进服务质量的基础工作，为此饭店应建立信息反馈系统，有目的、经常性地进行质量信息的记录、整理和分析。这些数据的来源有：供方评定（即饭店方的质量控制）；顾客评定（包括顾客反映、投诉等反馈信息）；质量审核（即第三方评定）。这些数据的分析应考虑到一些人为因素的影响，如质量评价的主观因素、环境、工作条件和培训等原因，都会造成系统误差，饭店必须善于识别误差、了解误差产生的原因，以保证信息分析的准确性和可靠性。

2. 改进服务质量

饭店应对持续改进饭店服务质量和整个服务运作的效果和效率制定计划，服务质量改进活动应照顾短期改进和长期改进两个方面，具体实施步骤包括：识别需收集的有关质量信息；分析数据，优先考虑那些对服务质量产生最不利影响的活动；把分析结果反馈给饭店运作管理者，并及时提出服务改进建议；定期地向高层管理者报告，对长期质量改进建议进行管理评审。

饭店服务质量的改进是为了提高服务全过程的效果和效率，减少质量损失，提高宾客的满意程度。不断提高服务质量水平是饭店必须面对的永无止境的挑战。服务质量的改进有赖于饭店全体员工的积极参与，甚至需要宾客的参与。每个饭店的具体情况各不相同，饭店内部各部门的具体情况也不一样，因此在建立自己的质量管理体系时，应从饭店自身的情况出发。

第三节　饭店服务质量管理方法

一、质量分析方法

质量分析是饭店进行质量控制与管理的基础工作。通过质量分析，可以找出饭店所存在的主要质量问题和引起这些质量问题的原因，从而使饭店管理人员有针对性地对饭店影响最大的质量问题采取有效的方法进行控制和管理。质量分析的方法有很多，以下主要介绍两种在饭店服务质量分析中比较适用的方法——ABC 分析法和因果分析图法。

（一）ABC 分析法

ABC 分析法是 1879 年由意大利数理经济学家、社会学家维尔雷多·巴雷托提出的，又称巴雷托分析法、ABC 分类管理法、重点管理法等。它是根据事物在技术或经济方面的主要特征，进行分类、排队，分清重点和一般，以有区别地实施管理的一种分析方法。由于它把被分析的对象分成 A、B、C 三类，所以称为 ABC 分析法。美国质量管理学家朱兰把这一方法引入质量管理并取得效果。运用 ABC 分析法，可以找到饭店存在的主要质量问题。

ABC 分析法的基本原理可以概括为“区别主次，分类管理”。它将管理对象分为 A、B、C 三类，以 A 类作为重点管理对象。其关键在于区别一般的多数和极其重要的少数。该方法通过对影响饭店质量诸方面因素的分析，以质量问题的个数和质量问题发生的频率为两个相关的标志，进行定量分析。先计算出每个质量问题在质量总体中所占的比重，然后按照一定的标准把质量问题分成 A、B、C 三类，以便找出对饭店质量影响较大的一至两个关键性的质量问题，并把它们纳入饭店当前的质量控制与管理中去，从而实现有效的质量管理，使质量管理既保证解决重点质量问题，又照顾到一般质量问题。

1. ABC 分析法分析饭店质量问题的四个步骤

（1）收集服务质量问题信息。饭店管理者可以通过宾客意见调查表、客人投诉记录和各部门的检查记录等收集服务质量问题的信息。

（2）对收集到的有关质量问题的信息进行分类整理，类别不宜过多。对饭店服务质量的分类一般有服务态度、服务技巧、服务效率、礼貌礼仪、饭店设施等。然后统计出每类质量问题的出现次数，并计算出在质量问题总体中所占的百分比。在分类时，对一些出现次数较少的质量问题归为一类（表 6－1）。

表 6－1　服务质量问题统计表

质量问题	问题数量/个	比率/%	累计比率/%
菜肴质量	235	67.1	67.1
服务态度	62	17.7	84.8
外语水平	29	8.3	93.1
娱乐设施	17	4.9	98.0
其他	7	2.0	100.0
合计	350	100.0	443.0

（3）做巴雷托曲线图（图 6－1）。

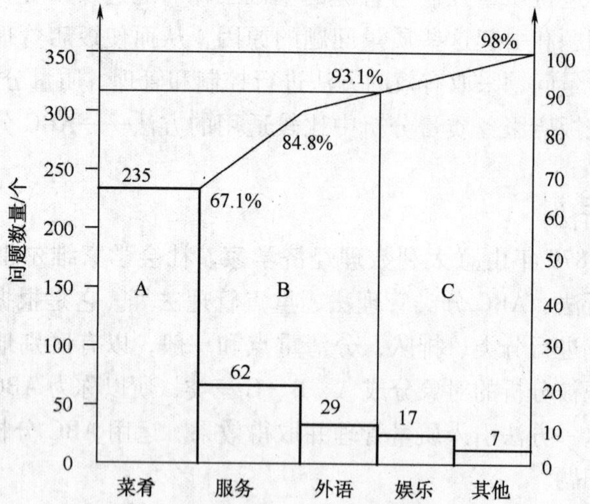

图 6－1　巴雷托曲线图

巴雷托曲线图是有两条纵坐标轴的直角坐标图。横坐标轴上标以分类以后的质量问题，其排列的方法从左到右按出现次数的多少顺序排列。左边的纵坐标轴为质量问题出现的次数，右边的纵坐标轴为质量问题出现的频率（%）。以每类质量问题出现的次数为纵坐标作图。最后累计频率做巴雷托曲线进行分类，一般的划分标准为：

A 类是关键的问题，累计频率百分数范围在 0～70%。

B 类是一般性的问题，累计频率百分数范围在 70% ~90%。

C 类是次要的问题，累计频率百分数范围在 90% ~100%。

上述分类标准不是绝对的。ABC 类划分的范围可以根据实际情况进行一定幅度的升降。如图 6－1 中 A 类问题的累计频率百分数范围为 0 ~70%。

（4）进行分析，找出主要质量问题。根据巴雷托曲线图的划分可知，在饭店质量问题中：

A 类问题是饭店存在的主要质量问题。这类质量问题在饭店问题总体中占 60% ~80%。由图 6－1 可知，A 类问题的个数虽然很少，但有“菜肴质量”这个问题，但这一个质量问题却在饭店质量问题总体中占了 67.1%，说明“菜肴质量”是关键的少数问题。如果这个质量问题得以解决，则饭店的服务质量将有大幅度的提高。因此，饭店管理人员对 A 类质量问题必须给予充分的重视，立即着手解决，并把这类质量问题作为当前质量控制与管理的对象。

B 类质量问题属于一般的质量问题。这类质量问题占饭店质量问题总数的 15% ~25%。这类质量问题尽管没有列入当前质量控制与管理对象，但管理人员也应给予足够的重视，以防止其产生上升的趋势。

C 类质量问题是次要的质量问题。虽然这类质量问题所包括问题的个数很多，但这类问题只占饭店质量问题总数的 5% ~15%。这类质量问题往往带有较大的偶然性，管理人员不必为此花费太多精力。

2. 用 ABC 分析法进行质量分析时应注意的问题

（1）在划分 A 类问题时，包括的具体问题项目不宜太多，最好是一两项，至多只能是三项，否则将失去突出重点的意义。

（2）划分问题的类别也不宜太多，对不重要的问题可设立一个其他栏，如图 6－1 中的其他栏，把不重要的质量问题都归入这一栏内。

补充资料

1879 年，巴雷托在研究个人的分布状态时，发现少数人的收入占全部人口收入的大部分，而多数人的收入却只占一小部分，他将这一关系用图表示出来，就是著名的巴雷托图，该分析方法的核心思想是在决定一个事物的众多因素中分清主次。识别出少数的但对事物起决定作用的关键因素和多数的但对事物影响较少的次要因素。后来巴雷托法被不断应用于管理的各个方面，1951 年，管理学家戴克将其应用于库存管理，命名为 ABC 法。1951—1956 年，朱兰将 ABC 法引入质量管理，用于质量问题的分析，被称为排列图。1963 年，德鲁克将这一方法推广到全部社会现象，使 ABC 法成为企业提高效益普遍应用的管理方法。

（二）因果分析图法

从 ABC 分析法找出了饭店的主要质量问题，可是这些主要的质量问题是怎样产生的呢？我们有必要对产生这些质量问题的原因做进一步的分析。因果分析图法是分析质量问题产生原因的简单而有效的方法。

1. 因果分析图法的由来

因果分析图法是通过因果图表现出来，因果图又称特性要因图、鱼刺图或石川图，它是1953年在日本川琦制铁公司，由质量管理专家石川馨最早使用的，是为了寻找产生某种质量问题的原因，发动大家谈看法，做分析，将群众的意见反映在一张图上，就是因果图。用此图分析产生问题的原因，便于集思广益。因为这种图反映的因果关系直观、醒目、条例分明，用起来比较方便，效果好，所以得到了许多企业的重视。

在饭店经营过程中，影响饭店服务质量的因素是错综复杂的，并且是多方面的。因果分析图对影响质量（结果）的各种因素（原因）之间的关系进行整理分析，并且把原因与结果之间的关系用带箭线（鱼刺）表示出来。

2. 因果分析图法的三个步骤

（1）确定要分析的质量问题，即通过ABC分析法找出A类质量问题。

（2）发动酒店全体管理人员和员工共同分析，找出A类质量问题产生的原因。各种原因找出以后，还需要做进一步的分析，即查明这些原因是怎样形成的。在分析时，必须请有关方面的专业人员共同参加，听取不同的意见。对原因的分析应深入细致，直到对引起质量问题的各种原因能够找到相应的防止措施为止，如服务态度不好。这一质量问题产生的原因是多方面的，可能是培训不到位，也可能是员工对待遇不满等。而造成培训不足问题的原因又可能是培训经费不足或对培训的重视不足等。分析到最后的这些原因，必须是可采取具体的防止措施而能解决的，如加强对员工服务培训的重视和增加培训经费的投入等。

（3）将找出的原因进行整理后，按结果与原因之间的关系画在图上。对分析寻找出的原因应进一步确定主要原因，确定主要原因可以采用加权评分法或者以原因为主要分析对象采用ABC分析法。

对影响饭店服务质量的大致原因可以从人、方法、设备、原料和环境等角度加以考虑。

二、质量管理方法

提高饭店的服务质量和工作质量需要一套完善的质量管理方法。在现代饭店的质量管理中，通常采用以下几种方法对饭店的质量进行控制和管理。

（一）PDCA循环法

PDCA管理循环是由美国质量管理专家戴明博士首先提出的，所以又称“戴明环”。它体现了全面质量管理的思想方法和工作步骤。PDCA循环代表计划（Plan）、实施（Do）、检查（Check）和处理（Action）的循环。这是管理的逻辑程序，现已成为国际上公认的科学管理方法。

1. PDCA管理循环的工作程序

（1）计划阶段。PDCA管理循环的计划阶段内容包括：分析服务质量现状，找出存在的质量问题，找出影响质量问题的主要原因，最后，提出解决质量问题的质量管理计划，即应达到的目标及实现目标的措施方法。

（2）实施阶段。饭店管理者组织有关部门、班组以及员工具体实施质量管理计划所规定的目标。

（3）检查阶段。饭店管理者应认真、仔细地检查计划的实施效果，并与计划目标进行对比分析，看是否存在质量差异，是正偏差还是负偏差。

（4）处理阶段。总结成功的管理经验，使之标准化，或编入服务规程，或形成管理制度加以推广应用。同时，吸取失败的教训，提出本轮 PDCA 循环悬而未决的问题，自动转入下一循环的第一步，并开始新一轮的 PDCA 管理循环。

PDCA 管理循环的四个阶段缺一不可。只有计划而没有实施，计划就是一纸空文，有计划，也有实施，但没有检查，就无法得知实施的结果与计划是否存在差距和有多大差距，若计划、实施、检查俱全，但没有处理，则不但已取得的成果不能巩固，失败的教训不能吸取，而且发生的问题还会再次重复，如此，服务质量就难以提高。因此，只有 PDCA 四个阶段都完成且不断地循环下去，才会使饭店服务质量问题越来越少，饭店服务质量不断提高并最终趋向于零缺陷。

2. 运用 PDCA 循环来解决饭店服务质量的八个步骤

（1）计划阶段。

步骤 1：对饭店服务质量或工作质量的现状进行分析，找出存在的质量问题。运用 ABC 分析法分析存在的质量问题，从中找出对饭店质量影响最大的主要问题。

步骤 2：运用因果分析图法分析产生质量问题的原因。

步骤 3：从分析出的原因中找出关键的原因。

步骤 4：提出要解决的质量问题，制定解决质量问题要达到的目标和计划；提出解决质量问题的具体措施和方法以及责任者。

（2）实施阶段。

步骤 5：按已定的目标、计划和措施执行。

（3）检查阶段。

步骤 6：在步骤 5 执行之后，再运用 ABC 分析法对饭店的质量情况进行分析，并将分析结果与步骤 1 所发现的质量问题进行对比，以检查在步骤 4 中提出的提高和改进质量的各种措施和方法的效果。同时，要检查在完成步骤 5 的过程中是否还存在其他问题。

（4）处理阶段。

步骤 7：对已解决的质量问题提出巩固措施，并使之标准化，以防止同一问题在下次循环中再次出现，即制定或修改服务操作标准或工作标准，制定或修改检查和考核标准以及各种相关的规定与规范。对已完成的步骤 5，但未取得成效的质量问题，也要总结经验教训，提出防止这类问题再发生的意见。

步骤 8：提出步骤 1 所发现而尚未解决的其他质量问题，并将这些问题转入下一个循环中去求得解决，从而与下一个循环的步骤 1 衔接起来。

3. PDCA 循环的关键问题

（1）PDCA 循环法必须按顺序进行，四个阶段的八个步骤既不能少，也不能颠倒。四个阶段的八个步骤就像一个车轮一样，一边循环，一边前进。这个车轮必须借助饭店组织的力量和全体员工的努力来推动，才能顺利地滚动前进。

（2）PDCA 循环法必须在饭店各个部门、各个层次同时进行。饭店是个大的 PDCA 环，各个部门又有各自的 PDCA 环，各班组直至个人都应有 PDCA 环。只有当这些大环套小环，并且每个环都按顺序转动前进，互相促进，才能产生作用。例如，餐饮部根据饭店质量计划（即饭店的 PDCA 循环的 P 阶段）制定餐饮部的质量计划。这样外层的 PDCA 循环是内层 PDCA 循环的依据，内层的 PDCA 循环又是外层 PDCA 循环的具体化。通过饭店、部门、班组 PDCA 循环的一环扣一环，把整个饭店的质量管理有机地结合起来。各部门、各层次彼此相互推动，相互促进。

（3）PDCA 循环不是简单的原地循环。PDCA 循环每循环一次都有新的更高的目标，犹如爬楼梯一样。每循环一次必须达到既向前推进了一步，又向上升高了一层的目标。这意味着每经过一个循环后，饭店的质量水平就有了新的提高。

（二）零缺陷管理法

零缺陷（zero defects，ZD）是美国克劳斯比于 20 世纪 60 年代提出的一种管理观念，主要用于控制企业的产品质量。他认为，低质量产品需要花费大量的人、财、物力，增加企业的经营费用，并会导致消费者不满，其成本远远大于保证一次性完成的优质产品的投入。因此，企业必须以零缺陷的要求来控制产品质量，追求完美。饭店服务一次性、不可弥补性的特点，更使得开展零缺陷质量管理成为饭店服务质量管理的一种重要的管理方法。零缺陷质量管理应做好以下几点。

1. 建立饭店服务质量检查制度

饭店服务质量具有显现的短暂性特点，且饭店服务工作大多由员工手工劳动完成。因此，饭店服务质量管理必须坚持“预防为主”的原则，通过全面检查的方式，确保各岗位员工在进行正式服务前就已做好充分的准备，防患于未然。为此，饭店应建立服务质量检查制度。如有的饭店根据自身特点，建立了自查、互查、专查、抽查和暗查五级质量检查制度，督促员工执行质量标准，预防问题的出现。

2. 开展零缺陷竞赛

通常，知识匮乏和态度不佳是造成饭店服务质量问题的两类主要因素。通过培训可以帮助员工掌握饭店服务所需知识，但态度问题只有通过个人觉悟才能改进。为帮助员工端正服务态度，有些饭店开展了零缺陷工作日竞赛，效果较好。它促使员工养成良好的工作习惯，并以服务的零缺陷为目标。在零缺陷工作日的基础上，饭店还可推行零缺陷工作周、工作月乃至工作年，以逐渐使每位员工的服务达到完美无缺的程度，最终提高整个饭店的服务质量。

3. DIRFT

DIRFT 意即每个人都第一次就把事情做对（do it right the first time 的简称）。饭店服务具有不可弥补性的特点，所以，每个员工都应把每项服务做到符合质量标准，这是改善饭店服务质量的基础。为此，要求饭店管理者做到：制定科学合理的服务质量管理标准，并要求标准是“零缺陷”，而非“差不多”之类；激励并帮助员工把每项工作都做得合乎标准，即“零缺陷”，而不要抱有“人非圣贤，孰能无过”的传统观念，要求员工能够做到“无过”，不宽容自己的过错。

补充资料

被誉为“全球质量管理大师”、“零缺陷之父”和“伟大的管理思想家”的菲利浦·克劳斯比（Philip B. Crosby）在20世纪60年代初提出“零缺陷”思想，并在美国推行零缺陷运动。后来，零缺陷的思想传至日本，在日本制造业中得到了全面推广，使日本制造业的产品质量得到迅速提高，并且领先于世界水平，继而进一步扩大到工商业所有领域。

1964年初，美国国防部正式要求军工系统的企业普遍采用零缺点计划，许多民用工业企业也相继实施零缺点计划。1965年5月，日本电气股份公司首先在日本开展了零缺陷管理，称为零缺陷运动。日本一协会还专门向美国派遣了“零缺点计划”考察团，并组织了推进零缺点计划研究会。仅一年多的时间，在日本开展零缺点运动的公司就有100多家。

（三）现场巡视管理

饭店员工手工劳动的特点以及宾客需求的不断变化，使饭店服务质量管理的难度增加。不同的饭店员工或同一员工在不同时间、不同场合的手工劳动都或多或少地存在差异，宾客的差异造成的需求变化也要求员工在短时间内适应并给予满足。但由于员工差异造成的不同处理，使宾客的满意程度也存在差异，这就形成饭店服务质量不稳定和难以控制的特点。饭店管理者通过现场巡视管理，可以检查员工的准备工作，监督指导对客服务（或后台供应）质量标准的执行情况，指导和激励下属员工的工作，事先消除质量隐患，预防质量问题的发生，并及时处理质量问题，最终使饭店质量相对稳定。

通常，不同的饭店管理者各有其不同的巡视管理范围。管理者在现场巡视中，应随时倾听宾客的意见和要求，给予反馈，并应注意听取员工的意见和建议。现场巡视过程中如发现员工工作不符合质量要求时，如员工违反服务规程，应及时指出并纠正，但应注意方式方法。此外，管理者在巡视中执行服务质量管理标准一定要严格、公平、公开。管理者应善于挑剔，追求服务质量的完美。

（四）质量管理体系认证方法

国际标准化组织（ISO ）质量管理与质量保证标准工作委员会（TC176）确立了使ISO 9000族标准成为各个国家，各个行业普遍接受的标准目标，ISO 9000族标准的科学性、适用性已得到国际社会的公认，大多数国家已把ISO 9000族标准转化为本国标准，各行各业已把实施ISO 9000族标准作为提高管理水平的有效途径，一个普遍实施ISO 9000族标准的国际化趋势已经形成。

对服务业而言，已开始研究并实施ISO 9000族标准。一些服务组织的管理者已认识到实施ISO 9000族标准是必经之路，实施ISO 9000族标准可有助于提高服务组织管理水平，取得顾客信任。已实施ISO 9000族标准的服务组织、业绩和效益取得了明显的增长，因此，服务业实施ISO 9000族标准即将成为国际化大趋势中的新热点，饭店行业作为典型的服务业自然也不例外。

我国目前共有三种管理体系的认证：贯彻 ISO 9000 国家标准的质量管理体系认证（QMS）、贯彻 ISO 14000 国际标准的环境管理体系认证（EMS）和贯彻 OHSMS 18000 国际标准的职业健康安全管理体系认证（OHSMS）。饭店服务质量认证主要涉及 QMS 和 EMS 两种认证体系，使用标准主要有：

ISO 9001：1994《质量体系：设计、开发、生产、安装和服务的质量保证模式》

ISO 9002：1994《质量体系：生产、安装和服务的质量保证模式》

ISO 9003：1994《质量体系：最终检验和试验的质量保证模式》

ISO 9004－1：1994《质量管理和质量体系要素：第一部分　指南》

ISO 9004－2：1991《质量管理和质量体系要素：第二部分　服务指南》

ISO 14001：1996《环境管理体系：规范及使用指南》

ISO 14004：1996《环境管理体系：原则、体系和支持技术指南》

ISO 14010：1996《环境管理体系：通用原则》

ISO 14011：1996《环境管理体系审核程序：环境管理体系审核》

饭店进行服务质量体系认证时，应注意以下几个方面问题：

（1）在认证时，必须把 ISO 9001/2 与 ISO 9004－2 相结合。由于作为质量体系认证的依据 ISO 9001/2 主要是根据硬件产品质量形成全过程的特点提出的控制要求，而与饭店服务业提供的服务——这种特殊产品的质量形成过程有较大区别。而 ISO 9004－2则是按照服务业的特点提出的服务指南，它突出了服务行业的一般规律，具有较好的适用性。因此，对饭店服务行业运用 ISO 9001/2 标准进行质量体系认证时，必须与ISO 9004－2 的有关内容相结合，才能使饭店服务行业更好地理解和掌握 ISO 9001/2 标准所提出的各项要求。

（2）由于饭店行业的自身特点，在对照 ISO 9001/2 标准条款时，有些内容宜粗不宜细。

（3）采用对照表的形式，是描述饭店服务质量体系的好办法。作为申请认证的服务行业如何既能体现服务行业的特点，又能覆盖 ISO 9001/2 提出的基本要求呢？解决这一难点的最好办法之一就是运用对照表。因为对饭店服务行业来讲，同一阶段的质量活动就包括多项对应标准的条款，特别是在服务现场这一重要环节，通常有多个要素相联系。所以使用对照表既可以较好地解决覆盖 ISO 9001/2 要素的难题，同时也可以避免出现对饭店服务产品进行所谓“最终检验”的这种不符合服务产品特殊性质的现象。

第四节　提高饭店服务质量的途径

在激烈的服务竞争时代，大多数饭店都已认识到提高服务质量的重要性。如何加强饭店服务质量管理，创建服务精品，营造核心竞争优势，使饭店在这个快速变动、激烈竞争的市场中，取胜并创造更高的顾客满意度，获得更大的收益和发展，这是许多饭店管理者、业内人士一直在研究和探讨的话题。

一、树立正确的服务观念

现代饭店属于服务行业，它主要向顾客提供服务商品，饭店的管理人员应该有正确全面的服务观念。正确的对客服务观念的树立，对搞好饭店经营管理，提高饭店服务质量，取得经济和社会双重效益都有极大的意义。

1. 优质服务是饭店赢得客人的金钥匙

饭店服务的质量就是饭店的生命线，是赢得顾客并保住顾客的金钥匙。要获得可观的经济效益，必须通过提供优质服务来赢得市场，并建立起顾客对饭店持久的忠诚。

为什么要提供优质服务？在服务行业中，饭店越来越多，发展迅速，伴随着竞争越来越激烈，竞争手法也越来越多，饭店业对顾客的理解越来越深，都在想方设法满足顾客的需求，在激烈的市场竞争中，服务行业的取胜法宝就是优质服务。由于饭店的种类繁多，各种饭店的目标市场和服务对象各不相同，导致不同的饭店对优质服务的理解和标准各不相同，如五星饭店的优质服务最高体现就是“完美无缺”；经济型酒店的优质服务就是快捷、方便、经济、安全；绿色饭店的优质服务就是健康、安全、环保等。

2. “顾客永远是对的”是饭店服务的指导思想

在饭店史上，斯特勒曾提出过“顾客永远是对的（The guest is always right.）”这一服务理念。他认为，不管出于什么原因，服务员都不应该和客人争吵，否则会永远失去客人。在饭店业竞争日益激烈的今天，我们更应该在服务过程中理解并贯彻执行“顾客永远是对的”这一思想。

“顾客永远是对的”就意味着要站在顾客的立场思考问题，给顾客以充分的尊重，并最大限度地满足顾客的需求。要在服务过程中贯彻“顾客永远是对的”这一基本指导思想，就应该理解并做到以下几点：换位思考，很多看似无法接受的要求和习惯，只要站在顾客的角度去考虑，他们的“挑剔”就有合情合理之处，要充分理解顾客的需求、想法和心态；服务至上，真正把顾客的需求放在第一位，即使再难对付的“刺头儿”，都能让你时刻保持春风拂面的风度；加强沟通，当顾客对饭店服务产品不满意时，要及时了解顾客的想法，尽可能地实现他们的愿望与要求，用心沟通，理解顾客的误会与过错，才能为顾客架起贴心服务的桥梁。

3. 感情服务是中国饭店服务的灵魂

早在两千多年前，孔子就曾说过：“有朋自远方来，不亦乐乎！”中国作为一个具有五千年历史的文明古国，一向以“礼仪之邦”著称于世。情义二字成为我国的传统美德和民族之魂，在我国倡导感情服务具有得天独厚的条件。同时，感情服务也是各国人民共同的需求。普天之下，人们对人性好坏、品质优劣、道德高低的认识几乎达到了惊人的一致，因而对于感情的需求也达到了高度的统一。随着市场竞争的激化和拜金主义的泛滥，人与人之间的感情更加淡化了，金钱的铜臭腐蚀着人们的灵魂，现代人对感情的需求更是如饥似渴。在中国，良好的传统和热情好客的习惯，使得饭店面对面提供体现东方情感的服务成为可能。在饭店业大力推行感情服务，可以铸就中国饭店服务的灵魂。

4. 饭店服务质量与人的因素密切相关

饭店员工是饭店服务的主要提供者，员工的素质直接影响到饭店的服务质量。员工个体的服务质量在顾客面前往往被放大为饭店整体的服务质量，饭店服务的整体质量是通过每一个员工的服务质量来表现的。因此，必须让每一个员工清楚地认识到"人人为饭店服务质量承担责任"的道理。荣获美国最高质量管理奖的Ritz Carlton酒店，就是因他们的整体服务质量优异而摘得桂冠的。所以，在饭店服务培训中要重视员工工作责任心、团体协作精神和业务技能的培训，不断提高员工的整体素质，并采取有效激励措施，激发员工的服务工作热情，为宾客提供优质的服务。

5. 加强服务质量管理能产生效益

加强服务质量管理，为顾客提供优质的服务，可以提高顾客的满意度，从而保证顾客的忠诚度。顾客的忠诚度是饭店销售额的坚实保障。另一方面，加强服务质量管理，提供优质的服务可使饭店拥有良好的美誉度和知名度，饭店形象的提升可以吸引更多的顾客前来光顾，自然可以进一步增加饭店的销售额和经营利润。饭店利用这些利润进一步了解顾客，改善服务项目，提高服务质量，又可以促进其获得更丰厚的利润，从而形成一个良性循环。

补充资料

"金钥匙"的原型是19世纪初期欧洲酒店的"委托代办"（Concierge）。而古代的Concierge是指宫廷、城堡的"钥匙保管人"。

国际"金钥匙"是一个全球性的协会，目前已分布在全球39个国家和地区，拥有数千名会员。我国于1997年加入该协会，会员有4500名，中国有1350名，众多会员分布在全国数百家高星级酒店。

"金钥匙"的口号是："在客人的惊喜中，找到富有乐趣的人生。"对中外商务旅游者而言，"金钥匙"是酒店内外综合服务的总代理，一个在旅途中可以信赖的人，一个充满友谊的忠实朋友，一个解决麻烦问题的人，一个个性化服务的专家。

在"中国饭店金钥匙"的蓝图中，始终有一个明晰的目标：使中国旅游饭店业能够和国际接轨，同时在国际上竖起一块牌子，证明"中国的旅游饭店服务是优质的"。

欧洲人早在70年前已经认识到"金钥匙"服务的重要性，美国人在40年前就开始学习和运用"金钥匙"服务并体会到这个信誉组织的价值所在。在美国，一家很受人喜爱的饭店，往往是"金钥匙"服务十分到位的饭店。20年前，新加坡和中国香港迅速在亚洲的酒店中推广这种个性化的品牌服务。

"金钥匙"的服务很广泛：向客人提供市内最新的流行信息、时事信息和举办各种活动的信息，并为客人代购歌剧院或足球赛的入场券；为团体会议制作计划，满足客人的各种个性化需求，包括安排正式晚宴；为一些大公司设计旅程；照顾好客人的子女；甚至可以为客人把金鱼送到地球另一边的朋友手中。

在中国一些大城市里，"金钥匙"委托代办服务往往被设置在酒店大堂，他们除了管理和协调好行李员和门童的工作外，还负责其他的礼宾服务等。

二、了解顾客的需求

了解饭店顾客的需求，是搞好饭店服务的前提，只有确切了解顾客的真实需求，才能有针对性地提供相应的服务，才能在更大程度上满足宾客的各种需求，创造出优质的服务品牌。

顾客对饭店服务的需求大致粗略分为物质性需求和精神性需求两大类。物质性需求是指顾客期望饭店为他们提供使他们感到安全、方便、温馨与生理满足的各种实物，如饭店的建筑、装饰、布置、客房设施、餐饮、商场与康乐设施等。精神性需求是指顾客期望饭店为他们提供温馨、舒适的环境和亲切友好的服务以及人际关系的和谐，使他们的精神得到愉悦的各种非物质性需求，如微笑服务、感情服务、礼貌与尊重、各种文化娱乐活动等。从饭店的服务特性分析，顾客的需求主要表现在以下几个方面。

1. 安全与卫生的需求

安全是顾客最基本也是最重要的需求。不管饭店各方面的工作做得如何出色，安全出了问题将会前功尽弃。安全无小事，防火、防盗、防止意外事故是饭店安全的重要内容，它是顾客享受优质产品和服务的基本保证。饭店需要认真做好安全保卫工作，如培育全体员工的安全意识；加强消防与安全培训；完善安全设施；健全安全管理制度；加强饭店安全管理；切实有效做好防火、防盗、防意外事故工作；确保客人生命财产安全等。

清洁卫生是顾客基本、普遍的需求，是身体健康、生命安全的基本保证，也是顾客选择饭店的一个主要因素。卫生状况不仅关系到顾客的身体健康，而且也关系到饭店的声誉和经济效益。

2. 功能完善、方便舒适的需求

饭店建筑结构布局合理、服务设施完善、服务项目齐全、服务水平高是优质服务的基本保证。顾客到店后，能够不出房或不出店就能解决衣、食、行、游、购、娱乐、医疗、保健、获取必要信息等需求，是饭店优质服务的体现。饭店应该设身处地地为客人着想，为客人提供便利的设施、舒适的环境和到位的服务。

3. 时效的需求

没有效率和准时是谈不上优质服务的。服务必须及时到位，不拖沓，这一需求与顾客的心理、情绪与本身的时间有关。前文已提到过，这里再简单说明一下。饭店的服务效率有三类：一是用工时定额表示固定的服务效率，如打扫客房的工时、做夜床的工时等；二是用时限表示服务效率，如等级时间不超过 3 分钟，电话铃响不超过三声接听电话等；三是有时间概念，这是靠客人的感觉来衡量的，如在餐厅点菜后多长时间上菜等。饭店应加强时间管理观念，提高内部工作和对客服务的效率。

4. 文明的需要

客人要求入住的饭店提供一个文明的环境，既包括员工的文明行为，也包括活动环境的整洁、明朗、舒畅。文明往往是给人一种总体印象的感觉，而这种印象又是由许多细小环节组成的，这就需要员工重视服务细节，讲究礼貌，文明待客。饭店需要通过管理制度和服务规范严格约束以及努力提高服务人员自身的文化修养等措施来提高饭店的环境文明程度。

5. 理解与尊重的需要

“理解与尊重”的内涵对于服务行业来讲意义重大，客人希望员工充分理解他们，包括理解客人的语言、心理、脾气、性格和习惯，同时客人普遍希望得到应有的尊重，饭店员工礼貌规范的服务，对客人谦让的态度、文明端庄的仪表，整洁得体的着装等，均是尊重客人的表现。饭店员工在对客服务过程中有充分的情感投入，用“心”去为客人服务，与客人进行感情交流，充分了解对客人理解与尊重的重要性。

6. 感情的需要

客人希望饭店提供的服务能够让他们感受到亲切和温馨，客人不仅喜欢听到饭店员工殷切的问候，看到饭店员工面部的微笑，也希望在饭店员工的脸上看到真诚的友情和亲人般的关怀，真正地获得“宾至如归”的感觉。这就要求饭店员工在提供对客服务时，要有充分的情感投入。

7. 物有所值的需要

追求“物有所值”几乎是人的本能，饭店客人普遍希望得到质价相符的产品和服务，甚至还有“物超所值”的期待。为了满足客人的这一需求，饭店应该提供质价相符的产品和服务，甚至物超所值，同时制定合理的价格，提供与价值相当或超过价值的产品质量。

8. 个性需要

饭店顾客对优质服务是普遍需求，在这一条件下，不同顾客还会经常有一些个别的需求，尤其是那些高档次的饭店，客人更期望能够得到特别关注，这样在其心理上才更能达到“物有所值”期望。饭店应针对这些客人的个性需求，提供个性化服务，尽量使客人需求达到最大程度的满足。

三、加强员工的培训与素质提高

在激烈的市场竞争中，培训成为提高服务产品质量，增强饭店竞争实力的重要手段。饭店的服务质量在很大程度上取决于员工的素质水平，因为饭店产品的生产、销售、消费三者是同时进行的，所以员工的素质水平也成了饭店产品质量的一个组成部分。为此，通过培训和思想教育，不断提高饭店员工的技术水平、服务态度和精神面貌是饭店质量管理的重中之重。培训可以让新员工、在岗老员工了解工作要求，增强责任感，减少顾客的投诉以及减少员工的流动率，从而保证服务质量，提高劳动生产率。另外，培训还可增强员工的集体意识，增加企业的凝聚力，提高全体员工的精神面貌和企业的形象。因此，饭店要提高服务质量水平，必须加强对员工的培训工作，把培训作为饭店管理的一项重要工作来抓。现代饭店要真正做好培训工作，还必须注意以下几个方面。

1. 重视培训工作

现在很多饭店、部门的培训都是交给培训部或副经理，有时是主管、领班来做，高层领导只是下达培训的指令，很少过问内容。虽然口头上重视培训，要抓培训，但行动上不做具体的指导和要求，培训进行过程中又没有去现场实地考察，无法检验培训人员的培训方式是否恰当，培训人员自身素质如何等。久而久之，搞培训就成为一种形式。培训教员和学员很难对培训加以重视，使培训活动变成了一种形式，既浪费人力、物力、财力，又收不到良好效果。因此，饭店领导和部门经理要经常关心过问培训的进展情况，必要时也可模仿顾客的身份参加培训，这对员工也是极大的鼓舞。

2. 严格挑选培训教师

培训教师必须是一个各方面素质都比较高的人员，要有较强的饭店意识和质量意识，能熟练掌握饭店的经营理念，还必须懂得如何领导群体，并运用各种技巧使学员熟练掌握所学的知识。培训教师可以来自饭店内部的高管人员，也可以聘用行业经验丰富的专业人士。饭店一方面可以挑选思想观念新、敬业精神好的管理人员若干名，找出企业最迫切需要解决的问题，让他们带着问题去别的饭店学习管理经验，回来后做学习汇报，总结、提炼、再升华。另外一方面也可以采取定期从国内外权威的旅游学校或旅游培训机构聘请教授或专家来讲学。饭店管理人员要从各个方面鼓励这些培训教师的工作热情，使企业理念培训和技术培训保持持续不断，不只是停留在口头上，而是落实在行动中。

3. 采取不同的培训方法

培训方法应该是灵活多样的，既可以有正式的有组织的课堂式培训，也可以是模拟现场的案例式培训。另外饭店内部交叉培训也是一个非常有效的培训方法，其方法主要有以下两种：第一是在业务联系紧密的部门之间进行交叉培训，如前厅和客房之间、工程和客房之间、采购和餐饮之间等。第二是班组交叉培训，即同一部门不同班组或岗位之间进行的交叉培训。以餐饮部为例，通过对中餐厅和西餐厅、酒吧和餐厅、餐厅服务员与跑菜员等进行交叉培训，可以加强对彼此的了解。这些方法应该综合使用，实现多方法培训。

4. 培训要做到全员、全方位、多方法和全过程培训

饭店的所有员工，上至总经理，下至普通一线员工，都应该接受培训。对一线员工进行培训的重要性是显而易见的。同时一线员工工作的顺利开展也离不开后台工作人员的有力支持，后台工作人员的服务技能也会直接影响到一线员工的工作表现。由此可见，饭店的培训工作要实现全员培训，一线员工和其他人员包括各级管理者都应该接受培训，只不过培训的内容和方式有所不同而已。

一般来讲，饭店在实施培训活动时，通常只注重员工的技能培训工作，即各个部门岗位的实际操作。技能培训固然十分重要，但它不应是饭店培训的唯一内容，饭店也应特别重视对员工进行适当的知识性培训。饭店在实际培训工作当中，应将技能培训与知识培训有机结合，实现全方位的培训，真正全面提高员工的素质与技能，真正提升其服务品质。

最后，培训不应该是短期行为，而应该是一项长期伴随员工职业生涯及其成长过程的连续活动。由于饭店的内外部环境在不断地变化，饭店顾客的需求与偏好也在不断地变化。为使饭店员工能够跟上顾客需求的变化，饭店员工的知识和技能就必须不断更新和提高。这就要求饭店在员工的不同工作周期提供不同的培训，实现全过程培训，以有利于饭店员工提供个性化服务。

四、加强标准化服务管理，增加个性化服务成分

饭店服务有很多服务成分都是标准化服务。标准化服务能够使饭店服务工作像制造企业的流水线一样井然有序地运转，保证接待工作环环相扣，正常运行。标准化是一项系统工程，它由环环相扣的每个环节构成，因此服务人员要把良好的服务技能、技巧不折不扣地体现在整个接待服务的全过程、各环节。以餐厅服务为例，服务的起端是从原料的采购、验收、科学保管开始，切配、烹饪可谓是中间环节，它的终端在餐厅，而餐厅服务又构成了一个子系统，迎宾，引宾入座、敬献菜单、聆听顾客点菜、上菜、派菜、斟酒，这一系列的服务过程，都应该有一套标准的要求。饭店要制定严格的操作规范和程序，以保证整个服务过程的行动流畅和顺利，给顾客赏心悦目的感受。另外，要注意加强对标准化服务的效率的管理，要保证这些标准化服务在规定的时间内完成。

标准化的服务能够满足一般顾客的一般需求，然而饭店要超越顾客的期望，为顾客提供优质的服务，令顾客感到惊喜，必须在常规的程序化服务之外辅之细致入微的“额外服务”和个性化服务。中国有句古话“于细微处见真情”，饭店业必须讲究“于细微处见个性”，在提供满意的标准化服务基础之上提供周到、高效的超值服务去满足顾客的特殊需求。个性化服务能够表现服务人员在服务过程中时时处处站在顾客的位置上，想顾客之所想，急顾客之所急。提高员工满意度是个性化服务的基础。个性化服务不是酒店服务标准要求的，而是超出标准要求之外，员工出于自己高度的敬业精神和对酒店的主人翁精神驱动下实施的非程序化服务。因此要让员工持续地对顾客实施个性化服务，离不开员工对酒店的高满意度，因此需要酒店有一套行之有效的激励机制来保证。

补充资料

个性化服务是一种有针对性的服务方式，根据用户的设定来实现，依据各种渠道对资源进行收集、整理和分类，向用户提供和推荐相关信息，以满足用户的需求。从整体上说，个性化服务打破了传统的被动服务模式，能够充分利用各种资源优势，主动开展以满足用户个性化需求为目的的全方位服务。

饭店的个性化服务有许多体现形式，如超常服务、微笑服务、细节服务、超前服务、感情服务和癖好服务等。饭店可以通过对个性化服务案例的分析、推介，实现由个别员工出于“偶然性”的个性化服务，成为饭店全体员工有意识的“必然性”的个性化服务。另外，可以通过对个性化服务案例的全面分析，对于其中反映顾客普遍需求的服务，实现由“个性化”的服务向“规范化”服务的转化，往往一些顾客的个性需求也许是顾客的共性需求。酒店质量管理部门应对个性化的服务案例进行认真分析，研究个性化服务是不是顾客的普遍需求以及衡量推广的难度和可行性。

提倡“三全”即：全员参与、全过程控制、全方位关注是做好个性化服务的必然

要求。个性化服务不仅是对基层管理者和一线员工的要求，也是对酒店全体员工的要求。一线员工的对客个性化服务离不开后台员工甚至管理人员的帮助。没有部门与部门之间的合作，其他员工的参与，个性化服务也许只停留在员工的心里，很难实施。

注重“四小”即：“生活小经验”、“媒体小消息”、“顾客小动向”和“言谈小信息”。生活小经验是提供个性化服务的依据和源泉，掌握更多的生活小经验，会采取正确有效的个性化服务。关注媒体小消息，会为个性化服务提供指导。“顾客小动向”和“言谈小信息”是提供个性化服务的线索，顾客的一举一动和顾客的谈话都提供了许多有价值的信息。

饭店要对顾客进行个性化服务必须建立和使用顾客入住饭店档案，对于顾客信息进行快速反馈，创建优质的内部服务链，关注长住顾客和续住顾客的生活习惯，不断激励和培训员工，塑造员工的良好的职业习惯。

本章小结

服务质量是饭店生存的基础条件，是饭店获得竞争能力与效益的关键。本章系统地界定了饭店服务质量等基本概念，分析了饭店服务质量的内容和特点，介绍了一些分析饭店服务质量的方法和工具，全面梳理了学界关于饭店服务质量控制管理的知识，最后还提出了一些饭店服务质量提高的有效路径，以促进我国饭店服务质量管理的进一步提高。

思考与实践

一、思考题

1. 简述饭店服务质量的含义。
2. 简述饭店服务质量的内容和特点。
3. 试述饭店服务质量的控制体系。
4. 简述饭店服务质量的分析方法。
5. 试述饭店服务质量的管理方法。
6. 简述提高饭店服务质量的途径。

二、选择题（有一个或一个以上正确答案）

1. 饭店服务质量中的有形产品质量不包括以下哪一项？（　　）

A. 饭店设施设备的质量　B. 饭店实物产品质量　C. 饭店安全卫生　D. 服务质量

2. 饭店无形产品包括（　　）。

A. 服务效率　B. 服务态度　C. 服务技能　D. 礼貌礼节

3. 饭店顾客的需求表现主要有（　　）。

A. 安全与卫生的需要　B. 方便舒适的需要

C. 理解与尊重的需要　D. 文化的需要

4. 饭店服务质量分析方法包括（　　）。

A. PDCA 循环法　B. ABC 分析法　C. 质量认证法　D. 因果分析法

5. PDCA 管理循环的工作程序分为四个阶段，即（　　）。（按先后顺序）

A. 实施阶段　　B. 检查阶段　　C. 计划阶段　　D. 处理阶段

三、是非题

1.（　　）饭店服务产品质量就是指员工提供的无形服务的质量。

2.（　　）PDCA 循环法是意大利经济学家巴雷托提出的。

3.（　　）“客人永远是对的”这一说法，是由斯塔特勒提出的。

4.（　　）饭店服务的所有服务成分都是可以标准化的。

5.（　　）个性化服务不是酒店服务标准要求的，而是超出标准要求之外的非程序服务。

四、实践题

1. 通常饭店服务质量管理方法有哪些？请实地参观一家星级饭店并谈谈你对这家饭店服务质量管理方法的看法。

2. 请通过市场调查问卷形式，收集某一家星级饭店目前存在的服务质量问题，并运用 ABC 法找出该家星级饭店服务中出现的主要质量问题。

五、案例题

凸显民族特色　打造个性化服务

——看贵州饭店国际会议中心诠释贵州窗口形象

旅行车驶入饭店门口，黄勇军迅即用标准的手势引导停放，快步到车门前敬礼、开门、护顶、拿行李。这种源于法国的“酒店守门人”流程，如今演绎成全方位一条龙服务、满足客人要求的“金钥匙”服务理念，已渗入贵州饭店国际会议中心每位员工当中。

前不久，贵州饭店 5 层综娱部员工窦丽丽，照常将 508 包房客人送出电梯后回房打扫卫生。这时她突然发现椅子下有个背包，从未锁好的拉链口看见几沓 100 元面额的现金，窦丽丽立即通报经理。经过清点，包内有人民币 8 万元。酒店立即调集监控，多种方式联系客人，1 小时后物归原主。

“这种拾金不昧的感人场景在贵州饭店已是家常事，入住饭店的满意率达 99%；据统计，近 7 年来客房部收到客人的表扬信达 1100 多封，表扬人次 1900 多人，拾金不昧金额 250 多万元。”饭店总经理田秋英说。

据介绍，贵州饭店委托香港奥易达酒店经营管理，创新推出了个性化、特色化、精细化的高星级现代国际酒店标准进行运作。到目前，累计接待海内外宾客 180 万人次，承接包括前国务院总理温家宝等党和国家领导人 50 多人次，接待布隆迪总统思库伦齐扎、约旦亲王、中非总统博齐泽等 10 多位国家元首和政府首脑，贵州饭店这个“窗口”赢得了广泛赞誉。

近年来，贵州全力打造旅游大省成效明显，2010 年旅游接待人数达 1 亿人次，旅游收入排在全国 16 个省区旅游收入 1000 亿元以上省份中的第 15 位，今年预计稳中有升。贵州旅游业的“井喷”态势，不仅带来酒店服务行业的崛起，同时给贵州酒店行业树立贵州良好的窗口形象提出了新要求。贵州饭店国际会议中心董事长余学强说，作为贵州饭店行业的龙头老大，就是要从过去的大众服务、标准化服务升级到个性化服务的理念上来。当下，贵州饭店国际会议中心要走好“五步棋”：

以满足多元化市场需求为出发点和落脚点，通过人性化设计和服务，以赢得客人的认同。比如正在升级的商务客房、家庭客房、女性客房和概念房等。

以“贵州美食节”、“中国饭店业百家优秀品牌”、世界金钥匙联盟颁办的“为您服务”奖等为平台，做出体现贵州多民族饮食特色的一流菜肴，满足宾客不同的需求。

提升“金钥匙”优质服务理念，全面推进划转旗下的遵义南岭酒店、荔波漳江大酒店、北京贵州大厦、新联酒店等的服务质量和水平。

加快五星级酒店和商务综合楼的施工进度，尽快完善划转旗下的本土酒店的各项设施建设，建成贵州规模最大、功能最全、档次最高、环境最好、车位最多、服务最佳、品牌最响，可满足各种接待、大型会议及文化交流、展览活动等综合需求的现代化、多功能服务场所，提高贵州对外形象。

全面推行精细化服务，盯住入住贵宾的商务活动和承办的各种会议，以“零失误零过错”要求，满足个性化需求。

问题：(1) 贵州饭店取得成功的关键因素是什么?

(2) 饭店服务质量的提高在饭店经营中起到什么样的作用?

参考答案

一、略

二、1. D　2. ABCD　3. ABC　4. BD　5. CABD

三、1. 错　2. 错　3. 对　4. 错　5. 对

四、实践题

1. 饭店服务质量管理方法主要有 PDCA 循环法、零缺陷管理法、现场巡视管理、质量管理体系认证方法。(根据实地参观的酒店来讨论该酒店的服务质量管理方法)

2. 参看本章第三节质量分析方法中 ABC 分析法的相关内容，设计市场调查问卷，在征得某星级饭店同意的前提下（最好为专业实习单位)，向该饭店客人发放问卷 100 份，把征得的问题分类汇总，并用 ABC 分析法加以分析判断。

五、案例题

分析提示：

(1) 贵州饭店取得成功的关键因素是服务观念的转变，贵州饭店由原来的大众服务、标准化服务升级到个性化服务的理念上来。贵州饭店遵循顾客价值导向，关注市场多元化需求，提供个性化、特色化和精细化的服务，注重员工服务意识的培养。

(2) 服务是饭店经营的最主要的产品，饭店服务质量是饭店经营管理的生命线。饭店之间的竞争，本质上是服务水平与质量的竞争，优质的服务是构成饭店最终胜利的因素。饭店服务质量的提高就意味着饭店竞争力的提高，饭店服务质量的提高对饭店企业能否在激烈的市场竞争中立足起着至关重要的作用。

第七章 饭店物资与设备管理

学习目标

知识目标：了解饭店物资管理的特点与任务，饭店物资的仓储与发放管理，饭店设备管理的含义、特点、工作内容，饭店设备的选择和购置

能力目标：掌握饭店物资定额管理、饭店物资采购与验收管理、饭店设备使用和维护保养的方式方法、饭店设备的技术改造和更新的原则和程序，通过这些知识的掌握，能够切实做好饭店物资五大定额管理、采购与验收管理工作以及饭店设备的使用、养护、维修、更新改造等工作

课前导读

物资和设备是饭店经营的物质基础，是确保饭店产品质量的重要条件，是衡量饭店现代化水平的重要标志。饭店由于部门多、经营项目多，使得物资和设备的种类繁多且分布广泛，导致了饭店的经营成本偏高。因此，饭店必须对物资与设备进行科学的管理，首先，要建立一套完备的物资与设备管理制度和规范，其次，要加强员工使用和维护物资与设备的意识，定期对他们进行操作培训和指导，这样才能保证饭店经营管理的高效运转。

第一节 饭店物资管理

饭店物资管理是对饭店的物资资料进行计划、采购、保管、使用和回收，以使它们有效地发挥应有的使用价值和经济效用的一系列组织和管理活动的总称。饭店物资投资高、价值量大，其费用额一般占饭店流动资金的 80% 左右，因此，搞好饭店物资管理对提高饭店服务质量、加快资金周转、降低成本消耗、提高经济效益有着十分重要的作用。

一、饭店物资管理的特点及任务

（一）饭店物资管理的特点

1. 物资种类繁多，管理难度大

饭店物资用品种类繁多、覆盖面广。从其分类中我们可以看出不同的物资，其用

途、价值量、使用方法及方向不同，它们分布在饭店的各个部门、各个岗位和角落，这就导致了物资管理工作难度的加大。因此，饭店要掌握每种物资用品的消耗规律，进行定额管理，同时也要及时掌握用品的实际消耗量，加强动态控制，做到节约使用、降低成本。

2. 物资以消费品为主，管理要适应顾客需求

饭店物资管理与工业企业的物资管理不同，这主要是因为饭店的物资用品绝大多数都属于生活消费品。不同的顾客对同一种消费品的规格、质地、档次都会有不同的要求，因此，饭店以顾客需求为出发点，同时还要考虑饭店的等级、规模、档次等因素，对物资进行综合管理。

3. 管理过程复杂，方法灵活多样

饭店物资管理涉及采购、验收、储存、发放、使用、回收等多个环节，每一个环节都应该有自己的管理制度和操作流程。另外，饭店不同的物资要有不同的管理方法，资金占用多的物资，在管理方式上应该缩短采购周期，增加采购次数，进行严格的储备管理；而对于资金占用少的物资，则可以适当地延长采购周期和减少采购次数。

补充资料

饭店物资的类型

饭店物资是指饭店在生产经营过程中为销售或耗用而储备的各种原材料、燃料、物料用品、低值易耗品、商品等，具体可分为以下几类。

1. 按物资的价值划分

（1）低值易耗品。低值易耗品是指价值在200元以下、5元以上、使用年限1年以上的各种物资用品。

（2）物料用品。物料用品是指在5元以下、使用年限在一年以内的各种物资用品。

（3）大件物资。大件物资是指价值在200元以上的物资用品。

2. 按物资的自然属性划分

饭店物资按自然属性划分为棉织品、装饰用品、清洁用品、服务用品、玻璃瓷器、食品原材料、餐茶具、燃料、印刷品及文具、维修材料及用具、办公用品、消防用品等12种。

3. 按客人消耗和价值补偿方式划分

饭店物资按客人消耗和价值补偿方式的不同划分为客用多次性消耗物品和客用一次消耗物品。

（1）客用多次性消耗物品。如棉织品、玻璃瓷器、餐茶具等。这些物品客人可以连续多次使用，价值补偿是在一个较短的时期内渐进完成的。

（2）客用一次消耗物品。如茶叶、卫生纸、信封、部分清洁用品等。这些物品是一次消耗完成价值补偿的。

4. 按物资使用的方向划分

饭店物资按使用方向划分为客用物资用品、生产产品用料、办公用品、清洁和服务用品、基建与维修用料、安全保卫用品、后勤用品7种。

（二）饭店物资管理的任务

1. 做好物资用品配备

饭店的等级规格和接待能力不同，物资用品配备的数量、质量、规格、标准等也不相同。如饭店的客房浴巾配备要求：一二星级规格：不小于1200mm×600mm，重量不低于400g；三星级规格：不小于1300mm×700mm，重量不低于500g；四五星级规格：不小于1400mm×800mm，重量不低于600g。因此，饭店要根据自己的等级规格、接待能力、市场环境及客人需求来做好相关物资用品的配备工作。

补充资料

四五星级饭店客房用品的配备要求

1. 毛巾：①浴巾，每房2条。②面巾，每房2条。③地巾，每房1条。④方巾，每房2条。⑤浴衣，每床1件。

2. 软垫：每床2只。

3. 床上用品：①床单，每床不少于2条。②枕芯，每床不少于2只。③枕套，每床不少于2只。④毛毯，每床1条。⑤床罩，每床1条。⑥备用薄棉被（或备用毛毯），每床备1条。注：视地区而定。⑦衬垫，每床1条。

4. 卫生用品：①香皂，每房不少于2块，备皂碟，每块净重不低于30g，其中至少1块不低于45g。②浴液、洗发液、护发素、润肤露，每房2套，每件净重不低于35g。③牙刷，每房2把。④牙膏，每房2支，每支净重不低于10g。⑤漱口杯，每房2只。⑥浴帽，每房2只。⑦卫生纸，每房2卷。⑧卫生袋，每房1只。⑨拖鞋，每房2双。⑩污物桶，每房1只，放于卫生间内。⑪梳子，每房2把。⑫浴帘，每房1条。⑬防滑垫（若已采取其他防滑措施可不放），每房1块。⑭洗衣袋，每房2只。⑮面巾纸，每房1盒。⑯剃须刀，每房可备2把，可配备须膏。⑰指甲锉，每房可备1把。⑱棉花球、棉签，每房宜备1套。⑲浴盐（泡沫剂、苏打盐），五星级可配备。

5. 文具用品：①文具夹（架），每房1只。②信封、明信片，每房普通信封、航空信封和国际信封各不少于2个。明信片2张。③信纸、便笺、传真纸，每房信纸、便笺各不少于4张，传真纸宜备2张。④圆珠笔，每房不少于1支。⑤铅笔，每房宜备1支，与便笺夹配套。⑥便笺夹，每房1只。

6. 服务提示用品：①服务指南、电话使用说明、住宿须知、送餐菜单，每房各1份。②电视节目表、价目表、宾客意见表、防火指南，每房各1份。③提示牌、挂牌，应分别有“请勿打扰”、“请打扫房间”、“请勿在床上吸烟”、“送餐服务”各1份，正反面内容宜一致。④洗衣单、酒水单，每房备洗衣单2份，酒水单1份。

7. 饮品、饮具：①茶叶，每房备2种茶叶，每种不少于2小袋，也可用容器盛放。②茶杯（热水杯），每房2只。③暖水瓶，每房不少于1只。④凉水瓶、凉水杯，每房备1套。注：视地区而定。⑤小酒吧，烈性酒不少于5种，软饮料不少于8种。⑥酒杯，不同类型的酒杯每房不少于4只，配调酒棒、吸管和餐巾纸。⑦咖啡，五星级宜备咖啡2小盒及相应的调配物，也可用容器盛放。⑧冰桶，每房1只，配冰夹。⑨电热水壶，五星级宜备。

8. 其他：①衣架，优质木制品为主，每房西服架、裤架、裙架不少于4只。五星级可配备大量缎面衣架或落地衣架。②烟灰缸，每房不少于2只。③火柴，每房不少于2盒。④擦鞋用具，以亮鞋器为主，每房2件，宜配鞋拔和擦鞋筐。⑤纸篓，每房1只，放于卧室内。⑥针线包，每房1套。⑦杯垫，每杯配备1只。⑧礼品袋，每房配备2只。⑨标贴（或标牌），每房不少于2只。⑩晚安卡，每房1卡。

2. 合理制定消耗定额

饭店根据自己的接待能力和物资的实际使用情况，来制定消耗定额，并监督各类物资的使用过程，核算其使用效率，这样不仅能够保证饭店经营业务的需要，充分发挥各类物资的使用价值和经济效用，而且还能达到提高饭店服务质量和降低成本的目的。

3. 确定物资用品的资金需要量

饭店物资用品中有一次性的消耗品，还有多次性的消耗品，它们配备的数量、质量及使用情况是不相同的，多次性消耗品涉及折旧率、更新率等问题。因此，饭店应该以消耗定额为基础，结合各类物资的成本价格，来确定物资用品的资金需要量。

4. 制定储备定额，加强库房管理

饭店为保证经营业务活动持续顺利地开展，需要有一定数量的物资用品储备。为了使储备的数量合理，不影响饭店的资金周转和物资用品的使用效果，饭店要根据各种物资用品的消耗量和采购供应情况来制定合理的储备定额，同时还要建立验收、储藏保管等制度，加强库房管理。只有这样才能保证业务活动顺利开展，才能控制物资用品消耗并提高其使用效果。

5. 定期盘点和分析物资用品使用效果

饭店的物资用品在使用中是循环运动的，其实际消耗量不易掌握，因此，饭店必须定期盘点，掌握资金占有情况，才能根据购进和发放的有关数量掌握各种物资用品的实际消耗情况，从而分析各种物资用品的资金周转天数、周转次数等使用效果，最终提高经济效益，如表7-1所示。

二、饭店物资定额管理

（一）饭店物资定额管理的含义与原则

1. 饭店物资定额管理的含义

饭店物资定额管理属于定量管理的范畴，指通过量化分析确定一定时期、一定接待能力的条件下，饭店所需要的物资数量和额度，包括物资消耗定额和物资储备定额。

2. 饭店物资定额管理的原则

（1）立足实际原则。饭店一定要依据自身的实际情况开展定额管理工作。不同的饭店，其档次、规模、客源、经营重心、服务水准等方面都是不同的，这就要求饭店

进行物资定额管理时，要从自身出发，认真剖析饭店的基本情况，然后运用专业理论，实事求是地进行物资定额管理。

表7-1　原料耗用分析表

原料名称：

部门	产品名称	生产数量	用料规格	标准用量	实际用量	超用量	超用率	单价	超用金额	超用原因

（2）突出重点、兼顾一般原则。由于饭店的物资用品种类多、数量多、规格多、分布广，因此，饭店在进行物质定额管理时，对价值大的物资应进行重点定额管理，对价值小的物资则可适当放松定额管理的细度，这样既能突出重点，又能兼顾一般，还能节约饭店在定额管理中人力、物力、财力成本的支出。

（3）动态管理原则。饭店的经营管理活动总是面临着不断变化的市场和客观环境，这就要求饭店物资定额管理也要随之变化，要遵循动态管理原则。既要参照历史，又要着眼于现在，及时地、适时地调整定额管理的额度，使之适应变化。

（4）制度管理原则。饭店物资定额管理是需要饭店全体工作人员参加的长期性、日常性的管理，对这种内容庞杂、时日持久的管理工作，必须用制度来保证，如制定定额领料与发料制度，仓储管理制度，超额奖惩制度等。

（二）饭店物资消耗定额管理

饭店物资消耗定额管理的对象是运动着的物质。它是指饭店在一定时期、一定的生产技术水平下，为完成某项任务或制造单位产品所必须消耗的物资数量标准。

1. 饭店物资消耗定额的制定程序

（1）考虑到各个部门的具体情况，饭店首先将物资消耗定额的任务下达到各个部门，并详细说明物资消耗定额的意义和内涵以及各部门进行物资消耗定额的工作要求和确定物资消耗定额的标准。

（2）各部门根据自己的特点详细制定单位产品或单位接待能力所需的物资配备表，注意区别一次性消耗物品和多次性消耗物品。

（3）确定客用一次性消耗物品单位时间或单位产品的消耗定额。

（4）确定客用多次性消耗物品在寿命期内的损耗率或一段时间的更新率。

（5）综合汇总。

2. 消耗定额的制定方法

常用的消耗定额制定方法有三种：

（1）经验估算法。经验估算法用于确定某些受主观因素影响而消耗量变动较大的物资消耗定额。如季节性变化大的食品原料、一些进货数量和净料率相差较大的蔬菜、肉类等，饭店只能根据已有的经验，在分析各个餐厅的接待能力和客源淡旺差别的基础上，按经验确定。这种方法虽然简单、方便，但易受估算人主观因素的影响而缺乏一定的精确性和可靠性。

（2）统计分析法。统计分析法将一定时期内实际消耗物资的统计数字进行加工、整理、分析、计算后，根据它所反映的物资消耗规律而制定物资消耗定额。通过分析实际物资消耗的历史资料，找到它们的消耗规律，据此做出科学的推断和预测。这种方法的优点在于它摒弃了经验估算法中的主观性，带有一定的准确性和科学性，但是这项工作需要借助于大量的历史资料。它适用于多次性消耗物品的消耗定额。

（3）实物实验法。实物实验法按照饭店生产经营的客观条件，通过反复的实地操作、考察，经过对实际消耗物资的分析汇总，确定物资的消耗定额。这种方法一般适用于酒店的燃料动力的消耗定额，如一定时间段内供热系统所需的燃料动力的消耗定额。

（三）饭店物资储备定额管理

饭店物资储备定额是饭店规定的各类物资的储备限额，是指在一定的经营条件下，饭店为保证接待服务质量，保证服务活动不间断地顺利进行所必需的、最经济合理的物资用品储备数量标准。它是饭店采购、订货、仓库管理和储备资金管理的基础。在饭店物资管理的实际工作中，需要确定的定额有：经常储备定额、保险储备定额、季节储备定额、订货点库存定额、经济储备定额。

1. 经常储备定额

经常储备定额是指在前后两批物资进店的间隔期内，为满足业务需要而建立的物资储备量。经常储备的数量变化是周期性的，一般在每批物资进店时达到最高峰。随着业务经常的消耗，在第二批物资进店前降至最低点。经常储备定额又称为周转储备。影响它的因素是该类物资平均每天的需要量和两次进货时间的间隔期。其计算公式为：

$$经常储备定额 = 物资日消耗定额 \times 两次进货间隔天数$$

2. 保险储备定额

保险储备定额是一种后备性的储备，是为了防止某些物资因运送受阻、交货误期、规格品种不符合要求等原因造成的供需脱节而建立的物资储备定额。保险储备定额在正常情况下不予动用，是一种相对固定的储备定额。其计算公式为：

保险储备定额 = 物资的日消耗定额 × 保险储备天数

饭店物资储备定额，一般是由经常储备定额和保险储备定额组成的。由于经常储备是经常变化的，所以物资储备有其上限和下限。上限为经常储备和保险储备之和，即物资的最高储备定额；下限为保险储备，即物资的最低储备定额。

3. 季节储备定额

季节储备定额是为了克服某些物资因季节变动导致物质供需脱节而建立的物资储备定额。它是由进货的季节性和生产的季节性所形成的。饭店经营的季节性较强，淡旺季的物资供应需求有明显的差异。季节储备定额计算公式为：

季节仓储定额 = 平均每天需要量 × 中断天数

4. 订货点库存定额

从办理订货手续到物资进店一般不是瞬间完成的，它需要一定的备运时间。为了保证饭店业务不间断地顺利进行，饭店不能等到库存量下降到保险定额再订货，而应该在经常储备中确定一个物资储备点，当某物资的库存量降至这个点时，就必须订货，这个点就是订货点库存定额。其公式为：

订货点库存定额 = 备运时间 × 物资日消耗定额 + 保险储备量

其中，备运时间指的是订货周期，即从办理订货手续直到物资进店的全部时间，包括从发出订单、办理订货手续、运货和进店验收等时间的总和。随着电子商务的发展，网上订购越来越受欢迎，它会缩短备运时间，从而使订货点库存定额减少。

5. 经济储备定额

经济储备定额是通过计算经济合理的订货批量，使存储管理总费用最小时的物资储备定额。经济订货批量是在总存储管理上花费最小时的储备数量，这些花费只包括那些与存储量或订货次数有关的费用，即存储费用和订货费用两部分。

存储费用由库存物资占用资金的利息、物资仓库设备的折旧费、库存物资在存储过程中的损耗以及仓库管理费等组成。存储费用随物资在仓库存储时间和数量的增加而增加。

订货费用包括采购物资的手续费、差旅费、行政管理费等，它与采购次数有关。采购次数越多，订货费用就越高。

存储费用和订货费用是相矛盾的，因为每次采购数量越多，采购次数就越少，订货费用就越少，而存储费用却越高，相反，每次采购数量越少，所需的采购次数就越多，订货费用就越高，而存储费用却越少。因此，经济储备定额就是要均衡调节它们之间的矛盾，当存储总费用最小时所对应的每次采购数量，即确定最经济的订货批量。其公式为：

$$Q^* = \sqrt{\frac{2RC_2}{C_1}}$$

其中，$Q*$ 为经济订货批量，C_2 为每次订货成本，C_1 为单位物资平均年度储存成本，R 为物资全年需要量。

三、饭店物资采购与验收管理

（一）饭店物资采购管理

物资采购管理是指为了保障饭店的正常运转，而对饭店所需物资采购进货活动的管理过程。

1. 采购管理的基本内容

（1）认真分析饭店所有业务活动的物资需要，依据市场情况，科学合理地确定采购物资的种类与数量，如表7-2所示。

表7-2　　年　月物资采购计划

年　月　日

编号	物资名称	规格型号	单位	数量				估计单价	金额	要货日期	采购目的用途和原因
				库存	最低储备	月消耗	计划采购				

总经理　　　　　　财务经理　　　　　　采购

表格一式三联，一联总经理，一联财务部经理，一联采购。

（2）根据饭店各业务部门对物资质量与价格的要求，选择最为合适的供货商，并及时订货或直接采购。

（3）控制采购活动全过程，堵塞每个环节中可能存在的管理漏洞，使物资采购按质、按价、按时到位。

（4）制定采购各种物资的严密程序、手续和制度，使控制工作环环有效。同时，建立科学的采购表单体系，为每一环节的工作流程留下可供查询的原始凭证，并以制度保证所有原始凭证得到妥善的收集、整理和保存，为饭店结付货款及物资管理的其他环节提供可靠的依据。

（5）制作并妥善保管与供货商之间的交易合同，保证合同合法有效并对饭店有利。

（6）协助财务部门做好饭店对供货商的货款清算工作。

2. 采购的基本过程

（1）确定采购程序。

①各物资使用部门或仓库管理人员根据经营需要填写请购单，如表7-3所示。

②仓库定期核算各类物资的库存量，若库存降至规定的订货点，仓库向采购部送

请购单，申请订购。

③由采购经理通盘考虑，对采购申请给予批准或部分批准。

④采购部根据已审核的采购申请向供货商订货，并给验收部、财务部各送一份订货单，以便收货和付款。

⑤供货商向仓库发送所需物资，并附上物资发货单。

⑥仓库经检验，将合格的物资送到仓库，并将相关的票单（检收单、发 货单）转到采购部。

⑦采购部将原始票据送到财务部，由财务部向供货商付款。

表 7-3　　　　采 购 申 请 单

要货部门________________

用货日期________________

制表人________________

库存数	上期单价及供应商	月度用量	物资名称及规格型号	数量	单价	总额	本期供应商

如需进口或特殊要求，请说明理由：

付款方式：

用途/理由：

采购经理	部门经理	财务部经理	总经理

表格一式二联，一联财务，一联申请部门，每联用不同颜色区分。

（2）选择采购方法。

饭店物资的采购方法主要有四种：

①市场直接采购。市场直接采购是指采购人员根据采购计划或请购单的具体要求直接与供货商洽谈，即刻采购所需物资。这种采购方法适合于那些采购次数频繁、批量较小、资源分散、新鲜度要求高、要求紧迫的物资的采购，饭店中许多鲜活原料都采用这种方法采购。但这种采购方式在产品紧缺时或高质量的食品供应不足的时候就失去了作用。

②预先订货采购。预先订货采购是饭店采购部根据采购计划或请购单的要求，谨慎选定供货商，与之签订合同，保证在规定的时间内将符合合同中规定的物资送到饭店指定的地点。

③一次停靠采购。一次停靠采购是饭店选择一家实力雄厚、品种齐全的饭店物资供应公司，以批发价向其订购饭店所需的大部分或者全部物资。这种采购方法大大节省了饭店采购部单独采购各种物资而消耗的人力、物力成本。

④集中采购。集中采购是指两家以上饭店联合起来成立物资采购中心，统一为其所属的饭店采购经营中所需的物资。它是饭店集团常用的一种采购方法，并被世界上许多非集团饭店效仿。其具体做法是：各饭店将需要采购的物资报送采购中心，采购中心将各饭店的同类需求物资的数量汇总向供货商订货，统一验收后分送到各饭店。这种采购方法不仅可以降低采购价格，而且还能减少采购管理费用，从而大大降低了各饭店的采购成本。

（3）合理选择供货商。为确保物质品质，饭店应重视供货商的选择工作，特别是在采购大宗物品时，宜采取公开招标的方式，增加采购的透明度。

饭店在对供货商进行评价时，尤其重视供货商资信程度的高低，一般应选择资信程度高的供货商或专业生产厂家。如饭店中常用的洋酒、香烟等物资，为防止购进伪劣商品，饭店可选择到总代理销售点或烟草总公司进行直接进货，减少中间流转环节。此外，饭店还应审核供货商所供“货物”的标准化程度，应尽量选用标准化产品，标准化产品必须符合星级评定标准、行业标准和各类工业生产标准。

（4）进行有效的采购谈判。采购谈判是采购的关键环节，若饭店采购涉及金额大，为保证其自身权益，最好聘请专职律师介入采购谈判。一方面借助律师的专业知识对供货商的资质进行审核，包括供货商的营业执照、税务登记证、资信等级等；另一方面需请律师对供货合同进行审核，着重审核违约责任，以确保饭店利益。

（5）加强采购凭证管理。对凭证进行保管，要求做到既保证采购凭证的安全和完整，又便于事后查缉。因此，采购部门要注意购物凭证的归档和保管。

①设专人专门保管各类凭证，包括供货者的交货通知单、发票、运单、各种费用单据、订购合同、请购单、订货单等。

②定期将采购凭证按日期装订成册并加具封面，按时归档。

③凡属因质差、量差、价差等问题所提出的全部或部分拒付理由书，应该附在有关凭证之后。

④凡向供货商提出索赔的书面异议书，应由采购部门的经办人员妥善保管，以便进一步与供货商协商解决。

⑤未经使用的空白购进凭证，如收货单，应由进货部门经办人员妥善保管，防止

丢失，并不得私自撕毁和处理。

（二）饭店物资验收管理

物资验收管理是指验收人员根据订货单及批准的请购单，检查所购物资是否符合质量、价格、数量、交货期等方面的要求，对合格物资准予入库，对不合格物资则拒收的管理过程。它能保障采购的物资按时、按质、按量、按价地入库。

1. 验收工作的内容

（1）检验。主要核查有物资采购的凭证、质量、数量、价格、时间等，如表7-4所示。

①凭证检验。凭证检验就是核查交货通知单上的物资品种、规格、数量、等级和价格等内容是否与订货单一致。

②时间检验。时间检验是检验交货期是否与订货单上的要求一致。

③数量检验。数量检验是检验实际到货物资数量是否与交货通知单及订货单一致。

④质量检验。质量检验是物资验收的核心内容，需要应用全面检验或抽样检验的方法以及相关的专业知识对不同的物资质量进行判断。

⑤价格检验。价格检验则是为了监督采购人员采购的物资是否与市场报价一致。

表7-4　　物资验收入库单

物资编号：　　　　　　NO：

合同编号：　　　　　　年　　月　　日

物资名称	规格型号	单位	数量		计划价格		实际价格	
			采购数	实收数	单价	金额	单价	金额
供应单位					运杂费			
备注								

部门经理：　　　验收：　　　保管：　　　采购：

一式四联，一联采购，一联仓库，一联财务报销，一联仓库转财务，每联用颜色区分。

（2）收货。通过上述的五项检验后，合格的物资将允许入库，验收员要做详细记录，填写验收清单及进货日报表，并将这些物资分类后及时入库或发放给相关的使用部门。

2. 验收工作的程序

（1）前期准备工作。采购员采购任务完成后，应及时将订货单转给验收部门，并将采购物资的基本情况通知验收负责人。验收人员应将订货单与财务部门转送的经批准的请购单相对照，若订购内容与上级批准的采购内容有出入，应及时向财务部门报告。

验收管理人员应在物资到达验收点前督促下属安排好相应的物资验收位置和具体的验收人员，检查验收人员是否已准备好订货单，以便与到店物资核对，同时准备好各类验收设备工具、验收场地，确定验收范围。

（2）验收操作，物资入库。当物资到店后，验收人员要根据订货单或订货合同的内容点数货物的件数，逐个检查密封容器是否有启封的痕迹，逐个称量货物的重量，特别是检查袋装物品的内容、重量是否和袋上印刷的相一致，以防名实不符。在清点数量时，验收人员必须使用专用戳，在点数过的物资包装上加盖印章，以防重复点数或漏点。验收人员要按照饭店采购规格书上所规定的质量标准检查和测试货物的外观及内在质量是否完全合乎要求，此外还要逐个检查物品的规格是否符合要求。

在对全部货物进行测试、检验、清点之后，若发现问题，要当场向送货者提出交涉，并作出相应的处理，包括拒收及由双方签字认可。对完全符合要求的货物要尽快选择仓储位置或发放给使用部门使用，不要让货物在验收地点长时间存放，这会由于不具备必需的储存条件而影响物资质量，而且也不安全。

（3）记录验收结果。验收人员最终以书面的形式阐述验收情况，包括签填验收单据和形成验收报告及进货日报表。

3. 拒收管理

拒收是指物资验收人员在验收过程中，对照有关标准，发现有严重出入时，拒绝物资入库或进入生产领域。拒收应填写拒收通知单，写明拒收理由，经送货方和验收方签字，将拒收通知单和物资以及有关凭证一同退回。在处理拒收问题时，必须特别注意以下几点：

（1）要认识到这只是交易过程中常见的问题，而不是供购双方的纠纷。故饭店应在坚持原则的前提下尽量保持与供货商及送货者之间的良好关系，以良好的态度向送货人耐心解释拒收的原因，为可能给他们带来的额外工作负担表示歉意。

（2）在退货通知单上要详尽写明退货的原因，并请送货人签字证明，为与供货商的进一步交涉留下原始凭证。

（3）要尽快告知饭店的采购部门和相关的物资使用部门，敦促他们及时寻找替代品。

四、饭店物资仓储与发放管理

（一）饭店物资仓储管理

饭店物资仓储管理是指物资从入库到出库之间的完整的管理和控制过程，它从验收物资开始，将各类物资合理储存，保障库存物资的数量安全与质量安全，并进行物资出库控制，其工作流程图如图 7－1 所示。

1. 仓储管理的对象

仓储管理的对象是所有购入后未马上投入使用的在库物资及与其相关的凭据和信息资料。不经过仓库直接进入使用部门的物资不属于仓储管理的对象，这些物资一般

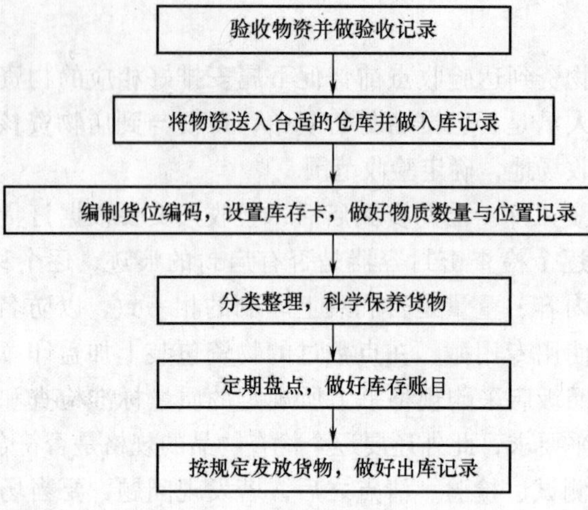

图 7-1　仓储管理工作程序

包括：

（1）饭店所需的鲜活类物资，可直接由供货商送到使用部门，以保证物资的鲜活度。

（2）饭店每日所需但需求量无法准确估计的新鲜食品，如面包、牛奶等。

（3）业务部门在经营过程中随市场新形势而产生的新的物资需求，由于不知销售效果如何，只能少量购进试销，因此不必储存。

（4）供应暂时间断对经营活动的正常进行影响不大而货源又不十分难寻的物资，如操作工具。

2. 仓储管理的内容

（1）安排适当的仓储场所。确定饭店的各种物资在各自相应的仓储场所储藏，这是仓储管理工作的第一步，它关系到物资仓储的质量和仓储管理的效率。通常要遵循物资导向原则、就近选库原则。

（2）入库存放。物资入库后必须进行合理的堆放。为充分使用仓库现有的一切仓储条件，物资的堆放必须遵循一定的原则进行，以使现有物资得到妥善保管，并且加大仓库利用率，减少仓储成本。

①经济合理原则。这一原则的出发点是仓储的经济性，即从节省仓储成本出发。贯彻这一原则，可最大限度地利用仓库、节约人力成本，如方便存放、方便盘点、方便取料、方便清扫。

②技术合理原则。这一原则从物资的质量要求出发，在堆放物资时必须根据物资的性质、形状、包装、轻重等因素，将货物堆码成一定形式的货垛，以保护物资，如玻璃器皿要竖放，橡胶物品要挂起来，新鲜物资要密封等。

③方便点数、盘存原则。这一原则的出发点是方便物资的数量控制。物资在堆放时要讲究合理、牢固、定量、整齐、节约、方便。常见的堆放方法是“五五制堆放”，即以五或五的倍数在固定区域内堆放，使物资“五五成行，五五成方，五五成包，五

五成堆，五五成层”，做到堆放横竖对齐，上下垂直，过目知数。

（3）物资保管。物资保管的目的是使物资在仓储期间尽量不发生或少发生各种减量，使所有入库物资都能真正为饭店经营活动服务。

①保证数量。在仓储周期内保证物资在数量上完整无缺，品种不混淆，将仓储期内物资的自然减量控制在最低水平。这就要注意物资的安全保管，要求仓储人员实施各种安全措施。

②保证质量。经验收入库后的物资，基本上是不存在质量问题的。在保管期间，要注意防止产生新的质量问题，即要提高保管质量。保证库存物资质量的方法有：先进先出、保持良好的仓储环境、加强仓储物资的养护管理、做好库存物资的检查工作。

总之，在保管物资时，应该做到“五保三化”，即保量、保质、保安全、保成本、保急用，仓库规范化、存放系列化、保养经常化，这样才能使物资仓储管理科学化。

3. 仓储财务管理

物资由外到内的流动过程，和财务管理关系密切的环节有采购环节与仓储环节。采购环节是以钱换物，而仓储环节是以钱养物。研究仓储财务管理的目的就是探讨如何以最小的开支提高仓储管理效率，最终节约仓储成本。

（1）仓储账务管理。仓储管理的一项工作内容是为所有物资建立卡、账，设立账务系统，随时记录物资的流动情况及在库情况，这就是饭店仓储的账务管理。进行账务管理有利于控制存货量、决定订货量、计算发货量、确定成本和审核。

（2）库存盘点。盘点，又叫盘存，是仓储管理人员对库存物资进行仔细的点数清查，将实际库存数与物资保管账目相核对，以保持库存物资不发生数量缺损。通过盘点，能够使仓储管理人员及时发现库存物资数量上的溢余、短缺、规格互串等问题，以及时采取措施，挽回和减少损失。

盘点不仅是点数量，还应该检查物资有无质量变化，或是从账、物核对结果中了解哪些物资库存不足、需及时购进，哪些物资超储、需及时利用或处理。这些对科学的仓储管理都非常重要。具体的盘点方式有：

①日常盘点。日常盘点通常称为“日动碰”，即每日对当天有进出的货架层进行及时盘点，将实际物资数量与账目结存数相对照。

②定期盘点。定期盘点又称实地盘存，是定期（一般是每月一次）对每种物资在库量进行清点。

③延期盘存。按价值将已盘存获得的库存量顺推或倒推到年度结算之日。

④临时盘点。这是指遇特殊情况时所进行的临时、突击性盘点。如保管员调动前交接时或管理人员对库存产生疑问时，都会进行盘点。

（二）饭店物资发放管理

1. 物资发放的程序

（1）点交。部门在领取物资时必须每次填写请领单，如表7－5所示。仓库接到请领单后要认真检查单上所列物品的名称、规格、等级是否与库存物品相符，凭证字迹是否清楚，有无涂改现象，印章是否齐全，领料日期是否正确。审查无误，即可将待发物资发放给请领部门，同时根据实际发出的物资品种、规格、数量等填制必要的物资发放单据。

（2）清理。物资点交工作结束之后，仓储人员需进行内部清理，主要有账面上的清理、地面的清理、物资管理。账面清理是要做相关的文字记录、数据统计，以便为后续盘存提供信息，同时能时刻掌握在库物资的情况；地面清理是进行清洁、整理工作，保证库内环境卫生；物资管理是对一些开箱或开包物资进行清理，谨防由此引起物资消耗。

表7－5 **物资领用单**

领用部门：　　　　　　　　　　　　　　NO：

物资编号：　　　　　　　　　　　　　　年　月　日

物资名称	规格型号	单位	数量		金额	
			请领数	实发数	单价	金额
备注						

保管员：　　领用部门经理：　　领用人：　　财务：

表格一式四联，一联仓库，一联财务，一联部门留存，一联计划，每联用不同颜色区分。

（3）复核。为防止物资发放过程中出现差错，仓库发货人员必须对物资发放作业过程中的每一个环节仔细地进行自查、复查，层层复核。在物品齐备准备发放时，按照“动碰复核”的要求，一方面复核发货单与实发物资是否相符，另一方面要复核货位结存量来验证出库物资的品种、数量是否正确。发货人员自查后，还应由专职或兼职的复核员在搬运过程中进行复核。凡未经复核、单货不符或手续不全的物资都不能准予出库。

（4）原料计价。原料计价是饭店每日成本核算的重要环节。仓库在发放各类物资时，应在物资请领单上填写各类物资的购入单价，并计算出所领物资的总价，以便成本核算。

2. 物资发放的原则与制度

（1）先进先出原则。要求物资发放人在发货时仔细验查进货账目和货架标签，先发早入仓库的物资，目的是防止物资久置导致老化，从而影响物资质量。

（2）保证经营原则。饭店仓库中储存的物资种类繁多，适应不同部门、不同岗位的需求。因此，物资发放工作人员在每日规定的发料时间内常常十分繁忙，面临多个部门同时领料的情况。在这种情况下，急用、急需物资应先备料、先分配，以保证生产经营的连续性。

（3）补料审批制度。在饭店经营过程中，饭店前台接待部门常常会因为业务的变化而出现某类物资紧缺的情况。这时就不能按照常规填制正规的领料单据，并逐项办理领料审批手续；而应特事特办，以保障前台业务顺利进行。

另一种情况是部门工作人员凭手续齐全的请领单到仓库领料时，仓库经审核准予发放，但发现存货不足，只能发放其中一部分物料。这时，需填制反映实际领料情况的发货单，当仓库进货后，再通知部门补领。补领时虽不用再次履行请领手续，但必须补作补领手续。

（4）退库核错制度。由于计划变更或其他原因，物资使用部门发生物资剩余，这时，应将这些剩料退回仓库，并办理退料登记手续。

（5）以旧换新制度。为防止物资未用完就领取新物资的浪费行为，在物资发放管理中应对一些用量较大或价值较高的多次耗用物资采用以旧换新的领用制度，如客房棉织品应报废后再发新品，并统一处理报废物资。同时，许多物资的盛装器皿具有回收价值，饭店物资管理部门应通过制定以旧换新制度全面回收和处理，减少浪费。

3. 物资发放管理的重点

（1）审批人环节。审批人是物资发放的把关人，从根本上控制着物资发放的量。审批人是根据需求量的客观性进行物资审批的。饭店必须以制度的形式确定物资分配的各级审批人。审批人平时应注意和基层保持密切的联系，掌握物资使用情况的动态信息，以动态的眼光来把握好物资分配量。

（2）执行人环节。执行人环节涉及物资发放过程的各个方面的工作人员，包括仓储管理人员（发料人）、核算员和部门领料人员。

（3）发货区域。有条件的饭店应在仓储空间之外到仓库大门之间设置专门的发货区域。发货人员将需发放的物资搬运到发货区域，领货人在此区域点数交割，而不能直接进入仓库领料。这是防止物资发放出差错的重要手段。

（4）发货时间。发货时间可根据物资的用途，采取定时和不定时相结合的办法。

（5）货物交接。发货人员与部门领货人员之间的物资交接是物资发放管理的最后环节。若这一环节中出现了差错，就会给仓库账目及部门的成本核算等许多管理环节造成混乱，事后发现差错时，又会因为物资已投入使用而难以查清责任。因此，在进行物资交接时，收受双方都必须按照发货单和领料单复核检查，清点所发物资的品种、规格和数量，确保无差错时才准予出库。

（6）物资数量短缺问题。物资入库时一般都是批量入库的，以重量为计量单位的物资入库时都是大秤进，发放时则因执行限量分配制度，要小秤出，这就很容易出现物资数量的短缺、重量流失问题。为此，我们必须为每一种物资的收发制定合理的损耗率，并对整进零出的物资预先进行拆零包装，以达到减少损失的目的。

第二节　饭店设备管理

设备是饭店产品的重要组成部分，是饭店进行经营业务活动必要的物质条件。设备的先进与落后及完好率直接影响饭店的档次和服务质量。因此，做好设备管理工作对饭店来说是非常重要的。

一、饭店设备管理概述

（一）饭店设备

饭店设备是饭店在生产经营活动中，长期、多次使用的机器、机具、仪器、仪表等物质技术装备的总称，被列为企业的固定资产。

1. 饭店设备的分类

（1）按固定资产管理的要求划分。饭店财务部门的管理着重于资产管理，饭店的固定资产可分为：房屋、建筑物；机器设备；交通工具；家具设备；电器、影视设备；文体、娱乐设备；其他设备。

（2）按技术管理的要求划分。饭店设备大部分由工程部来管理，从技术设备的要求出发进行分类有利于工程人员的管理和维修维护。具体可分为：

①供应设备：包括为饭店各部门供电、水、气的设备，如锅炉、冷冻机、通风设备、热交换器、冷热水箱、冷冻库以及与之配套的管道系统。

②供电设备：主要是供电和用电设备，包括变配电设备、供电系统及用电设备。

③通信设备：电话、传真、电传等通信设备。

④系统设备：包括各种通过管线或其他方式联系而成系统的各种使用设备，如上下水道管道，排污、音响、闭路电视管线等。

⑤电梯设备：电梯、自动扶梯等垂直交通运输设备。

⑥消防报警系统：报警系统和消防供水系统及各式消防器材。

⑦电视系统设备。

⑧音响设备。

⑨计算机管理系统。

⑩楼宇管理系统等。

（3）按设备工作性质划分。各设备系统的工作设备数量多、分布广，为便于各使用部门的管理，可将工作设备按照设备的工作性质进行分类。

①待服务用设备：各前台服务部门用的服务设备，如服务车、行李车、客房供应品、餐厅餐具等。

②厨房设备：厨房用各种烹调、制作设备、冰箱等。

③家具设备：用于接待宾客、行政办公及其他用途的各类家具设备及家用电器。

④清洁卫生设备：包括清洁和洗涤设备，如洗衣房全套设备、吸尘器、打蜡机、洗地毯机、洗碗机等。

⑤娱乐健身设备：供宾客娱乐或健身的设备设施，如网球场、保龄球、蒸汽浴、游泳池、健身房设备、台球房等。

⑥办公设备：包括电脑设备，饭店的电脑、计算机系统等。

⑦洗衣设备。

⑧维修设备。

2. 饭店设备的寿命

设备根据管理的需要，可以从不同角度进行分类，主要有以下四种：

（1）物质寿命。设备的物质寿命又称自然寿命（有形磨损）。它是指设备从全新状态开始，由于物质磨损而逐渐丧失工作性能，直到不能使用而报废为止的全部时间。设备的磨损可以通过维修、更新得到补偿，从而延长设备的物质寿命。通常情况下，设备使用的时间越长，其技术状况越差，维修费用也会越多，因此，过分地延长设备的物质寿命在经济上、技术上都是不合理的。

(2）技术寿命。设备的技术寿命是指设备从研制成功，到技术落后被淘汰为止的全部时间。随着科学技术的发展和饭店对设备先进性的要求，使得饭店设备的技术寿命逐渐缩短，从而导致了饭店经营成本的增加。

(3）经济寿命。设备的经济寿命又称价值寿命。它是指设备从运行开始到由于磨损而需要维修在经济上不划算而被淘汰的时间。通常情况下，设备的经济寿命越长，经营成本就越低。如果能够对设备进行有效的维护和保养，在计提完折旧以后仍然可以正常地运行，就可以使得饭店的经营成本降到最低点。

(4）折旧寿命。设备的折旧寿命是以经济使用寿命为基础，根据规定的折旧率和折旧方法进行折旧，直到设备的净值为零的全部时间。它与设备的物质寿命不同，有时设备的净值已经为零，但其物质寿命依然存在；也有时设备在规定的折旧寿命未到，但物质寿命就已经结束了。现在，国家规定了各类设备的折旧年限范围，饭店必须从实际出发，为各类设备确定一个合理的折旧寿命。

(二）饭店设备管理

饭店设备管理是指饭店全体员工在设备最高综合效益目标指导下，运用科学的管理方法对各种设备系统从选购、安装开始，经过使用、维护保养、更新改造，直至报废为止的全过程管理活动。设备管理工作的好坏与饭店能否正常运行有着密切的关系。

1. 饭店设备管理的作用

(1）加强设备管理，可以提高饭店产品质量。饭店的产品是由无形的服务和有形的物资与设施设备共同组成的，因此，设备设施的状况直接影响到饭店产品的质量。从目前的市场需求看，设施设备的好坏对产品质量的影响比无形服务更大。近几年来，由于饭店对设备管理不够重视，导致了设备质量的下降，从而引起了客人不断的投诉，使得饭店经济效益走低。因此，饭店必须加大对设备的管理，不断提高饭店的产品质量，才能取得更大经济效益。

(2）加强设备管理，可以降低饭店的经营费用。饭店设备的购置和运行费用较高，设备的购置费占到总投资费用的35% ~55%，而运行费用则占经营总费用的15%左右，是饭店除人力成本外最大的一项费用。通过加强设备管理，可以减少设备故障，降低设备能源消耗，减少环境污染，从而降低饭店的经营费用。

(3）加强设备管理，可以提高饭店的管理水平。由于饭店提供多种服务，使饭店管理变得比较复杂，饭店管理水平的提高需要依靠管理设备、操作服务设备的有力支持。为管理提供服务的设备系统的先进程度直接决定了饭店管理水平的高低。因此，只有加强设备管理，才能提高设备的性能，提高设备系统的先进程度，进而提高饭店的管理水平。

2. 饭店设备管理的特点

(1）综合管理能力强。饭店设备的现代化管理已不仅局限于维修保养的纯技术工作，还涉及设备的经济分析和大量的组织、协调等方面的工作。譬如，购置设备前所进行的可行性论证，计划的编制，劳动力的组织与安排，与各部门的协调，设备管理的考核、检查、评比以及有关对外联络等工作。可见，饭店设备的现代化管理工作涉及面广，对综合管理能力要求高。

（2）技术水平要求高。由饭店设备的分类中，可以看出饭店设备种类多、规格、型号各异、价值构成区别大、技术性强，使用方法和维修保养的要求也不相同。这就要求饭店设备管理的相关人员不仅要掌握机械、电器、电子和计算机等各种专业技术，而且还要懂得和运用设备维修、保养等方面的管理技巧和知识。

（3）管理效率要求高。饭店大量的设备供客人直接使用，这给设备的质量提出了较高的要求。但是，设备在众多的客人长时间使用过程中，有可能存在着突发的、意外的故障和缺陷。一旦出现，必须立即进行解决和处理，以最快的速度给客人解决不必要的麻烦。这就要求饭店设备管理部门必须建立畅通的信息渠道，掌握精湛的业务技术，准备好各种维修器材，随时为客人服务、达到客人的满意。

（4）员工参与性强。饭店设备分布在各个部门，由各部门的员工使用。传统的观点认为，设备的管理、维修和保养等工作都是由工程部的员工完成的，但实际上，设备使用时间最长、次数最多的人是各部门的员工。因此，饭店设备管理工作，员工必须要积极地参与，实行全员管理。

3. 设备管理制度

设备管理制度是依据设备综合管理的思想，对设备在技术上、经济上和组织上进行系统管理时所做的规定，以保持设备的完好，不断提高饭店技术装备的素质，达到设备寿命周期费用最小化的目的。设备管理制度主要有以下内容：设备安装、调试、验收制度、设备使用和维护保养制度、设备的维修管理制度、设备的润滑管理制度、设备的事故管理制度、设备改造与更新制度、备品备件管理制度、饭店能源管理制度、设备运行中污染预防制度、教育与培训制度、检查与评比制度等。

补充资料

某五星级饭店设备设施例行保养制度

1. 设备设施的操作人员对本岗位的设备，应每天进行巡回检查例行保养，并做好巡回检查例行保养记录。

2. 在巡回检查中，如发现事故隐患，除做好记录外，还应及时向领班汇报。领班视情况立即解决并向主管或部门领导汇报。

3. 各班组例行保养人员应认真点检巡回检查中的例行保养项目，并认真做好各种记录。

4. 操作人员应通过眼看、手摸、耳听、鼻嗅、身体感觉等不同手段对本岗位的设备，按点检项目和要求认真点检，每天不少于两次。

5. 每台设备的点检记录、维修记录应由领班每月汇总一次，领班或主管必须在每月底整理收齐，装订成册，妥善保管。

6. 各有关主管按各种点检和维修记录汇总情况，安排对部分运行不良的设备复查维修，凡需停机检修的设备，应列入维修计划，经工程部领导批准后，再安排停机修理。

某五星级饭店备品备件管理制度

1. 酒店设备的备品备件管理由工程部统一编号、建卡、设账、领用、封存、调拨等管理。

2. 备品备件储备，应根据各种设备的多少及机件易损程度，由工程部确定各种常用的备品备件最低储备量，特殊设备的备件由工程部根据设备保养计划和实际维修情况及饭店要求，编造申请购买计划，仓库最低储备量每年调整一次。

3. 对有些特殊设备确定需要备品备件和各种维修、安装多余的材料，由班组领班负责统一登记、建卡、保管，每季向部门申报一次，做到账、卡、物相符。

4. 备品备件应加强保管，保持整洁，防止损坏，生锈或遗失，使用备品备件要有用途记录。

4. 设备管理工作内容

(1) 为设备的购置决策提供有效的信息，包括有关的技术、价格、适用性、可靠性、维修性评价、投资回收评价等信息。

(2) 对饭店所有设备的安装、调试、试运行进行管理。

(3) 建立饭店设备的基础资料，建立健全设备档案和管理制度。

(4) 对设备的操作、使用进行管理，其中对由工程部员工操作的设备实施直接管理，对由其他部门操作使用的设备实施监督管理的职能。

(5) 对所有设备进行计划维修，并承担设备应急维修的职责。

(6) 对报废设备进行技术鉴定，为设备报废提供依据。

为了更清晰地了解和掌握饭店设备管理的内容，我们将以设备的使用为界线，从设备的使用前后，来介绍设备管理的相关内容。使用前的管理工作包括设备的选择、购置、安装、调试、试运行、基础资料管理；使用后的管理工作包括设备的使用、维护、保养、更新、改造等。

二、饭店设备的选择和购置

(一) 设备选择的原则

饭店在选择和购买设备时主要有以下几个原则。

1. 经营适用原则

经营适用原则是指饭店在选择和购买设备时，要结合饭店的实际情况，考虑饭店经营接待能力、饭店的等级和档次等因素。

2. 技术先进原则

技术先进原则是指饭店所选择的设备应尽可能具有先进的技术，满足饭店的管理效率和宾客的舒适性要求。

3. 经济合理原则

经济合理原则是指饭店选择设备时，应该考虑到投入和产出的比例，也就是投资与效益之间的关系，从而取得良好的投资效益。

4. 安全运行原则

安全运行原则是饭店在选择设备时要考虑到其运行中的安全因素，包括各种安全措施、必备的安全装置和附件及其本身的安全性能等。设备若安全运行才能保证设备的使用人安全。

5. 便于维修原则

便于维修原则是指饭店选择设备时，要考虑到饭店的维修技术力量与设备的技术力量是否相匹配，或者饭店能否很容易找到设备维修点，接受设备维修服务。

6. 节能环保原则

节能性是指设备的能源利用率高。饭店在选择一些动能设备时，更要考虑其节能性。

环保性是指设备本身以及设备的运行是否会对环境造成破坏。环境保护是人类生存和社会发展的前提，越来越受到人们的关注，饭店在选择设备时要注意选择污染物排放少、能源利用率高、可使用清洁能源等的环保设备。

（二）设备的购置

设备的购置，从物质形态上考察，就是使新设备从饭店外部，经过选购运输进入企业的过程，设备购置要考虑以下几个方面。

1. 设备的采购方式

通常情况下设备的采购方式有两种：一种是由采购部统一采购；另一种是由工程部自行采购。

2. 设备的采购信息

设备的采购决策需要信息的支持。这些信息不仅仅是产品的价格、质量信息，对决策而言，更重要的是要获得新技术、优良技术信息和供应商信息。

3. 设备的采购标准

设备采购时要有明确的采购标准。为此，饭店内部要建立数据库，逐步建立并完善设备采购标准，详细说明设备、备件、附件、工具等的规格、型号、品牌、材料等各种参数。

4. 设备的采购合同

饭店在与供应商签订设备采购合同时，必须明确采购合同的内容，这些内容主要有：设备具体规格、技术性能及专门要求；设备附件的要求；设备用途和加工范围的要求；操作性能、结构合理性要求；安全防护装置的要求；交货期、付款方式的要求；技术培训与服务，包括备件、图纸资料、维修作业指导书等。

三、饭店设备的验收、安装与调试和试运行

1. 设备验收

在设备运抵饭店后，应及时组织设备的验收。一般可以由采购部组织财务部、工程部、设备备品仓库、档案室以及使用部门的有关人员进行开箱验收，分别对设备的价格、单据、合同、质量、技术、备品备件、技术资料及时进行核对，使验收工作充分有效。如是进口设备，则必须由海关开箱，按合同、报关单、品名、规格、数量进行检查，还应由商检局依法检查设备质量，并出具检验报告。

2. 设备的安装和调试

设备安装工作就是按照设备工艺平面布置图及有关安装技术要求，将已到货并经

开箱检查的设备安装在规定的基础上，达到安装规范的技术要求，并通过调试、运转，使之满足生产工艺和服务的要求。设备的安装任务可以由饭店工程部承担，也可以委托给专业安装单位进行。

设备安装完后，要进行调试，以确保能正常运行。调试工作包括：设备的全面清洗和检查，零部件间隙的调整、润滑，试车。设备的调试也是对设备安装质量的检查。

3. 设备试运行

设备试运行是指设备在安装完后到正式使用前的运行阶段。在这一阶段，零部件处于磨合状态，使用人员对设备性能不熟悉，操作不熟练，而且设备在设计、安装、调试中可能存在问题。因此，必须要对设备试运行，其主要工作包括：对设备的运转状况进行观察、记录和分析；对典型故障和零部件失效情况进行研究，提出改善措施和对策；对设备设计、制造或安装中存在的缺陷提出改进建议；对设备的运行费用和效果进行经济分析，并做出评价；对操作人员进行维护保养方面的技术培训。

四、饭店设备资产管理

饭店设备资产管理指对饭店设备财产的形态和状况进行管理，了解饭店设备财产的分配、归属、运行状况，为固定资产的折旧和大修理计划的制定提供依据。

（一）设备编号

饭店设备种类多、分布广，为了便于管理，应对所有设备进行分类编号。设备的编号由两部分构成：基本编号和附加编号。基本编号用于区分不同种类的设备，而附加编号则根据管理的需要进行增减。

（二）设备资产登记

每台设备进店后都应进行设备登记，形成设备资产管理的基础资料，包括设备台账、设备卡片和设备档案等。

1. 设备台账

设备台账是掌握饭店设备资产情况、反映饭店各种类型设备拥有量、设备分布及变动情况的主要依据。有三种编制形式：按购入时间先后形成财务部的固定资产台账、按使用时间形成使用部门设备使用台账、按设备的系统顺序形成工程部的设备系统台账。

2. 设备卡片

设备卡片是设备资产的凭证，在设备验收移交、正式运行时，工程部、财务部以及使用部门应建立相应的设备卡片。财务部设立设备固定资产卡片反映设备的价值变动情况，包括设备每年计提的折旧额、净值等。工程部建立设备的技术卡片用来反映设备的基本技术参数和技术状况的变动，如设备的维修状况、故障分析等。设备的使用部门设立设备使用卡片反映设备的基本情况，并详细说明设备的操作规程和维护规程，是设备使用部门管理设备和培训员工的重要依据。

3. 设备铭牌

为了使设备的台账、卡片和实物一一对应，饭店应对每台设备制作铭牌，钉在设备的显著位置。铭牌的内容主要包括设备名称、设备编号、安装日期等。

4. 设备档案

设备档案是设备运动过程中和对设备运动全过程管理（包括技术管理和经济管理）所产生的所有文字、图纸、图表、照片、录像等资料的集合，它记录了设备一生的运动情况。饭店中的主要设备以及各设备系统都要建立技术档案。设备档案主要包括：设备系统工程设计资料及施工图纸；设备随箱技术文件；设备安装及验收过程中产生的技术文件；设备使用过程中产生的技术文件；设备检修、改造过程中产生的技术文件等内容，如表 7－6 所示。

表 7－6　　如家酒店设备档案表

店名：__________　　立档案日期：__________

设备名称		型号		始用日期	
制造厂		出厂编号		出厂日期	

主要技术规格及参数

随机附件

名　称	规格型号	制造厂	单位	数量
保养单位		联系电话		

保 养 记 录

日期	保养内容	保养部门	负责人签名

维 修 记 录

日期	维修内容	更换零件	维修部门及维修人

五、饭店设备的使用、维护保养和维修

(一) 饭店设备的使用

1. 设备使用管理的目的

设备使用管理的目的是使设备处于完好的技术状态。设备的技术状态是指设备所具有的工作能力，包括性能、精度、效率、安全、环保、能源消耗等所处的状态及变化情况。饭店设备技术状态必须达到完好的标准。完好标准主要包括以下三个方面：

(1) 性能良好。性能良好是指动力设备的功能达到原设计或规定的标准，运转时无超温、超压现象；机电设备的性能稳定，能满足饭店经营的需要。

(2) 运行正常。运行正常包括设备零部件齐全，安全防护装置良好；磨损、腐蚀程度不超过规定的技术标准；控制系统、计量仪器、仪表和润滑系统工作正常，安全可靠。

(3) 能耗正常。能耗正常是指设备在运行过程中，燃料、电能、润滑油等消耗正常，无跑电、冒汽、漏油、滴水现象。

2. 设备使用管理的基本要求

根据设备全员管理思想，设备使用管理的基本要求是“三好、四会、五项纪律”。

(1) 部门要做到“三好”。各部门负责人在业务运行中，对设备负有重要职责。每一个设备使用部门都要做到“三好”，即“管好、用好、维护好”设备。

①管好设备。管好设备是指每个部门必须管好本部门所使用的设备。具体的工作包括：部门管理者要掌握本部门所有设备的使用、运行、维护等状况，对设备使用、维护过程实施监督、控制；建立完善的设备基础资料；对员工进行设备使用的培训，并对使用设备的状况进行指导和检查；与工程部配合实施设备的计划保养；设备责任人要对所有使用的设备负责。

②用好设备。用好设备是指所有的设备都能得到正确的使用。

③维护好设备。维护好设备是指部门要建立设备维护的保养制度，定期开展设备维护保养工作，同时要加强对封存、租用、转借、报废设备的动态管理。

(2) 员工要做到“四会”。设备管理是全员参与的工作。设备的操作与维护状况直接关系到设备运行的状况，所以，要求每一个设备操作、使用人员做到“四会”。具体内容如下：

①会使用。会使用是指每一个设备操作、使用人员都应熟悉设备的用途，掌握设备的操作规程，正确使用设备。

②会维护。会维护是指每一个设备操作、使用人员要学习和执行设备维护规程，做到设备维护的四项要求：整齐、清洁、润滑、安全。

③会检查。会检查要求员工了解自己所用设备的结构、性能，饭店主要设备的运行值班人员要了解设备易损零件的部位，熟悉日常点检检查的项目、标准和方法，并能按规定要求进行点检。

④会排除一般故障。工程部及其他部门重要设备的运行值班人员，要懂得所用设备的特点，能鉴别设备正常与异常现象，懂得拆装方法，会做一般的调整和简单故障

的排除，自己解决不了的问题要及时报告，并协同维修人员进行检修。

（3）操作者要执行“五项纪律”

纪律是管好、用好设备的保证。每一个操作人员都应严格执行“五项纪律”。五项纪律包括：

①实行定人定机、凭证操作制度，严格遵守安全技术操作规程。

②经常保持设备清洁，按规定加油，做到没完成润滑工作不开车，没完成清洁工作不下班。

③认真执行交接班制度，做好交接班记录及运转台时记录。

④管理好工具、附件，不能遗失、损坏。

⑤不准在设备运行时离开岗位，发现异常的声音和故障应立即停车检查，自己不能处理的应及时通知维修工人检修。

（二）饭店设备的维护和保养

设备的维护和保养是指员工为了保持设备的正常技术状态，延长设备使用寿命而必须进行的日常工作，它是设备管理的重要内容。

设备维护保养必须达到的四项基本要求：整齐、清洁、润滑、安全。

（1）日常维护保养。设备的日常维护保养是设备最基本的保养，又称为例行保养。日常保养又分为每班保养和周末保养。

①每班保养。它的主要工作是对设备进行清洁、润滑和点检。

②周末保养。它要求用1~2小时的时间对设备进行彻底清洁、擦拭和上油。日常保养工作一般由设备的使用、操作人员完成。

（2）定期维护保养。设备的定期维护保养是指由工程部编制设备维护计划，由专业设备维修人员实施的对设备的维护、修理工作。设备定期维护保养的间隔时间视设备的结构情况和运行状况而定。

设备的定期维护保养根据保养工作的深度、广度和工作量可分为一级保养和二级保养。

①一级保养。它的工作内容包括对设备的全面清洁，沟通油路，调整配合间隙，紧固螺栓、螺帽及对有关部位进行必要的检查。

②二级保养。它的工作内容除了“一保”的内容外，还要对设备进行局部解体检查，清洗换油，修复或更换磨损的零部件，排除故障，恢复局部工作精度，检查并修理电气系统等。

补充资料

如家酒店设备设施的日常保养制度

1. 保养前应切断电源，悬挂“有人工作，禁止合闸”标志牌。
2. 对设备部分零部件进行拆卸清洗，调整部件间隙。
3. 除去设备的表面黄锈斑、油污，检查润滑油路，保持畅通不漏。
4. 清扫电器箱、电动机、电器装置、安全防护罩等，保证整洁、牢固。

5. 对低压电器控制箱、控制柜电器部件进行紧固、检测。

6. 清洗过滤器并对设备的排污装置进行清理。

7. 对电动机、传动器清洗换油，修复或更换易损件。

8. 修复酒店的房间门窗、地面、墙壁等各种设施，保证设备设施的完好率。

9. 检查所有的应急照明、疏散指示标志，并对内部蓄电池进行充放电保养。

10. 检查灭火器、防火阀、防火卷帘门、正压风机等机械防排烟设备是否正常工作。

11. 检查水泵、闸阀、止回阀、开关是否灵敏，密封是否良好，水泵每周轮换运行。

12. 定期检查水箱保温状况、水位状况、进水控制阀状况、水泵的自控装置是否良好，每年清洗水池两次，时间为5月份和9月份。

13. 定期检查管道防腐蚀保护漆的状况、保温状况、阀门工作状况。

（三）饭店设备的维修

设备在使用甚至闲置的过程中，总会受到外力和环境的影响而发生磨损。设备的磨损有很多种类型，有的磨损需要维修来补偿，而有的磨损需要更新改造来补偿。因此，为了更好地理解设备的维修和后续的更新改造，下面先介绍有关设备磨损的相关知识。

1. 设备的磨损

（1）设备磨损的基本类型。设备磨损可以分为两大类型，即有形磨损和无形磨损。

1）有形磨损。它是设备实体上的磨损，又称为物质磨损，分为机械磨损和自然磨损。

①机械磨损。它是由于受到外力作用（如摩擦、冲击、振动、高温、高压等）而产生的实体形态上的磨损。

②自然磨损。它是由于受到种种自然力的作用，出现生锈、腐蚀、老化、变质，引起设备精度和工作能力的降低乃至丧失，这种由于自然力造成的磨损。

2）无形磨损。它是设备实体形态上看不见的磨损，又称为精神磨损，分为经济磨损和技术磨损。

①经济磨损。它是由于设备制造部门的生产技术与管理水平不断提高，消耗降低，设备的生产费用降低，使得生产同样机器设备的价格下降。这种设备原价与现价的差额造成的原有设备的贬值就叫作经济磨损。

②技术磨损。它是由于科学技术的发展，不断涌现出结构更先进、性能更完善、生产效率更高、原材料和能源消耗更少的新型设备，使得原有设备在技术上变得陈旧落后，这种价值损失就是设备的技术磨损。

实际上，设备在其全部使用期内同时存在有形磨损和无形磨损，形成设备的综合磨损。设备的磨损状况一般由设备综合磨损程度来衡量。

（2）设备磨损的补偿。由于设备存在磨损，为了使其处于良好的技术状态，保证饭店的正常经营，饭店必须及时对设备的种种磨损进行相应的补偿。

设备磨损形式不同，补偿方法也不同。设备磨损的补偿分为局部补偿和完全补偿。

设备有形磨损的局部补偿是维修，通过修理或更换磨损零部件，恢复设备原有的精度与技术性能。设备无形磨损的补偿分为两种情况：设备的经济磨损并不引起原有本身技术性能的降低和使用费用的升高，因而不需要进行补偿。设备的技术磨损虽然并未使原有设备变得不能使用，但会影响到饭店的经营效果，必须进行补偿。设备技术磨损的局部补偿是技术改造。对有形磨损和无形磨损的完全补偿，即综合磨损的完全补偿，是设备更新。

总的来说，设备的有形磨损的局部补偿就是维修，而完全补偿就是更新；设备的无形磨损中的经济磨损不需要补偿，技术磨损的局部补偿就是改造，全部补偿就是更新。

2. 设备维修

设备的技术状态劣化或发生故障后，为了恢复其功能和精度而采取的更换或修复磨损、失效的零部件，并对整机局部进行拆装、调整的技术活动称为设备维修。设备维修是使设备在一定时间内保持其规定的功能和精度的重要手段。

(1) 设备维修的方式。

1) 事后维修。它是设备发生故障后或性能、精度降低到合格水平以下时所进行的维修活动。这时设备已坏，损失也已经发生。这种维修方式适用于利用率低，维修技术简单、能及时提供备用机、实行预防性维修在经济上不合算的设备。由于此类设备一旦发生缺陷和故障，就会影响服务质量和饭店正常经营，必须进行及时修复，故这部分维修又称为应急维修或故障维修。

2) 预防维修。它是为了防止设备性能、精度劣化或降低故障率，按事先规定的计划和相应的技术要求所进行的维修活动。预防维修有两种方法：定期维修和预知性维修。

①定期维修。它是按事先规定的计划和相应的技术要求所进行的维修活动，是一种以时间为基础的预防性维修方法。它具有对设备进行周期修理的特点，根据设备的磨损规律，可事先确定修理的类别、修理的周期结构、制定修理的工艺、确定工作量，提出维修所需要的备件、材料计划，因此能制定较长时间内的维修计划，故又称为计划维修。

②预知性维修。它是一种以设备技术状态为基础的预防性维修方法。它根据设备的日常点检、定期检查、状态检测和诊断提供的信息，经过统计分析、处理，来判断设备的劣化程度，并在故障发生前有计划地进行针对性的维修，这样既能保证设备经常处于完好状态，又能充分利用零件的寿命，所以比定期维修更为合理。

3) 改善维修。它是为了消除设备先天性缺陷或频发故障，对设备的局部结构或零件的设计通过修理加以改进，以提高其可靠性，它也是预防维修的一项重要内容。

设备的改善维修与技术改造是有区别的，改善维修重在改善和提高局部零件的可靠性，从而降低故障率；而技术改造重在局部补偿设备的无形损耗，从而从根本上改善和提高设备的性能和精度。

(2) 设备维修的类别。设备修理的类别是根据修理的内容和要求以及工作量的大小来划分的，主要有小修、项修、大修。

1）小修。设备小修是工作量最小的一种修理，对于实行定期维修的设备，小修主要是更换或修复在期间内失效或即将失效的零部件，并进行调整，以保证设备的正常工作能力。对于实行预知性维修的设备，小修的工作内容主要是针对日常点检和定期检查中发现的问题，拆卸、检查、更换或修复失效的零部件，以恢复设备的正常功能。

2）项修。项修是根据饭店设备的实际情况，对状态劣化已经达不到生产要求的项目，按实际需要进行针对性的修理。项修时，一般要进行部分的拆卸、检查、更换或修复失效的零部件，从而恢复所修部分的性能和精度。

3）大修。大修是对饭店设备进行维修工作量最大的一种计划维修。大修时要对设备全部解体，修整所有基准件，修复或更换磨损、腐蚀、老化及丧失精度的零部件，使之达到规定的技术要求。大修的费用较高，且性能难以达到出厂时的技术标准，所以，大修要事先进行可行性分析。

六、饭店设备的改造和更新

在设备的维修知识点里，阐述了设备的磨损类型和补偿，设备的有形磨损的局部补偿就是维修，而完全补偿就是更新（更换）；设备的无形磨损中的经济磨损不需要补偿，技术磨损的局部补偿就是改造，全部补偿就是更新。从广义上讲，设备的大修理、技术改造和更换都称为设备更新，在此只讨论设备的技术改造和设备更换。

（一）设备改造和更新的原则

1. 设备技术改造的原则

所谓设备技术改造，就是应用新的技术成就、新的工艺流程和先进经验，改变原有的设备结构，装上或更换新部件、新附件、新装置以补偿设备的有形磨损和无形磨损，改变原来的工艺流程或建筑结构，以改进原设计的不足或安装中的缺陷。设备经过技术改造可以改善原设备的技术性能，增加某些功能，提高可靠性，使之达到或局部达到新设备的技术水平，而支付的费用则低于购置新设备的费用。它应该遵循以下原则：

（1）针对性原则。饭店在进行设备技术改造时，要从实际出发，按照经营的需要，针对设备在饭店服务过程中的薄弱环节，结合设备在经营过程中所处的地位及技术状况，来确定需要改造的设施设备和改造方法。

（2）适应性原则。设备改造所采用的技术要先进但更要适用。由于科学技术的迅速发展，设备的技术性能相差很大，技术改造所采用的技术应适应饭店的实际需要，不要盲目追求高指标。

（3）可能性原则。制订设备（或系统）的改造方案时，采用的新技术、新工艺必须是经技术论证或实践证明是可行的。

（4）经济性原则。在确定设备设施改造时，要进行经济性分析，综合考虑投入的人力、物力、财力和改造后的效益，力求以较少的投入获得较大的产出。

2. 设备更新的原则

更新是用比较经济而先进的设备，来替换技术上不能继续使用或经济上不宜继续使用的设备。就实物形态而言，设备更新是用新的机器设备代替旧的机器设备；就价值形态而言，是机器设备在运转中消耗掉的价值重新得到补偿。饭店设备凡符合下列情况之一的一般都应更新：

（1）经多次大修，技术性能达不到要求，无法保证饭店服务质量。

（2）技术性落后，经济效果很差。

（3）通过修理、改造虽能恢复性能但不经济。

（4）耗能大或污染环境严重，进行改造又不经济。

（5）不能满足饭店经济需要。

（二）设备改造和更新的工作程序

1. 编制改造、更新计划

根据饭店的实际情况和设备的具体技术状态，首先确定需改造、更新的重点。确定了设备改造、更新的重点之后，按照饭店经营目标的要求，编制设备的改造、更新计划。

2. 进行技术、经济分析

对每一个列入改造、更新计划的设备，都应进行技术、经济的可行性分析。

3. 编制设备技术改造任务书

确定了设备技术改造的项目后，要编制设备技术改造任务书。

4. 设备改造、更新的实施

设备改造、更新项目被批准后，由工程部组织实施，如技术改造任务重、使用的技术复杂，可委托专业单位承担。

本章小结

饭店的物资与设备都是饭店赖以生存的物质基础，搞好饭店物资与设备的管理工作对于饭店的经营发展有着重大的意义。本章首先从物资管理的含义、特点及任务入手，具体阐述了物资的定额管理、采购、验收、仓储和发放管理。其次又从饭店设备的含义和分类入手，阐述了饭店设备的选择、购置、验收、安装、调试、试运行、使用、维护保养、改造和更新以及设备的资产管理等内容。在现代化管理的今天，我们必须做好饭店的物资与设备的管理工作，才能给饭店的经营发展打下牢固的硬件基础，才能为饭店在更多领域中的竞争提供更坚实的物质保障。

思考与实践

一、思考题

1. 饭店物资管理的任务。

2. 饭店消耗定额制定的方法有哪些。

3. 什么是饭店储备定额？常用的储备定额有哪些。

4. 饭店物资采购的程序。

5. 饭店物资常用的采购方式有哪些。
6. 仓储管理内容有哪些。
7. 饭店物资发放的原则与制度有哪些。
8. 饭店设备管理的内容有哪些。
9. 饭店设备选择的原则。
10. 饭店设备使用的基本要求是什么。
11. 饭店设备维护和保养的类型有哪些。
12. 饭店设备维修的方式有几种。
13. 饭店设备更新和改造工作程序有哪些。

二、选择题（有一个或一个以上正确答案）

1. 在饭店的物资储备定额管理中，通过计算经济合理的订货批量，使存储管理总费用最小时的物资储备定额是（　　）。

A. 经常储备定额　B. 保险储备定额　C. 订货点库存定额　D. 经济储备定额

2. 下列采购方式中，适合鲜活类原料采购的是（　　）。

A. 市场直接采购　B. 预先订货采购　C. 一次停靠采购　D. 集中采购

3. 饭店物资盘点方式有（　　）。

A. 日常盘点　B. 定期盘点　C. 延期盘点　D. 临时盘点

4. 饭店设备寿命中（　　），是由于经济上维修不划算而被淘汰的。

A. 物质寿命　B. 技术寿命　C. 经济寿命　D. 折旧寿命

5. 饭店设备的使用要做（　　）四会。

A. 会使用　B. 会维护　C. 会检查　D. 会排除一般故障

三、是非题

1.（　　）饭店物资是饭店在生产经营活动过程中所必需的各种生产消耗品的总和。

2.（　　）物资验收管理的主要内容是对所采购的物资进行数量、质量核查。

3.（　　）设备是指饭店各部门使用的机器、机具、仪器、仪表等各种物质技术装备的总称。

4.（　　）饭店设备台账有财务部的资产台账、工程部的设备系统台账、各部门的设备使用台账。

5.（　　）设备完好的标准包括性能良好、运行正常、耗能正常三方面。

四、实践题

1. 假如你是饭店的采购员，你怎样实现饭店“开源节流”的目的？

2. 参观一家五星级酒店，把它的所有设备按类别列表。

五、案例分析

案例 1

成本控制宜“疏”“堵”结合

洛阳某饭店坐落在繁华市区，是一家中外合资的现代化宾馆。饭店装饰豪华，吸引了越来越多的客人到此消费。5 月份营业收入达预期目标，但是经核算，5 月份的利润却减少了 5 万元，形成了巨大的“黑洞”。

巨大的“黑洞”震动了饭店的全体员工。

据调查，巨大的“黑洞”产生的原因是：一次性用品通过非正当渠道大量流出饭店，一次性用品除由房客带走外，大部分是饭店服务员顺手牵羊带出饭店的。有个别胆大包天的还用提包偷走整盒整盒的香皂、牙具，然后在自家的小商店里兜售。对此，客房部管理办煞费苦心出台了一个又一个的规章制度，也重罚了几个违纪员工，但收效甚微。

分管客房的副总对此非常重视。亲自深入各个服务楼层，反复征询各方意见，最后制定了一个全新的管理方案。

分管客房的副总说："流失现象主要是由客房和仓库的员工造成的，那么节约工作也应由他们完成。以前，我们采取'总承包'，员工下班查包和突击检查员工衣柜等方法，虽有一定的作用，但也只能治'标'而不能治'本'。要彻底有效地堵住这个漏洞，就必须充分调动员工的积极性。以往用'堵'的方法，现在必须改用'疏'的方法，将员工自身的经济效益和一次性用品的节约联系起来，使员工把节约当成自己的事，这样就不但不会流失，而且有些住店客人没有使用的用品还可以回收，真正达到节约的目的。"

在副总的支持下，客房部迅速制定了具体的实施办法。其中的主要内容有：

1. 以周住房的实际人数为基础，每位客人每天一套为限，统计实际需求量。

2. 由仓库、客房部共同统计核定每周实际使用量，分楼层分班次核算。

3. 在此基础上将实际使用量与实际需求量对照，使用量大于需求量较多时，则为严重流失，扣取该班全月奖金；使用量小于需求量时，则为节约有方，将客人未使用的用品回收使用，专设"节约奖"。各班组展开竞赛。

以"疏"代"堵"的节约实行后，立竿见影，用品的严重流失得到了基本控制，同时员工中也展开了一场"爱店如爱家"的思想教育活动。

如果你是饭店的一名员工，你认为一次性用品的控制应采取什么样的措施是最有效的？

（资料来源：饭店前厅客房服务与管理．河南：郑州大学出版社，2004.）

思考：1. 结合饭店物资管理的有关内容论述该案例。

2. 该案例体现了饭店物资定额管理的哪种定额管理，具体方法有哪些？

案例 2

我们都是维修工

太原市并州饭店南楼 205 号房是一间长包房，住着两位德国客人，他们是一家合资企业的德方工程技术专家。一天晚上，两位德国客人从餐厅搬来一箱易拉罐啤酒及几个冷盘，坐在自己的床沿上，靠着电控柜兴致十足地饮起啤酒来。俩人的酒量极好，一个劲地豪饮猛喝，不多时，喝剩的易拉罐就堆成一大摊。突然，整个房间的电灯熄灭了，一团漆黑。原来是他们喝酒不小心，打翻了一罐啤酒，酒水倒到电控柜桌面上，顺着缝隙渗进柜内，引起电路短路与电器故障。此时，两位客人尚未喝醉，头脑还算清醒，连忙摸到门口，打开房门，用略显生硬的汉语大声呼叫服务员。

当班服务员小严闻讯赶来，得知 205 号房发生断电事故。当即安慰德国客人，请他们放心，一定尽快修复。他马上跑到办公室，找到正在值班的客户部孟经理和主管小郑，报告了刚才的意外事故。孟经理和小郑二话没说，不慌不忙地从旁边的一只工具箱里熟练地取出螺丝刀、手电筒、电工笔、电源接线板、电吹风等工具（这只被称为"百宝箱"的工具箱里装有各种工具、用品及零配件，还有打钉枪、修理剪、裁纸刀、钳子、扳手、锉刀、钢锯、锤子、烙铁、油灰刀、刻字刀、刷子、毛笔、镜子、绝缘胶布、透明胶纸、砂纸、各式零块地毯、小木块、乳胶、修正液、钉子、螺丝等）然后一起赶到 205 房现场。

只见他们打着手电，麻利地卸开电控柜侧面的盖板，用干布、卫生纸把柜内的水分吸干，再从外面楼层引来电源拉好接通电吹风，对准受潮处使劲猛吹，只用 5 分钟就吹干了，刹那间房间里一片光明。

两位德国客人禁不住欢呼起来，连声道谢，并竖起大拇指一个劲地称赞并州饭店的服务员和管理者的技术精、服务水平高。孟经理则表示，这是他们应该做的，并告诉客人，今后若在客房喝酒，一定要注意防止类似的事故发生。两位德国客人连连点头称是，表示今后一定要吸取教训。

思考：该案例体现了饭店设备管理的哪些内容？具体是如何体现的？

参考答案

一、略

二、1. D　　2. A　　3. A B C D　　4. C　　5. A B C D

三、1. 错　　2. 错　　3. 对　　4. 对　　5. 对

四、略

五、1. 分析提示：（1）饭店物资管理的特点及任务。
（2）饭店物资消耗定额的方法。

2. 分析提示：（1）饭店设备管理的作用。
（2）饭店设备管理的特点。
（3）饭店设备管理制度。

第八章 饭店收益管理与成本控制

学习目标

知识目标： 了解收益管理的含义，饭店成本的含义与构成；掌握收益管理的核心理念和实施要则，收益管理在饭店中的实战方法，饭店成本控制的方法

能力目标： 能够运用饭店收益管理与成本控制管理的方法进行财务管理基本工作

课前导读

收益管理以及成本控制是两项重要的现代饭店管理策略和管理技术。实施收益管理可以帮助饭店在维持生产经营成本不变、不增加投入的前提下，将饭店的销售收入提高5%～7%，同时提高饭店的市场占有率。而成本控制则可以有效地提高饭店的利润率。本章将介绍收益管理的概念，收益管理的核心理念和实施要则，收益管理在饭店中的实战方法，饭店成本控制的含义与构成，饭店成本控制的方法等，使学生对收益管理以及成本控制有一个总体性的认识。

第一节　饭店收益管理

一、收益管理概述

1. 收益管理的含义

收益管理，又称产出管理、价格弹性管理，是指在不同消费时段，对同样的产品或服务收取不同的价格，给予不同折扣，从而实现总体收益最大化的管理模式。不同的学者，从不同的角度出发，对收益管理的概念有不同的界定。简单地说，收益管理是对客源市场进行细分，对消费者的行为模式进行分析，对市场供求关系的变化进行预测，在此基础上优化产品和服务、销售价格和销售渠道的组合，以最大限度满足各细分市场的需求，同时最大限度提高企业产品和服务的销售总量和单位销售价格，从而获得最大收益的动态管理过程。

就旅游饭店这一行业而言，收益管理可以理解为通过饭店所处国家、社会和行业的宏观经济环境以及饭店所处市场的微观的供求关系变化以及饭店竞争状况等的分析，预测各细分市场对本饭店产品和服务的需求情况，确定饭店可争取得到的各细分市场

的销售量和平均价格，结合饭店的经营目标进行价格产品组合取舍，以此实现饭店总体收入最大化。

2. 收益管理与传统价格和销售管理比较

收益管理理念与饭店传统的价格和销售管理理念相比，二者存在某些共同点，例如，二者都认为必须以价格为支撑点。但是，收益管理也有着显著区别于传统的价格和销售理念的地方，概论为以下几点：

（1）收益管理关注的重点是价格而非成本。

（2）实施收益管理，采用市场为导向的定价方法，而非成本或利润为导向的定价方法。

（3）实施收益管理，必须将客源市场细分，在细分市场中寻找提高收益的机会，根据预测决定提供给各细分市场的价格、产品数量和品种，使市场组合最佳化。

（4）实施收益管理，有时需要将部分甚至全部产品和服务保留下来，等到适当的时机，通过特定的渠道，销售给最有价值的顾客，从而颠覆了“先来购买先得”的观念。

（5）收益管理的决策建立在对市场供求关系的预测以及消费者购买行为的分析上，而非主观臆断。

（6）必须让消费者和收益管理人员充分理解同样的产品和服务在不同市场环境下有不同的价值和价格。

（7）必须实施超额预订，以最大限度降低因临时取消订房或订房后没有来入住而给饭店造成的损失。

（8）收益管理是一个动态管理过程，收益管理人员要不断重新评估收益管理的机会，不断调整策略。有时一天要多次更新数据，多次进行优化运算，多次改变策略。

收益管理策略建立在预测基础上。预测有误差，故实施收益管理有风险，收益管理人员、饭店各级管理人员都要明白这点。

二、收益管理的体系结构

1. 收益管理的体系结构

收益管理经过多年的发展，并开发了相应的计算机管理系统，使得收益管理形成了较为完善的体系结构，如图 8－1 所示。其中，理念准则层是指收益管理的核心理念；管理技术层包括预测、超订、定价、容量控制、团体管理、季节性管理等；支撑工具层主要是计算机管理系统。

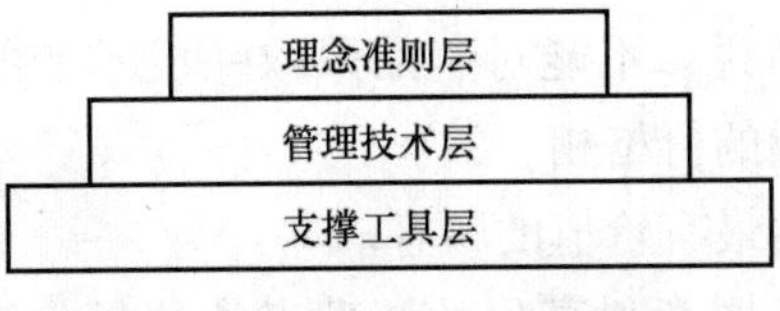

图 8－1　收益管理的体系结构

2. 收益管理的核心观点（图 8－2）

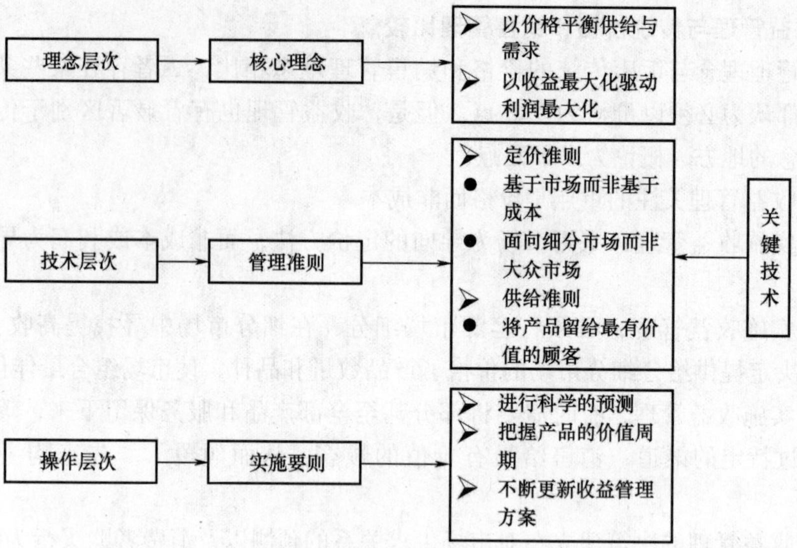

图 8－2 收益管理核心观点的层次结构

（1）核心理念。收益管理的核心思想主要体现在两个方面：一是平衡供求的方式；二是追逐利润的方式。收益管理强调用收益驱动的经营理念取代成本驱动的经营理念，通过科学合理的价格策略和市场供给策略，在成本不变或变化不大的条件下，实现收益的提高，从而获得更高的利润。

（2）管理准则。两条核心理念的实现主要体现在具体的定价和供给准则上，收益管理给出了以下准则来指导人们如何为产品定价，又如何把不同的产品分配给不同的消费者。

定价准则一：基于市场而非基于成本。

随着市场竞争的加剧，对于很多商品而言，传统的成本加利润的定价方法已不再适用。定价的权利转移到顾客手中，顾客可以决定在具体的环境中自己可以接受的价格水平。企业应该做的是找到市场可以接受的价格点，如果这一价格无法实现盈利的目的，应努力降低生产和销售成本。

定价准则二：面向细分市场，而非单一大众市场。

市场细分是科学定价和实现收益最大化的关键。对于同一产品而言，消费者可能在愿望、资源、居住地区、购买行为和购买方法上有众多的不同之处，每个消费者代表一个可能的市场。换句话说，不能对产品采取一成不变的价格，应将价格设置的与每个细分的消费者群所认同的价格相一致。

供给准则：将产品卖给最有价值的顾客。

在许多细化市场中，不愿意付高价的消费者往往最先到达，企业应做好预测，尽可能精确地在微观市场层面上理解需求，为最有价值的顾客保留产品以获得最佳收益。

（3）实施要则。以下三条实施要则用来指导人们在具体的企业实践中更好地执行定价准则和供给准则。

实施要则一：进行科学的预测。

实施收益管理的首要任务是收集关于消费者行为和所在市场的数据。这些数据必须经过分解、组合、排序、过滤和分析，而后运用成熟的数学预测技术来获得关于消费者行为模式细致变化的知识。

实施要则二：把握产品的价值周期。

当很难对产品的销售周期进行整体决策时，可以根据一定的市场特征把产品的销售周期划分为若干个价值周期，对每个价值周期分别制定相应的收益管理策略。

实施要则三：不断更新收益管理方案。

企业面临的市场环境往往是复杂多变的，为了保证收益管理决策的有效性和持续性，必须不断更新现有收益管理方案。

3. 收益管理的关键技术

收益管理的关键技术包括预测、超订、动态定价、容量控制、团队管理等，这些技术多建立在复杂的定量模型基础上，在这里不多做探讨。

4. 收益管理的支持工具

收益管理应用的支持工具是计算机管理系统。收益管理中预测、定价和容量控制等关键技术的实现依赖于复杂的数学模型和大量的历史数据，必须借助计算机系统实现。

三、收益管理方法

1. 饭店前厅收益管理

（1）前厅收益管理概述。收益管理是饭店经营管理的一项系统工程。在实施收益管理系统时，要明确这一系统不是单靠前厅部就能运作好的，它是饭店提高经营收益、加强管理的一项系统工程，需要饭店层面的运作。美国万豪酒店集团董事长 J. W. Marriot 二世说："酒店最高层必须对酒店实施收益管理，CEO 则需要 100% 地支持这项工作。"最高层的介入，是支持和建立一套管理系统并保证系统有效工作的基础。

因此，要运作好收益管理系统，应由饭店统筹安排，综合营销部（是收益管理的大头）和前厅部，协调运作，并由饭店总经理担纲收益管理系统的领导。

前厅部由于是饭店的信息汇集中心，各种客房经营记录、价格历史档案、各类房价的备份档案、各时期各房类的入住率、各种客史资料等都集中在前厅部的资料库，有时就会产生将前厅作为收益管理系统的主阵地的误差。谈到饭店的房价收益管理，需要了解饭店房务收入的各项结构：

一是协议客人房租收入，包括协议公司散客和团队客人、协议旅行社旅行团队收入、协议会议团客收入、协议长住房收入。

二是网络公司和订房中心协议房租收入。

三是前厅散客房租收入。

第一、第二类房租收入基本上是由饭店营销部通过协议形式与相关企业签订的，这两类协议客人房租收入大体占到当期饭店防务总收入的 75% ~80%，而第三类前厅散客房租收入则占到当期饭店房务总收入的20%～25%。

前厅的收益管理运作主要是对前厅散客这一部分的营销，如何有效地提高门前散客的房价，如何充分使用饭店和社会各种资源，增加门前散客的消费，是前厅部需要重点做的工作。

（2）前厅收益管理的实务操作。

1）对市场和顾客细分并进行需求预测。Philip Ketler 和 John Bowen 在其《接待业和旅游市场营销》一书中指出："收益管理背后的概念是通过定价的差别来有效地管理收益和库存，而它的基础是被选择出来的细分市场的需求弹性。"每一饭店有其自己的市场定位，但顾客的分类、来源渠道和消费特点仍有许多不同之处，不同类别的客人消费的需求、价格和消费特点也有很大的不同，因此其消费行为模式也不一样。因此，应该科学地对市场和客人进行细分，为饭店控制资源、提高收益提供准确的信息来源。

在细分市场和客人信息的基础上，就能对不同类别的客人需求进行相对准确的预测，并采用不同的预售方法和价格差异化的控制，实行动态管理和边际收益管理，让资源的使用风险最小化。如果资源使用风险能做到最小化，则饭店收益的预期就可以坐观其成了。

2）要调控好门前散客的入住比率。平均房价和平均入住率是影响饭店房务收益的两大因素，而门前散客的房租收入又对饭店的平均房价有重大影响。因此应适度调控好协议客人和门前散客各自的入住比率，才能达到饭店平均房价的最大值。在饭店中，一般协议客人房价要低于门前散客房价，而协议客人通常是由营销部洽谈联系，由于市场竞争激烈和饭店管理当局对营销部门的关注力度和工作压力加强，营销部门会不断地千方百计地扩大协议客人的覆盖面并以此作为部门的工作业绩，随着营销部门协议客人覆盖面的增加，门前散客的入住率会一路走低。如果要保障饭店平均房价的最大值，就需要饭店当局出面加以协调，并根据市场情况和营销、前厅各自的房租收入历史资料进行分析，理清合适的前厅散客入住比率，才能防止前厅散客入住比率不断下滑的趋势。在实施前厅收益管理时，这个问题应引起饭店管理当局的足够重视。

3）动态的价格设定。价格是顾客最敏感的消费因素，是销售最直接的管理杠杆，是饭店盈利增减的主要手段。现时在供大于求、竞争激烈的市场态势下，几乎所有饭店都对价格管理由单一静态价格发展为多重价格、有市场竞争力的优化价格。动态价格包括了协议公司散客优惠价、旅游团队房价、会议团队房价、长住客房价、门前散客浮动价等。对于饭店来说，在制定动态价格时，最有参考价值的资料数据是同一地区相近星级的竞争对手饭店的分类房价。

4）超额预订控制。由于预售和实际入住存在一定差异，因此饭店通常实行一定比例的超预订以减少这种预售和实际入住差异时的损失。超预订的比例究竟多大才合适，就依赖于前厅和营销部门的协作，对历史数据的分析以确定一个基本合理的概率。

这项工作可以从以下几方面入手：

核对预订。有些客人提前很长时间就预订客房，在入住前这段时间内，会有一些客人因为种种原因而无法近期抵达或者取消旅行，但不是所有客人都会主动通知饭店。前厅部要在客人抵达前通过电话与客人进行多次核对，一旦变更迅速做出调整，并通知相关部门将客房重新预订或销售给其他客人。

增加保证类预订。预收保证金或要求信用卡担保，将风险合理转嫁给客人，尤其在饭店营业高峰如节假日、当地重大经贸活动时，更需如此操作。

加强与营销部门协调。由于大部分预订客人由营销部门的协议单位操作产生，而营销部门的各位营销员为了扩大本人业绩，一般会放宽要求给协议单位，所以有必要在产生超额预订时加强与营销部门的沟通，加强对超额预订的控制，减少饭店损失。

一般超额预订数公式如下：

超额预订房数 = 预订临时取消预订房数 + 预计预订而未到的客人房数 + 预计提前退房数 − 预计延期离店房数

上述公式每一因素都有“预计”二字，要解决好这一问题，尽可能做到准确并不容易，这就要靠历史资料（各个营业时段营业数字）的积累和分析，并加强前厅与营销部门的沟通，确定一个大体合适的比例。

①节假日和重大活动的价格需求控制。节假日和重大活动往往是饭店获利的最佳时段。如何利用这一时段获取最大收益，是饭店管理当局和前厅部最佳发挥管理收益效能这一系统的时候。这一时段的管理格言应该是“该出手时就出手”，该提价时就提价，不必过多考虑其他后续影响问题。否则时不我待，机不再来。在一个市场短暂的“求大于供”的时机，最基本的消费心理就是“求”而不是“供”。

②团队销售和销售代理的管理。对于团队销售如旅行社的旅游团队价格，应根据每一阶段的市场变化，主要是该旅行社的消费总量和饭店的平均入住率、平均房价的涨落情况和本地市场的经济景气指数，适时进行调整控制，而对于销售代理如网络订房中心代理，则可每年进行一次市场情况分析后重新调整新一期的价格。

饭店要增加网络订房的销售量，最关键的措施就是要与网络订房代理商议一个在本地区饭店中有竞争力的房价并给予网络订房代理一个“阶梯式”的售房奖励制度，才能做到饭店与网络订房代理“共赢共生”。

③充分使用网络订房和订房中心的资源。网络订房和订房中心的出现和发展，是经济市场化的一种必然和进步，也是经济市场化行业细分的一种结果。当今国内两大网络订房公司携程和艺龙，通过资本运作，引进战略投资者并且股票上市，已占据了网络订房业务的80%以上市场份额。这些网络预订房“中间商”的出现，对于单体饭店或饭店集团的成员饭店来说，都是一种可供利用的成本低、收益较好的资源，对于饭店原有的各种营销手段是一种有益的补充。这些网络订房公司一般都汇集了数千家饭店的预订网络，一方面为顾客提供更大的选择空间，贴近了顾客的消费心理需求；另一方面又是单体饭店或饭店集团自办的预订网络规模无法比拟的，即使是国内最大的饭店集团，属下管理饭店也不过百十来家。我们完全没必要去介意网络“订房中间商”的存在和发展会拿走饭店的一部分利润。天下没有免费的午餐，有得必有失，我们应采取一种“各尽所能，各取所需”的态度，鼓励成员饭店与之合作，共荣共生，一起发展。

按照美国康奈尔饭店管理学院饭店业研究中心的比尔·卡尔顿在最新撰写的一份报告中预测：未来几年，有20%以上的客户将通过预订在网上完成。

而这一比例在 2002 年是 8.34%。在东方嘉柏成员饭店的经营报表中，我们可以发现，有相当多的饭店，通过携程、艺龙和其他订房中心的订房量已达到 10% ~11%。因此，对饭店而言，不管是单体饭店还是集团公司成员饭店，我们应充分使用这些网络订房代理的资源，以增加饭店的收益率。

④饭店附设资源管理。饭店的附设资源主要是指客房之外的餐饮、娱乐设施和会议设施，这些附设资源对于前厅部的销售来说，也是一种很好的产品资源。前厅在实施收益管理时，应邀请前厅员工熟悉饭店这些附设资源的情况、销售价格政策和价格细则，并对前厅员工进行营销培训，掌握营销技巧，才能有针对性地开发这些资源的销售。

⑤经营状况比较和分析。前厅部应将每个月的各种经营数据，包括入住率、各类房间及顾客细分、各种附设资源的销售情况与历史同期数据进行比较，最主要是与上一年的同期数据进行比较分析，再结合对市场上同类别的竞争对手饭店的资料进行的细致分析，把这些有参考价值的营销数据作为前厅制定各时期房价政策的决策依据，并向饭店管理当局报告。

⑥结合顾客价值的收益管理。不同顾客的价值是不一样的，有时顾客的价值不能简单地用一项利润指数加以界定。例如在二线城市的饭店，外国客人比较少，这时如果饭店懂得用更优惠的价格吸引较多的外国客人入住，即使这些外国客人的入住价格低于国内客人的价格，但他们带来的饭店综合价值，如对礼貌礼节的感受，对外国客人的消费习惯的熟悉，包括饭店外语操练的氛围的改变等都会产生很好的综合效应。

（3）应用收益管理理论应注意的问题。

1）员工售房实际经验的作用更值得重视。饭店收益管理系统是计算机智能和人工经验高度结合的产物，一个成功的前厅收益管理系统，既包括了前厅计算机系统功能所能提供的资料，涉及的客史资料、各历史时期的房价收益数字、各历史时期的房价变化、本地近似星级档次饭店房价类比数字，同时也包含了前厅员工的售房经验和前厅房价政策以及售房授权制度等。计算机的资料精确性当然是可信的，但是这些资料是“死”的，是过去式，而市场变化是“活”的，是未来时，因此，人对突发事件如节假日、营业高峰、饭店在特定时段的房价变化的灵活反应和实操经验更应值得重视。

2）前厅部要有“营销部”的理念。要做好前厅的收益管理，当务之急是前厅部经理要具备“前厅部也是营销部”的理念，在做好部门的日常管理行政事务之余，要在前厅部的员工中灌输“前厅部是饭店第二营销部”的理念，并对大堂副理班组和前台接待班组进行营销业务的培训和营销洽谈技巧的引导，并把走进饭店的每一位客人当成营销对象。“不放走一位客人”应该是前厅在营销客房时的指导原则。如果说营销是有距离空间和成本费用的话，那么走进饭店客人的营销则是最低成本和没有距离空间的营销，也是最有成功几率的营销。

3）要制定前厅收益管理的奖励制度。为了推动前厅部的收益管理工作成效，前厅部应制定“超平均房价”和“超入住率”的奖励方案报饭店管理当局批准实施，以维护员工的工作热情。

前厅部可制定员工售房促销奖励制度，更好地将前厅部当成饭店“第二营销部”

的理念落到实处。

4）饭店的协议客和门前客的比例分析。饭店房务顾客基本由三大块客人组成，即协议客人、网络订房客人和门前散客。

一是协议客人。包括：协议公司散客或团体客；协议旅行社的旅游团队；协议长住客；协议会议团客。这些客人的入住通常是由饭店的营销部门通过与相关企业签订订房合作协议而确定协议优惠价格入住的，其中有些协议的价格如旅行团价、长住客价、会议团价，双方可以根据季节和入住房间数、入住天数的多少加以升降调节。

二是网络订房公司和订房中心的协议客人。

这些客人的房价一般是一年一签，基本不变。在一家饭店，由于市场和饭店本身的定位，上述这两类协议客人的房价收入一般占当期总房价收入的75%～80%，并且有一定的预订入住期。在协议客人中，网络订房散客房价最高，但需付佣金，大约占协议房价的8%～10%，协议公司散客房价次之，而会议团队又次之，旅行社团队的价格最低。

三是前厅门前散客。

这些客人一般没有预订，大体都是当即入住，这类客人的房价收入一般占当期总房价收入的20%～25%，门前散客的入住价格比协议客人平均房价要高得多，通常会高出50%左右。因此，前厅的收益管理主要就是调控门前散客这一块资源，努力提高入住率和入住房价，才能让前厅的收益管理的功能凸显。

为了说明门前散客对饭店平均房价的重要作用，我们以一家300间客房的饭店为例，如果当期该饭店的入住率是70%，平均房价为380元/间，则当期的客房出租收入为：

a. 300间×70%×380元/间=79800元

要实现当期收入79800元，按协议客人总入住率80%，平均房价350元/间，则门前散客平均入住房价要达到500元/间。

b. 300间×70%×80%×350元/间·天=58800元；

c. 300间×70%×20%×500元/间·天=21000元。

$$a = b + c$$

从上面数字可以看出，门前散客平均房价500元/间比协议客人平均房价350元/间高出了43%。可见，提高门前散客的入住平均房价对饭店当期的平均房价有很大的贡献率。

①要关注非标准房类的房间资源的收益管理。饭店的协议客人使用的房间大都集中在普通标准客房，而饭店的豪华房类如豪华房、豪华套房、总统套房、行政房则空置率都比较高，而房况则较好。这些豪华房类的出租由于受到饭店房价政策的限制，通常较难出租。为了改变这种资源闲置的情况，饭店管理者要向前厅部充分授权，前厅部经理再向接待员充分授权，只有用“随行就市”的理念，才能让前厅的接待员有卖出豪华房类的洽谈空间，从收益管理的终极目标来说，多卖出豪华房类，将对门前散客的平均房价有最大的贡献率。

②节假日和重大活动时段的收益管理。节假日和重大活动时段的营业对饭店的总

体房务收入有重大的作用，对于平均房价的提升和净利润的增加有明显的拉动效应。除了国家确定的三个“黄金周”，还有每年清明节祭祖扫墓回乡高潮，当地政府策划的重大商贸活动也应作为第四个“黄金周”进行策划，对当期的房价进行调整提升，对于低价房如旅游团队则给予一定的数量控制。

③对超额预订控制的协调。饭店应用超额预订是一项业务惯例，问题是如何确定超额预订的合理比例。对于这一合理比例的确定，由于饭店的客房销售大部分来自营销部门的协议客人，协议公司的散客预订和团队预订占了绝大部分，留给门前散客预订的空间并不大。要增加房租收入，就需要前厅部与营销部门加强协调，对于历史情况和各协议公司的散客预订情况的“虚”和“实”做出清醒的分析判断，可以采取预收定金的方式滤掉“虚”的预订房，增加“实”的预订房比例，以确定合理的超额预订比例。

随着电脑和信息技术的发展，大多数饭店前厅的预售和客房管理也进入了数字化管理阶段。手工操作和“拍脑袋”的销售已不适应激烈竞争的市场。应用收益管理的模式，通过对大量客户数据的微观分析和比较精确的定量管理，应该说适应于市场和时代发展的需要。饭店业在近十年来的完全市场化情况下，供大于求的基本面并没有多少改变，价格的竞争仍会长时期地延续下去。国内饭店引进收益管理理论的时间不长，完全开发和应用这种收益管理系统的饭店尚不多，许多饭店在开发和应用这种收益管理系统时仍有“资金投入”和“人才开发”的瓶颈，但这并不阻碍我们对收益管理理论应用的实践。我们可以在前厅的管理实践中应用收益管理的理念，在实务操作中加以融会贯通。

2. 其他收益管理实战方法

饭店客房收益管理的基本目的是降低客房空置率，提高平均房价，以提高整体收益。要达到这个目的，从战略上讲，饭店要对市场需求进行研究，确定目标市场，做好市场定位和市场组合，并改进产品和服务，建立合理的价格体系，选择好销售渠道，并根据市场需求的变化开展动态价格管理。那么，在每天的具体工作中，有哪些实用的方法可以帮助收益管理人员在短期内有效地提高饭店的整体收益呢？这些方法包括容量控制法、超额预订法、住宿天数控制法、房间类型差异法、升（降）挡销售法、触发点价格控制法、附加价值法、住房天数折扣法、包价促销法等，这里简单介绍一下容量控制法与超额预订法。

（1）容量控制法。对于饭店来说，在一定时期内，饭店客房产品的数量是相对固定的，不能增加。可见，在一定时期内，要提高饭店的生产力，一是减少客房的空置率；二是争取获得最高的平均销售价格。要达到这样的目的，收益管理人员必须提高预测水平，控制好客房销售的时机，掌握好销售的节奏，将适当的客房，在适当的时间，以适当的价格，卖给适当的细分市场，不要把产品卖错了。

这种预留一定数量客房，在特定的时间内，以特定的价格销售的方法叫作容量控制法。容量控制法的思想是把握好客房销售的时机和节奏。为了提高客房出租率，很多饭店都急于尽快把客房销售出去，尽可能多地预订客房，甚至很早就将某一特定时期的客房预订一空。其实，这样做未必好，有时会失去很多潜在的收益。

（2）超额预订法。超额预订是饭店进行收益管理的一个重要技术方法，它是指饭店预订出比饭店客房总量更多的预订量，以防止由于宾客取消订房或应到未到，而造成当天饭店较低的出租率，从而引起饭店收益的损失。

饭店实行超额预订的必要性是建立在以下几个运作特点的基础之上的：

1）对于饭店来说，绝大多数客房都是通过预订售出的，宾客一旦发出预订请求，饭店预订系统就保留了该宾客入住饭店的权利。而在预订之后到宾客入住当天这一段时间内，宾客可以在任意时刻取消预订，或是在入住当天最后一刻都没有出现，却不受到任何经济损失或只赔偿很少的金额。如果不实行超额预订的话，饭店当天肯定会有一定数量的空房，而这些空房原本是可以出售给其他有需求的宾客的。

2）对于饭店来说，维持一座饭店的固定成本是很高的，而多入住一个宾客产生的可变成本却很低，所以多入住一个宾客带来的收益可以看作是饭店的净利润。有研究表明，若饭店的年平均出租率提高1%，就意味着一年可增加数十万甚至数百万元的收益。

饭店高固定成本、低可变成本的成本结构，加上饭店客房的不可储存性，决定了饭店失去一个潜在宾客的机会成本是很高的。因此，通过超额预订增加饭店的出租率，成了饭店增加收益的重要手段。

第二节　饭店成本控制

企业经营的最终目的就是追求利润最大化，如何取得企业利润的最大化，作为管理者就需要加强企业内部管理，减少和控制成本支出。而成本控制的优劣正是反映饭店管理水平的最好见证。饭店成本控制是饭店财务管理的重要组成部分。成本费用作为饭店经营耗费补偿的最低界限，它不仅是制定价格的基础，而且也是反映饭店工作质量的重要的综合指标，其水平的高低直接影响饭店的利润水平。因此，对于饭店来说，加强成本控制，具有重要的意义。

一、饭店成本的概念与构成

1. 饭店成本的概念

饭店的成本有广义与狭义之分。

广义成本包括直接材料、直接人工与其他费用（包括水、电、煤气费用，购买餐具、厨房用具费用，餐具破损费用，清洁、洗涤费用，办公用品费用，银行利息，租入财产租金，电话费，差旅费等），即：

$$广义成本 = 直接材料 + 直接人工 + 其他费用$$

狭义成本仅指饭店各营业部门为正常营业所需而购进的各种原材料费用。

2. 饭店成本的构成

饭店的成本构成大体可分为人工成本、低值易耗品与洗涤成本、餐饮成本、商品成本、能源成本、投资成本、管理中办公经费等其他费用。与饭店成本升降紧密相关的占主要地位的要素有三个方面，分别是人工成本、物耗成本与能耗成本。

（1）人工成本。人工成本是指企业在一定时期内（通常为一年）生产、经营和提供劳务活动中因使用劳动力而支付的所有直接和间接人工费用。它是可由饭店经营层自主控制的最大一块成本，国内饭店一直没能解决好人力资源优化配置和有效利用的问题，在管理机制、用人机制和分配机制上滞后于市场发展的要求。

（2）物耗成本。主要包括各种原材料、办公用品、低值易耗品等。主要存在的问题：①缺乏科学完善的成本控制系统；②缺乏标准化的考核指标；③缺少物耗成本分析；④缺少先进的设备和技术；⑤规章制度执行不力；⑥采购制度与采购方法不合理；⑦缺乏对节约费用和成本控制的宣传。

（3）能耗成本。主要指水、电、煤、油、气等。影响饭店能源消耗成本的四个因素：①价格因素；②设施因素；③设备因素；④浪费因素。

要达到成本控制的目的，必须严格控制以上三项成本。

二、饭店成本控制方法

1. 饭店成本控制方法

（1）饭店成本控制的基本方法

1）预算控制法。预算控制法是以预算指标作为经营支出限额目标，以分项目、分阶段的预算数据来实施成本控制。

2）主要消耗指标控制法。这种方法是以各部门的性质和工作量确定消耗指标，对这部分指标要实施严格的控制，以保证成本预算的完成。

3）制度控制法。这种方法是利用国家政策及饭店内部各项管理制度来控制成本费用开支。包括相应的奖惩办法，对降低成本费用有显著效果的要予以重奖，对成本费用控制不力造成超支的要给予惩罚。

4）标准成本控制法。标准成本是指饭店在正常经营条件下以标准消耗量和标准价格计算出的各营业项目的标准成本作为控制实际成本时的参照依据，也就是对标准成本率与实际成本率进行比较分析。实际成本率低于标准成本率称为顺差，表示成本控制较好；实际成本率高于标准成本率称为逆差，表示成本控制欠佳。

5）目标成本控制法。目标成本是指在一定时期内产品成本应达到的水平，以此作为成本管理工作的奋斗目标。

（2）人工成本控制方法。目前，国有饭店人工成本一般要占总费用的50%左右，占营收总额的30%～35%。一旦市场不景气，经营滑坡，企业就会难以承受，步入恶性循环。

要降低人工成本，一是撤并部门，压缩人员编制。把职能分解落实，饭店内的一个部门，究竟有多少事，需多少岗位来承担，工作量不足的，要合并岗位，削减在岗员工的人数，降低人房比；削减管理层次，使组织结构扁平化，同样也能达到压缩人员编制的目的。二是合理地进行外包和内包。充分利用社会资源，将客房清洁、饭店安全等业务外包给专业公司，减少饭店普通员工数量，同时利用连锁经营的方式，将人力资源管理、财务管理等管理职能由上级管理公司统一进行管理，减少饭店专业管理人员的数量。三是竞聘上岗。竞聘上岗使每个人的命运不在领导的手里，而确确实实掌握在员工自己手中。四是满负荷工作制。满负荷工作制就是改变饭店有些部门分工过细，各个工种分工太刻板的弊端，倡导一专多能，提高业务技术的综合能力，能操作又能维修，科学合理地安排工作时间和工作内容。五是建立完善的内部培训体系。通过企业内部培训体系，培养合格的饭店管理人员，为饭店的发展提供充足的人力资源保障；进一步提高各岗位的工作技能和专业知识，提高工作效率，改善服务质量，同时有效缓解招聘压力。六是以绩效为导向，扩大可变薪酬比重。在绩效考核方面，根据饭店的实际情况和岗位说明书，设计一套简单而有效的 KPI（关键绩效指标）考核体系。在考核体系的制定过程中，结合自己的管理模式和饭店的经营管理整体绩效，将员工的个人绩效与饭店的整体绩效有机结合起来，适当扩大可变薪酬的比重，提高绩效优秀员工的工资收入。

（3）物耗成本控制方法。

1）采购。物料采购是饭店资金循环的第一阶段，也是关键一环，控制的好坏对饭店来说相当重要。首先要建立采购管理制度，规定物料采购的申请人、授权人的权限，物料采购的流程，相关部门的责任和关系，采购的方式、报价和价格审批等。采购申请必须由使用部门提出，采购申请单经使用部门经理签字后报财务总监，财务总监在审核了该项物资是否急需购进、仓库中是否有存货、是否有代用品等内容后，如果认为确需购进，签字认可后，报总经理最后签发，各环节缺一不可。采购部根据批准过的采购单制定采购计划，向供应商询价、比价、议价，然后选择供应商，并把所选的供应商及其报价填在采购单上，超过一定金额的采购单须附三个以上的供应商书面报价，以供财务总监（或财务经理）稽核。

2）验收、库存与领料发放。这一程序需要注意：购货前样品由使用者确认，但使用者不允许直接参与谈生意；库房独立验收；降低库存。对食品的收发抓好八个环节：采购、验收、储藏、发料、加工与切配、烹调、装盘、销售。

3）物料用品的有效使用。一是以客人满意为准则，二是没有浪费。要做到这两条，必须制定以下几点规章制度：制定使用标准；制定考核标准；建立检查制度；建立个人责任制。

4）鼓励并落实基层的节约措施。饭店应制定物耗成本控制的目标、措施及考核办法。对工作中的好现象和薄弱环节及时进行鼓励或整改，加大成本费用控制的广度和深度。

（4）能耗成本控制方法。能源主要指水、电、煤、油、气等。能源开支是饭店非常大的一个支出项目。饭店的能源费用支出往往高达营业总额的10%左右，而每个员工的行为都会影响到能源费用的高低。能源费用控制可以由工程部经理作为总负责，并吸收相关人员组成节能小组。节能小组主要有三方面的职责：①寻求节能的新方法。工程部是水电、设备方面的专家，在采购设备、使用、改造过程中，都要考虑到节能的因素；同时要寻求新的节能设备、方法等。②制定节能措施。通过对整个饭店水、电、燃料的使用情况进行调查，找出能够节能的具体措施。如过道的灯在光线足够的情况下，可以关掉一路灯；根据温度来决定开空调的时间；饭店外的路灯、霓虹灯根据天气情况、季节变换相应更改开灯时间等。通过制定具体的措施，落实到每个部门，让每个员工自觉执行。③对节能措施的执行情况进行检查。节能小组要对整个饭店的节能措施执行情况进行例行检查和突击检查。对于未能按规定执行、浪费能源的现象及时纠正。

要加大对设备的日常控制力度。设备的投资、改造、日常维修及保养是一项很大的支出，因此对设备的管理要建立一种“预防性维护”体系。一是在购买设备时要考虑设备使用的长久、节能与方便，以避免日后为了节能对设备进行改造。二是要做好设备的日常养护，这样可以延长设备的使用寿命，避免由于设备出现故障而花费大笔维修费用和缩短设备的使用寿命。三是对饭店的各种日常维修要进行控制。各部门在修理时必须填写申请单，由部门经理签字后交工程部，工程部调度接到申请单后派专人进行修理，领什么料、领多少料必须经工程部经理签字确认。修理完后还要经使用部门经理对修理结果及用料情况进行签字确认，这样便可避免在维修过程中出现漏洞和浪费。

2. 饭店成本控制体系设计

成本控制对饭店管理而言是一项特别重要的工作，特别是在市场大环境低迷的情况下，饭店会遭受前所未有的困境，收入急剧下降，减少和控制成本是缓解饭店经营的唯一手段。

（1）培养员工成本意识，建立勤俭节约的企业文化。饭店的成本是否控制得好，归根到底取决于员工的个体行为。饭店业人员流动性相对较大，老员工的作风对新员工的行为影响也较大，这就需要建立企业勤俭节约的文化。要充分利用创建绿色饭店的机遇，大力宣传绿色观念，加强对客人和员工低碳生活的教育，比如平时用过一面的纸可以用做一些内部文件、通知、规定等，或经过剪裁作为草稿纸用；客房用剩的肥皂、清洁液等可以收集起来给员工洗手间使用；破损的布草可作为抹布使用；晚上亮灯的时间随着季节、昼夜的长短合理调整；员工离开办公室，随手关灯，下班关好空调；食品加工时合理充分利用边角料等。企业文化的建立是一个长期的过程，饭店经理、主管的榜样作用非常重要。只有当饭店的每一位员工都自觉地节约一张纸、一滴水、一度电，饭店才能真正地做到成本最低。

（2）制定成本预算，实施成本考核奖惩制度。成本预算是成本控制的量化表现。只有对每一项成本项目制定了具体的指标，并且对此进行考核，成本控制才有了现实的目标。预算要针对每个部门的特点，在可控成本的范围内，给出相应的成本指标。预算指标要合理并且要有挑战性。指标过于苛刻，实践中无法完成，也就失去了努力的动力；若指标过于宽松，很容易实现，那也失去了控制的意义。预算指标可以根据历史的数据，结合本行业的惯例，分析未来的形势和饭店的策略综合得出。每个月要召开成本分析会，对与预算差异大的成本项目进行分析，找出原因，以便对成本控制的薄弱环节及时进行改正。对于成本预算指标完成好的部门，给予奖励；对于未完成成本预算指标的，相应给予惩罚。对于不合理的预算指标，在以后的预算中及时进行修正。对于一些变动成本，如餐饮成本等，可以用比率来考核；对于相对固定的费用，如电话费等，也可以用绝对数进行考核。

（3）建立成本监督体系。设立由专人监督检查的成本控制小组，员工有了成本意识，并且有奖惩考核制度进行激励，但要真正实现最大限度的成本节约，还需要在日常工作中有专人监督检查，要建立完整的监督控制体系，对成本控制的实施情况进行监督检查。

总之，降低饭店成本，实现可持续发展，必须要按照科学发展观的要求，加强制度建设，实行标准化管理并与顾客满意、员工激励、企业文化建设结合起来 。通过创建勤俭节约的良好企业文化，制定合理的成本费用考核奖惩制度和完善的监督检查制度，建立全面的成本控制体系，才能降低饭店成本，提升经济效益，从而提高饭店竞争力、实现饭店的可持续发展。

3. 饭店成本控制的四大误区和五大重点

有效控制成本和费用对经营目标的实现如此重要，使得绝大多数饭店决策者都十分注重成本费用管理，甚至还出现了“成本总经理”的说法。而正是由于过分强调成本问题，饭店往往不知不觉地陷入成本费用控制的误区和怪圈之中。

（1）忽视顾客合法利益。在控制成本费用时，每个饭店经营管理者都应该牢记两个公式，即“利润 = 价格 - 成本”和“低成本 ，低质量”。前者是日本著名企业丰田汽车公司的经营观，其基本含义为在产品价格由市场决定的情况下，减少成本就能增加企业利润；后者则是对第一个公式的约束，对饭店而言，即指降低成本不能以损害客人的利益为代价。

然而，在现实经营过程中，有一些饭店尤其是规模小、档次较低的饭店选择了舍本逐末的做法。它们随意取消服务项目甚至减少客房用品的标准醒配量，采购原材料时以次充好或者在食品加工中减少配料定额等。这些短期行为最终会使饭店失去市场，因为它们不但没有遵守“顾客就是上帝”的法则，却公然“在上帝头上动土”。

（2）降低设备用品质量。为了迅速降低成本，低档饭店尤其是流动资金不足的饭店往往喜欢在设备、用品上“打主意”。一般而言，主要体现在以下三个方面：

1）采购时，不是借助科学的市场调查购买物优价廉的商品，而是试图用低价采购一般的设备或用品，以降低成本。

2）不注重设备的日常维护，致使设施设备提前报废。

3）某些设备老化或信笺、服务指南等低值易耗品早已过时，却不及时更新，最终影响了饭店的服务质量。

（3）压缩正常营业费用。一座大型饭店的营业费用一般有 25 项之多，其中，除了工资、折旧、大修理费、水电费、物料消耗等大额项目外，还包括宣传促销、教育培训、劳动保护等多种费用。在不浪费的前提下，上述费用的支出都是维持饭店的正常运转所必需的，因而不能随意削减。例如，若不对客房、餐厅、车队等部门的设施设备进行定期大修，在短期内的确可以降低经营成本，但从长计议必将使大量设备提前报损。遗憾的是，不少饭店经营者由于追求短期政绩等原因，偏偏采取了这种不明智的行为。

（4）削减员工福利待遇。在开展成本费用控制时，饭店还容易步入另一个误区——克扣员工工资或减少正当福利，以降低企业的营业费用。如果饭店经营者抱有这样的想法，那就彻底错了。假日饭店联号的创始人威尔逊先生认为，“有幸福愉快的员工，才有幸福愉快的客人”。克扣工资福利不仅不能控制费用，还会导致员工把不满的情绪带到工作中，造成一些人为的浪费和额外的支出。更糟糕的是，员工的抵触情绪会明显降低饭店的对客服务质量。

饭店对成本费用控制的方法较多，常用的有预算控制法、标准成本控制法、费用差额分析法及主要指标控制法等。选择适当的方法固然重要，但更为关键的是饭店管理层要明确控制的重点，即重点努力方向。

第一，节能降耗。一般情况下，一座大型饭店的燃料和水电费要占正常营业额的5%左右，占全部营业费用的1/4强，由此可见节能降耗工作的重要性。根据美国国家标准局的一份调查报告显示，美国有代表性的饭店中一般都有减少15%～30%能源消耗的空间，这一比例在国内饭店业中可能更高。对饭店而言，节能降耗主要指合理控制燃煤和水电的使用量，具体对策如下：

1）采购先进的节煤锅炉，并使燃煤的粒度和水分与其设计要求相符合；做好蒸汽管道的保温、维修工作，杜绝跑漏气和散热损失；保证锅炉用水的水质，增强其传热效果；合理调节入炉的过剩空气系数，保持最高的燃烧效率。

2）按照客房、厨房等部门对用水量的不同要求，分别设计科学和管道口径；加强管道、阀门的日常维护，防止漏水和长流水现象的发生。

3）采用新型设备，降低变压器的能耗；根据不同场合及用途，合理选择各类节能灯源，提高灯源的发光效率；健全日常节电制度，如二线部门尽可能利用自然光、客房电路实行集中匙牌控制等。

4）制定能源消耗监控比较表，及时分析和调整不合理的能源耗费。

第二，采购水平。采购水平的高低不仅能直接决定饭店的营业费用和固定费用，还会在一定的程度上影响经营过程中的管理费用。实际上，控制采购成本有两层含义，一是以更低的价格（包括货款、运费和磨损费）采购市场上的同类产品；二是确保所购商品或设备的质量。为此，饭店采购部门应把以下几点作为努力的方向：

1）不断完善采购制度和改进采购程序，做到“任务到人、责任到人、奖惩分明”。

2）经常开展市场调查，增强自身与供应商的谈判能力。

3）积极拓宽采购渠道，推行采购招标，尽力实现“物美价廉”。

4）合理控制采购的时机与数量，以降低购买单价、减少商品库存费用。

第三，项目投资。客房升级、餐厅重装修、锅炉换型等项目的发生虽然间隔周期较长，但往往涉及的资金庞大并且会直接影响饭店未来产品的类型和档次，因而不容半点忽视。鉴于控制成本的目的，当前许多饭店在进行项目投资时都采用了竞标的做法，这点值得肯定。但项目竞标的程序需要优化，可以注意以下几点：

1）开展项目价值估算，明确目标成本，并制定可行的筹资方案。

2）面向社会广泛招标，投标书内容包括设计方案、材料标准、工程报价等。

3）召开竞标大会，组织专家和使用部门评选最佳方案。

4）方案实施。

5）严格验收并投入试运营。

第四，绿色食品。时下，创建绿色饭店在中国饭店业中呼声很高，这种经营理念无疑值得大力倡导。通过开展创绿活动，饭店既可以帮助客人树立人本主义的消费观，又能有效节约经营成本。举个简单的例子，假设一位客人在某饭店住两晚，如果该客人没有特别要求，饭店就不必换洗床单，第一天没用完的香皂也可留给客人继续使用，这样更能让客人有在家的感觉，同时也无形中减少了饭店的营业成本。

然而，在为客人提供绿色食品时需要注意三点，一是满足顾客的合理要求，不降低饭店的服务品质；二是提高创绿活动的透明度，让客人明明白白消费；三是将所节约成本的相当一部分让利于客人。否则，客人会觉得店方在借机省钱，进而认为饭店的产品不是“物有所值”。

第五，控制过程。控制过程主要指成本费用控制的制度出台、执行监督和方法改进等活动，实际上，这些内容穿插在上述四个工作重点之中。

1）实行成本控制责任制。成本控制责任是经营目标责任制的一部分，其实质就是饭店在财务预算的基础上实现成本费用的目标管理，使各部门目标明确、责任到人。预测一个部门或某类具体商品的目标成本，常见的做法有标准成本目标法、预测价格倒扣法和计划平衡指标法等，其中，前两者运用得较为普遍。

所谓标准成本目标法，即饭店以标准成本为基础，确定某个部门或具体商品的目标成本（如公式1、公式2，以餐饮部为例）。

$$C_f = \sum Q_i S_i \qquad \text{（公式1）}$$

式中：C_f 为餐饮部的总目标成本；Q_i 为第 i 种商品（食品、饮料）的目标销售量；S_i 为第 i 种商品（食品、饮料）的标准成本。

$$\text{某食品的标准成本} = \text{预算营业收入} \times \text{按标准配方的成本} \qquad \text{（公式2）}$$

预测价格倒扣法，即饭店根据当前时常供需状况，以合理的预测价格和目标利润、目标销售量为基础，推导出商品的目标成本（如公式3，以客房部的标准间为例）。

$$C = P\,(1 - T_r) - E/Q \qquad \text{（公式3）}$$

式中：C 为单位标准间的目标成本；P 为标准间的预测价格；Tr 为综合税率；E 为客房部目标利润；Q 为客房部目标销售量。

2）加强监督、改进缺陷。为配合成本控制责任制的实行，饭店应成立专门的监督机构。该机构可由财务总监直接领导，或另设独立的审计部门（与财务部分开），负责全面处理成本费用控制事宜，具体来说包括：协助各部门编制科学的成本、费用预算；开展成本差额分析，及时查清成本费用管理中的漏洞；对物料采购、设备维护、菜点制作等环节进行适时监控，发现问题要迅速处理；制定富有人性化的奖惩制度，有效推进节约成本费用的进程。

饭店的成本费用控制是一项系统工程，它涉及饭店的每项业务、每个部门和每位员工，归根结底都与人有关，因此，控制成本费用的关键仍在于提高经营者的管理水平和增强全体员工的成本意识，只有这样才能标本兼治。

本章小结

本章对收益管理的含义、核心理念、实施要则以及在饭店中的实战方法、饭店成本的含义与构成、饭店成本控制的方法进行了系统的阐述。作为饭店从业人员，要注意的是，收益管理虽是一个十分复杂的概念，但它在应用上却是比较简单的。饭店在实施收益管理时，要把“人工智力”与“一般计算机技术”结合起来，要着重理解收益管理在饭店中的实际应用方法。

思考与实践

一、思考题

1. 阐述收益管理的含义。

2. 列举收益管理的核心理念和实施要则。

3. 列举三种收益管理在饭店前台中的实战方法。

4. 阐述饭店成本的含义与构成。

5. 解释两种饭店成本控制的方法。

二、选择题（有一个或一个以上正确答案）

1. 对于收益管理理念与饭店传统的价格和销售管理理念，下面哪一项叙述是错误的（　　）。

A. 二者都认为价格必须以价格为支撑点

B. 收益管理的决策建立在主观臆断上

C. 收益管理是一个动态管理过程

D. 实施收益管理，必须将客源市场细分

2. 收益管理的关键技术包括（　　）。

A. 预测　　B. 超订　　C. 动态定价　　D. 容量控制

3. 预算控制法（　　）。

A. 是以各部门的性质和工作量确定消耗指标，对这部分指标要实施严格的控制，以保证成本预算的完成

B. 是指在一定时期内产品成本应达到的水平，以此作为成本管理工作的奋斗目标

C. 以预算指标作为经营支出限额目标，以分项目、分阶段的预算数据来实施成本控制

D. 是利用国家政策及饭店内部各项管理制度来控制成本费用开支

三、是非题

1.（　）收益管理理念与饭店传统的价格和销售管理理念相比，完全相同。

2.（　）收益管理关注的重点是价格而非成本。

3.（　）收益管理策略建立在预测基础上。预测有误差，故实施收益管理有风险。

4.（　）采购水平的高低不影响饭店的营业费用和固定费用，也不影响经营过程中的管理费用。

四、实践题

参观学校所在城市的饭店，由饭店管理人员为学生讲解该饭店在收益管理和成本控制中使用的方法和收获。

五、案例题

假设一家饭店共有400间客房，为计算简便起见，假设这些客房是单一的标准双人房，牌价为￥220。现在该饭店处于营业旺季，预订部接到客房预订信息的情况如下：

在离客人入住还有56天的时候饭店没有接到任何预订。

在离入住日还有56～49天的时候，一家旅行社要预订150间客房，每间房愿意支付￥75。

在离入住日还有48～28天的时候，一商务团队要预订75间客房，每间房愿意支付￥125。

在离入住日还有 27～21 天的时候，旅游度假散客要预订 60 间客房，每间房愿意支付￥115。

在离入住日还有 20～14 天的时候，政府散客要求预订 15 间客房，按协议价每间房￥85.

在离入住日还有 13～5 天的时候，商务散客要求预订 90 间客房，按协议价每间房￥145。

在离入住日还有 4～3 天的时候，过境散客要求预订 40 间客房。

在离入住日当天和前 2 天，过境散客要预订 30 间房。

假设现有 A 和 B 两位经理。A 经理没有听说过收益管理，B 经理则受过收益管理的训练。现请他们两位分别处理这些订房信息，决定客房的销售，比较他们能给饭店创造的财富。

参考答案

一、略

二、1. B　　2. ABCD　　3. C

三、1. 错　　2. 对　　3. 对　　4. 错

四、略

五、分析提示

A 经理能带来的客房销售总收入为￥43055，客房出租率为 98.8%，ADR 为￥109。B 经理能带来的客房销售收入为￥51830，客房出租率为 100%，ADR 为￥130。

第九章 饭店安全管理

学习目标

知识目标： 了解饭店安全管理的概念、类型、特点和内容，熟悉饭店消防管理、治安管理和安全监控中心的管理内容，掌握饭店各类安全事故的预防和处理程序

能力目标： 在掌握饭店安全管理知识的前提下，能够及时、合理地处理饭店发生的各类安全事故或紧急情况，保障饭店各项工作的正常运行

课前导读

现代饭店是一个提供综合性服务的公共场所，机构庞大，人员集中，服务项目广泛。随着现代饭店业的快速发展，饭店安全事故也时有发生，饭店安全问题逐渐成为社会关注的焦点。"安全是现代旅游饭店的生命线"，饭店安全是饭店一切工作的保障。饭店的安全管理工作，不仅直接影响饭店的正常运营，而且还直接影响饭店的经济效益，影响饭店的声誉和形象。

常见的饭店安全问题有十多种，它涉及饭店管理的方方面面。任何安全问题的发生都会影响饭店形象，减弱顾客忠诚，损害饭店可持续发展的基础。但是在实践中，很多饭店将安全管理等同于消防管理，饭店的规划设计缺乏安全考虑，服务操作不注重细节安全，由此而带来大量诸如偷盗、黄赌毒、公共恐怖行为、隐私安全、主客暴力冲突等形形色色的安全问题。为了最大限度地保证宾客的生命及财产安全，体现"宾客至上"的经营理念，就必须防范各类饭店安全事故的发生，建立一个科学系统的全面安全管理体系，预防饭店安全事故的发生，减少安全成本，最大限度地为宾客提供具有愉悦感、舒适感和满足感的现代饭店产品。同时，需要强调的是，饭店安全管理是要充分依靠和发展饭店全体职工的共同努力，来保障客人、员工以及饭店的安全的。

第一节 饭店安全管理概述

饭店作为一个集衣、食、住、行、娱为一体的综合性服务企业，可以说是人们日常社会生活的缩微景观。因而，在社会生活中可能发生的各种不安全的现象都有可能在饭店发生。一旦发生安全事故，饭店轻则劳民伤财、声誉受到损失，重则将给国家和人民群众带来难以承受的生命和财产损失，进而导致有关的饭店责任人受到法律的

惩处。从以人为本的角度讲，安全比经营更重要。没有安全就没有一切，不安全的饭店必定是没有竞争力的饭店。作为饭店行业的管理者和从业者，首先要了解饭店安全工作的范围以及易出现安全事故的部位，才能进一步建立和完善科学、有效的安全防控系统。

一、饭店安全的概念

饭店安全是指在饭店所涉及的范围内所有人、财、物的安全及所产生的没有危险、不受任何人威胁的生理、心理的安全环境。

补充资料

饭店安全所保护的对象可指在饭店所控制的范围内所有人员及所有财产。“所有人员”不仅是在饭店合法登记入住的客人、合法在饭店参加各种活动的客人，而且包括合法在饭店工作的全体员工以及合法在饭店的其他人员。“所有财产”不仅指住店客人的财务，而且包括饭店员工的财务以及饭店本身拥有的财务。

饭店安全包含以下四个层面的内容：

（1）饭店客人、饭店员工的人身及财务以及饭店的财产和财务，在饭店所控制的范围内不受侵害，饭店内部的服务及经营活动秩序、工作及生产秩序、公共场所秩序保持良好的安全状态。

（2）确保饭店和客人的名誉安全。名誉安全指客人住店期间因饭店的行为或他人的行为而受到名誉或人格的损害。例如，由于饭店有卖淫、嫖娼现象的存在，有赌博、打架斗殴等不良行为的存在，导致饭店形象不良而入住该店的客人被误认为是同流合污者，从而使客人认为到此饭店很羞耻、很不光彩，客人名誉受损，人格受伤害。

（3）确保饭店客人及饭店员工的心理安全。饭店内不存在导致对饭店客人及员工的人身和财务以及饭店财产造成侵害的各种潜在因素，确保饭店员工和宾客的心理安全。有时候，虽然客人的人身和财产并未受到伤害和损失，但客人若在住店时感到有不安全的威胁，存在一种恐慌的心理，比如设施、设备安装不合理或不牢固，电器设备有漏电现象，住客楼层有闲杂人员，地面光滑易摔倒，娱乐场所有人起哄等，都会造成客人的心理不安全。从保障客人的合法权益来说，一旦客人入住饭店，饭店就有责任和义务保障客人的隐私和心理安全。

（4）确保饭店的信息网络不被各种病毒及黑客攻击，不会造成饭店网络的瘫痪或信息流失，保证饭店网络正常工作，信息正常滚动。

二、饭店安全问题的类型

饭店安全问题的来源十分广泛：每个部门有专属的安全问题，员工安全技能的局限会导致安全问题，客人安全素质缺乏会带来安全问题，服务操作中也隐藏着大量的程序性和认识性错误。由于来源广、隐患多，饭店的安全问题并不仅仅局限于消防安全问题和食品卫生安全问题，各种可能在社会上发生的安全问题同样可能会发生在饭店这个“小社会”内部，这使饭店的安全问题显得十分复杂。

1. 火灾安全问题

火灾是因失火而造成的现代饭店人员伤亡和财产损失的灾害。由于饭店接待设施尤其是饭店建筑费用高、内部设施完善、装饰豪华、流动资金和各类高档消耗品储存较多，且多地处繁华地段，一旦发生火灾，其直接经济损失较高，危害较大。所以说，消防安全是影响饭店安全的首要因素，极易造成人员群死群伤和重大财产损失事故。火灾由于其发生的突发性强、危害性大，可以列为饭店的头号杀手。

补充材料

2011 年 5 月 1 日 3 时许，吉林省通化市“如家酒店”一号店起火，到 4 时多大火被扑灭。事故造成 10 人死亡，35 人受伤，初步判断是楼梯间失火、浓烟上蹿，造成该酒店入住的部分人员伤亡。

作为中国酒店业海外上市第一股，如家酒店集团现已覆盖全国 100 多座主要城市，拥有连锁酒店 700 多家。然而，如家快捷酒店在快速发展的过程中，却忽视了消防安全这一最重要的问题，导致通化市“如家酒店”大火和人员伤亡惨剧。

事实上，如家快捷酒店忽视消防安全由来已久。2008 年，沈阳市公安局消防稽查支队二大队对如家快捷酒店南京北街店进行消防检查时，发现该店存在多处火灾隐患，因而警方责令其停业整改，涉嫌伪造“消防许可”的犯罪嫌疑人也被刑事拘留。2009 年，“如家”在江西省南昌市象山北路上新开设的一家酒店，在没有取得任何证照，消防也尚未通过验收的情况下大张旗鼓地开门营业接纳顾客。2010 年 11 月，郑州一如家快捷酒店着火，消防部门出动 4 辆消防车灭了火，所幸没有人员伤亡。

同样，类似的安全问题在其他一些快捷酒店也不同程度地存在。

2. 犯罪安全问题

饭店安全问题中，犯罪大多以偷盗为主，可以说盗窃案件是发生在各大饭店中最普遍、最常见的犯罪行为之一。饭店是一个存放有大量财产和物资的公共场所，极易成为盗窃分子进行犯罪活动的场所。饭店客人的物品新奇、小巧、价值高，客人财物在客房内随意存放，饭店的许多物品具有家庭使用或出售的价值等，都成为诱惑不法分子犯罪的动机。

此外，其他犯罪活动也有可能在饭店发生。据央视报道，在某市多家高星级饭店出现犯罪分子持刀在客房抢劫现象。事后警方分析，犯罪分子之所以屡屡得手，与饭店安全制度有缺陷有关。由于我国社会制度的优越性，反社会分子及恐怖分子很少出现，但随着近几年国际形势风云变幻，国内也存在着一些影响安定团结的不良因素，在饭店这样的公共场所也有出现恐怖主义事件的可能性，这都应引起饭店安全管理人员的重视。

3. 卫生安全问题

除了火灾之外，餐饮食品卫生是又一个能够造成大规模人身伤害的饭店杀手。一些饭店在食品采购上把关不严，使用高残留农药蔬菜，劣质海产品加工海鲜以及加工食品生熟不分等，极易给就餐客人造成严重危害。还有饭店后厨安全管理不严，生人可随意出入厨房。工作实践中，曾有饭店将员工餐厅外包给承包者以谋取利润，结果导致员工餐厅饭菜质量的下降和卫生水平的降低，员工餐厅的食品安全难以得到保障。有的饭店员工餐厅还出现采用外餐剩下的下脚料或自助餐剩下的成品现象，虽说从节约成本角度无可厚非，但这就无形中给员工带来消极影响，饭店得不偿失。

另外，饭店的环境卫生问题也不容忽视。饭店前厅、客房、餐厅、康乐中心，环境的整洁程度是饭店企业管理水平的一个重要体现，它们也是饭店客人判断饭店服务水平的一个方面，一定要注意饭店环境卫生这个“脸面工程”。此外，行业实践显示，饭店餐饮和客房极易受到虫害、鼠害等侵扰。虫害、鼠害不仅能够毁坏饭店物品，而且也会传播细菌性疾病或鼠疫等疾病。未经严格消毒或消毒后没有妥善存放的餐具被蚊虫爬过后就会变成一个传染源，而个别饭店客房也曾出现住宿客人物品被老鼠咬坏的现象。所以，饭店一定要做好对虫害、鼠害的预防和控制工作。

4. 设施安全问题

饭店的设施设备管理是饭店安全中的重要一项。目前，一般大型饭店在锅炉、中央空调、用电设备管理方面因各方面要求严格，操作较为规范，但在一些细节方面还有待加强。

央视就曾经报道了入住饭店客人感染“军团菌”致病事件，其造成的原因就是中央空调风机盘管久不清理消毒，成为致病细菌的聚集传播地，从而影响入住饭店客人的安全。在工程施工方面，野蛮施工、不按操作规程进行焊接、动用明火等也易造成安全事故。

饭店给客人提供的一切用品均应该是安全有效的、完好无缺的。但行业实践发现，不少饭店在这方面做得不够细致。工作中曾出现客人使用的座椅由于钉子突出挂破客人衣服现象。雨雪天气饭店未及时在室外公共通道铺设防滑地毯，造成住宿客人出行时摔伤现象。更让人意想不到的是，一家星级饭店的豪华水晶顶灯在客人就餐时，突然爆炸，碎片击伤客人的面部，给其他客人带来了巨大惊恐。

另一方面，饭店的设备设施陈旧也会带来安全隐患，如电路老化漏电等，都是值得关注的和需要给予及时解决的问题。

5. 名誉安全问题

名誉安全指客人住店期间因饭店的行为或他人的行为而受到名誉或人格的损害。例如，由于饭店有卖淫嫖娼或赌博等不良现象或行为存在，会导致其形象不良而使入住该店的客人被误认为同流合污者，而使客人认为入住此饭店很不光彩，甚至很羞耻，客人名誉受损，人格也可能受到伤害。

另一方面，名誉安全还包含要保护客人的隐私安全。隐私安全指客人的一些个人生活习惯、爱好、嗜好甚至一些不良行为和生理缺陷的安全保障问题。客人住店期间，或在消费中，或在被服务过程中，有时会无意间流露出难以启齿的个人生活中的一些嗜好、不良习惯与行为，甚至一些生理缺陷。这些隐私如果外泄，会影响到客人的人格甚至影响到客人的工作。因此，饭店服务员有责任为客人保守秘密和隐私，使客人能够放心、无拘束地消费与生活。

6. 心理安全问题

心理安全是指客人在入住饭店后对环境、设施和服务的信任感。有的时候，虽然客人的人身和财产并未受到伤害和损失，但客人却感到有不安全的威胁，存在一种恐慌心理，比如设备安装不牢固，电器设备有漏电现象，楼层有闲杂人员等。另一方面，客人来到陌生的城市和环境，强烈的陌生感也会让客人有不安全的恐慌心理。

此外，从保障客人的合法权益来说，饭店的员工有责任和义务为客人保守秘密和隐私，不要轻易将客人的房号等信息告诉外来人员，让客人在心理上获得安全感。

7. 其他安全问题

除了上述常见的饭店安全问题，饭店还存在其他的一些安全隐患。如打架斗殴事件、黄赌毒等不法活动。其中打架斗殴多发生在饭店的娱乐场所，像卡拉 OK 厅、酒吧等，娱乐场所内的打架斗殴容易殃及其他客人，不仅可能对客人造成身体上的伤害，也可能会使饭店企业蒙受经济财产和名誉上的损失。黄赌毒是指在旅游娱乐场所发生的卖淫嫖娼、赌博、吸毒等严重损害身心健康的不法活动。高级饭店的咖啡厅、酒吧间、美容室等一度成为妓女集结地，饭店的住客常受到妓女的电话骚扰，干扰客人的正常休息，不仅会影响饭店的声誉，还会使客人闻而却步。

三、饭店安全管理的特点

没有安全就没有饭店，安全是饭店一切工作的保障。饭店是否安全，不仅直接关系到饭店的正常经营秩序、饭店的声誉、饭店的经济效益，还关系到国家的声誉。在新的时期，饭店所面临的各种安全问题较以前更为突出。饭店业要搞好安全工作就必须了解一些新时期安全管理工作的特点。

1. 依法性

随着我国法制的健全，公民法律意识的提高，饭店在安全管理中也要依法行事。从目前的情况看，侵犯客人人身权的事件在饭店业不时发生。2008 年国务院公布的《保安服务管理条例（草案）》明确规定保安员不得有限制他人自由、违法搜查他人身体等情况。从饭店安全管理的性质上看，饭店安全管理是为客人提供的一种安全服务。所以，饭店在处理各种安全问题时，要懂得维护客人的合法权益，要依法处理各种涉法问题。保安在处理有关安全事故、事件时需要掌握有关的法律知识。这些知识涉及合同法、消费者权益保护法、民法、刑法等诸多法律部门，涉外饭店的保安还应当懂得一些国际饭店法规和国际惯例知识。

饭店安全管理的依法性，是由这项工作的性质和内容决定的。饭店安全工作，既要维护客人的合法权益，又要对一些触犯法规的人员进行适当的处理，饭店安全部在处理这类事件时需要分清事件是属于刑事范畴还是治安范畴，是国内人还是国外人。饭店安全部在处理问题时要根据不同的对象、不同性质的问题，采用不同的法规和政策。

2. 复杂性

我国饭店业安全管理工作经历了从封闭到开放的过程。在改革开放以前，所有的旅游酒店（当时称为涉外宾馆、饭店）都是进行封闭式的安全管理。当时几乎所有的宾馆、饭店的安全工作多是由解放军战士担任。随着开放的深入，饭店的安全工作逐渐由饭店的安全部担任，此时饭店的大门还有穿保安制服的保安员负责把门。但是，在我国饭店业已经全面开放的今天，已经再也没有哪家饭店的保安在大门口对进出人员进行盘问了。但是，饭店的安全管理遇到了许多新情况、新问题，安全管理工作也表现得更为复杂。饭店是开放式的经营企业，一般情况下任何人员都可以随意进出。饭店既要热情地欢迎每一位进店的客人，又要防止不良分子进店作案。饭店安全管理工作除传统的防火、防食物中毒之外，还需防盗、防抢劫、防爆炸、防诈骗、防赌、防毒、防突发事件等。

现代饭店的性质就是为社会大众提供各种服务的公共场所。因此，每天有大量的人员进出，客流量大，人员复杂，往往犯罪分子也混入其中进行作案，还有的犯罪分子隐藏在饭店住宿。开饭店的目的就是要创造效益，尤其在客源不足的情况下，一些饭店更不愿得罪客人。“客人是上帝”、“客人总是对的”已为众多饭店接受。但一些犯罪分子往往利用这一特点，选择饭店作案。近年来，还出现了专门以饭店为作案对象的犯罪分子和集团，给饭店安全防范工作带来了极大的困难。

3. 广泛性

饭店安全管理工作涉及每个部门、各个工作岗位和每位员工。饭店安全管理虽由安保部主要负责，但由于饭店的特点，必须要有各部门的通力合作，依靠全体职工的共同努力。随着劳动力成本的提高，很多饭店将工作人员大大地进行了压缩，也包括了饭店的安保部门。饭店要搞好自身的安全工作，就要将安全工作与各部门的岗位职责、工作程序结合起来，要依靠各部门和全体员工的共同努力，在全饭店形成一个安全工作的网络系统。只有饭店各级领导和全体员工都增强了安全管理意识，本着“内紧外松”的管理原则，人人注重安全，饭店安全才能有保障。

4. 长期性

侵害饭店的各种不安全因素将会长期存在，做好安全工作具有长期性。改革开放给我国各方面带来了巨大的变化，同时也产生了一些负面影响，社会治安变得较为严峻。据公安部最新统计，2007 年我国的各种刑事案件达到了 474.6 万起。由于种种原因，这些刑事案件不可能在短期内在我国消失，所以侵害饭店的各种不安全因素也将会长期存在。饭店内有大量的资金和财物，是外来不法分子和内部某些不良职工进行偷盗活动的目标。很多社会上的作案手段和方式也出现在了饭店。饭店在安全管理上一旦出现漏洞，外来不法分子和内部个别职工就会乘机作案。如 2005 年 2 月，北京某五星级饭店发生了一起尾随客人入室抢劫的案件，破案后据犯罪分子交代，在近几年内，他已在国内十多家高星级饭店进行了入室抢劫。

5. 突发性

发生在饭店内的各种事故，往往带有突发性。饭店的各类安全问题往往是在很短时间内发生的，如火灾、抢劫、凶杀、爆炸等。因此，饭店在平时要有处理各种突发事件的准备，在发生突发事件时才能临危不乱。发生在酒店内的各种事故、事件都有很强的突发性，如火灾、抢劫、凶杀、爆炸等。例如，2007 年 9 月 16 日湖南浏阳市浏阳酒店突然发生爆炸，造成 9 人死亡，25 人受伤。再如 2008 年 2 月 15 日凌晨，浙江义乌成帅酒店突然发生大火，造成 11 人丧生。

6. 艰难性

从饭店发生的各类安全事件来看，有些案发原因与客人安全意识不强有关，甚至有的案件是由于客人引狼入室而遭到杀身之祸。如 2004 年 4 月 6 日，香港华娱首席代表耿某在广州某饭店被抢劫杀害的案件。这些案件给我国饭店业的声誉带来了不良的影响。

随着我国民营企业的发展，许多有钱人经常光顾饭店，而这部分人的文明程度各异，有些人进店后频频会客，吸烟时不注意防火，增加了安全管理的难度，给饭店安全埋下了很大的隐患。

饭店内每天聚集着大量的人员，有客人、职工，还有其他各类外来人员，难免发生一些意想不到的事故，其中包括人员伤、病、正常和非正常的死亡及其他一些意外事件。如 1996 年 3 月 30 日，住在杭州某饭店的一位客人，欲乘电梯回房休息，当他左脚刚踏进电梯的一刹那，电梯门突然关闭启动，致其当场死亡。

针对以上这些安全管理工作的特点，饭店应当根据自身的特点制定一套适合本酒店情况的应急预案。平时要对员工加强培训，随时做好处理各种突发事件的准备，还要不断进行演练，只有这样在发生突发事件时才能临危不乱。

四、饭店安全管理的内容

饭店的安全管理是指饭店为了保障客人、员工的人身和财产安全以及饭店自身的财产安全而进行的计划、组织、协调、控制与管理等一系列活动的总称。这些活动既包括安全的宣传与教育，安全管理方针、政策、法规、条例的制定与实施，也包括安全防控、管理措施的制定与安全保障体系的构建与运作。饭店安全管理的主要内容具体可以概括为：保障客人的安全、保障员工的安全和保障饭店的安全。

（一）保障客人的安全

保障客人的安全，是饭店安全管理的主要任务。要保障客人的安全，首先必须对客人的安全有一个全面的认识。一般来说，客人的安全主要体现在以下三个方面：

1. 保障客人的人身安全

保障客人的人身安全，就是保障客人的人身不受伤害。这是客人最基本的心理要求。造成客人人身伤害事故的因素主要有社会局势、自然灾害、公共治安、饭店设备设施安装不当以及火灾、食物中毒等。

2. 保障客人的财产安全

财产安全是指客人入住饭店后，随身所带的一切财务的安全以及委托饭店代为托运、保管的财务安全。客人的财产损失一般来自火灾事故、盗窃案件和饭店工作中的差错。

3. 保障客人心理上的安全感

客人心理上的安全，实际就是客人入住饭店后对环境、设施、服务的一种信任感，虽然客人的人身并未受到伤害，财产也未损失，但客人却时时感到有不安全的威胁存在，产生一种恐慌心理。主要表现在：一是设施、设备安装不合理或不牢固，如冷热水龙头装反、电器设备漏电、空调噪声过大、餐厅地砖不防滑等；二是收费不合理，价格不公道，使客人有被“敲竹杠”之感；三是服务人员服务不当，如不敲门进房，随便翻动客人的东西，不恰当的询问，不科学的会客服务方式，不负责任的查房等；四是饭店气氛过于紧张，如禁止通行、闲人免进、此路不通的标牌随处可见，保安人员表情严肃、态度生硬；五是饭店缺乏必要的防盗和消防设施。心理上的安全感从某种意义上说，比前两项更为重要，但也最容易被忽略。

（二）保障员工的安全

保障员工的安全，是饭店业务活动顺利进行并取得良好效益的基本保证。保障饭店员工安全的内容主要包括以下几个方面。

1. 保障员工的人身安全

保障员工的人身安全，就是保障员工的身体健康，使员工的人身不受伤害。一般来说，影响员工身体健康，造成人身伤亡事故的因素主要有三个方面：一是由于设备维护或操作不当造成的工伤事故，如跌伤、扭伤、割破、烧伤、烫伤、触电等；二是由于劳动保护措施不当引起的各种疾病；三是客人中的个别不法分子无理取闹殴打员工致伤等。

2. 保障员工的合法权益

饭店为了正常运转，提高服务质量和经济效益，必须制定严格具体的规章制度。如有的饭店规定在任何情况下都不能和客人争吵，因此，员工在工作中难免会受到各种委屈和侮辱。因此，作为饭店的管理者和安全部门必须坚持依法办事，主持公道，保障员工人身权利不受侵犯，人格不受侮辱。

3. 保障员工的道德情操

涉外饭店是以接待外国人、外籍华人、华侨、港澳台同胞等为主要对象的行业。随着这些客人的到来，一些西方社会不良的思想、道德、习惯等不可避免地会对饭店员工的思想和行为产生影响。若不加管理，就可能造成严重的后果，如员工出卖国格、人格等行为。所以，如何采取有效措施，防止员工道德情操扭曲，也是员工安全管理的重要任务。

（三）保障饭店的安全

饭店企业内部的安全环节千头万绪，安全管理工作较为琐碎，难度也较大。涉及诸多方面，如安全管理规章制度的制定、安全管理机构的建立、安全设施设备的配置、防火防盗以及其他的一些安全管理。保障饭店的安全，还表现在为了维护饭店的形象不受破坏而进行的一系列工作。如有的客人在公共场所酗酒、大声吵闹、衣冠不整等不雅行为举止严重影响饭店的格调，损害饭店的形象，饭店的保安人员对此必须及时加以阻止。其次表现为保障饭店的财产不受损失。如讨偿欠款，防止和追查漏账、逃账，预防和打击内偷外盗行为等。

第二节　饭店安全保障系统

由于现代饭店各种安全问题存在的可能性和不安全事故发生的无序性，决定了现代饭店采取的安全计划和措施也绝不能是临时的、局部的和应付性的。饭店安全管理工作意义大、范围广、要求高。要做好这项工作，必须进行系统性的全面管理。一般来说，饭店安全保障系统主要由以下几个方面构成。

一、饭店的消防管理

做好饭店的消防管理工作，必须做到计划落实、组织落实、措施落实。要切实落实消防安全责任制，制定防火工作措施；并配备必要的、完好的消防设施，群策群力，共同做好消防管理工作。

1. 落实消防安全责任制

根据《中华人民共和国消防条例》的规定，饭店应建立饭店、部门、班组三级防火组织，并确定相应的防火负责人。通常一级防火负责人由饭店总经理担任，二级防火负责人由各部门经理担任，三级防火负责人则由各班组领班担任。

各级防火负责人的基本职责是：认真执行消防法规，领导饭店、部门、班组的消防安全工作；组织制定和贯彻执行消防规章制度及灭火方案，组织实施防火责任制和岗位防火责任制；立足自防自救，对员工进行防火安全教育，组织义务消防队或所属员工进行消防演练；布置、检查、总结消防工作，定期向公安消防监督机关或上级部门报告工作情况；组织防火安全检查，督促消除火险隐患，组织扑救火灾事故。

2. 按有关规定建设完善消防设施

宾馆饭店客房内所有装饰、装修材料均应符合消防的相关规定。要设置火灾自动报警系统、消火栓系统、自动喷水灭火系统、防烟排烟系统等各类消防设施，并设专人操作维护，定期进行维修保养。要按照规范要求设置防火、防烟分区、疏散通道及安全出口。安全出口的数量，疏散通道的长度、宽度及疏散楼梯等设施的设置，必须符合规定，严禁占用、阻塞疏散通道和疏散楼梯间，严禁在疏散楼梯间及其通道上设置其他用房和堆放物资。

3. 强化对重点区域的检查和监控

宾馆饭店消防安全责任人和楼层服务员要加强日常巡视，发现火灾隐患及时采取措施。餐厅应建立健全用火、用电、用气管理制度和操作规范，厨房内燃气燃油管道、仪表、阀门必须定期检查，抽烟罩应及时擦洗，烟道每半年应清洗一次。厨房内除配置常用的灭火器外，还应配置灭火毯，以便扑灭油锅起火的火灾。

4. 加强对员工的消防安全教育

宾馆饭店要加强对员工的消防知识培训，提高员工的防火灭火知识，使员工能够熟悉火灾报警方法、熟悉岗位职责、熟悉疏散逃生路线。要定期组织应急疏散演习，加强消防实战演练，完善应急处置预案，确保突发情况下能够及时有效进行处置。

5. 加大消防监管力度

消防部门要按照《消防法》的规定和国家有关消防技术标准要求，加强对宾馆饭店的监督和检查；旅游行政主管部门要通过行业标准等手段，实施对宾馆饭店的消防安全监管。

6. 强化对客人消防安全的提示

要加强对住店客人的消防安全提示，要设置禁止卧床吸烟和禁止扔烟头、火源入废纸篓的标志；要告知客人消防紧急出口和疏散通道的位置；要提醒住店客人加强对同行的未成年人和无行为能力人的监护，防止其不慎引发安全事故。

补充资料

灭火器使用方法

一、灭火器使用方法

常见灭火器的使用方法基本相同：

（1）拔去保险销。

（2）手握灭火器橡胶喷嘴，对向火焰根部。

（3）将灭火器上部手柄压下，灭火剂喷出。

（4）灭火时，灭火器要保持直立，不宜水平或颠倒使用。

二、各种灭火器的正确使用方法

1. 手提式灭火器使用方法

这类灭火器包括清水灭火器、空气泡沫灭火器、二氧化碳灭火器、卤代烷灭火器和干粉灭火器。使用这类灭火器灭火时，可手提灭火器的提把或提圈，迅速奔至距燃烧处5米左右（清水灭火器10米左右），放下灭火器，拔出保险销，一手握住灭火器的开启压把，另一只手握住喷射软管前端的喷嘴处（二氧化碳灭火器应握住手柄）或灭火器底圈，对准火焰根部，用力压下开启压把并紧压不松开，这时灭火剂即喷出，操作者由近而远左右扫射，直至将火焰全部扑灭。清水灭火器的开启有所不同，它是用手掌拍击开启杆顶端，刺破二氧化碳贮气瓶的密封片，灭火器随之开启。

2. 推车式灭火器使用方法

推车式灭火器一般需要有两个人配合操作，火灾时，快速将灭火器推至距燃烧处10米左右。一人迅速展开软管并握紧喷枪对准燃烧物做好喷射准备；另一人开启灭火器，并将手轮开至最大部位。灭火方式也是由近而远，左右扫射，首先对准燃烧最猛烈处，并根据火情调整位置，确保将火焰彻底扑灭，使其不能复燃。

3. 背负式干粉灭火器

使用背负式干粉灭火器时，先撕去铅封，拉保险销，然后背起灭火器，手持喷枪，迅速奔到燃烧现场，在距燃烧处5米处即可喷粉。当第一组灭火器筒体内干粉喷完后，快速将喷枪扳机左侧的凸出轴向右推动8毫米左右即限位。然后再勾动扳机，第二组灭火器即可喷粉。

三、使用灭火器注意事项

在操作灭火器时，应注意以下几点：

（1）在携带灭火器奔跑时，酸碱灭火器和化学泡沫灭火器不能横置，要保持其竖直以免提前混合发生化学反应。

（2）有些灭火器在灭火操作时，要保持竖直不能横置，否则驱动气体短路泄漏，不能将灭火剂喷出。这类灭火器有1211灭火器、干粉灭火器、二氧化碳灭火器、空气泡沫灭火器、清水灭火器等。

（3）扑救容器内可燃液体火灾时，要注意不能直接对着液体喷射，以防止可燃液体飞溅，造成火势扩大，增加扑救难度。

（4）扑救室外火灾时，应站在上风方向。

（5）使用清水灭火器、酸碱灭火器和泡沫灭火器时，不能直接灭带电设备火灾，应先断电再灭火，以防止触电。

（6）使用二氧化碳灭火器和1301灭火器时，要注意防止对操作者产生冻伤危害，不得直接用手握灭火器的金属部位。

二、饭店治安管理

治安管理是指饭店为防盗、防破坏、防流氓活动、防治安灾害事故而进行的一系列管理活动，其目的是为了保障客人、饭店和员工的财产不受损失，客人及员工的人身不受伤害。

1. 加强对客人的管理

饭店作为公共场所，人员流动量大，结构复杂，往往是犯罪分子作案的理想目标和隐藏匿居的地点。所以，必须加强对客人的治安管理，具体如下：

（1）制定科学、具体的宾客须知，如住宿须知、餐厅须知等，明确告知客人应尽的义务和注意事项。

（2）加强入住登记工作，严格执行公安部门的凭有效身份证件登记入住的规定，切实做好验证工作，并制定客人领取钥匙的规定。

（3）建立和健全来访客人的管理制度。应明确规定接待来访客人的程序、手续及来访客人离店时间，严格控制无关人员进入楼内。限制进入，可以给犯罪分子造成心理上的压力，同时也是一种无声的警告，让外来者知道本店已采取了安全防范措施。

（4）加强巡逻检查，发现可疑和异常情况及时处理。

2. 配备必要的设备

为了有效防止失窃、凶杀等案件的发生，饭店除了增强全员安全意识外，还要配备必要的防盗、防爆设备，如闭门器、门窥镜、防盗扣（链）、防盗报警装置、闭路电视监控系统等。有可能的情况下，最好配备双向电子锁系统。明亮的灯光对犯罪分子有一种心理上的威慑作用，因此，要注意夜间公共区域灯光是否明亮，并对其进行定期检查。停车场必须加以监控，要提供足够的照明设备和闭路电视进行监控。

3. 健全的员工管理制度

对员工的管理，关键是要制定明确的岗位责任制和行为准则，并加强对员工服务过程的管理。主要有：员工出入饭店大门及携带物品的规定，员工更衣室的管理制度，员工进入客房及在房内服务的规定，员工领用钥匙的程序和手续等。此外，还必须加强对外来施工人员的管理。

4. 建立财务管理制度

为了使客人和饭店的财务不受损失，饭店必须建立和健全以下管理制度：贵重物品保管及保险箱的管理制度，行李寄存及行李房管理制度，拾遗物品的管理制度，要害部门的管理制度，各种物品存放和领用制度，现金管理制度和对超限额消费及欠账客人的管理办法等。

5. 突发事件的处理

饭店纵然防范很严，但也难免会发生一些诸如打架、卖淫、盗窃等违法犯罪活动。所以，饭店除加强预防外，还必须制定处理突发事件的有关规定，如报警、现场保护、急救、事故档案等，以便把损失降到最低限度，并为破案创造有利条件。

三、饭店安全监控中心的设置与管理

目前，我国很多现代化饭店，在安全设施硬件建设上已设置了安全监控中心，即安全指示系统工程，它由以下五个系统并联组成：

1. 消防控制系统

即在饭店的客房、机房等要害部位装置烟感器、温感器等报警器材，由消防控制中心管理。这些地方一旦发现火警苗头，消防控制系统就会显示火警方位，控制室值班人员即可采取紧急扑救措施。消防控制中心的功能是：接受火灾报警，发出火灾信号和安全疏散指令以及直通地区消防队的通信设施；控制消防水泵，固定灭火装置，设有通风空气调节系统和电动防火门、防火卷帘、防烟排烟设施等装置；能操纵饭店电梯控制装置，使电梯到达指定位置并保证消防电梯的运行。这个系统是星级饭店必备的基本设施，否则公安机关的消防部门不予通过建筑验收。

2. 监控系统

电视监视系统是饭店较先进的监视设备。饭店一般在入口、大堂、收款台、仓库、电梯、商场内某一重要柜台或其他存在潜在安全事故的敏感位置，安置固定的摄像机或电视监视器。它能较全面地掌握情况，如饭店的客流量、人员进出情况、可疑的人、紧急情况等。监控系统首先安置在饭店大厅。饭店大厅是人员较集中的地方，一般安装大角度的旋转摄像头，以确保控制整个大厅。

其次安置在电梯处。电梯升降时处于封闭状态，电梯内的犯罪时有发生。因此，在每个电梯内需安装摄像头。为防止不法分子用胶布或其他物品将摄像头封上，一般以隐蔽型为主。再次安置在楼层过道处。这是进入客房的主要通道，在每一过道应安装一摄像头。

最后安置在前厅。前厅客人贵重物品寄存处是客人寄存贵重物品的地方，为防止贵重物品的丢失，应安装一摄像头。

如有条件，饭店的监视系统还可连接到公安机关，以便公安机关随时了解饭店的安全情况。

3. 通信系统

为了对安全问题做出迅速反应，需要有一个能快速通知负责安全工作员工的通信系统。饭店管理部门应根据饭店的规模和结构布局选择适当的系统和设备。通信系统应能与饭店所有工作区域取得联系。饭店治安通信系统主要有治安专用电话、BP 传呼系统和对讲机。

4. 防盗报警系统

饭店财务相对集中的部位和需要保护人身财产安全的地方，饭店都要装置报警器。报警信号显示于安全监控中心室。

5. 客房安保设施

常用的客房安保设施有以下几种：电子门锁、窥视孔、客房通信装置、房内安全须知、逃生图。

补充资料

某饭店宾客消防安全须知

各位宾客：

为了您和其他宾客的人身及财产安全，请在以下方面给予积极合作：

1. 遵守中华人民共和国消防法规和宾馆的防火安全规定。
2. 熟悉宾馆的灭火器材、救生器材及应急出口的设置情况。
3. 不携带易燃、易爆化学物品和冲压容器进入宾馆。
4. 不在客房内使用燃油、燃气灶具和电炉、电熨斗等电热器具。
5. 不在电梯、楼梯内吸烟，不在床铺上吸烟，不乱扔火柴梗和烟蒂。
6. 不在宾馆内燃放烟花爆竹及焚烧物品。
7. 若要安装复印、电传、打字设备，请事先取得宾馆管理部门的同意。
8. 发生火灾及其他意外事故时，请您立即报警并采取应急措施，或在宾馆工作人员的协助下，尽快脱离危险。

请注意：我店救生缓降器安装在每楼层开水间，救生呼吸器配置在每楼层服务室内，安全救生绳放置在您房间小酒吧下面的柜子里，在您房间上有安全疏散示意图，图中的红三角标志着您房间所在位置，红箭头表示疏散方向。

第三节　饭店安全事故的预防与处理

一、饭店犯罪与盗窃的预防和处理

饭店对其入住客人和工作员工的人身和财产安全负有特殊的责任。现代饭店常见的、危害客人及员工生命、财产安全的问题主要有犯罪、盗窃和火灾三种形式。因此，饭店对可能发生在饭店的犯罪和盗窃的防范、控制与管理是其安全工作的重要内容。

(一) 饭店犯罪与盗窃事件的预防

1. 做好饭店入口的控制与管理

现代饭店作为一个公共场所，除衣冠不整者外，任何人都可自由出入。众多的人流中，难免有图谋不轨者或犯罪分子混杂其中，因此，饭店入口控制就显得十分重要。饭店的入口主要包括饭店大门入口，楼层电梯入口和楼层走道。

在饭店前厅的门卫既是迎宾员，也应是安全员。应对其进行安全方面的训练，使他们能有识别可疑分子的眼力。同时，在饭店大门入口处安装闭路电视监视器（摄像头），对入口处进行无障碍监视，有专职人员在安全监控室进行24小时不间断的监视，并保留相应的监视记录。楼层的电梯是到达各楼层的主要通道。许多饭店设有专门供客人使用的专用电梯。为确保饭店的安全，必须对普通电梯及专用电梯入口加以控制，比如采用人员控制或闭路电视监控等。对于楼层过道而言，保安部应派遣保安人员定时进行巡视，注意在楼层过道徘徊的陌生人员，注意检查客人房门是否及时锁好，同时，闭路电视的监控也可以让保安部对楼层过道情况进行及时掌控。另外，楼层的过道还应注意照明的正常及地毯的平整，以保证客人及员工的行走安全。

2. 加强客房的安全控制与管理

客房是客人在饭店最常停留的主要场所，也是其财物的存放处，所以客房的安全至关重要。客房的门锁要安全可靠，目前许多饭店采用的磁卡、IC卡电子门锁，其安全系数相对来说还是很高的，但其输码与复制的控制程序对客户门锁安全仍然是十分重要的。对掌握万能钥匙卡的客房服务员要加强安全教育，如遇到自称忘记带钥匙卡的客人要求代为打开房门时，绝不能随意为其开门。

3. 完善客人财物保管与监控措施

按照我国的有关法律规定，饭店必须设置旅客财物保管箱，并建立一套登记、领取和交接制度。一般饭店对客人的财物保管有两种方式：一种是设在饭店总台内，由饭店总台统一控制。客人使用时，由总台服务员和客人各掌管一把钥匙，取物时，应两把钥匙一起插入才能开启保险箱；另一种是为客房内个人使用的保险箱，客房内保险箱可由客人自设密码，进行开启与关闭。饭店应将保险箱的使用方法及客人须知明确地用书面形式告之客人，让客人方便使用。

4. 预防员工或外来人员的偷盗行为

事实证明，饭店员工在日常的工作及服务过程中直接接触各类饭店设施设备和客人的有价物品，这些物品具有供个人家庭使用或再次出售的价值，这很容易诱使饭店员工产生偷盗行为。在防范和控制员工偷盗行为时，应考虑的一个基本问题是员工的素质与道德水平。在录用员工时就应把好入口关。另外，还应通过各种措施，尽量限制及缩小员工进行偷盗的机会和可能，例如员工上班必须穿工装、带号牌，便于安全管理人员识别；完善员工领用物品的手续；控制及限制存放在收银处的现金额度等。外来的公务人员或访客中也常混杂着不良分子，这就要求饭店必须加强入口控制、楼层监控，以防止外来不法分子蹿入作案。饭店由于业务往来需要，总有一些公务人员进出饭店，如送货人员、修理人员、业务洽谈人员和公事人员等，应限定其仅能使用职工入口，并须经安全值班人员弄清楚情况后方可放行，离开时安保人员也应注意其携带出店的物品。

（二）饭店犯罪与盗窃事件的处理

（1）大堂副理所收到的所有报失案应当立即交给保安部经理。

（2）保安人员在大堂副理和其他部门主管的帮助下着手进行调查，所有员工应全力合作。

（3）如果事故发生在酒店范围外，客人要求报警，一名保安员就陪同他去公安局。

（4）如果事故发生在酒店范围内，保安人员将进行调查；保安部经理或主管会同大堂副理向客人了解丢失物品种类、价值等情况，并请客人填写“财务损失报告”。如果客人要求报警，可按程序报警并封锁现场，提醒客人不要随意翻动物品，待警方人员到来，在酒店范围内保安人员予以协助。

（5）保安主管应拍照现场，备案。

（6）如果丢失贵重物品或丢失物品价值较大，但客人不愿报警，可按以下程序处理：请客人再仔细检查一下自己的物品是否错放位置等其他情况，或在客人同意时同大堂副理进房查找，但不触动客人私人物品——观察现场有无被盗痕迹，是否需要现场勘察——详细记录客人的陈述。

（7）保安人员将从目击者或其他人员处获得证词，搜寻可能找到的地方，询问有关员工并做笔录，可能的话分别搜查相关员工的衣柜（经人力资源部取得更衣柜的钥匙）。

（8）警方对员工的任何询问或要求检查酒店，应直接告知保安部经理并且他会通知人力资源部和有关部门主管予以协助，在任何情况下，如有员工被涉及，保安部应告知人力资源部。

（9）完成有关手续后，保安部经理呈交一份详细报告给总经理，抄送财务总监、行政管家及有关部门经理。

二、饭店火灾事故的预防与处理

火灾始终是威胁现代饭店的一个重大灾难。因此，制订科学合理的防火安全计划和进行有效的消防管理是饭店安全管理的重要内容。

（一）饭店火灾原因分析

1. 客人吸烟不慎

调查表明，很多饭店火灾是由于客人吸烟不慎所致。其中两种情况居多：卧床吸烟和乱扔烟头、火柴梗。卧床吸烟，特别是酒后卧床吸烟，睡着后引燃被褥酿成火灾的事件屡见不鲜。2010 年 10 月 26 日凌晨，温州市某饭店由于客人随意丢弃未燃尽的烟蒂，引发火灾，导致入住该饭店的 100 余名房客被困险境，幸好温州的消防救援官兵及时赶到，才避免了一场惨剧的发生。

2. 电器设备故障

据统计，由于短路、超负荷、电器设备故障等电气原因引发的电气火灾，2007 年占各类火灾总数的 28.8%，2008 年则达到 30.1%，处于居高不下逐年增高的趋势，电气火灾现在已经成为当前各种火灾的主要原因。

3. 厨房用火不慎

近几年，随着社会化进程的提高，为适应环保要求，一些宾馆、酒楼、饭店的厨房燃料以如液化石油气、天然气、煤气等可燃气或柴油为主，一旦灶具、充装罐或输送管道出现故障或泄漏，遇到明火即发生燃烧引起火灾。如2003年3月25日位于江阳区连江路二段13号的重庆芋儿鸡火锅店就因厨房泄漏的液化石油气遇明火引起火灾。抽油烟机、吸排烟灶风管堆积的油垢遇明火引起火灾。商业用厨房在使用过程中，灶间一般火势很旺，油蒸气大量蒸发，很大一部分就附着在灶台、吸排油烟罩、烟筒管道内，抽油烟机、吸排烟灶风管逐步积聚油垢，如果不及时清洗，导致油垢越积越厚，油垢遇到明火，易引起燃烧，火焰经风机、风管等途径蔓延，引起火灾。

厨房油锅内油温过高也是引起火灾的原因之一。厨房内油炸、油煎、炒菜等烹饪制作是比较常见的操作。如果油锅内温度过高，锅内温度达到油的闪点，油便会产生闪燃，如花生油的闪点为282℃，豆油的闪点为140℃，菜籽油的闪点为163℃，蓖麻油的闪点为220℃，如果持续加温，油锅就会产生自燃，一旦厨师或员工处置不当，就容易引起火灾。油锅起火，由于温度高、火焰大、火灾蔓延快，因此其火灾危险性很大。

4. 违章施工装修

由于饭店装修施工中存在大量的易燃易爆物品，多使用电焊、气焊等明火且施工现场往往工种、人员复杂，使得违章装修施工成为饭店火灾的一种常见原因。

饭店消防工作中应对施工装修现场的管理引起足够的重视。祸患常起于忽微，一个小小的违章往往带来惨痛的后果，每一个火灾案例也都是一个血的教训，希望这惨痛的代价如警钟长鸣，警示我们安全无小事。2004年12月，济南市某饭店因四楼会议室违章装修引发火灾，火灾造成了饭店14万多元的损失。

5. 其他原因

饭店作为提供综合性服务的建筑，其火灾危险性有很多，如室内装饰标准高，使用可燃物多；建筑结构易产生烟筒效应；疏散困难，易造成重大伤亡等。除了上述常见的引发饭店火灾的原因外，导致火灾的因素还有很多，如饭店消防设施设备配备不足、火情发现不及时或未及时通知消防部门、违反消防法规和消防管理不善等。

（二）饭店火灾引发人员伤亡的原因分析

1. 没有防火救灾预案，不重视消防演习

有些饭店平时不重视防火，没有一套发生火灾时的应急预案，因而在发生火灾时，往往不知如何救助客人，而且由于服务人员消防知识的缺乏，导致其在突发火灾时不能给予客人以有效的指导。如1991年12月发生在连云港某饭店总机房的火灾，由于饭店平时很少进行消防演练，也没有消防应急预案，使得这场火灾造成14人死亡。

2. 发生火灾时未及时通知客人

目前，国内有相当饭店没有安装通知客人疏散的广播系统，或者安装不合理，不能唤醒熟睡的客人，致使火灾发生时造成大量人员伤亡。

3. 大量有毒装饰材料的使用

饭店的大量装饰材料，很多都是易燃物，而且在燃烧时会产生大量的有毒烟雾。

据统计，火灾中因烟雾中毒或窒息而死亡的人数约占整体死亡人数的72%左右。

4. 火灾发生时人们的异常心理和行为

在发生火灾时，人们受求生避难心理的影响，做出许多错误的行为，造成不必要的伤亡。绝大多数住店客人对饭店的内部结构不熟悉。当火灾发生时，客人一般习惯于从原出入口逃生，很少寻找其他出入口或疏散通道逃生，在火灾发生后，很多客人第一时间可能想到乘坐电梯，而在火灾发生时，乘坐电梯是十分危险的，万一电梯停运，乘坐电梯逃生的客人生还的几率将会很小。盲目跟随他人逃生，也是火灾发生时容易发生的一种现象，人们因对群体活动怀有信任感而随大流，盲目跟随人流奔跑，很容易发生踩踏事件，因倾轧而造成伤亡。另外，人天生对烟火就有一种恐惧心理，发生火灾时，即使处于安全场所也可能会做出错误的判断。在紧急情况下，心理紧张时，人往往会失去控制，做出异常举动。在很多火灾中，都有不少人做出超乎寻常的行为，如从高楼跳下造成死亡等。

（三）饭店火灾预防

1. 消防安全告示

消防安全告示应使客人一入住饭店就注意到。从法律上来说，客人从登记入住时起，就是饭店的客人了。饭店对每位客人的安全都负有法律上的责任。所以，从客人入住就应当告诉客人防火安全知识和火灾逃生的办法。有的饭店在客人入住登记时发给客人一个欢迎卡，在欢迎卡上除注明饭店的服务设施和项目外，还注明防火注意事项，印有饭店的简图，并标明饭店的紧急出口。

客房是客人休息暂住的地方。客人在店期间待的时间最长的地方是客房。饭店应当利用客房告诉客人有关消防的问题。在房门背后应当安置饭店的“火灾疏散示意图”，图上应用醒目的颜色标示本房间的位置及最近的疏散路线，便于客人在紧急情况下迅速撤离。

2. 消防设施与消防制度

饭店应相应地成立防火组织，由饭店各部门经理担任负责人，结合本部门的运转制定具体的火灾预防措施及处理程序，在其管辖的部门及公共区域内预防火灾、处理火灾事故。预防措施的主要内容应包括：

（1）客房内安装烟感报警器；地毯、床罩、家具、房门等应选用具有阻燃性能的材料制作。房内“安全须知”应包括预防火灾的要点及需要客人配合的具体要求。房门背面应有遇火灾时的安全通道出口指示图。客房服务员在房内清扫时，应注意可能引起火灾的隐患。

（2）饭店过道上应安装报警及灭火装置；较长的走道中间应有防火隔离门；安装通道应保持畅通，定期打扫检查；安全通道应有抽气机、通气装置，在发生火灾时能自动启动，抽排燃烧引起的大量烟，使安全通道真正起到安全的作用。

（3）配合安保部定期检查防火、灭火设备及用具，提出维修保养及更换的要求，训练员工掌握操作的知识和技能。

（4）制定各部门各岗位员工在防火、灭火中的职责和任务。

（5）制订火警时的紧急疏散计划，包括如何引导客人疏散、保护重要财产等。

（四）饭店火灾处理

1. 发现火情立即报警

每位员工发现火情都有责任报警，以最快的速度报告饭店消防部门和饭店领导。

（1）记住火警电话：9（总机），119（公安局消防火警）。

（2）报告火情：将火情发生的区域、部门地点、楼层、房号、自己所在部门及姓名报告总机和消防值班室。

2. 接到报警后的措施

（1）总机或消防值班人员要详细记录报警人姓名、部门。

（2）冷静详细了解火情发生的位置、区域、楼层、房号和火势大小。

（3）由总机将火情报告保安部、客房部经理和工程部值班人员。

（4）由保安部、客房部经理和工程部值班人员组成调查、甄别、确认小组，赶赴现场查清下列问题：

①火情的具体位置、燃烧物品、燃烧范围及火势走向。

②火源是电起火还是其他原因。

③火场有无人员被困，有无贵重物品，有无易燃易爆危险物品等。

（5）立即通知总机报告饭店领导，迅速组成火场临时指挥部，由指挥部领导迅速做出是否119报警的决定，同时向旅游局报告。

3. 各相关部门的任务

（1）义务消防队。

①立即带好消防器材和工具赶赴现场，等候命令。

②按照指挥部的指令进行扑救。

（2）保安部。

①保安部经理带上通信和必备物品赶赴指挥部。

②保安部值班人员守住电话，注意与消防、公安部门的联系。

③清理饭店周围场地，确保消防通道的畅通。

④阻止无关人员进入饭店，防止治安案件的发生。

⑤对饭店财务部、商场等场所加强巡查和戒备。

⑥迎接消防车，引导配合消防车到现场。

（3）前厅部。

①前台人员要回答客人询问，劝阻、告诫客人不要回房和乘坐电梯，请他们前往安全地带集中。

②行李员要将电梯落到一楼，控制电梯和消防专用电梯。

③协助保安部打开所有通向店外的门，并维护治安秩序。

（4）工程部。

①根据火情大小，关闭煤气、空调和有关电器设备。

②确保消防泵房值班立即进入工作状态，保证消防用水正常供应。

③将饭店内所有燃气罐运出饭店，集中在饭店外安全地带加强看管。

④如火情发展，工程部人员撤出前，要将所有电源、煤气阀门、制冷设备和门窗

全部关闭。

（5）客房部。

①经理立即到达发生火警的楼层，组织引导疏散客人。

②检查清理楼道和安全门，确保楼道通畅，便于疏散客人。

③检查寻找火源和被火围困人员。

三、其他常见紧急情况的应对和处理

1. 停电事故的处理

停电事故可能是由于外部供电系统引起，也可能是由于饭店内部供电发生故障。停电事故发生的概率要比火灾及自然灾害高得多。因此，对于有上百间以上客房的饭店来说，应配备紧急供电装置。该装置能在停电后立即自行启动供电。这是应对停电事故的最理想的办法。在没有紧急供电装置的饭店内，应配备足够的应急灯，以防意外的发生。饭店对于停电事故的紧急预案应包括以下内容：

（1）保证所有当值员工都平静地留守在各自的工作岗位上，避免表现出惊慌神情。

（2）及时向客人说明停电原因，正在采取紧急措施以恢复电力供应。

（3）如在夜间，应用手电等应急照明设施照亮公共场所，帮助滞留在走廊或电梯的客人转移到安全地区。

（4）派遣维修人员，查明停电原因，并及时组织抢修排除故障。

（5）在停电期间加强公共场所的巡视，防止有人趁机作案，并注意安全检查，防止客人点燃蜡烛等明火而引起火灾。

2. 食物中毒事故处理

造成客人食物中毒的原因有很多，有可能是饭店过失而引起，也可能是由于饭店外部原因造成，还有可能是客人本身原因产生的食源性疾病，如客人自身体质原因对某些食物过敏等。

食物中毒的症状一般表现为恶心、呕吐、腹痛、腹泻等急性肠胃炎症等。一旦发现客人出现上述症状，应立即报告值班经理，值班经理在接到客人可能食物中毒的报告后，应立即通知医生前往诊断。初步确定为食物中毒后，通知保安部经理、大堂副理和总经理，医务室应立即对中毒客人紧急救护，并将中毒客人送医院抢救治疗，而餐饮部要对客人所用的所有食品取样备检，以确定中毒原因，并通知当地卫生防疫部门。

此外，餐饮部要对可疑食品及有关餐具进行控制，以备查证和防止其他客人中毒。由餐饮部负责、保安部协助，对中毒事件进行调查。当地卫生防疫部门到达后，应予以积极配合。前厅部和销售部要通知中毒客人的家属和相关单位，并向他们说明情况，协助做好善后工作。

3. 客人伤、病与死亡的处理

现代饭店应预防和避免客人在住店期间受到伤病之害，如果一旦客人受伤或生病，饭店应有能处理紧急情况的措施及能胜任抢救的人员。如果饭店没有专门的医疗室或专业的医护人员，则可以选择合适的员工进行急救的专业训练，并配备各种急救的设备及药物，以备不时之需。如发现客人伤病情况出现，饭店工作人员一方面要在现场急救，另一方面要迅速安排病人去附近的医院治疗，对客人的伤病事件应有详细的原始记录，必要时据此写出伤病事件的报告。

客人死亡是指客人在饭店期间因伤病死亡、意外事件死亡、自杀、他杀或其他原因不明的死亡。保安部在接到客人死亡的报告后，应向报告人问明客人死亡的地点、时间、原因以及客人身份、国籍等，并立即报告保安部经理。保安部经理接到报告后，会同大堂经理和医务人员赶赴现场。在客人尚未死亡的情况下，应立即送医院抢救。经医务人员检查，客人已确定死亡时，要派保安部人员保护好现场，严禁无关人员接近现场，同时向公安部门报告。在一切事项处理完毕后，保安部要把死亡及处理的全过程详细记存留档。

4. 国内客人违法处理

客人违法一般是指国内客人在入住饭店期间内犯有流氓、斗殴、嫖娼、盗窃、赌博、走私等违反我国法律的行为。保安部值班人员在接到有关客人违法的报告后，应当立即问明事情发生的时间、地点和经过，记录下当事人的姓名、性别、年龄、身份等，并立即向值班经理汇报。值班经理接到报告以后，要立即派保安主管和警卫人员到现场了解情况，保护和维持现场秩序。对于较严重的事件，保安部经理需亲自到现场了解情况，同时要向值班总经理报告。

保安部人员在找客人了解情况之前，一定要慎重，要了解客人的身份。对于客人之间一般的吵骂等不良行为，保安部可出面进行调解。对于其违法的行为，要查明情况，在征得总经理同意后，向饭店的上级主管部门和公安部门报告。

在向公安部门报告后，保安部的人员应对违法行为人进行监控，等待公安人员的到达。保安部人员不能对违法行为人进行关押，应等待公安人员前来处理。

5. 涉外案件处理

随着国际贸易的发展，现代饭店接待的国际客人日益增多。因此，涉外案件的处理应引起饭店管理者的注意。

涉外案件是指在我国境内发生的涉及外国、外国人（自然人及法人）的刑事、民事、经济、行政、治安等事件。对于外国人违法案件的处理必须做到事实清楚、证据确凿、运用法律规定正确、法律手续完备。应在对等和互惠原则的基础上，严格履行我国所承担的国际条约义务。当国内法或者我国的内部规定同我国所承担的国际条约义务发生冲突时，应当采用国际条约的有关规定（我国声明保留的条款除外）。此外，要及时通知外国驻华领事馆或大使馆，通知的内容包括外国人的外文姓名、性别、入境时间、护照或证件号码，案件发生的时间、地点及有关情况，当事人违章、违法、犯罪的主要事实，已采取的法律措施及法律依据等。

6. 重大事故处理

饭店安全中的重大安全事故包括：造成客人人身重伤、残废的事故及暴力事件；重大火灾及其他恶性事故；大宗财物被盗及其他经济损失严重的事故等。

重大安全事故的处理，原则上由饭店所在地区的政府协调有关部门、事故责任及其主管部门负责，必要时成立事故处理领导小组。

重大安全事故发生后，保安部经理和总经理应立即赶赴现场，全力组织抢救工作，保护事故现场，同时报告当地公安部门。饭店要立即组织医务人员对受伤人员进行抢救，伤亡人员中若有国际客人，责任方和饭店在对伤亡人员核查清楚后，应及时报告当地外办，同时以电话、传真或其他有效方式直接向“中国旅游紧急救援协调机构”报告。对事故现场的行李和物品，要认真清理和保护，并逐项登记。饭店应协助责任方按照国家有关规定办理对伤亡人员其家属的人身和财产损失的赔偿，协助保险公司办理入境旅游保险者的保险赔偿。事故结束后，饭店要和责任方及其他有关方面一起，认真总结经验教训，进一步改进和加强安全管理措施，防止类似事故的再次发生。此外，饭店还需将事故过程和处理整理成文字材料，上报有关部门并留存。

本章小结

饭店的安全管理是一个复杂的概念，包括客人和员工的财产安全、心理安全、名誉安全等各个方面，所以要做到饭店安全管理的万无一失，饭店必须建立有效的安全网络、制定具体的安全管理措施，从而更好地应对火灾、财物丢失等的各种紧急情况。此外，在饭店的经营管理中，任何管理人员和服务人员都有义务和责任给客人提供一个安全的住宿环境。

思考与实践

一、思考题

1. 饭店安全的含义是什么。
2. 饭店安全问题的类型包括哪些。
3. 饭店安全管理工作的特点是什么。
4. 饭店火灾发生的原因有哪些。
5. 饭店发生火灾时的处理步骤包括哪些。
6. 饭店可能遇到的紧急意外事故有哪些？饭店应该怎样处理它们。

二、选择题（有一个或一个以上正确答案）

1. 下面（　　）属于安全管理的特点。

A. 依法性　B. 突发性　C. 国际性　D. 名誉性　E. 长期性　F. 艰难性

2. 保障客人的安全主要体现在（　　）。

A. 人身安全　B. 合法权益　C. 道德情操　D. 财产安全　E. 心理上的安全

3. 饭店安全管理中保护员工的安全主要体现在（　　）。

A. 人身安全　B. 财产安全　C. 合法权益　D. 道德情操

4. 饭店安全监控中心，即安全指示系统工程，它由（　　）并联组成。

A. 监控系统　B. 通信系统　C. 消防控制系统　D. 防盗报警系统　E. 客房安保设施

5. 常用的客房安保设施有（　　）。

A. 电子门锁　B. 窥视孔　C. 灭火器　D. 客房通信装置

三、是非题

1. （　　）保障客人的安全，是饭店安全管理的主要任务。

2. (　　) 保障员工的安全，是饭店业务活动顺利进行并取得良好效益的基本保证。

3. (　　) 每位员工发现火情都有责任报警，拨打火警电话“120”。

4. (　　) 饭店在客房门背后应当安置饭店的“火灾疏散示意图”。

5. (　　) 设在饭店总台内的对客保险箱，客人使用时，由总台服务员单独开启保险箱。

四、实践题

1. 在学校组织同学们进行一次消防演练。(在演练前要做好各方面的准备工作)

2. 组织学生到本地的一家星级饭店进行饭店安全保卫工作的调查，了解饭店安全保卫工作的现状，找出其工作中存在的问题，并提出解决方案。

五、案例题

案例1

某天15:30，安全员李明正在停车场值勤，指挥车辆停放到指定位置，当他正在指挥一辆车停靠时，突然听到“吱呀”一声，他向声响处望去，发现一辆“丰田”车正欲离去，直觉告诉他，这辆车一定擦车了。他飞快地跑去查看该车旁边停放的“奥迪”车，发现果然前车灯处被擦伤了。于是，他立即上前向“丰田”车打出暂停手势，并上前礼貌向客人说：“先生，对不起，我是酒店安全员李明，您刚刚开车时把旁边的车擦伤了，请您协助我们解决此事。”客人下了车，不屑地说：“这点擦伤，有什么关系，你说怎么解决？”李明继续礼貌地说：“请您稍等一下，我们去与车主联系，让你们双方协商解决。”客人说：“停车场这么多车，你知道车主在哪里吗？那你去找好了，不过我可是在赶时间，时间长了我可不等。”李明微笑着说：“我们总台在登记时都会询问客人的车牌号码，并记录在客人的入住档案里，我们去查一下就知道了，如果找不到客人，那就由酒店跟你协商解决。”李明说完，立即将此事告诉了领班，领班让其赶紧去联系客人，他帮助看管停车场。几分钟以后，一位客人走了出来，看见保安就开始询问：“是你们打电话给我，说我车被擦了吗？把我车擦了的人在吗？”李明询问了客人的车牌号码，在确认后将情况告诉了客人，并将“丰田”车主介绍给他，由他们协商解决。经过一段时间协商之后，“丰田”车主赔偿了“奥迪”车主的损失。“奥迪”车主来到李明面前满意地说：“小伙子，谢谢你，要不是你，我的车就白擦了，你们服务真细心，开始登记时我还在想你们要我车牌号码干什么呢？现在我知道了，谢谢你们。”客人高兴地走了。

问题：(1) 该案例饭店能够及时解决车辆擦伤问题，得益于饭店的哪项制度？

(2) 为了保证客人车辆安全，我们还可以采取哪些措施？

案例2

2011年8月8日15:00，保安领班小刘在乘电梯上楼层巡查时，在同部电梯内见到两名男士到28楼，通过对他们衣着打扮分析，这两名男士应该不是去该楼层办事，由于电梯内还有其他客户，为顾及客人颜面暂不向客人查询。待其他客人都下电梯后，保安领班礼貌咨询客人：“你们好，请问你们去哪间公司，我是否可以帮到你们？”客人随口回答说：“我们去48楼办事。”保安领班听完后，以帮助的态度和语气引导客人说：“你们好，我们这没有48楼，你们要找的地方应该是在隔壁吧，麻烦你们乘这部电梯回一楼后，出这栋大厦向右转就是了。”两名男士听到后只好乘坐该部电梯回一楼出大厦。同时保安领班在出电梯后就通知监控中心，负责监视两名男士的动态，确保他们离开。

问题：(1) 保安领班哪些做法值得我们称道？

(2) 保安领班的做法体现了饭店的哪些企业文化？

参考答案

一、略

二、1. ABCDEF　　2. ADE　　3. ACD　　4. ABCDE　　5. ABD

三、1. 对　　2. 对　　3. 错　　4. 对　　5. 错

四、略

五、案例题

案例 1

分析提示：(1) 建立客人车辆档案制度。饭店在客人抵店以后出于安全考虑，安全部就要求前台入住登记时询问客人是否驾车，同时留下车牌号码，这样就方便与客人联系，遇到相关车辆突发事件就更能掌握主动，让宾客在酒店更放心、更舒心。

(2) 保安巡查要及时，做到车动人动；利用监控设施弄清是非；建立客人车牌档案；没有发现肇事者，利用监控弄清是否在我们的停车场擦伤的。

案例 2

分析提示：(1) 该员工较好地展示了饭店员工的良好素质，反应敏捷，既能够站在客人的角度思考问题，能顾及客人面子，又能礼貌地得到客人的动向信息，诚挚地帮助了客人，又做好了饭店的安全防范工作。

(2) 该员工工作细致灵敏，能及时地关注到异常客人的动向，并迅速紧凑地联系部门员工协助工作，出色地将饭店安全工作的要求贯彻到了各个细节当中，较好地体现了饭店"以人为本，以客为中心"的服务理念。

第十章 饭店信息管理

学习目标

知识目标： 了解饭店信息的含义、特点及类型，饭店信息化与信息饭店化，饭店管理信息系统的优势及扩展，饭店网上预订系统

能力目标： 掌握饭店信息处理的流程和饭店网上预订系统的相关知识，通过这些知识的掌握能够熟练地进行饭店网上预订

课前导读

现代信息技术尤其是计算机技术的广泛应用，对饭店经营和管理产生了深刻的影响，改变着饭店的组织结构和经营管理模式，而且对饭店的经营管理工作提出了更高的要求。在信息化浪潮的影响和推动下，饭店经营管理者不但要掌握科学的管理思想和管理方法，综合运用企业资源，更要有很强的信息管理能力，饭店的信息管理变成了饭店日常管理中不可或缺的重要手段。

第一节　饭店信息概述

饭店在经营管理过程中接受并产生大量的信息，这些信息随时产生，并且非常复杂。面对饭店通信方式现代化、兑付方式多元化、客人需求多样化等各种新挑战，饭店信息管理已成为现代饭店经营管理的一项重要内容。

一、饭店信息的含义

饭店企业作为一个经济主体，参与复杂的经济活动，不可避免地要与客源市场、供应商、上级主管部门和其他相关部门、新闻媒体等相关行业发生联系，并时刻与饭店的外部环境进行信息和物质的交换；与此同时，饭店内部又有人事、财务、前厅、餐饮、客房、保安等部门相互衔接，人、财、物、信息相互配合，以完成饭店企业的共同目标，因此必须界定饭店信息所包括的内容，才能进一步研究管理饭店信息的范围。饭店信息有广义和狭义之分。

1. 广义的饭店信息

广义的饭店信息是从满足饭店企业经营管理信息需求的角度，以饭店作为信息的接受者来界定饭店信息的含义。包括饭店企业自身日常业务活动中所产生和输出的信

息，也包括饭店经营管理决策所需的客源市场、原材料市场、各种资源市场，各个竞争对手状况以及与此相关的社会经济活动的有关信息。

2. 狭义的饭店信息

狭义的饭店信息是指饭店经营管理业务活动中所产生的各种输入、输出信息，如饭店前厅接待过程中的客人姓名、性别、国籍、结算方式等。该过程中的各种信息为饭店中、高级管理者提供管理依据和决策支持。

二、饭店信息的特点

1. 目的性

饭店信息的收集、加工、发送、传递都是人的一种有目的的行为，并且这些信息都会明确地反映饭店经营管理的某一方面，具有很强的针对性。饭店信息必须避免无意识、无目的管理。

2. 价值性

信息经过收集加工整理后通常会对饭店的经营活动产生影响，高质量的信息有可能还会给饭店带来一定的经济效益，这样的信息也就有了一定的价值，信息价值大小决定于获得信息的成本和它所能产生的经济效益之比。获得信息的成本越少，而带来的经济效益越高，则信息的价值性越大；反之价值性越小。

3. 真实性

饭店管理者接收信息的目的是对饭店经营管理过程做出正确决策及正确行动。信息的真实与否关系到饭店经营活动的成败。但饭店信息具有鲜明的社会性，它往往不是原始状态，受到收集、加工、传递、接收、处理等参与者主观因素的影响。正确掌握信息特征，科学合理地选择信息加工、处理及分析方法是保证信息真实性的有效途径。

4. 系统性

饭店是一个部门、业务繁多的组织，但为其服务的对象和业务的种类相对来说是固定的，因此，饭店信息传递的程序也是比较有条理化、系统化的。这个特征表明饭店各部门、各部分之间相互依赖，相互协作，形成一个整体，而其内部信息则以财务信息为主线，客房信息和客人信息为辅助，形成一个有机整体。

5. 时效性

时效性是饭店信息的重要特征。一个临时住店客人的姓名、习惯、消费信息，同一个长住客人的相关信息的时效性有很大区别。对饭店的经营决策、管理活动会产生不同的影响。

6. 经常性

饭店各部门管理者和服务人员每天要进行大量的服务工作和劳动，具体的事务或结果都将记录下来。例如，每日客房卫生检查记录、餐厅客人用餐记录等。

7. 广泛性

饭店管理的各部门甚至各个环节都有其相关业务的数据信息，通过这些数据资料的整理分析，就可对各部门经济责任制和管理的好坏做出全面、正确的评价，从而提高管理水平。

8. 群众性

饭店数据信息范围广泛，涉及组织系统中的各部门、各班组、各环节。因此，只靠专门统计人员是不行的，必须有各部门、各岗位的兼职人员参与，而且要把原始数据采集落实到人，建立原始数据记录网络，以保证原始记录的准确性和及时性。

三、饭店信息的分类

饭店的经营管理活动非常复杂，为其提供的信息在质量和形式上多种多样，信息发生和生成过程也不尽相同。下面从不同角度对信息进行分类。

（1）按信息产生的环境，分为饭店内部信息和饭店外部信息。饭店内部信息指产生在饭店内部、与饭店的内部管理和业务运转有关的信息。根据饭店的经营管理过程，饭店内部信息又分为前台信息与后台信息。前台信息是以客人入住管理为核心，在前台服务接待过程中获取和产生的信息。后台信息是为了确保为客人提供的各项服务能够正常开展，后台保障过程中的人、财、物等资源投入与耗用信息。外部信息是产生于饭店组织体之外的有关饭店产品质量、市场等方面的信息。外部信息反映着饭店的外部形象，是反映饭店经营情况的晴雨表。对外部信息，饭店可通过宾客反馈、市场调查、信息追踪等手段来获取。

（2）按照信息产生者和发出者的来源划分，可以将饭店信息划分为客房信息（如房价、客房出租率、客房状况等）、客人信息（如客人姓名、职业、习惯、消费状况等）、财务信息（财务信息是一种动态的连续性的复杂信号，如账号、消费额、各种财务报表、汇总、经济分析等）、员工信息和工程设备信息等。

（3）按信息的作用可分为决策信息、监控信息和作业信息。决策信息是为饭店决策人员进行长远战略计划的信息，它包括饭店内、外部信息以及饭店经营环境构成、政治、技术、经济等各个方面情况。监控信息指用于对饭店系统正常运转时进行校正、控制的信息。它包括计划、指标以及系统输出情况的各种反馈信息。作业信息指维持饭店系统日常业务活动所需的信息，包括物资库存数、房间数、客房预订数等。

（4）按照数据信息共享程度划分，可分为共享信息、部分共享信息和非共享信息。一般说来，基本的业务信息都属于共享信息，某些管理信息属于部分共享信息，涉及饭店商业机密的信息属于非共享信息。

（5）按照饭店业务组织机构划分，饭店信息可分为：前厅部业务信息、客房部业务信息、餐饮部业务信息、销售部业务信息、财务信息、工程部业务信息、人力资源信息、员工培训信息和其他部门业务信息等。通过这种分类，可以比较明确、细致地反映出饭店经营管理过程中各业务部门的活动、特点及其规律性，并在此基础上进行各种对比分析。

四、饭店信息处理流程

1. 饭店信息的收集

（1）饭店信息收集的范围。饭店信息可分为客房信息、客人信息、账务信息、员工信息和设备信息；饭店管理信息系统的现状来看，多为前三种信息，其信息收集范围如图 10－1 所示。

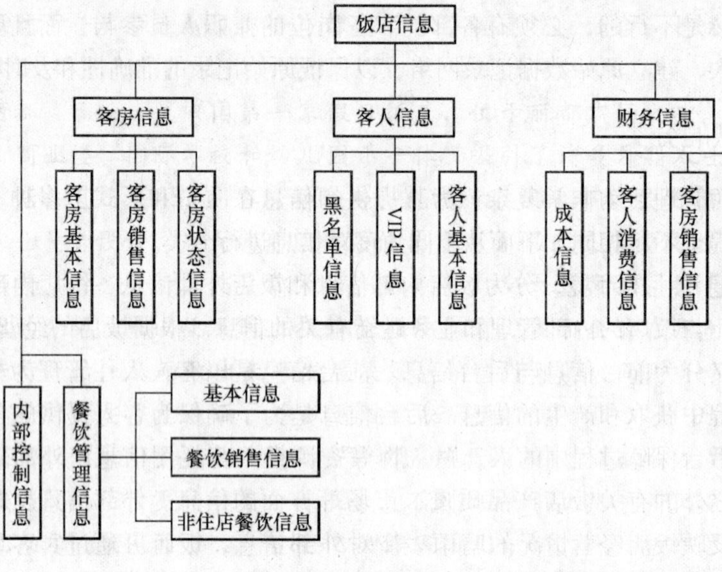

图 10－1　饭店经营管理中收集的主要信息

（2）饭店信息收集系统的组织结构。饭店信息收集系统的组织结构是以财务部为中心（控制），以接待部门为主线，各子系统信息收集既相互独立，又相互联系，如图 10－2 所示。

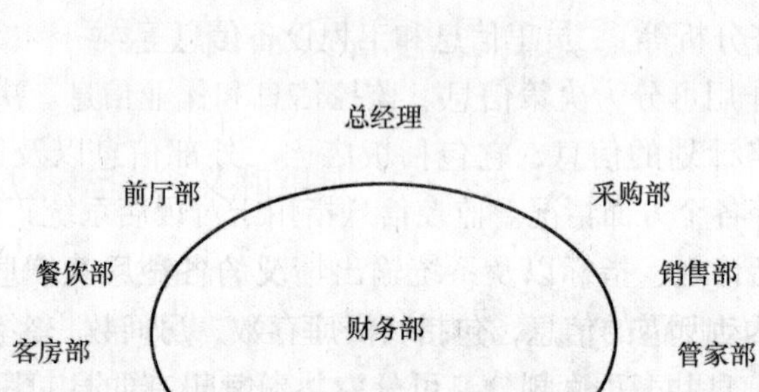

图 10－2　饭店信息收集系统组织结构

2. 饭店信息的加工

信息加工是信息处理程序的核心环节，是运用科学方法，对收集的原始信息进行识别、分析、筛选、综合、归类、排序，使之系统化和条理化的过程。

（1）饭店信息的识别与分析。饭店信息的总量浩如烟海，饭店员工尤其是管理人员应该懂得识别和分析信息，可以运用时间回溯法、系统归纳法、类比推测法等，来判别不同信息性质的差异，分析判断其价值，从而找到有利于饭店的信息。

（2）饭店信息的筛选。筛选是对信息进行去粗取精的过程，将内容贫乏、与饭店或部门工作关系不大的信息淘汰掉，尽量保持信息流质的净化和最佳状态。

（3）饭店信息的核实。信息的真实性，直接关系到决策的效果。提供内容真实准确并有较高质量的信息，将有助于饭店正确地指导经营运作和进行科学的决策。

（4）饭店信息的编制。在编制信息时，首先要对信息资料进行分析综合，要分析信息资料的性质，要分析信息资料的代表性、典型性，要分析信息资料反映事物的动态情况；其次要选择信息资料传送的最佳形式；最后要做好信息资料的分流，保证信息流的净化。

补充资料

时间回溯法

包括由远及近的回溯法和由近及远的逆溯法，其运用视信息本身的类型和目标而定。顺溯法在饭店编制店史、店志、大事记中运用较广。如果要辨析大型饭店的投资额、建设周期、饭店产权买卖、无形资产价值计算、国有饭店跨国发展中的资产流失、饭店产权、经营权转让中的欺诈行为、顾客对饭店服务的投诉重点等，宜用逆溯法，以追溯到最新信息、数据，从中筛选出最典型、最有说服力的材料。

3. 饭店信息的储存

存储是饭店信息的保管工作，没有这一过程，饭店信息就不可能被多次利用。就目前来看，饭店信息主要有两种表现形式：文件资料和数据。对于这二者的存储，前者主要指如何做好档案工作，对有保存价值的信息进行严格登记、科学编码和有序排列而进行储存备用的过程。后者指如何进行计算机数据库的管理。信息的储存是通过建立信息库，饭店信息的储存通常采用卷宗储存、胶卷储存与计算机储存方式。不管采用哪种储存方式，饭店信息的储存，都应经过登记、编码和排列过程。

4. 饭店信息的传递

信息的传递过程是信息真正发挥作用的过程，信息经过收集、整理、分析、加工与存储等过程后，信息要在饭店各部门之间进行传递，但并不是所有的信息都可以公开传递。根据信息保密的程度，分公开、内部、机密和绝密四个层次，进行不同范围的传递：内部公开性信息，一般不宜公开传递，可以在本系统内传递，或者与某些特定的系统交换信息；机密性信息的传递一般只限定在系统内部，应有所选择；绝密性信息的传递一般只限定在某一特殊的范围内进行，并进行严格的保密监督和检查。

信息的整理传递过程从广义来说应该包括反馈过程，信息反馈十分重要，它使信息真正在微观层面上循环流动。

5. 饭店信息的使用

饭店中，信息的使用主要体现在饭店经营活动的管理上，概括起来有几个方面：

（1）在前台系统业务活动中的使用。它包括信息查询、预订客房、入住登记结算、客户档案、销售分析等方面的使用。

（2）在饭店后台系统业务活动中的使用。它包括人力资源管理、设备管理、仓库管理、能源控制等方面的使用。

（3）在决策、预测中使用。

6. 饭店信息的维护

保持信息处于使用状态称为信息维护。狭义上说，它包括经常更新存储器中的信息，使信息均保持适用状态；广义上说，它包括系统建成后的全部管理工作。信息维护的主要目的在于保证信息的准确、及时、安全和保密。

五、饭店信息化与信息化饭店

（一）饭店信息化

高效运作的现代饭店是离不开计算机信息技术支持的，信息技术协调饭店各个部门高效、准确的工作，给饭店的管理工作带来了高效率，节省了大量的人力和物力。所谓的饭店信息化，就是指饭店业在业务管理、日常经营等各个环节和各个方面，广泛采用计算机、通信和网络等现代信息技术，充分开发、广泛利用饭店内外的信息资源，逐步实现饭店经营管理的自动化，逐步提高信息资源在饭店管理中的重要作用。就目前的技术现状情况，概括地讲，饭店信息化建设的内容主要包括饭店应用软件、无线网络、饭店安防监控系统 、网络营销、饭店电器系统、无线点餐系统。饭店信息化对饭店经营和运作带来的重要的影响；

（1）利用信息技术与客户需求的有效集成，实现大众化、个性化、定制化的服务。

（2）更好地解决饭店管理中存在的一些问题，如采购回扣、物流难以控制等。

（3）更新服务方式和管理模式，如电子点菜、点唱点视、电子自助入住、自助查询、电子计算等。

（4）大大提高了饭店的消防安全系数，如，中央监视、电子巡更、紧急呼救、24小时在线保安等。

（5）提供全方位高档的电子贴身服务，如商务客房上网、E－mail、IP电话、IP传真和综合信息服务等。

（6）电子商务平台的建立，有效实现网上查询、发布、采购、销售、订房和订餐等，改变了传统的销售方式，实现个性化营销和全球性营销服务。

（二）信息化饭店

建设信息化饭店是饭店信息化的直接目标之一，是饭店信息化的外在表现形式，从目前来看，狭义的信息化饭店建设主要包括以下几个方面，如表10－1所示。

表10－1　信息化饭店建设主体内容

前台管理系统	前台管理内部系统
	宾客一卡通系统
	游客电子自助入住系统
	游客自助查询系统

续表

房务管理系统	管家服务系统
	VOD视频点播
	智能化客房迷你吧管理系统
	客房 Internet 网络系统
	空调自动控制系统
餐饮管理系统	智能化餐饮成本控制系统
	电子菜单与电子结账系统
	智能化餐饮销售控制记录
	智能化厨房出品管理系统
	智能化厨房宾客监控系统
	品牌餐饮多媒体促销系统
娱乐管理系统	视频点唱系统
	多媒体娱乐系统
消防安全管理系统	电子巡更系统
	智能化消防系统
	智能化监控系统
人力资源管理系统	员工一卡通系统
	人力资源管理智能库管理系统
	饭店 Intranet 与员工网上园地
电子物流管理系统	智能化采购管理系统
	智能化仓库管理系统
	物流控制系统
财务管理系统	
办公自动化系统	
饭店 Intranet	
饭店 Internet	
饭店网络宣传与预订系统	
饭店网络营销联盟系统	
饭店营销管理系统（含数据库营销系统）	
其他扩展的系统	

补充资料

信息化的北京丽都假日饭店

饭店智能管理作为一个综合概念，给饭店业带来经营管理理念的巨大变革。这一变革要经过不断的建设和发展，渐渐形成一个涵盖数据采集、信息保存、信息处理、传输控制等的信息库。这些信息库的建立将成为饭店信息化管理和办公自动化的重要基础。从前台客人入住登记、结账，到后台的财务管理系统、人事管理系统、采购管理系统、仓库管理系统都将与智能管理系统连接、融合，构成一套完整的饭店信息化体系。

北京丽都假日饭店是中国第一家假日饭店，位于丽都广场之中。丽都广场集饭店、公寓、商业楼、国际学校和幼儿园于一体，吸引了许多外籍人士和国际公司入住其中。饭店共有5层433间客房和套房，包括行政俱乐部楼层的89间客房，专为商务旅行人士量身设计，庞大的部门体系使北京丽都假日饭店涉及的业务复杂多样，情况变动频繁，财务分析工作异常紧张。财务部需要大量数据、报表在短时间内处理完，得出的分析结果以便及时上报给企业决策者，便于企业在短时间内对企业的发展情况进行评估，从而做出未来发展决策、销售计划等。而财务部限于时间、精力等限制，分析有些浮于表面，难以透过数据得到更深、更广的分析结果。为此，北京丽都假日饭店采用了《智能化财务分析系统集团版》，该软件从数据导入，到最后导出图文并茂的几十页的财务分析报告，不到20分钟的时间即可完成。财务人员需要几天几夜才能做完的事情，智能化软件只用几分钟，而分析结果的准确性，更通过了高级财务人员的验证。

资料来源：张利民．饭店管理概论．北京：中国林业出版社，2008.

第二节　饭店管理信息系统

一、饭店管理信息系统的含义和组成

（一）饭店管理信息系统的含义

饭店管理信息系统是指收集、处理、存储，检索、传递饭店内外信息并向饭店经营管理系统提供适用信息的有机整体。它是饭店信息处理过程、手段和方法的结合，使饭店信息工作成为有组织的系统。

（二）饭店管理信息系统的组成

饭店管理信息系统主要管理和处理饭店经营的一切业务往来，记录饭店经营所有的活动数据。这些系统主要包括前台系统、后台系统、扩充系统（有的系统把扩充系统直接包含在前后台系统中）以及各种各样的接口系统（图10－3）。

1．饭店前台管理信息系统

（1）预订接待子系统。预订接待子系统是前台系统的主要功能模块，主要完成客房的预订工作，顾客的入住登记工作，房间状态的显示、分配，顾客加床、退房、续住等工作。

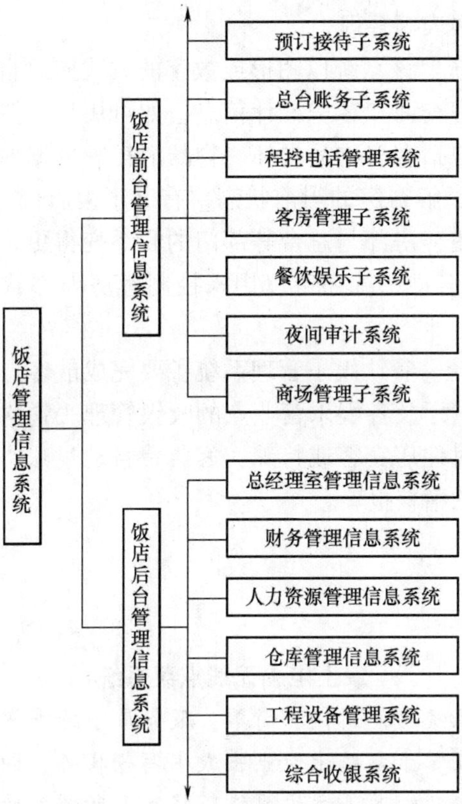

图 10-3　饭店管理信息系统组成示意图

补充资料

如家先进的预订系统

如家尽管是经济型酒店，但是在硬件方面仍有自己的追求，特别是其预订系统充分发挥了携程网得天独厚的优势，显得更为先进和高效。任何一个想要预订如家酒店房间的人，只要登陆如家酒店连锁网站即可完成。另外，如家也开通了 800 免费预订电话，而且，当客人预订时，如家酒店连锁的内部联网系统会自动更新。当客人要订的那家酒店已被预订完后，系统可以搜索最近的另一家如家酒店供客人选择，这就避免了向其他酒店一样将客人列入等候名单或是将客人安排到附近的其他酒店入住，流失客源。如家以其分店多、联网的优势很好地解决了这一问题。

资料来源：如家之道．饭店现代化，2005 年第 5 期．

（2）总台账务子系统。饭店总台账务是饭店前台的财务管理模块，主要记录每个客户在饭店的消费情况，处理散客、团体账务，汇总饭店每天的营业状况，同时对每天的营业收入进行审核。所有住店宾客的账务从交预订金开始就和该系统发生关系。

（3）程控电话管理系统。程控电话管理是通过程控交换机和计算机连接的一个电话计费控制系统，随时显示电话的使用状态并对饭店内各分机电话进行准确计费，并可进行各种统计、查询报表等管理。

（4）客房管理子系统。该系统以图形或数字的方式向总台、总经理室、客房服务中心或总服务台提供房态查询和客房统计信息，如可用房、待清理房、维修房等。客房管理信息系统一般还包括客房物品损坏、物品消耗等数据的记录和处理。这个系统可以使饭店及时准确地了解客房的当前状态，有助于饭店做好客房管理和服务工作。同时，饭店局域网可以使客房部与总台等部门的联系变得更为便捷、准确和有效。一些现代饭店的客房管理信息系统还可以用来控制客房内部状态，如温度、湿度、照明等。

（5）餐饮娱乐子系统。餐饮娱乐管理系统主要完成散客点菜和收银等日常管理以及餐饮预订等管理，如餐厅及各娱乐营业点的收银管理、餐饮成本的动态控制以及吧台商品的销存管理等，对住店宾客或特殊宾客收费自动过账，实现一次性结账，并可打印各类营业报表及餐饮稽核报表。

补充资料

掌上电脑无线点菜系统

掌上电脑无线点菜系统的使用极其简单，服务员手持手掌大小的掌上电脑来到客人台前或客人包房内，在掌上电脑上做点击或书写等操作，即可通过代码输入、分类选择、关键字查找、自定义输入等方式快捷地将客人所需要的相关菜谱显示出来。客人选定后，掌上电脑即生成菜单并算出消费金额，客人确认后点菜操作即完成。此时，服务员只需点击一下掌上电脑的发送键，客人的菜单瞬间即被传送到收银管理系统中，由系统的电脑发出指令给设在厨房等处的打印机并打印出相应的菜单，厨师按菜单做菜。与此同时，收银台也打印出一张同样的菜单放在客人桌上，以备客人查询以及做结账凭据，真正做到使客人明明白白消费。

（6）夜间审计系统。夜间审计系统可以对饭店一天的经营状况进行综合统计，如客房、餐厅、娱乐及其他部门的成本、收入，通过计算机程序进行核对和处理，并自动生成报表。

（7）商场管理子系统。商场管理子系统主要由商品销售、库存管理、信息查询、统计报表、应收账务、系统维护六个模块组成，对有关销售、库存、账务等信息进行全面的统计、处理和维护。

2. 饭店后台管理信息系统

（1）总经理室管理信息系统。总经理室管理信息系统可提供快速查询，让总经理等决策者快速、全面、准确地了解饭店各部门的经营管理信息，以便作出正确的决策。如前台接待信息、餐饮部经营信息、公关营销部及财务部的报表信息等。总经理室还可以运用计算机程序监视、分析饭店的经营状况。

（2）财务管理信息系统。财务管理是饭店应用计算机最早、最成熟的领域之一。

财务管理信息系统可以进行饭店管理总账、明细账、分类账等，包括账务处理、原始凭证处理、科目设置处理、账户管理、凭证汇总处理、账目查询和打印处理、银行对账处理、月终年终报表处理等，随时查询有关财务数据，很方便地生成、打印各种财务报表，使饭店财步管理更加准确有效、省时省力，使财务制度更加规范。

(3) 人力资源管理信息系统。该系统包括存储、查询、修改员工档案、劳动组织管理、招工用人管理、员工培训管理、员工绩效管理、人事变动管理、考勤输入管理、工资发放管理、工资汇总管理等。

(4) 仓库管理信息系统。仓库管理信息系统功能包括入库管理、领料管理、调拨管理、仓库明细账管理、预计进料管理、账务查询管理以及物品统计报表打印管理等。通过这些管理实现对食品库、物资库、用品库有关信息的记录以及报表的编制，实现对仓库的有序、准确、经济的管理，并有效防止仓库管理的漏洞和失误，减少仓库物品的积压。

(5) 工程设备管理系统。工程设备管理系统主要管理饭店的固定资产设备。工程设备管理系统对固定资产的分类、用途、维护、统计等进行有效管理，完成设备的购入登记管理、调拨管理、折旧管理、设备报废管理以及设备查询打印等管理工作。通过这些管理工作能够及时反映饭店服务设备设施、后勤支持设备设施的运行状态及有关信息，使饭店设备设施的故障能够得到及时的修复，维持饭店的正常运转。

(6) 综合收银系统。综合收银系统是餐饮收银、娱乐收银及预订系统的综合体，主要用于餐饮部门、娱乐部门以及饭店其他经营部门的收银。综合收银的管理功能有预订管理、信息查询、计时管理、交班报表管理、应收账务管理、系统设置管理等。

(7) 其他。饭店管理信息系统是一个开放的结构，并为系统的扩展准备了一定的预留量，当需要把计算机的运用扩展到饭店管理的其他方面时，饭店只需要把相应的模块挂接到这个结构上即可。事实上，饭店管理的其他许多方面都可利用计算机来进行信息管理，如洗衣房管理系统、秘书文件管理系统、饭店公关营销管理系统、自动监控系统、自动报警系统等，从而实现饭店信息管理的全面化和系统化。

二、饭店管理信息系统应用的优势

1. 有利于提高信息处理的数量和质量，从而提高饭店的经营效率

饭店经营管理活动十分复杂，涉及预订、接待、问询、客房、餐饮、康乐、电话、人事、工资、财务、库房、设备管理等众多环节。其中的每一个环节都涉及信息的输入、处理、输出环节，因此，饭店应用管理信息系统会大大提高信息处理的数量和质量，从而提高饭店的经营管理效率。例如，在餐厅，传统的点菜方式是服务人员拿着纸和笔，在客人身边等候客人的点菜，客人点菜完毕后，服务人员把点菜单下到厨房，如果客人的菜肴发生变化，我们还需要在纸质的点菜单上进行修改，而现代饭店电子点菜系统的引进，颠覆了传统的点菜方式，客人的点菜服务以及修改都可以通过电子点菜单来完成，这样大大提高了点菜的效率，而且还给客人带来了极大的方便。

补充资料

国际知名的希尔顿酒店具有丰富的定制顾客体验，通过建立顾客档案，记录顾客的偏好，使得饭店能够为顾客提供量身制作的服务。例如，一个总是预订拥有双人床的无烟房间的顾客。这些信息会被存储在顾客记录里，当该顾客下次预订房间时，不管他身处何处，即使他不提出相关要求，他也能得到他想要的房间。用希尔顿的话说，只要每年有1/10的老顾客光顾，饭店就会永远客满。

资料来源：CRM系统为酒店赢得客户忠诚．最佳东方网．

2. 有利于提高饭店的经济效益

从普通饭店管理者的角度来看，饭店管理信息系统具有高效、方便、准确的特点。饭店管理信息系统的引进可以把一些工作性质相近的部门合并，这样不仅精简了饭店组织结构，而且还大大节约了人力资源成本，从而提高了饭店的经济效益。

补充资料

马里奥特国际饭店开发了一个收益管理系统，它将马里奥特国际饭店集团下属所有饭店的不同顾客市场（如休闲观光旅游者、商务旅游者）进行单独归类，并为饭店提供了有关这些顾客的预订行为、价格敏感度及住店类型的综合性信息。该信息能够使马里奥特饭店通过提高客房出租率来使客房收益最大化。马里奥特国际饭店的收益管理系统已将饭店收益提高了1%～3%，这相当于为饭店增加了上千万美元的收入。

资料来源：［美］丹尼·G. 拉瑟福德．饭店管理与经营．大连：东北财经大学出版社，2006.

3. 有利于饭店高层管理者的决策

从饭店决策层来看，饭店管理信息系统有利于提供反馈信息，辅助饭店决策规划。现有的饭店管理信息系统一般都具有总经理查询模块或其他类似模块，能够为饭店规划决策提供信息支持。

4. 有利于提高饭店服务质量

饭店管理信息系统的应用，真正实现了以“客人为中心”的服务理念。它可以为客人提供高效、快捷的服务，比如，客人在办理预订、入住登记、结账收银等服务时都可以得到迅速处理，以减少客人的等候时间，另外，还可以简化客人在饭店内所有消费服务手续，并对客人的消费进行强有力的引导。

补充资料

高技术水平的礼宾服务员

芝加哥里茨卡尔顿饭店发现其礼宾员和商务中心的员工被问到有关电脑方面的问

题的情形日益增多，而这些问题他们往往回答不了。在有些情况中，礼宾服务员只是不具备专门的技术知识，而在其他的一些情况中，商务中心连顾客所需要的软件都无法提供。饭店的经理们考虑到饭店的管理信息系统部门一般能解决顾客绝大多数与电脑有关的问题和疑问，因此他们在管理信息系统部门内设立了一个新的职位，即“电脑服务员”。同时饭店业采购了一些额外的相关硬件和软件以维持顾客所期望的对客服务水平。饭店的电脑服务员是为那些遇到技术困难和想不支付额外费用而借用饭店的电脑设备的顾客服务的。他们的工作地点是接近饭店商务中心的礼宾服务员办公桌旁。

里茨卡尔顿设立的电脑服务员职位广受顾客的好评。顾客对饭店多提供的电脑帮助的需求已从每天两次提高到了每天五次，而且饭店内礼宾服务员、商务中心员工及管理信息系统的员工的工作士气也得到了提高。

资料来源：[美] 丹尼·G. 拉瑟福德. 饭店管理与经营. 大连：东北财经大学出版社，2006.

三、饭店管理信息系统的扩展

饭店信息系统就系统本身来说已经发展得相当成熟。随着信息技术在饭店中的应用与发展，系统的扩展速度很快，内容也更加深入。主要表现在前台系统中预订子系统与互联网连接，构成饭店网上预订系统；内部系统与公安局网络、银行系统、电视系统等连接，这就形成了基于互联网环境的饭店计算机管理系统。此外，部分饭店还实现建立了自己的内部网或局域网。

1. 扩展后的基于互联网环境的饭店计算机管理系统的主要功能

（1）远程预订。

（2）互联网企业注册。

（3）通过计算机或 PDA 远程访问企业网络。

（4）企业集团经营数据汇总传送。

（5）查询经营情况，发 E－mail，进行运营控制。

（6）对外 E－mail：进行预订确认、签订销售、采购合同，发送订单、贺卡等。

（7）电子促销：客房、餐饮、娱乐销售。

（8）信用卡确认、支票确认、一卡通确认。

（9）电子对账：银行电子对账、旅行代理电子对账。

（10）提供金融信息查询：汇率、股市行情、政策法规。

（11）查询商情信息、旅游信息、时事政治信息。

2. 扩展后的饭店局域网计算机管理系统的主要功能

（1）发布企业法规、政策、人事制度。

（2）企业动态 DBS。

（3）企业文化发布。

（4）经营数据发布。

（5）文件审批。

（6）电子论坛。

（7）文档建立、保存、打印。

（8）划分层次、划分部门。

（9）按责权查询信息。

（10）内部 E－mail，进行数据通信。

补充资料

饭店接入 Internet 的几种方式

目前我国饭店接入互联网的方式有以下几种。

1. 采用拨号上网方式

拨号上网以及制式转换（从模拟转为数字），使得上网速度最高只能达到 33.6KB。客人浏览互联网以及收发 E－mail 的效果都不很理想。

2. 采用 DSL 方式

此方式使用的是一条普通的电话铜线，用户可以一边上网一边打电话。速度达到 8MB 左右，且连接方式较为简单，使用 USB 接口与一个机顶盒相连即可。

3. 采用无线上网方式

无线上网方式是通过无线局域网技术进行无线通信上网，无需在计算机之间连线就可以收发数据，实现数据资源共事。适用于饭店的大厅、商务中心、会议室、宴会厅和餐厅等公共场所，也可在少量的贵宾客房和总统套房安装，以提高这些房间的档次和使用率。在公共区域安装无线局域网时，正确地测量安装通信天线的位置是非常主要的一环，网络登录点覆盖范围较大，半径在 100m 以上，穿透能力也很强。具体安装时应找专业公司进行细致的测量。用户端需使用无线局域网适配器。无线局域网与普通局域网相比，费用方面要高，但使用起来非常方便。

4. 进行综合布线

综合布线方式就是在部分或所有客房以及使用互联网的地方对电话线、有线电视网、数据传输网进行综合考虑，综合布线。主通道可以布光缆，饭店每层或每几层设一个机柜，利用 HUB 或 SWITCH 与五类缆或超五类缆相连。光缆再与服务器相连接，利用 DDN 或光缆直接与 ISP 连接，使传送速率能够达到几兆甚至更快。有条件的话，可以使用光缆代替五类缆或超五类缆，效果更佳。

以上几种连接方式的速度快慢都取决于 ISP 的国际出口的大小。挑选 ISP 是非常主要的一环。因为多数 ISP 的国际出口非常小，甚至有些只有几兆。有些虽然较大，但使用者多也影响了速度。

四、饭店网上预订系统

（一）饭店预订方式

随着旅游业和饭店业的发展，市场竞争愈加激烈，要想在竞争中取得优势，就必须有好的销售方式和渠道，而饭店产品与普通商品存在着很大的差别，它的销售方式也就区别于一般商品的销售方式，它的自身特性决定了它可以通过预订的方式来实现提前销售。目前，饭店的预订方式大体上可分为传统方式和计算机网络方式两种。

1. 传统方式

传统饭店的预订方式主要包括当面预订、信函预订、电报预订、电话预订、电传预订、传真预订等。这种预订方式对饭店来说投入较少，可以缓解饭店因资金短缺带来的销售压力。但是这种方式存在着一定的不足，它只适用于对饭店有相当了解的消费者和回头客，对于初次消费者和对饭店不熟悉的消费者来说，则起不到促销的作用；另外这种方式的方便性和快捷性、覆盖性较低。因此，饭店产品的销售效益不会有很大的提高。

2. 计算机网络方式

计算机网络预订是随着电信技术的发展而出现的一种现代预订方式，它能有效地解决传统预订方式的种种弊端，受到国内外饭店业的高度重视。在国外，计算机网络预订经历了 CRS（中央预订系统）、GDS（全球分销系统）两个阶段。目前饭店集团利用技术和资本、规模等方面的优势，通过 CRS、GDS 等大规模的预订系统对客源进行垄断，以不到 30% 的客房分割了全球 80% 的客源市场。

（1）CRS（中央预订系统）阶段。中央预订系统（center reservation system，CRS）已有 30 多年历史。最早的中央预订系统是由假日饭店集团于 1965 年 7 月建立的假日电信网（Holidex - Ⅰ）。美国喜来登集团 1967 年花费 400 万美元投资建立了 Reservation 中央预订系统；1970 年，喜来登集团首家向全美提供“一个号码”的电话客房预订系统，让客人直接预订世界各地的喜来登集团客房；1976 年该系统完成了它的第 1000 万次预订；1983 年在中东设立了它的第一家电脑预订中心办事处。目前，喜来登的 CRS 办事处已遍布全球。

CRS 主要是指集团饭店所采用的内部预订系统。它是一种封闭的、归属特定企业集团、由集团成员共享的预订网络，它具有排他性，较少对外开放，既是企业集团综合实力的体现，同时又是其垄断客源的一种途径。饭店集团通过其 CRS 对客源构成、流量及流向进行控制，并通过各种价位组合及调整实行收益管理，以实现集团利益的最大化。同时，CRS 还具有集团内饭店信息共享、客户资源共享的联网销售优势。国际上一些著名的饭店集团，如六洲饭店集团的 HOLIDEXGL 预订系统、洲际集团的 GLOBAL Ⅱ 预订系统、雅高集团的 ACCOR 订房系统、希尔顿的 HILTRON 中央预订系统和 1999 年 4 月推出的 HILSTAR 预订系统等，都属于此类系统。这些饭店集团凭借着这些系统实现了集团内部客源的相互介绍和集团整体在控制客源市场上的领先地位。独立的大饭店和中小型饭店集团为了和大饭店集团抗衡，改变在竞争中的不利地位，也纷纷联合起来建立各种各样的组织，建立自己的计算机预订网络系统，使 CRS 有了进一步的发展。

补充资料

香格里拉集团金环计划（Golden Circle）

香格里拉集团新近推出的“金环计划（Golden Circle）”，可以储存所有的集团内频访客的个人资料、偏好等信息，供所有成员饭店共享。某位客人在一家香格里拉饭店下榻的信息，待他预订另一家香格里拉饭店时，该信息便可自动显示，从而使这家饭店能够提高预订效率并进一步提供有针对性和个性化的服务。

补充资料

假日酒店集团在预订系统的建设方面一直走在前列。最初，每一家假日饭店为住店客人代打电话预订下一站的假日饭店，电话费客人支付。1965 年假日饭店系统建立了自己独立的电脑预订系统 HolidexⅠ，到 20 世纪 70 年代又发展了第二代预订系统 HolidexⅡ，通过该系统，在每一家假日饭店里，都可以随时预订任何一个地方的假日酒店，并且几秒钟内得到确认，这一切都是免费的。

现在假日酒店集团拥有的 HolidexⅢ（Holidex 2000）是世界最大规模的民用电子计算机网，其规模仅次于美国政府的通信网络，曾被指定为美国国家处于紧急状态时的通信后备系统。同时，该系统目前有专用卫星，不仅可以用来预订、传递信息，还可转播剧场实况，播放闭路电视，并已在美国 1000 多个假日饭店中安装通过卫星转播的长途电视会议设施。

（2）GDS（全球分销系统）阶段。全球分销系统（global distribution system，GDS）是以国际性航空公司为龙头，与连锁饭店、度假村、汽车租赁公司、铁路公司、旅游公司等旅游相关企业形成联盟共同建设的，提供航班订位、订房、旅游预订等综合服务的分销与信息服务的计算机技术及网络服务系统的总称。该系统在近十年以来获得了迅速的发展，已经成为旅游网络营销的一种重要渠道。目前国外较为知名的 GDS 网络系统有 Galileo、Apollo、Amadus、Sabre、Worldspan、Axess、Sahara 等。加入全球分销系统组织的各个饭店集团或独立酒店都可以使用 GDS 开展预订服务。它的运作是大型饭店集团的订房系统通过 INTERFA CE 接入 GDS 系统中，让采用电脑网络技术的旅行社团、散客直接访问该集团的中央预订系统，从中得到某酒店的详细资料，包括酒店的出租状况，并能立即接受预订和确认。六洲集团的 HOLIDEX 也接入到 GDS 系统中，代号是 HI。其他分房系统还有尤特网（Utell International）、顺领网（ Sterling Hotel & Resorts ）、环球网（World Hotel & Resorts）、SRS 网 等。

与 CRS 的集团系统不同，GDS 是一个开放的系统，它与 CRS 最主要的不同在于 GDS 平台全球性的推广作用以及与境外旅行社合作关系的建立。加入这个系统，意味着饭店与大部分潜在市场连成一体。散客与旅行社代理商可以在家中、办公室或就近的服务点利用互联网了解任何地区一家饭店的设施水平、客房价格、房间状态以及其他相关信息，并可完成对饭店客房的预订。因此，GDS 已成为饭店获利的重要方式。

大型饭店集团在拥有自己的CRS的基础上与GDS联网，可以保证其在控制客源市场上的优势；独立的中小型饭店通过与GDS联网，在理论上说和大型饭店集团站在了同一起跑线上。

据统计，目前全球共有30万家饭店，网上订房达1/30，并在扩大。一些饭店还提供很多特别的网上订房优惠，随着便携式笔记本电脑的普及和信息高速公路的进一步建设，旅游者可以便捷地、随时随地进行饭店预订。

补充资料

全名Global Distribution System是由美国Sabre公司创立的。美国Sabre股份有限公司于1960年创立GDS全球行销预订系统，Sabre是美国Airline Company的直属企业，至今已经有40多年历史。GDS包含Amadeus、Calileo/Apollo、Sabre、Worldspan四大系统。

Sabre股份有限公司是美国股票上市公司，全球员工约一万人，是全球旅游业和运输业信息技术的领导者，每年通过Sabre系统成交的旅游订单金额超过750亿美元。欧美及其他国家的旅行社均通过此平台预订机票、酒店，在欧美国家它是旅行社必备的工具之一，其重要性如同电话、传真、电脑一样。通过Sabre电子预订系统完成的预订约占全世界预订总额的40%。

大约在40年前，Sabre公司直属于美国航空公司，其创建的GDS系统是用来帮助旅行社预订空中旅行的。在Internet问世之前，GDS是全球最早通过电脑进行机票、酒店预订的。随着机票的预订带来住宿需求的增长，同时完成酒店预订从而将旅游行业带入了一个新领域。Sabre公司2000年收入26亿美元，在美国德州总部拥有6000名工作人员。GDS的四大预订系统提供全球45个国家连线使用，全球50万家旅行社成为该公司的会员以及53000家旅馆预订（一直处于增加当中）。该公司提供450家航空公司航线，8家游艇航线，33条铁路运输，而且还拥有全球最大的旅游网站Travelocity. com，并与世界著名的yahoo，AOL，Expedia等网站拥有酒店预订、机票预订、邮轮预订及租车等诸多服务。

Travelocity. com为美国股票上市公司，它还提供B2B、B2C平台，网站会员达2700万，2000年通过此网站预订达成的交易有25亿美元，并为YAHOO、AOL及NASDAQ等著名网站提供旅游预订，为了服务于欧洲德语系国家的旅游业，还提供其他语言版本。

（二）国内饭店预订系统现状

改革开放初期，随着国外的旅游饭店集团纷纷进军中国这一新兴市场，在给中国旅游业带来了新的管理模式和营销理念的同时，也将计算机网络技术引入了中国，一些外资和合资饭店安装了国际性的电脑订房系统终端，实现了电脑网络化经营。基于互联网的旅游网络是在1997年后才出现的，这就是由国旅总社参与投资的华夏旅游网。此后，旅游互联网站如雨后春笋般的蓬勃发展，短短的几年时间内，全国大小各类旅游类网站和旅游频道已发展到600多个，能够为饭店提供网络服务的网站可分为六大类别：①全国性的旅游网，如华夏旅游网（ctn. com. cn）、中国旅游资讯网（chinaholiday. com）、携程旅行网（ctrip. com）、意高旅游网（egochina. com）、中华旅游网（e－travelchina. com）、灵趣中华旅游网（linktrip. com）；②一些以订房、订票、订团为主的网站，如中国电子商务网（chinaE－net. com）、信天游（travelsky. com）、中国旅行顾问网（lohoo. com）、中华旅游报价网（china－traveller. com）；③地区性、区域性的旅游网，如西部旅游信息网（intowest. com）、云南旅游信息网（tourinfo. com. cn）；④一些综合性门户网站的旅游频道，如新浪网、搜狐网、网易和e龙等网的旅游频道；⑤旅游机构和企业为宣传自身形象而制作的网页，如国家旅游局的神州风采——中国旅游综合信息（cnta. com）、北京旅游信息网（bjta. gov. cn）和各地旅游局网站以及各大旅游企业的网页，如青旅在线（cytsonline. com）等；⑥一些专题性的个人旅游网站。国内饭店在CRS和GDS的具体应用情况如下。

1. CRS应用

20世纪80年代初我国饭店开始出现CRS的应用，但主要集中于几家由国际饭店管理集团管理的饭店。到90年代，国内高端饭店使用CRS逐渐增多，但也是由外方管理的那些饭店。由于从20世纪80年代到本世纪初，我国还没有自己研发的CRS产品，在本土的饭店集团企业中很少有CRS的应用。据相关统计，五星级饭店使用CRS的比例高达90%，四星级在20%左右，三星级仅为4%，而二星级以下无一家饭店使用。目前，大多数的国内饭店都是通过加盟国际饭店管理公司的CRS形式开展应用。由于购买CRS的费用巨大，在国内还没有单体饭店直接开展CRS的应用。

2. GDS应用

国内加入GDS的一般都是三星级以上的饭店，其应用主要是通过选择一家国际GDS服务商接入服务，开展客房产品的国际分销。据初步调查，我国200多家饭店集团型企业都接入了GDS分销系统，利用GDS开展国际化营销并接受订房。近年来，一些高端的单体饭店也积极开展GDS应用，以招徕国际客源。从应用分布上，饭店主要集中于沿海经济中心和重点旅游城市，这与欧美客源市场在国内饭店的流向趋于一致。我国西部地区的饭店接入GDS比例还较低，主要是这些地区缺乏GDS服务商以及相关客源。

根据国际饭店协会的研究报告，在未来十年内，个人通信设备与微电子系统的结合，将使散客能在任何时刻、任何地方直接预订任何地方的客房。所以，我国必须考虑到这个发展趋势并结合自己旅游市场的特点，大力推进饭店网上预订系统的研究和使用。

（三）基于互联网的饭店网上预订系统

1. 系统的目标

饭店查询预订网可以为旅游市场提供当地各类饭店的查询、预订服务，最大程度地沟通实现饭店与消费者之间的沟通，为全球各地的宾客提供异地查询预订服务；在重要车站、码头、机场设立服务窗口，为不具备异地查询预订能力的旅游者提供落地服务。

全国各大、中城市分别建立饭店查询预订网系统站点之后，便可利用邮电部主干网作为饭店查询预订网络系统的互联平台，各个城市的信息中心与所在市的饭店内部管理系统互联，并以 DDN 或专线方式建立多个饭店查询预订服务中心，同时支持电话语音功能，对客户提供多种形式的客房资源查询、预订服务。

2. 系统的组成

饭店网上预订系统是由饭店管理中心、窗口服务预订中心、网络管理中心、信息管理中心、电话咨询预订服务信息台及 Internet 终端用户、电话用户组成。网络管理中心负责饭店客房资源数据库的维护、Internet 网站的维护、入网饭店的注册和注销；预订中心负责接待无法直接网上预订的用户；饭店管理中心负责饭店主页信息的维护和宾客抵店、离店处理。饭店查询预订网络系统功能模块由用户查询子系统、预订中心子系统、饭店管理中心子系统和网络管理中心子系统组成。

3. 预订处理流程

（1）饭店信息发布与用户查询数据处理流程。饭店信息发布主要包括旅游饭店登录、发布本饭店客房房价及相关详细信息，同时说明本次价格发布的有效期。

用户查询饭店信息包括旅游者、旅行社访问饭店预订系统平台，按一定的条件和次序检索查询，查到符合条件的饭店列表，点击饭店信息列表名称和价格，查出自己需要的饭店介绍和详细价格等信息。

（2）用户预订数据处理流程。

①散客/合同公司/旅行社在 Web 前端进行饭店预订。

②饭店查询：按目的、价位、档次、饭店位置等进行查询。

③饭店信息了解与饭店选择：查看饭店详细信息，做出预订选择。

④预订：按要求填写订单和用户名、密码等信息，提交预订单。

⑤订单入库：在经过用户信息检验和系统按预订要求自动检查后，订单进入订单数据库，并标记为原始记录，等待系统（自动和人为）鉴别订单，同时系统自动（或人工）给预订者发送 E-mail 表示收到预订单。

⑥预订系统后台处理，饭店预订人员登录，查看当日新订单。

⑦对新订单筛选，删除假订单和恶意预订订单。

⑧对真实订单以电子邮件、电话、传真等形式通知预订者，达到确认目的。

⑨游客确认，预订成功。

⑩订单后期处理。

五、信息技术在饭店管理中的其他应用

1. IC 卡技术在饭店管理中的应用

IC 卡又称“集成电路卡”，英文名称“Integrated Circuit Card”或“Smart card”，是法国人 Roland Moreno 于 1974 年发明的，将具有存储，加密及数据处理能力的集成电路芯片封装于和尺寸一样大小的塑料片基中，便构成 IC 卡。它具有存储容量大、体积小，重量轻、抗干扰能力强、便于携带、安全性高、对网络要求不高等特点。IC 卡的安全可靠性使其在应用环境中对计算机网络的实时性、敏感性要求降低，十分符合当

前国情，有利于在网络质量不高的环境中使用。

2. 客房 VOD 视频服务系统

客房 VOD（Video On Demand）视频服务系统是计算机技术、网络技术、多媒体技术发展的产物，它是一种可以按客人需要点播节目的交互式视频系统，或者更广义一点讲，它可以为客人提供各种交互式信息服务，是一项全新的信息服务。主要利用有线电视网络，采用多媒体技术，将声音、图像、图形、文字、数据等集成为一体，向客人播放其指定的视听节目的业务活动。饭店使用这种系统后，宾客可以通过遥控器和电视机享受系统提供的影视点播和多种个性化服务；饭店可通过点播收费、客房基本收费及向发布信息的单位收取信息费而获得收益。

3. 电子菜单与电子点菜

电子菜单和电子点菜系统是一种结合无线点菜系统和触摸屏点菜系统为一体，通过 WIFI 或 433 协议无线传输所实现的一种可视化的餐饮业点菜工具。WIFI 传输速率高，对大数据传输能力强，网络覆盖空间潜力大，数据安全性高。它具有实时菜品更新功能及海量的信息展示功能，使餐厅节省了大量的菜谱、菜牌、手工单等各项高昂的制作费用，解决了传统菜谱短时间内就出现脏、乱、差的问题，实现了餐厅无纸化的操作，提升了饭店的档次及形象。

4. 虚拟员工之家

由于 Intemet 的应用，饭店可以实现员工网上园地计划，构建饭店虚拟员工之家。员工网上园地是员工与饭店、饭店与员工、员工与员工之间信息交流最直接、最有效的途径之一。通常，员工网上园地包括以下内容：发布各种信息、员工留言板、总经理投诉信箱、网上店报、网上培训、员工网吧、虚拟社区与网上游乐等。

本章小结

在信息社会中，饭店信息管理将呈现从手工管理向自动化、网络化、数字化方向发展，从分散、孤立、局部地解决问题走向系统、整体、全局性地解决问题。本章首先从饭店信息的含义入手，对饭店信息的特点、类型、处理流程、饭店信息化与信息化饭店等内容做了介绍，其次对饭店信息系统的含义、组成、应用的优势、扩展、饭店网上预订系统以及信息技术在饭店管理中的其他应用加以阐述。在知识经济、信息时代的今天，饭店应把基于计算机网络技术的信息系统知识熟练地运用到管理中，不断地了解饭店信息系统的构成和开发设计，才能真正地实现饭店的信息化。

思考与实践

一、思考题

1. 饭店信息的含义。

2. 饭店信息具有哪些特点。

3. 饭店信息有几种类型。

4. 饭店信息处理流程。

5. 信息化饭店建设的内容有哪些。

6. 饭店管理信息系统的含义及组成。

7. 饭店管理信息系统应用的优势有哪些。

8. 饭店预订方式有哪些。

9. 简述信息技术在饭店管理中的其他应用。

二、选择题（有一个或一个以上正确答案）

1. 按信息产生的环境，饭店信息可以划分为（　　）。

A. 饭店内部信息　B. 饭店外部信息　C. 共享信息　D. 非共享信息

2. 饭店信息处理的流程包括（　　）。

A. 收集、加工　B. 储存　C. 传递　D. 使用、维护

3. 饭店管理信息系统结构为（　　）。

A. 决策系统　B. 控制系统　C. 前台管理信息系统　D. 后台管理信息系统

4. 饭店传统的预订方式有（　　）。

A. 信函预订　B. 电报预订　C. 电话预订　D. 传真预订

5. 信息技术在饭店中的其他应用有（　　）。

A. IC 卡　B. 客房 VOD 视频服务系统　C. 电子菜单与电子点菜　D. 虚拟员工之家

三、是非题

1.（　　）饭店信息的广泛性是指饭店各部门管理者和服务人员每天都要进行大量的服务工作和劳动，具体的事务或结果都将记录下来。

2.（　　）管理人员的管理活动都和饭店信息的收集、保存、传送、加工有关。

3.（　　）按照信息的情况，可把信息的传递方式分为单向传递、相向传递和反馈传递。

4.（　　）饭店信息都可以共享，没有共享、部分共享与非共享之分。

5.（　　）饭店 24 小时不间断服务，任何时候系统出现故障，都会给饭店带来很大的经济损失，因而对饭店信息系统的硬件质量和数具备份方案都提出了较高的要求。

四、实践题

1. 实地参观某饭店，举例说明某部门的信息处理流程。

2. 自己登录某饭店集团预订系统的网站或相关旅游网站，亲自体验网上预订系统。

五、案例分析

案例 1

兆龙饭店的信息化建设

位于北京朝阳区三里屯东边的兆龙饭店，始建于 1982 年，1985 年 10 月正式营业，拥有 256 间客房，是由香港著名船王包兆龙和包玉刚父子捐款 1000 万美元兴建的。自开业以来，兆龙饭店取得了良好的经济效益。以近两年为例，2000 年的营业额比上一年增长 12%；2001 年饭店因改造停业一个月，而全年营业额反而增加，达到 60430 万元，同比增长 16%。兆龙饭店为何能取得较好的经济效益呢？一是准确定位，即从“接待旅游团队游客为主”调整到以“接待商务散客为主，团队客为辅”，力创“北京最好的商务散客饭店”品牌；二是创新服务、练好内功，为宾客提供满意的服务；三是信息化建设起到了提高饭店全方位服务的关键性作用。

兆龙饭店的信息化建设起步较早，建店第二年就用上了电脑，在 20 世纪 90 年代初期，开始着手筹划信息化建设，率先开通了局域网，网络就接进客房。之后，饭店的网络化建设不断深入，投资于信息化建设的资金不断增加，1999 年同北京电报局、英特集团合作，投资建设了宽带网，采用宽带

DDN 专线，全面改造旧有的技术系统，改造工作现已全面完成。目前，整个饭店已实现了电脑化、网络化，并采用 IBM 公司的 E 系列机作为高档服务器。兆龙饭店的网络建设分三大部分：广域网、局域网和办公自动化。宽带网布线到所有客房、会议室、咖啡厅、酒吧、餐厅等客人活动较多的地方。客房内有两个上网接口，一个电话线接口，一个 DDN 专线接口，客人可以上网查询饭店各方面的资料、收看新闻、联系业务，大大方便了住店客人。在兆龙饭店，客人可以在房间、餐厅、大堂、咖啡厅、健身房等许多地方上网。除了在餐厅上网因占据了餐位要适当收费外，其他地方上网均免费。

客人若想下榻兆龙饭店可以通过电话、传真和上网联系预订。当前，通过电话和传真这一传统方式联络的客人仍占多数，约占 80%；通过上网联络的客人约占 20%。这是因为前者有着浓厚的感情因素在内。比如打电话，客人可以咨询，可以讨价还价，店方可以较详细地向客人介绍所提供的服务内容，可以通过电话上的直接交流达成共识，谈妥生意。多数顾客现在还是较习惯这一做法。在兆龙饭店，客人从进店到离开，实行一次性结账方法。通过网络联系住店的客人，消费结算仍然实行“网上预订，网下结算”。随着时间的推移，思想意识的转化，网络安全程度的进一步提高，上网费用的进一步降低，采用网络方式同饭店联系和预订的客人会越来越多。兆龙饭店把握了市场发展动向，其信息化建设的目标是“网上宣传促销，网上预订，网上结算”，实现真正意义上的电子商务。

此外，该饭店曾多次调研，准备开发视频会议项目。当前各种条件已基本具备，将根据市场发展情况而随时开通。

兆龙饭店的网络化建设实现了前后台分开。局域网是供饭店自用的网络，各种会议通知、会议记录、VIP 到店情况、财务报表等，都通过局域网传送。同时，饭店还建设了 OA 系统，财务、人事、行政办公等部门，在系统中既能做到网上保密，又实现了信息资源共享。在此之前，店里购买了多台复印机，每天忙个不停，既费力又费钱。实现办公自动化后，既提高了工作效率，又节约了开支。饭店大堂采用电脑化办公，大大提高了工作效率。如今办理一位客人的入住手续只需 2 ~ 3 分钟，客人可以很快进入自己的房间。

目前，多数饭店客房内的桌子都比较小，而兆龙饭店考虑到商务客人的特点和需要，改为较大的桌子，客人不仅可以摆上电脑上网，而且可以把文件、资料摊开办公，方便了客人。在电视节目的设置上兆龙饭店也动了不少脑筋，除汉语节目外，还有 30 多套外国电视节目，包括 10 多个语种，每位客人总能找到一个听得懂的电视节目。处处为客人着想，使饭店成为客人的家外之家，这是兆龙人的最高理念。

资料来源：张文侠．现代饭店管理．天津：南开大学出版社，2006.

思考：饭店管理信息系统由哪几部分组成，具体系统有哪些？

案例 2

花园饭店应用人力资源管理信息系统

花园酒店是上海老牌的五星级酒店之一，位于市中心原法国俱乐部旧址，是一个集古典高雅与豪华舒适于一体的五星级宾馆。酒店拥有 500 套客房，多个西餐厅、咖啡厅、中餐厅、日餐厅和酒吧，在酒店中工作的员工有 900 多名，而负责人力资源工作的，只有 3 个人。花园饭店的人事科科长很有感触地说：“以前我们的人力资源管理工作主要靠手工和 EXCEL 表格来做，工作量大，而且大都是重复劳动。我们经常需要半个月的时间才能把考勤情况做完统计，而薪资的计算也需要 10 来天左右，因此可以说是忙完了考勤，忙工资，忙完了工资又要开始忙考勤了。有时候事情多，我们经常是把工作带回家去做。”

2003 年 7 月，金蝶 K/3 HR 入主花园饭店，4 个月后，金蝶完成系统实施，花园饭店开始运用信息手段管理人力资源。金蝶的 K/3 HR 将花园饭店烦琐的考勤、薪资和培训管理变得异常轻松，效率成倍提高。事务性工作逐步被金蝶的系统所取代，人力资源的管理真正进入了信息时代。

在酒店行业中，考勤制度往往非常复杂。在花园饭店的中、西、日餐厅、咖啡厅、酒吧中都有着各自不同的考勤制度。“因为有的餐厅可能需要供应早餐，它的考勤就要从早上5~6点钟开始，而有的餐厅如果不供应，它可能只需要从10~11点开始。而且，就算在同一个餐厅中，不同职务的员工也会有不同的考勤要求。因此，在我们酒店里如果把所有的考勤方式加起来至少有上百种。”人事科长介绍：“另外，由于时间的变化，这些考勤制度还需要经常做调整。”以前这些烦琐的数据从统计、输入到计算经常要耗去人力资源部门一大半的时间。而现在，在实施金蝶的考勤管理模块后，花园饭店的人力资源部门只需要将各个部门提交上来的、存有考勤数据的软盘插入电脑，数据就可以自动导入系统。在设置条件后，系统可以根据要求进行考勤数据的计算。“原先很多用人工计算的考勤工作，现在非常快捷地就做完了，大大节省了劳动力。”

而之前占去人力资源部门另一大块工作时间的是薪资的计算。花园饭店有900多名员工，其中包括600多名正式工和300多名劳务工、计时工、实习工等，这都要求系统在进行薪资计算时采取不同的计算方式。薪资是员工最关心的信息之一，不能出一点差错。在以前手工加EXCEL时期，计算数量如此庞大的薪资数据要耗费人力资源部门大量的时间和精力。但现在，只要在金蝶的薪资管理模块中设定不同的工资、补贴、奖金计算公式，系统就可以自动而精确地计算出花园饭店所有员工的薪资。

花园饭店是一家日资企业，与其他同级别的酒店相比，它在人员培训方面的要求更多。为此金蝶提供了符合花园饭店实际需求的培训管理模块。现在的培训管理模块包括培训审批、培训活动安排、培训总结安排和培训报表等功能。根据花园饭店外语培训和考试的需求，金蝶在培训管理模块中增加了多种查询方式，可以按照部门、考试日期以及参加培训者的星点数等条件来查询个人、部门及全饭店当前的外语水平现状。“用这个系统查询起来非常方便，而且，员工的信息也收集的很完整。如果人力资源部门需要对员工的一些情况做修改也非常便捷。”

现在，花园饭店的工作人员有了更多的精力和时间去为酒店做更具价值的人力资源服务，为酒店招聘优秀新员工就是其中一项。据了解，花园饭店只招聘应届毕业生，许多学校的酒店专业都与花园饭店建立了长期的联系，应届毕业生都会通过固定的渠道到花园饭店来面试。前几年，学生资源一直比较充足，但近几年，上海的高档酒店越来越多，其中也不乏许多与花园饭店一样的五星级酒店，酒店招聘新员工的竞争就变得非常激烈。在以前，人力资源部门经常疲于做考勤和薪资的计算，在招聘新员工方面能够调动的时间和精力比较有限。而现在一方面有了更多精力投入新员工招聘，另一方面，系统也详细地记录了应聘者的情况，使人力资源部门能对招聘信息了然于心，这都为花园饭店招聘到更多、更优秀的新员工创造了条件。

资料来源：中国制造业管理在线，www. 51made. com.

思考：花园饭店人力资源管理信息系统给饭店发展带来了哪些优势？

参考答案

一、略

二、1. A、B　2. A、B、C、D　3. C、D　4. A、B、C、D　5. A、B、C、D

三、1. 错　2. 对　3. 对　4. 错　5. 对

四、略

五、1. 分析提示：前台系统7个、后台系统6个，具体结合案例。

2. 分析提示：

（1）有利于提高信息处理的数量和质量，从而提高饭店的经营效率。（结合材料）

（2）有利于提高饭店的经济效益。（结合材料）

（3）有利于饭店高层管理者的决策。（结合材料）

（4）有利于提高饭店服务质量。（结合材料）

参考文献

1. 张树坤．饭店经营与管理．北京：对外经济贸易大学出版社，2006.
2. 初晓恒，章平，何君杰．饭店管理概论．上海：上海财经大学出版社，2006.
3. 姚李忠，齐新征．饭店管理实务．合肥：合肥工业大学出版社，2005.
4. 王天佑．饭店管理概论．北京：清华大学出版社，2006.
5. 周丽洁．饭店管理概论．长沙：中南大学出版社，2005.
6. 张利民，王素珍．饭店管理概论．北京：中国林业出版社、北京大学出版社，2008.
7. 邹统钎．现代饭店经营思想与竞争战略．北京：清华大学出版社，2006.
8. 郑向敏．现代饭店经营管理．北京：清华大学出版社，2007.
9. 翁钢民．现代饭店管理——理论、方法与案例．天津：南开大学出版社，2006.
10. 李丽，杨国堂．饭店管理总论．北京：科学出版社，2007.
11. 陈志辉．旅游信息学．北京：中国旅游出版社，2003.
12. 黄震方．饭店管理概论．北京：高等教育出版社，2001.
13. 李树民．现代饭店管理概论．西安：西北大学出版社，2002.
14. 冯园．饭店服务．西安：西北大学出版社，2002.
15. 朱承强．现代饭店管理．北京：高等教育出版社，2004.
16. 严伟．旅游企业战略管理．上海：上海交通大学出版社，2009.
17. 张立峰，潘素华．现代饭店管理．长春：东北师范大学出版社，2006.
18. 最佳东方网 www. veryeast. com
19. www. hotel - travel. cn
20. www. triphr. com